Le

# Château de Bar

Autrefois et Aujourd'hui

LE

# Chateau de Bar

AUTREFOIS ET AUJOURD'HUI

IMPRIMERIE
CONTANT-LAGUERRE
BAR-LE-DUC

ASPECT DE BAR-LE-DUC VERS 1633, COLLECTION DE BEAULIEU
D'APRÈS UNE EAU-FORTE DE M. WLODIMIR KONARSKI.

LE

# CHATEAU DE BAR

## AUTREFOIS ET AUJOURD'HUI

### Par l'Abbé Gabriel RENARD

Chanoine honoraire de Verdun
Aumônier des Dominicaines de Bar-le-Duc

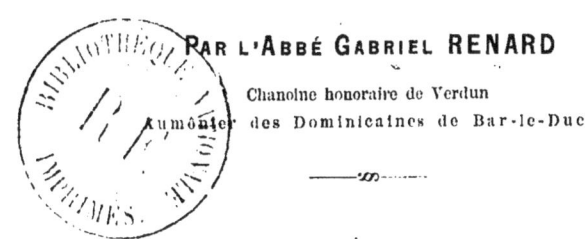

OUVRAGE HONORÉ DU PREMIER PRIX

DANS LA SECTION D'HISTOIRE, AU CONCOURS DU VINGT-CINQUIÈME ANNIVERSAIRE

DE LA SOCIÉTÉ DES LETTRES, SCIENCES ET ARTS DE BAR-LE-DUC

---

Se vend au profit de l'Orphelinat
de
Notre-Dame du Rosaire

---

BAR-LE-DUC

CONTANT-LAGUERRE, LIBRAIRE-ÉDITEUR

1896

# LE
# CHÂTEAU DE BAR
### AUTREFOIS ET AUJOURD'HUI.

## INTRODUCTION.

Quand le touriste arrive pour la première fois à Bar-le-Duc, ses regards sont attirés vers la colline sur les flancs de laquelle s'étagent les maisons de la haute ville. Çà et là, l'œil y démêle les traces d'une forteresse, des pans de remparts, une tour fièrement campée sur la crête, une chapelle dont le fronton porte une Vierge colossale dominant la cité de son trône aérien, une esplanade dont les grands arbres découpent pittoresquement les lignes de l'horizon. Tout cet ensemble invite le voyageur à visiter cette partie de la cité ducale, dont l'aspect rappelle quelque chose des villes italiennes bâties sur les contreforts des Apennins.

A mesure qu'il s'élève par la rampe qui le conduit doucement sur la hauteur, il passe sous des murs de terrasses gigantesques; il admire les beautés du paysage qui change d'aspect à chaque pas; il voit de vieilles murailles noircies par le temps qui se dressent à sa gauche, et lorsqu'en suivant l'avenue, il contourne la colline, il se trouve en face d'une porte monumentale dont les pieds droits et les voussures dénotent l'architecture militaire du XIIe siècle. Il s'arrête devant ce curieux vestige du passé; il se demande à quoi servait cette entrée maintenant comme suspendue au-dessus de la chaussée?

C'était la *porte d'honneur* de l'ancien château. Quand il en a franchi les degrés, quand il s'est avancé dans la tranchée à pente raide qui fait suite, il se trouve sur une esplanade transformée en promenade publique d'où la vue plonge sur la ville et découvre, aussi loin que porte le regard, la vallée de l'Ornain encadrée des collines aux formes gracieuses dont les lignes se perdent dans les brumes d'un horizon lointain.

C'est sur ce plateau que s'élevaient jadis la forteresse ducale et les édifices dont l'histoire a gardé le souvenir; là, pendant près de sept siècles, ont vécu les Comtes et les Ducs qui ont régné sur le Barrois : là, sur les confins de la France et de l'Allemagne, se concentraient les intérêts d'une principauté qui, sous le régime féodal, eut un rôle assez important; là sont nés des personnages célèbres dans l'histoire; là fut le berceau des princes dont la descendance devait un jour constituer l'illustre maison d'Autriche.

Ce passé glorieux a presque entièrement disparu, mais il est bon d'en évoquer la mémoire et de rappeler aux générations présentes quelque chose de ce qui s'accomplit sur ce coin de terre où il reste à peine quelques ruines et de lointains souvenirs connus seulement de quelques érudits. Les gloires des ancêtres sont la meilleure part de notre héritage patriotique et nous ne devons pas les laisser entièrement périr dans l'oubli; car nous y trouvons plus d'une leçon!

C'est le motif qui a inspiré l'auteur de ce travail : en rappelant ce passé, il sera trop heureux de faire partager au lecteur les impressions que plus d'une fois il ressentit dans ces études sur le château de Bar et ses vicissitudes diverses, sur les Seigneurs qui l'habitèrent, sur la vie qu'ils y menaient, les hôtes illustres qu'ils y ont reçus, les fêtes qu'ils y donnèrent : il voudrait faire revivre par la pensée la Cour ducale et ses différentes administrations, la Chapelle castrale ou l'Église Saint-Maxe, jadis si célèbre dans la contrée, le Chapitre de la noble collégiale et son histoire, enfin dire quelques mots sur le Monastère de Saint-Dominique maintenant établi sur l'emplacement du château et le principal héritier de tant de gloires évanouies.

Dans ses études, il s'est aidé des travaux de ceux qui ont écrit sur la Lorraine et le Barrois : Dom Calmet, le Révérend Père Benoît Picart, Auguste Digot, M. l'abbé Clouet, MM. Servais et Bellot qui ont si bien fouillé nos archives départementales, M. Léon Maxe-Werly, le chercheur infatigable, dont les travaux sur la topographie de l'ancien Bar et les notes sur le Château lui ont été obligeamment communiquées; enfin, bien des éclaircissements ont été puisés dans les chartes et documents des archives de la Préfecture de la Meuse et de l'Hôtel de ville de Bar. MM. les abbés Hébert et Benoît, M. Louis Duval, membre de la Société de photographie de Nancy, M. Wlodimir Konarski, vice-président du Conseil de préfecture, ont fourni les illustrations destinées à rendre l'ouvrage plus utile et plus intéressant. C'est pour l'auteur un devoir de témoigner à ceux qui vivent encore l'hommage de sa respectueuse reconnaissance pour leur bienveillant concours.

# CHAPITRE PREMIER.

### LE CHÂTEAU DUCAL ET SES VICISSITUDES.

---

I. Origines. — II. Situation, forme primitive et transformations successives. — III. Les plans du château. — IV. La forteresse et son enceinte. — V. Les sièges du château. — VI. Les bâtiments. — VII. Les magnificences. — VIII. Démantèlement et décadence. — IX. Manufacture et les ruines.

### I. — Origines du château ducal.

D'après les travaux des érudits qui ont étudié les origines du Barrois et de la ville, qui lui a donné son nom (1), il est certain que sur la rive droite de l'Ornain, au pied de la côte Sainte-Catherine, il y eut d'abord une agglomération de Gallo-Belges de la tribu des *Leuques*, qui prit le nom de *Caturiges*. C'est sous cette dénomination que la localité est désignée dans l'itinéraire d'Antonin.

A partir de l'occupation romaine, une voie militaire partant de Toul et se dirigeant vers Reims, dont on retrouve çà et là

---

(1) Frédégaire, *Hist. Francor.*, epitom., c. XI. — *Chronic. Sancti Michaelis*; *Chronolog. Sancti Deodati*; Bruno Herculanus; Herman Corrig., *De Finibus Imperii Romani*, lib. I, c. VII, cité par Lepaige, *Mém. historique sur la mouvance du Barrois*, p. 24. — Vassebourg, f° 187. — D. Calmet, I, p. 910-912. — Le P. Benoît Picart; Lepaige, *Chron. des comtes*

les tronçons, traversait la bourgade gallo-romaine ; celle-ci prit alors une certaine importance comme il est permis de le conjecturer par les monnaies, les ustensiles, les objets trouvés dans les fouilles pratiquées à différentes époques, et dont on peut voir d'intéressants spécimens au Musée de la ville.

La localité, placée sur le passage des invasions, fut sans doute saccagée et détruite à plusieurs reprises ; on la voit reparaître vers la fin du IXe siècle sous le nom de Bar, *Barri villa*, Bar-la-Ville, conservé encore aujourd'hui dans l'un de ses quartiers.

Quelques savants ont voulu reconnaître cette localité dans le *Castrum Barrense*, le château de Bar, où, selon Grégoire de Tours, écrivain du VIe siècle (1), passa Childéric, quand ce prince chassé par ses sujets, revint de Thuringe sur l'avis de son fidèle ami Winomade ; celui-ci lui avait envoyé une moitié de monnaie d'or dont Childéric avait gardé l'autre comme signe conventionnel de l'heure de son retour.

Aimoin, chroniqueur de Fleury-sur-Loire au XIe siècle, rapporte, que le roi Mérovingien fut si bien accueilli par les habitants, qu'il les affranchit de toute imposition, et leur accorda des exemptions diverses (2).

S'il en est ainsi, Bar était déjà une place importante : là vivait une population destinée à se perpétuer, et à s'accroître autour de Notre-Dame, l'église-mère.

En face de la ville gallo-romaine, du côté du Sud, et sur le promontoire qui commande la position avec tant d'avantages

---

*et ducs de Bar ;* les trav. de la Société des lettres, sciences et arts de Bar, passim ; surtout le beau trav. de M. Maxe-Werly, station de *Caturiges*, etc., etc.

(1) V. Grégoire de Tours, *Histor. Franc.*, epitome, C. XI. — Migne, *Patrologie*, t. LXXI, p. 579. — Frédégaire s'exprime ainsi, chap. XI : « Castro Barro venit et a Barrensibus receptus est. Eorum omnes reddi-« tus publicos pro initio receptionis benigne concessit ». — Voici ce que dit la *Chronique de Saint-Denis* sur le même sujet : « Cil y vint a grant « compagnie de Barons droit à chastel qui est apelez Bar, puis com-« manda aus borgeois et au peuple de la vile que il reçussent le Roy « leur seignour honnourablement ». (*Hist. de France*, t. III, p. 161).

(2) *Historia Francorum*, c. VII. — *Patrolog.* Migne, t. CXXXIX, 641.

au point de vue militaire, là où s'éleva plus tard le château féodal, y eut-il une forteresse dès ces temps reculés ? Cela est probable, mais non démontré.

Selon l'opinion la plus commune et la mieux appuyée, ce fut seulement dans la seconde moitié du xe siècle, vers 964 (1), que Frédéric, déjà comte du Barrois, puis duc de Mosellane, bâtit le château sur la crête de la colline située sur la rive gauche de l'Ornain, en face de Bar-la-Ville. Si, comme on l'a dit, d'autres avant lui y avaient établi une forteresse, il la releva et en agrandit l'enceinte. Son but était d'opposer une barrière pour arrêter les comtes de Champagne, qui faisaient alors de fréquentes incursions dans le Bassigny et le Barrois (2).

On peut donc regarder Frédéric comme le vrai fondateur du château de Bar.

La colline, sur laquelle il le construisit, faisait partie du domaine que les évêques de Toul tenaient des rois de France dans le Barrois. C'était une usurpation du comte, contre laquelle saint Gérard protesta au nom des droits de son Église, qu'il devait défendre. Le saint évêque s'en plaignit au roi de France, Louis d'Outremer, qui s'interposa près de l'empereur Othon, oncle de Frédéric, afin d'en obtenir satisfaction.

Une transaction intervint qui régla le différend. Avec l'autorisation de l'empereur son suzerain, Frédéric restitua en échange du domaine de Bar, le fief de Berken en Alsace, les abbayes de Moyen-Moutier et de Saint-Diey dans les Vosges; il y ajouta des biens dans cinquante-neuf métairies qui faisaient partie de la dot de Beatrix, son épouse, et dont quelques noms se retrouvent dans les environs de Bar : ces biens furent donnés par précaire à l'Église de Toul, et firent retour au Barrois dans la suite (3).

---

(1) *Vie de Saint Gérard*, par le P. Benoit Picart, p. 297. — Jean de Bayon, écrivain du commencement du xive siècle, *Chron. de Moyen-Moutier*.

(2) Bruno Herculanus, *Chron. Sancti Deodati*, et *Chron. Sancti Michaelis*, p. 557.

(3) On cite, Montplonne, Nant, Bazincourt, Tannois, Longeville, Resson, Brillon, les Courcelles. — V. D. Calmet (tom. I, *preuves*, p.

## II. — Situation, forme primitive et transformations successives du château.

1° *Heureuse situation au point de vue militaire.* — La situation du château était admirablement choisie comme poste militaire et défense du pays : c'était une sorte de promontoire qui commandait à la vallée. Il était isolé de trois côtés ; à l'Est, par la vallée de l'Ornain ; au Nord et à l'Ouest par la profonde et large érosion qui forme le vallon de Véel. Du côté du Sud, il tenait au plateau voisin ; mais ce fut chose facile de creuser un fossé qui fermait l'enceinte. Par là, le château formait un véritable camp retranché, déjà défendu par sa position, et que des ouvrages de fortifications rendirent difficilement attaquable, avant l'invention de la poudre à canon.

2° *Forme primitive de la forteresse.* — Quelle était la forme primitive de cette forteresse, et que renfermait-elle alors? Il serait assez difficile de le dire avec une entière certitude.

Au point de vue militaire, elle formait une sorte de quadrilatère irrégulier, comme le comportait le terrain ; deux portes seulement y donnaient accès, l'une offrait issue du côté de la ville-basse, l'autre s'ouvrait vers les hauteurs, où plus tard se groupèrent les maisons de la haute ville.

D'après le système de défense du temps, l'enceinte fut probablement protégée dès le principe par de hautes murailles ou *courtines*. Aux quatre angles, se dressaient de grosses tours que nous retrouverons dans la suite : elles servaient de logement à quelques-uns des officiers du château, ou d'arsenal pour le dépôt des armes. A l'intérieur de l'enceinte se trouvaient les

---

149). — *Vie de Saint Gérard*, p. 297. — Widric, *Histoire de Saint Gérard* : « Precariam quoque faciens de Barro monte accepit a duce Beatrice 59 mansos, videlicet, villam Vemplonam, Brillonivillam, Longamvillam, Reson, Nant cum molendino, Corcellas, *item* Corcellas, Basinicurtem ». *Vie de Saint Gérard*, par B. Picart, p. 293, 297, 300.

## PLAN DU CHATEAU ET DE LA COLLÉGIALE S¹-MAXE EN 1617. (HŒFNAGEL ET MÉRIAN)

7. Rue de Veil.
8. Porte Phelpn.
9. Fossé entre le château et la haute ville.
14. Jeu de paume.
15. Greniers du domaine et magasins.

16. Tour noire et prison.
17. Jardin du château.
18. Place et troisième cour du château.
G. Esplanade du château.
H. Collégiale de S¹-Maxe.

### LÉGENDE

I. La chambre des comptes.
K. Chemin vers la ville basse et le Bourg.
L. Collège de Gilles de Trèves.
M. Le Bourg.
S. Les Augustins.

bâtiments pour le Seigneur et les gens de sa suite, les greniers et les magasins. On y voyait aussi, dès le début, un oratoire, qui devint la célèbre collégiale dédiée à saint Maxe.

3° *Transformations successives.* — Avec le temps, la forteresse se transforma successivement; soit au point de vue militaire, selon que l'exigeaient les moyens d'attaque ou de défense; soit au point de vue civil et religieux, à mesure que le personnel de la maison augmentait, et que les institutions se développaient. Pour mieux l'étudier, nous la prendrons à l'époque de son plein développement, en nous servant des plans qui nous restent du château, et des indications recueillies principalement dans les archives de la Meuse.

### III. — Plans du château de Bar.

Plusieurs plans du château nous ont été conservés, dont le plus ancien ne paraît pas remonter au delà des premières années du xvii° siècle. Citons-les; en les combinant, il nous sera plus facile d'étudier la forteresse.

Il y a d'abord le fragment d'un tableau de l'église Saint-Pierre qui paraît appartenir à la fin du xvi° ou au commencement du xvii° siècle. C'est le Christ en croix, au pied duquel l'artiste, par un anachronisme intentionnel, et, quelquefois usité à cette époque, représente, au lieu de Jérusalem, une vue de Bar, spécialement l'aspect du château tourné vers la ville-basse. Tout y est facilement reconnaissable, ainsi qu'on peut en juger par la planche que nous reproduisons comme frontispice. Mais si l'ensemble paraît vrai, il ne faut pas oublier que le peintre ne s'est pas obligé à la fidélité des détails.

Nous avons ensuite un plan emprunté à la précieuse collection de Hoefnägel et Mérian (1), qui nous donne une vue cavalière de la ville ainsi que du château en 1617, à l'époque où celui-ci était dans son état de complète conservation. Une légende dé-

(1) *Civitates orbis terrarum.*

taillée permet d'en reconnaître les parties principales. C'est lui surtout qui nous servira de guide dans notre étude, encore que les détails de la gravure laissent à désirer quelque peu.

Nous avons un autre plan cavalier, pris de la côte Sainte-Catherine. Il se rapproche beaucoup du précédent et lui paraît postérieur de quelques années. Il est tiré de l'atlas de Beaulieu (1).

Enfin nous possédons trois plans par terre des bâtiments, cours et jardins du château de Bar; l'un, très réduit et indiquant seulement quelques détails, est emprunté à l'histoire de la Lorraine par Dom Calmet en M DCC XXVIII. L'autre plus récent et plus précieux par les renseignements qu'il contient, a été soigneusement relevé par l'ingénieur Montluisant en 1756, et fidèlement reproduit dans ces dernières années par M. Charles Royer, architecte à Bar-le-Duc.

Le troisième plan a été dressé en 1781 par les soins de M. Champenois, un des directeurs de la manufacture à cette époque (2).

Ces documents écrits, presque officiels, nous permettent de faire la description du château et d'en suivre les vicissitudes surtout dans les deux derniers siècles.

## IV. — La forteresse et son enceinte.

Commençons par l'enceinte extérieure en partant de la tour qui subsiste encore, et cherchons à faire revivre sous les yeux la forteresse aujourd'hui disparue. Nous suivrons surtout le plan de 1617.

1° *La Tour de l'Horloge.* — A l'angle Sud-Est du château se dressait la Tour de l'Horloge ainsi nommée, parce qu'en 1381,

(1) Plans et profils des principales villes du Duché de Lorraine et de Bar, Paris, 1633-1634, par le sieur de Beaulieu le Donjon, ingénieur et géographe du Roy, petit in-4°.

(2) Il se trouve aux archives de la préfecture de la Meuse, série B. 2977.

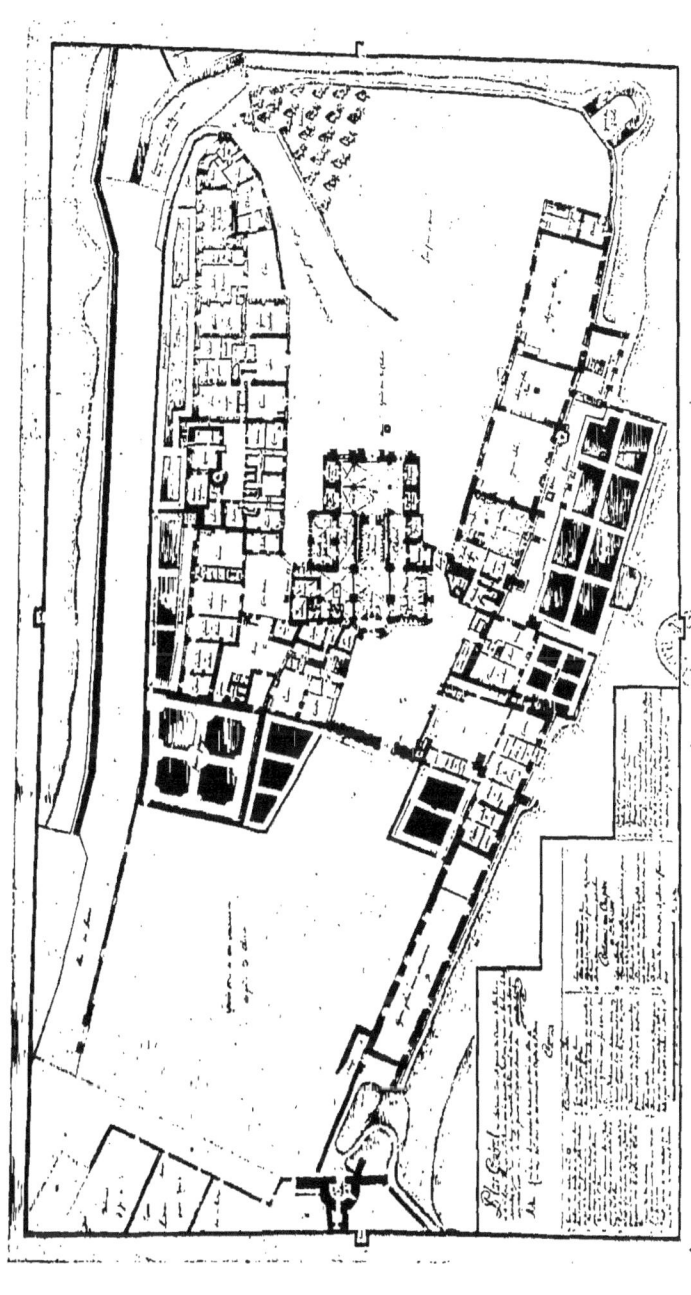

PLAN GÉNÉRAL DU CHATEAU DE BAR DRESSÉ PAR MONTLUISANT EN 1756

le duc Robert fit venir de Saint-Mihiel et installer dans cette tour la première horloge (*reloge*) de la ville, à une époque où cet ingénieux mécanisme, qui marquait régulièrement les heures sur son large cadran, et les faisait entendre par les coups frappés sur la cloche du couvre-feu, émerveillait les bourgeois de Bar et tout le pays d'alentour (1). Cette tour est encore nommée dans certains documents des archives, la *Tour du crieur* (2), la *Tour du beffroi* et *du couvre-feu*, parce qu'on y sonnait chaque jour la cloche à huit heures du soir, pour le signal de la retraite (3).

La Tour de l'Horloge fut plusieurs fois incendiée (4) et restaurée, comme il est facile de le constater par l'inspection de la maçonnerie. En 1506, René II la fit élever d'un étage pour faciliter les mouvements de l'horloge, qui fut alors réparée par Maistre Jehan, horloger à Revigny (5).

La cloche du beffroi fut aussi refondue à plusieurs reprises, entre autres en 1554 par Claude Diez et Nicolas Granjean, clochetiers à Germainvilliers, sénéchaussée de Bourmont. Maître Gérard Bertin, chanoine de Saint-Maxe la bénit et on la nomma *Renée*. Elle eut pour parrain Monsieur Boudet, président de la Cour des comptes, et pour marraine Marie de Trèves, femme de Gaspard Burges, sœur de Maistre Gilles de Trèves, doyen du Chapitre. On la refondit en 1689, et elle pesait alors 3.547 livres.

La Tour de l'Horloge est la seule qui reste de l'ancien château. Lors du démantèlement de la forteresse en 1670, elle fut épargnée à cause de sa beauté et pour servir de beffroi. Sa forme est circulaire du côté du Midi; un mur droit la ferme au Nord-Ouest; elle est construite en bel appareil, et le parement du dehors a des assises régulières de pierres en bossage; la maçonnerie est reliée par d'excellent mortier.

---

(1) On sait que peu auparavant, le roi Charles V avait placé, lui aussi, une horloge dans une des tours de son palais sur les bords de la Seine, et que les habitants de Paris ne voulant pas croire qu'elle sonnât toute seule, demandèrent de faire le guet afin de s'assurer que personne ne montait pour conduire les aiguilles et sonner les heures.

(2) Archives de la Meuse, Série B. 525. — (3) B. 605. — (4) En 1500, B. 525; en 1639, B. 658. — (5) B. 530, 617.

La tour était jadis voûtée ainsi qu'il est facile de le reconnaître par les arrachements qui se voient encore : on montait à l'étage supérieur, et on avait accès aux ouvertures par un escalier en pierre, qui rampait contre le mur, et dont quelques parties ont été conservées. Ça et là, des meurtrières et de larges embrasures permettaient de surveiller l'ennemi et de lancer des projectiles. Les corbeaux des pieds droits de ces fenêtres semblent indiquer l'architecture militaire du xiie siècle.

Au niveau du sol, s'ouvre une poterne en plein cintre ; l'horloge est à l'étage supérieur ; de là on peut avoir accès à une sorte de balcon porté sur des consoles en pierre, établi récemment comme belvédère pour les visiteurs.

Un fort éperon appuie l'angle Nord-Est de la tour ; les deux autres, placés au Nord et au Sud-Ouest semblent avoir été formés par la muraille d'enceinte, qui fut démolie en 1670. Au pied de la tour se trouve un escalier construit en 1676, et réparé en 1713, dit-on, pour l'usage du chevalier de Saint-Georges, Jacques Stuart, alors résidant à Bar ; depuis, il a été plusieurs fois renouvelé. Dès l'an 1562, il est fait mention d'une maison du gardien, située au pied de la tour.

Le beffroi est un des beaux vestiges du château ducal : un poëte barrisien l'a chanté.

> Inébranlablement cimenté dans le roc
> Où vont s'enraciner ses puissantes assises,
> Il surgit solitaire et trapu tout d'un bloc,
> La mine fière encor malgré ses teintes grises.
>
> Les ans n'entament pas son solide appareil,
> Sous la ronde épaisseur du moëllon qui le mure.
> Sous son casque ardoisé, qu'argente le soleil,
> On dirait un vieux preux lacé dans son armure.
>
> Il est l'orgueil et le joyau de la cité,
> Le grandiose aïeul dont elle se fait gloire.
> Au seuil de son passé soudain ressuscité,
> Il demeure, éloquent lambeau de son histoire.
>
> (J. Forget.)

TOUR DE L'HORLOGE, RESTE DU CHATEAU DE BAR
DESSIN DE M. WLODIMIR KONARSKI.

2° *L'enceinte Nord-Est.* — A partir de la Tour de l'Horloge, il y avait une enceinte continue, formée d'une haute muraille, épaisse d'environ deux mètres, comme on le voit par les fragments qui nous en ont été conservés. Cette muraille, fondée sur le roc, supportait à sa base les terrassements du plateau et servait d'appui à des constructions destinées aux services des habitants du château.

Ces bâtiments avaient plusieurs étages ; à la partie inférieure se trouvaient les souterrains et les citernes, ou remises d'eau ; au-dessus, les écuries, les offices, et autres dépendances ; plus haut, une grande galerie, les chambres du Seigneur et des principaux officiers de sa maison ; à l'étage supérieur, des pièces en grand nombre pour le personnel ordinaire, et les réceptions.

L'enceinte ou la courtine contre laquelle s'adossaient ces constructions, suffisamment défendue par sa position sur la pente escarpée de la colline et par le fossé creusé en avant de la muraille, se dirigeait en droite ligne de la Tour de l'Horloge jusqu'à l'angle actuel de la chapelle des Dames Dominicaines. Là, se trouvait une poterne encore apparente, un peu élevée au-dessus du sol, de manière à nécessiter l'emploi d'une échelle mobile ; c'est par là que l'on descendait dans les fossés et le jardin adjacent, que l'on communiquait avec le dehors en cas de besoin, avec facilité de rentrer rapidement dans la place.

Arrivée à ce point, la muraille d'enceinte, ou courtine, formait un angle rentrant d'environ vingt mètres, puis reprenant sa direction vers le Nord, elle servait d'appui aux grandes salles du château dont nous donnerons plus tard la description ; elle se continuait jusqu'à la tour *Valéran* qui flanquait l'angle Nord-Est de la forteresse.

En avant de ces constructions, vers l'Est, il y avait des terrasses et des jardins aboutissant à une sorte de bastion, qui subsiste encore presque en entier, et dont la partie inférieure laisse voir, à certains endroits, des assises de pierres bosselées et bouchardées comme à la Tour de l'Horloge.

Vers le milieu de cette défense se trouve un *boulevard* ou *tour* proéminente, dont l'angle Nord est arrondi ; deux meurtrières, placées sur le front de cet ouvrage permettaient de tirer à feux rasants et plongeants; deux autres s'ouvrant sur les flancs balayaient à droite et à gauche les fossés et fausses braies, si l'ennemi arrivait jusqu'au pied de la forteresse. A l'extrémité du bastion, existe encore une large poterne qui donnait accès sur les fossés.

Ce bastion, placé en avant, constituait une forte défense sur le flanc du château contre le danger d'escalade, et protégeait ce point le plus faible de la place, à raison de l'éloignement des tours placées aux angles de la forteresse. Postés sur la terrasse supérieure, et, protégés par les créneaux, les archers pouvaient tirer sur les assaillants qui, après s'être abrités derrière les maisons de la ville-basse, auraient tenté l'assaut du château. A partir du moment où le canon fut en usage, des batteries, établies sur la plate-forme de l'ouvrage, en défendaient aisément l'approche; la tour casematée mettait à l'abri les tireurs, qui sans se démasquer, dirigeaient leurs feux sur les trois points accessibles à l'ennemi.

Contre le flanc Nord du bastion et en contre-bas de la courtine, on voit établi, dès 1583 (1), *un jeu de paume* dont les substructions se retrouvent encore dans le sol; on y descendait du château, soit par les jardins, soit par une poterne. La courtine, en contournant légèrement la courbe de la colline, se reliait à la Tour *Valéran*.

3° *La Tour Valéran* ou *Vauran* fut ainsi désignée peut-être à cause du comte Valéran d'Arlon, qui lutta vaillamment pour la cause du Barrois en 1037, et assiégea Sainte-Ménehould; on l'appela encore, la *Belle Tour*, à raison de sa structure élancée et de sa forme gracieuse, *Tour des armes*, parce qu'elle servit longtemps d'arsenal et de magasin pour les poudres, les projectiles, les canons et machines de guerre (2).

Circulaire au dehors, elle se reliait à la courtine par deux fortes murailles qui l'agrandissaient considérablement; elle formait une sorte d'ellipse tronquée et d'ouvrage avancé, qui

---

(1) B. 511. — (2) B. 296.

commandait à la fois la vallée de l'Ornain et le vallon de Véel ; une *carole* ou chemise en maçonnerie, partant du jeu de paume et se dirigeant jusqu'à la porte du château, protégeait les approches de la tour, en décrivant une courbe avec des angles rentrants et saillants, qui rendaient plus facile la défense : c'était là un véritable boulevard extérieur.

Tout cet ouvrage fut rasé en 1670, et les fondations elles-mêmes demeurèrent ensevelies sous un amas de décombres. Mais, en 1875, lors de la construction de l'Avenue du Château, à l'endroit où la route contourne la côte, on a mis à découvert un segment de la base circulaire de la Tour Valéran, dont le parement dénotait une construction soignée. Les arbres du talus en recouvrent maintenant les substructions.

4° *La Courtine Nord et la Tour Noire.* — A partir de la Tour Valéran, la muraille, en s'infléchissant légèrement, selon la courbe du terrain, se dirigeait jusqu'à la *Tour noire* ou *Tour carrée*, ainsi nommée de sa forme quadrangulaire. Elle flanquait la porte principale du château, et en protégeait l'accès en permettant de surveiller les ouvrages avancés et le chemin, qui montait du Bourg à la forteresse. Cette tour, de construction massive, mesurait neuf mètres à sa base, et se terminait par un toit pyramidal ; elle avait plusieurs étages, dont l'un était en dessous du sol de l'esplanade, éclairé seulement par une meurtrière grillée de barreaux de fer, que l'on voyait encore avant le remaniement de la muraille, lors de la construction de la nouvelle route.

Outre sa destination pour la défense du château, la Tour noire servait de prison. C'est là que le 8 mai 1455 « Jehan Gouraud, maïeur de Chaumont-sur-Aire », fut enfermé pour s'être approprié les revenus du domaine (1). Déjà, quelques années auparavant, en 1433, René et Antoine comte de Vaudémont, après s'être emparés du château d'Effincourt, devenu un repaire de pillards, et avoir enchaîné leur chef, le fameux Perrin de Mondorey, seigneur d'Ancerville pour une part, le conduisirent

(1) Arch., cart. 211, f° 35 recto.

d'abord à Neufchâteau, puis en la « *géole de Bar, et la morût il* » (1). C'est là aussi, qu'en 1428 on voit enfermés des prisonniers de guerre, nourris et gardés par le tourier du château (2).

5° *La Belle Porte.* — Contre la Tour noire s'ouvrait la porte principale du château, nommée encore la *Belle Porte*, dont l'architecture romane est bien accusée. Elle avait été placée et construite selon les principes de la tactique militaire du temps.

Un seul chemin y donnait accès par une pente raide et escarpée : au pied de la côte se trouvait une barricade jetée à travers l'avenue et facile à défendre, puisqu'elle s'appuyait contre le rempart qui reliait les fortifications du Bourg à celles de la ville-haute. A mesure qu'on montait, on était exposé aux traits de la garnison postée sur la Tour noire, sur les courtines et dans les ouvrages avancés. Au sommet du plateau, en avant de la porte, il y avait une première défense : *la Karole*, ou bastion circulaire, sur lequel se trouvait un guet (3) : l'assaillant devait en forcer la porte et l'enceinte; une barrière fermait l'entrée du Baile où l'on ne pouvait s'engager sans péril; il fallait à l'assaillant contourner le massif très fort de la pointe Ouest du château, en présentant le flanc aux assiégés qui, du haut des remparts et de la porte, faisaient pleuvoir une grêle de traits et toutes sortes de projectiles.

Les guerriers qui parvenaient jusqu'à la porte, la trouvaient solidement fermée par des vantaux bardés de fer et épaulés par des barres, qui contrebutaient en arrière (4). Sur la voussure de la porte, se trouvait une terrasse avec parapet encore existant, qui permettait d'écraser l'ennemi assez audacieux pour tenir dans une position si critique. Si, à force de hardiesse et après bien des pertes, il parvenait à franchir la porte, il s'engageait dans une sorte de défilé de murailles couronnées de soldats, et, en face de lui, il trouvait un corps de braves qui luttaient avec

(1) D. Calmet, *Ann. de Thiébaut de Metz, preuves*, t. II.
(2) Compte du recev. génér., 1427-1428.
(3) B. 509.
(4) Comptes de 1544.

PREMIÈRE PORTE DU CHATEAU DE BAR

l'avantage du terrain contre l'agresseur. Celui-ci, à moins d'une surprise ou d'une trahison, ne pouvait que difficilement passer outre.

6° *Le Baile.* — A droite de la porte principale du château, en continuant la montée de la *Côte des Prêtres,* régnait le *Baile* [K], seconde enceinte de la forteresse du côté de la rue de Véel, et sorte de place d'armes, qui partait de la Karole et se dirigeait vers la Tour du Baile. Un corps de troupes pouvait y camper, en dehors de l'enceinte supérieure, et repousser les attaques venant du côté du val de Véel.

L'enceinte du Baile était limitée, à gauche par la muraille de la grande terrasse qui portait la Chambre des comptes, les bâtiments du Chapitre et le jardin du château ; à droite par une courtine ou rempart, avec parapet élevé de trois mètres. La base s'en voit encore et soutient la chaussée actuelle ; on y remarque des traces de meurtrières et canonnières (1). En avant de la Tour du Baile, se trouvait un corridor souterrain avec casemates, d'où les défenseurs de la place pouvaient à couvert tirer sur l'ennemi qui menaçait la porte *Phulpin* (2). Il en subsiste des vestiges en dessous des maisons du haut du Baile, construites à cheval sur l'ancien rempart.

7° *La Tour du Baile et l'enceinte du côté de la Ville-Haute.* — A l'extrémité du Baile existait une grosse tour nommée, la *Tour du Baile,* la *Tour ronde,* la *Tour des Prêtres,* la *grosse Tour.* Elle fut construite ou du moins relevée par les ouvriers de Combles, Véel et Savonnières en 1469. Comme prix de leur ouvrage, une ordonnance du duc de Lorraine en 1621 (3), affranchit leurs descendants du droit de *chiennerie,* c'est-à-dire de l'obligation qui, de temps immémorial, grevait ces villages de

---

(1) En arrière de la muraille et vers la rue de Véel, René II avait fait établir un grand jardin (B. 528).

(2) B. 268, f° 335-661. — V. Compte de Jacquemin de Génicourt, 1468-1469.

(3) B. 560.

fournir le pain aux meutes du château (1). La Tour du Baile répondait à celle de l'Horloge et défendait cet angle de la forteresse.

Là, se trouvait l'endroit faible de la place, puisque la colline se continuait par une pente assez raide, qui commandait au château ; le terrain n'offrait pas, comme les trois autres côtés, des escarpements faciles à défendre. Pour obvier à cet inconvénient, on creusa entre le château et la ville-haute, un fossé large et profond, revêtu de maçonnerie en moëllons piqués, protégé par une courtine haute et crénelée (c), laquelle était appuyée, dans sa longueur, par deux tours qui complétaient la Tour de l'Horloge et celle du Baile, en présentant un front de défense très solide. Du parapet des tours, on dominait le voisinage et l'on surveillait le plateau.

8° *La seconde porte du château.* — Du côté de la ville-haute, et dans la direction de Saint-Dizier, s'ouvrait la seconde entrée du château : elle se composait d'une première porte établie tout près de la tour dans le mur crénelé qui fermait le Baile ; elle donnait accès dans les jardins du château. En arrière et dans la courtine du rempart extérieur, il y avait une seconde porte avec pont-levis sur le fossé de la ville-haute (2). De là, on pouvait gagner, soit la porte de l'Armurier qui conduisait à la ville-basse vers Ligny, soit la porte Phulpin qui donnait issue sur la campagne, et permettait de se ravitailler. On en voit encore quelques vestiges dans la rue de ce nom, ainsi que l'ouvrage avancé dont elle était appuyée ; elle était très solide et ne laissait qu'un étroit passage. Le conseil de la ville la fit abattre en 1703, et

---

(1) B. 822. Un segment de la base de cette tour se voit encore dans les celliers de la maison située à l'angle de la rue du Baile et Phulpin, n° 7 : l'arc qu'il décrit en laisse deviner les vastes dimensions. V. Société des lettres, sciences et arts (1871, p. 54-65). On y trouve aussi une sorte de poterne ogivale mesurant 2 mètres d'ouverture sur 1 mètre d'épaisseur et une hauteur de 2 mètres, c'est probablement l'entrée des souterrains casematés.

(2) Mention est faite de la reconstruction de ce pont en 1430 (Compte de Jean de Villers, cellerier).

remplacer par deux pilastres supportant un plein cintre dont les traces subsistent encore.

Outre l'enceinte principale que nous venons de décrire, il y avait, autour des murailles du château, des fossés profonds avec une contre-escarpe ou talus, qui aux jours périlleux se couronnait d'une barrière de fortes palissades et de haies d'épines destinées à opposer un premier obstacle, et à former une double enceinte avec un chemin couvert (1). Ces ouvrages avancés avaient surtout pour but de protéger les canonnières (2).

Toutes ces constructions qui constituaient l'enceinte du château, furent sans doute élevées à différentes époques; elles se modifièrent, selon les besoins de chaque siècle et les changements introduits par la balistique.

Tel qu'il était, le château de Bar constituait une forte position et offrait un aspect formidable; pour le défendre et prolonger le siège, il suffisait d'y renfermer une assez faible garnison dans les tours, derrière les hautes murailles, et dans les bâtiments du domaine; avec ce peu de monde, lorsqu'elle était bien pourvue de vivres, la place défiait longtemps les efforts des assaillants, dont les moyens d'attaque ne pouvaient presque rien contre une position, que la nature avait rendue comme inexpugnable.

A cette hauteur, la sape des remparts était difficile, le travail du mineur presque impossible : si audacieuse que fût la troupe des assiégeants, à moins de négligence ou de trahison, elle ne pouvait, sans péril, essayer de pénétrer de vive force à travers tant d'obstacles accumulés, ni faire arriver les beffrois roulants plus hauts que les murailles, ni établir des galeries en bois pour approcher des courtines ou des tours, puis battre les remparts au moyen du *bosson* ou *bélier*. C'était bien difficile d'apporter de la terre et des fascines pour combler les fossés, d'employer les machines de guerre et de jet en usage dans

---

(1) En 1420 et 1422, « on établit entre le Baile et la Halle ung palis auquel on ajouta ung hirresson d'épines; on éleva autour de la Carolle du château une haye d'épines » (Compte de Jean de Tonnance, grnier, 1421-1423-1462-1465 : B. 697).

(2) B. 1485-1486.

le Moyen âge. Ce fut seulement à partir de l'introduction de l'artillerie que la forteresse, dominée par les collines avoisinantes, perdit son importance comme place de guerre.

## V. — Les sièges du château.

A différentes époques, le château de Bar eut à soutenir des sièges : citons ceux dont l'histoire a gardé le souvenir.

En 1036, sous la comtesse Sophie (1), Eudes de Champagne surprit la forteresse et y laissa une garnison de cinq cents hommes, puis s'avança jusqu'à Toul et fit sa paix avec l'empereur Conrad le Salique. L'année suivante il recommença ses incursions, attaqua une seconde fois le château (2) et s'en empara malgré une vive résistance; mais Gothelon, tuteur de la comtesse Sophie, reprit bientôt la ville, et, non loin de Bar, disent les chroniqueurs, attaqua le comte de Champagne, qui périt dans la mêlée, 1037 (3).

En 1113, le comte Renauld Ier fut assiégé dans son château de Bar par Henri V; il dut se rendre à l'empereur qui en exigea l'hommage pour les terres relevant de l'Empire (4).

En 1440, Antoine de Vaudémont, dit le Mauvais, tenta de s'emparer de la ville-haute et du château de Bar; mais il fut repoussé par Louis d'Anjou; en se retirant, il brûla Longeville et causa toutes sortes de ravages dans le Barrois.

En 1473, l'armée de Louis XI occupa le château, et Georges de la Trémouille en fut établi gouverneur.

En 1589, le 6 septembre, le maréchal d'Aumont du parti de Henri IV, à la tête d'une troupe de calvinistes, surprit la ville-haute; mais le jour même il fut repoussé; et, en action de grâces de cette délivrance, on institua une fête commémorative

---

(1) Fille de Frédéric II, duc de Bar.
(2) Quelques historiens pensent qu'il s'empara seulement de la ville située autour de Notre-Dame et non du château de Bar.
(3) Moreri, V. *Bourgogne*; Grosley, *Mém. sur la Champagne*.
(4) Albéric, *ad ann.* 1113.

avec des prières publiques, un sermon, et une procession générale. Vingt-cinq ans après, en 1621, on célébrait encore cette fête commémorative.

En 1632, le 21 juin, Louis XIII avec le cardinal de Richelieu se présenta devant Bar; la ville qui était alors incapable de résister à l'armée française, se rendit à la première sommation. L'année suivante, le roi de France fit saisir le Barrois; le 23 août, il vint à Bar avec la reine et le cardinal; M. de Montalant fut établi gouverneur de la ville et du château.

En 1641, le 13 août, le comte de Grancey s'empara de Bar au nom du roi, et y établit M. de Périgal comme gouverneur.

En 1650, le 5 octobre, sur l'ordre de Charles IV, le comte Philippe-Emmanuel de Ligneville, général des armées lorraines, assiégea la ville et s'empara du château après en avoir brisé les portes; cette occupation dura jusqu'au 26 décembre; alors le duc de La Ferté y rentra au nom du roi de France, et la garnison lorraine en sortit tambour battant avec armes et bagages.

En 1652, le 19 novembre, le chevalier de Guise, Henri de Lorraine, ayant avec lui le prince de Condé et le général Fauges, un des plus braves de son siècle, assiégea Bar et s'en rendit maître. Fauges perdit la vie dans l'attaque et fut enterré à Notre-Dame. Un mois après, l'armée française commandée par le vicomte de Turenne et le maréchal de La Ferté, délogeait les Lorrains et rentrait dans la place après vingt-deux jours de siège et seize de tranchée ouverte. La garnison, ayant épuisé toutes ses munitions, fut obligée de se rendre; les officiers et les soldats, devenus prisonniers de guerre, sortirent de la place et jetèrent leurs armes brisées aux pieds du vainqueur. Mazarin avait dirigé en personne les opérations de ce siège, et dans une lettre écrite le 8 décembre à Letellier, il se vanta d'avoir fait son possible pour empêcher tout désordre après la prise de la basse-ville, recommandant les maisons religieuses, surtout le collège des Jésuites (1).

(1) Lettres, édit. Chéruel, t. V, p. 500.

## VI. — Les bâtiments à l'intérieur du château.

Après avoir décrit l'enceinte des fortifications extérieures du château de Bar, et rappelé les sièges que la forteresse eut à soutenir, étudions les bâtiments qui s'y trouvaient.

1° *Au début et lors de son plein développement.* — Au début, il n'y avait guère que l'habitation du Seigneur et de quelques hommes de guerre chargés de la défense du poste, une chapelle et les prêtres pour les offices religieux ; peu à peu les services s'accrurent et les constructions se modifièrent avec le cours du temps. A la période de son plein développement, nous y trouvons un ensemble de bâtiments, qu'il est intéressant de signaler.

2° *L'entrée et le jardin du château.* — Entrons par le pont-levis (1) placé sur le fossé, du côté de la ville-haute, et pénétrons par la porte voisine de la Tour ronde. Après avoir débouché dans le Baile, nous passons sous une autre porte, ouverte dans la courtine crénelée qui formait la seconde enceinte du château ; là nous trouvons un assez vaste jardin planté d'arbres et arrosé par les eaux de la fontaine Bourrault, amenées du vallon voisin au moyen d'aqueducs souterrains en chêne (2).

A droite et faisant suite à la Tour de l'Horloge, commence l'ensemble des bâtiments du vieux château.

3° *L'écuyerie.* — C'était d'abord une longue et superbe galerie surmontant l' « escuyerie » où l'on descendait par une rampe à pente douce.

4° *Première galerie transversale.* — En suivant l'allée centrale du jardin, on voyait une autre galerie transversale, qui

---

(1) Construction du pont-levis en 1430, 3ᵉ compte de Jean de Villers, cellerier.
(2) Il en est fait mention en 1462.

fermait l'entrée du château, et conduisait des appartements du Duc aux bâtiments du domaine situés contre le chœur de l'église Saint-Maxe.

5° *Seconde cour du château après la galerie.* — En 1462, la porte qui était pratiquée sous cette galerie et qui donnait entrée dans la *seconde cour du château* avait un pont-levis (1). Cette galerie mesurait environ 20 mètres de long; elle était portée sur un mur épais de 2 mètres, décoré de chaque côté par neuf pilastres, destinés à supporter les encorbellements de la galerie en bois recouverte d'une toiture en ardoises; elle était en si mauvais état vers 1773, qu'un expert désigné par la Chambre des comptes concluait à la démolition (2).

6° *L'habitation du Seigneur.* — Après avoir franchi la porte de la galerie qui donnait accès dans la deuxième cour, on trouvait, à droite, l'habitation du Seigneur du château avec ses toitures plus élevées et ses tourelles en saillie sur l'enceinte. C'était le *vieux château* proprement dit, désigné dans quelques chartes des archives sous le nom de *donjon* : il se composait de vastes sous-sol à la partie inférieure, au-dessus desquels se trouvaient les offices et pièces de service; puis au rez-de-chaussée et aux étages supérieurs, les appartements d'honneur, les chambres de réception, l'oratoire, la salle du parement, où le duc Robert se livrait d'ordinaire aux soins du gouvernement, et où se prêtait l'hommage-lige (3).

7° *Les grandes salles du château, seconde galerie allant à Saint-Maxe.* — Après cette partie du château qui mesurait environ soixante mètres, les bâtiments étaient en retrait sur la crête du plateau. A cet endroit, se trouvait une seconde galerie couverte, allant directement du château à l'église Saint-Maxe, et aboutissant à une tribune placée en regard de la chapelle de Notre-Dame; cette galerie séparait la seconde de la *troisième*

---

(1) B. 502, p. 132. — (2) Procès-verbal du 16 nov. 1773.
(3) Servais, II, 203.

*cour du château.* Au coin se voyait, entouré de murs, le grand puits creusé jusqu'au niveau de la rivière et servant aux usages du château (1). Ensuite venaient, avec couverture à tuiles plates (2), les grandes cuisines voûtées et leurs dépendances, formant deux nefs à trois travées solidement contrebutées par des éperons résistants. Après les cuisines suivaient, la *grande salle*, la *salle au pilier rond* ou des *Assises,* avec leurs cheminées monumentales, la *salle des États* partagée en deux travées par des piliers carrés, enfin d'autres bâtiments accessoires jusqu'à la Tour Valéran. Cette partie était réservée aux grandes réunions des officiers, des Assises, des États du duché. En arrière régnait une terrasse d'où l'on descendait par une pente assez raide au jardin établi sur le bastion.

8° *Magasins.* — En dessous des grandes salles communes, il y avait des sous-sol voûtés où s'entassaient les vins du domaine, etc. Au-dessus régnaient les greniers et *magasins* divers pour les dépôts des denrées et provisions; plus tard (1523), comme ces magasins étaient insuffisants, on en construisit d'autres entre la Tour Valéran et la Tour noire (3).

9° *Chambre des comptes et neuf château, l'Église Saint-Maxe et dépendances du Chapitre.* — En contournant la grande place de l'esplanade, nous trouvons, à droite de la première porte du château, le bâtiment de la Chambre des comptes avec ses salles d'audience, ses dépôts voûtés pour les chartes, les dépendances pour le gardien de la porte; puis, précédé d'une cour, le *neuf bâtiment* où les Ducs résidèrent dans les derniers temps ; enfin l'église Saint-Maxe; en avant du portail, une vaste citerne ; sur le côté, les dépendances de l'église et du Chapitre, la maison du doyen et quelques salles du domaine placées contre le chœur. Nous en ferons plus tard l'histoire et la description détaillées.

(1) On en fait mention en 1424. — (2) B. 643. — (3) B. 539.

## VII. — Caractères et magnificences des bâtiments du château.

Ces différentes constructions, élevées successivement à mesure que le réclamait le besoin du temps, avaient une architecture sévère au début. A partir du xive et surtout du xvie siècle, sous le duc René II, son fils Antoine et Charles III, avec l'accroissement du trésor, la demeure seigneuriale se transforma de plus en plus ; tout en gardant son cachet militaire, elle devint une maison de plaisance et un palais pour les Ducs, qui aimaient d'y résider : des embellissements y furent introduits ; on se plut à l'orner avec une certaine magnificence ; presque tous les arts décoratifs, la peinture, la sculpture, la broderie, l'orfévrerie, concoururent à l'ornementation des appartements princiers, comme nous le verrons dans le chapitre de la Vie et des Fêtes du château.

1° *Les arts et les artistes.* — Déjà, sous René d'Anjou, on voit, autour du royal artiste, des peintres et des enlumineurs des beaux manuscrits de son école. En 1456, Jennin le peintre est appelé à décorer la chapelle du donjon ; sur le rétable de l'autel, il représente les apôtres. Le parement du devant de l'autel était d'un damas pareil à celui de la chapelle d'Alexandrie qui se trouvait à Saint-Pierre de Bar (1). En 1464, récompense est accordée à Paul Goybaut, chapelain et enlumineur du Roy (2).

Les vitraux embellissaient la demeure féodale. Lorsqu'en 1362, le duc Robert y fit construire une tourelle « *pour lui gésir, le poinctre Ancherin* en peignit les verrières ». En 1499, Pierre d'Amiens décora l'église Saint-Maxe à l'occasion du service de la reine Jeanne de Naples. En 1521, Simon de Meaulx, peintre verrier, orna de ses œuvres le château de Bar (3). En

(1) Compte de Pariset des Bordes, 1456.
(2) Compte de Jean de Barbonne, 1464.
(3) *Journal de la Société d'archéol. lorr.*, 1881, p. 98.

1565, Médard et Claudin Crock, peintres du duc Charles III, travaillèrent pour la décoration du baptême de Henri II (1). En 1572 et 1584, le peintre Claude Gilbert posa aussi des vitraux en différentes pièces du château (2). En 1579, Claude Gratas, maître maçon ou architecte de Bar-le-Duc, un des descendants de la famille de Jeanne d'Arc, anoblie par elle, dirigeait la construction et la décoration du bâtiment neuf du château; il faisait poser des trophées au-dessus de la porte d'entrée.

A cette époque, on voit aussi le R. Père en Dieu, Frère Didier Cousin, abbé de Notre-Dame de Jandeures, fournir à la maison ducale cinq grandes taques de fer, fondu en la forge de l'abbaye (3).

Dans les grandes salles du château, on admirait de vastes cheminées sculptées et armoriées, dont nous avons un spécimen dans le couronnement de la cheminée monumentale de la première salle du Musée, où l'on voit les armes écartelées du duc Antoine et de Renée de Bourbon son épouse (4).

Sous René II, Jean Crocq, *imagier et maistre de pourtraictures*, restaurait en 1486, la belle cheminée de la petite salle du château, la « *clère-voye, les esles des deux oyseaux, la couronne* (5) », etc. Il sculptait en 1502 des « *chayeres* ou *sièges pour la Royne* »; en 1505, il fut chargé de faire le mausolée du duc de Bourgogne, placé en l'église Saint-Georges de Nancy, et la description du monument (6) atteste le talent de l'artiste : Jean Crocq fit école; il eut des élèves à Bar même (7).

2° *Les tapisseries*. — Les salles du château, aux Grands-Jours, se paraient aussi de tapisseries en haute lice; déjà, en

---

(1) *Société d'archéol. lorr.*, t. IV, 1<sup>re</sup> part., p. 30. — (2) B. 552, p. 192. — (3) Compte de Jean Maillet, 1584. B. 569.

(4) Ce manteau de cheminée se trouvait dans une des salles de la Chambre des comptes; quand on exhaussa le plafond du Musée, le conservateur M. Oudet, pour combler le vide, ne trouva rien de mieux que de placer ce bas-relief au-dessus de la corniche de la cheminée. L'ouvrage de César Daly l'a reproduite en gravure comme un des beaux types des grandes cheminées de la Renaissance.

(5) Comptes d'Ant. Varin, recev. général. — (6) Lepage, *Galerie aux Cerfs de Nancy*. — (7) Compte de Christophe Péchard, 1510.

1427, on voit René d'Anjou faire *ouvrer des tapisseries par Jennin et Robin, maistres tapissiers de Saint-Mihiel* » (1). Elles étaient mobiles et se transportaient à la résidence qu'habitait le Duc, à Bar, à Louppy-le-Château, à Nancy ; on les appendait, comme décorations de passage, après les guindes fixées à la muraille (2). En 1505 et 1506, on fit transporter à Nancy (3) ces décorations du château de Bar.

En 1523, le duc Antoine avait un *tapixier attitré, et lui faisait payer pour chascun an une pension à la Saint-Jean et à Noël* (4) ». Une note de Nicolas de Pullenoy, conseiller et secrétaire du duc, nous apprend que *quelques-unes de ces tapisseries mesuraient trois aulnes de Paris en hauteur*, qu'elles étaient façonnées à « *haulte lice* », qu'elles représentaient des bocages et des personnages. Une autre avait en longueur « vingt-quatre aulnes de Paris et trois aulnes en hauteur ». Sur ces tapisseries apparaissait fréquemment le chardon héraldique, emblème favori de la famille maternelle de Philippe de Gueldres, avec la devise de la Reine duchesse « *Ne me toques, il point* » (5). Ne me touchez pas, il pique.

3° *Autres magnificences.* — Pour mieux juger de la magnificence du château dans la première moitié du XVIe siècle, il suffit de parcourir les dispositions testamentaires de Philippe de Gueldres, où l'on voit énumérer parmi les pièces du mobilier, un grand nombre d'ustensiles en argent doré, des pots, des tasses avec couvercles, des bassins, des drageoirs, des aiguières, des coupes, des nefs de vermeil, des flambeaux d'or, et de grandes torchères pour les réceptions d'apparat, quelques vases de porcelaine alors si recherchée.

Les étoffes les plus riches ; le satin cramoisi orné des armes

---

(1) B. 1050, f° 86. — (2) B. 1261-1367 ; B. 502, p. 132.

(3) B. 529, f° 161. Ces tapisseries étaient assez considérables pour nécessiter quatre équipages de voitures (*Ib.*).

(4) B. 539, f° 138. C'était Luc Platel venu des Pays-Bas, véritable artiste qui fit les tapisseries à haute lice regardées aujourd'hui encore comme des chefs-d'œuvre (Pelletier, *Nobiliaire de Lorraine*).

(5) Des Robert, *Mém. de la Société d'archéologie lorr.*

de Philippe, paré des chardons héraldiques et chatonné de broderies ; des lits de drap d'or frisé ; des rideaux de taffetas jaune et cramoisi, portés par des bâtons argentés ; des parements de velours avec le chiffre ducal ; des tentures de damas blanc et cramoisi, des tapis de soie et en moquette veloutée, recouvraient les lits, les meubles, les parquets. Presque tous ces ouvrages avaient été confectionnés par les mains habiles de la sainte duchesse (1).

Tant que le château fut la résidence ordinaire ou du moins fréquente des Ducs, il fut entretenu en bon état. On y trouvait, surtout à partir de René II, tous les agréments des maisons souveraines : outre le luxe et l'ameublement des appartements, il y avait de vastes jardins peuplés d'arbres rares et de fleurs choisies. On y faisait produire des melons renommés, qu'on envoyait à la maison du prince, quand il était absent : les muscadets et les meilleurs cépages plantés dans une terre préparée avec soin garnissaient les murailles de leurs grappes abondantes (2). Il y avait dans les dépendances du château des cages pour mettre les faucons et autres oiseaux de proie ; et dans les fossés paissaient des cerfs apprivoisés pour fournir la venaison. Tout cela nous donne une idée des splendeurs que renfermait alors le château de Bar.

## VIII. — Démantèlement, démolition
### et décadence du château.

C'était la période brillante du château ; mais la vieille demeure féodale perdit peu à peu sa splendeur ; depuis le moment où les Ducs fixés à Nancy n'y firent que de rares séjours, le château était négligé, mal entretenu.

Sous l'occupation française, en 1649, le 14 février, l'habitation du gouverneur de Périgal, là où résidaient jadis les Seigneurs du château, fut dévorée par un violent incendie, que

(1) Voir *Vie de Philippe de Gueldres*, par l'abbé Guillaume, Nancy, 1853, p. 362. V. *Pièces justificatives*, n. I. — (2) B. 513.

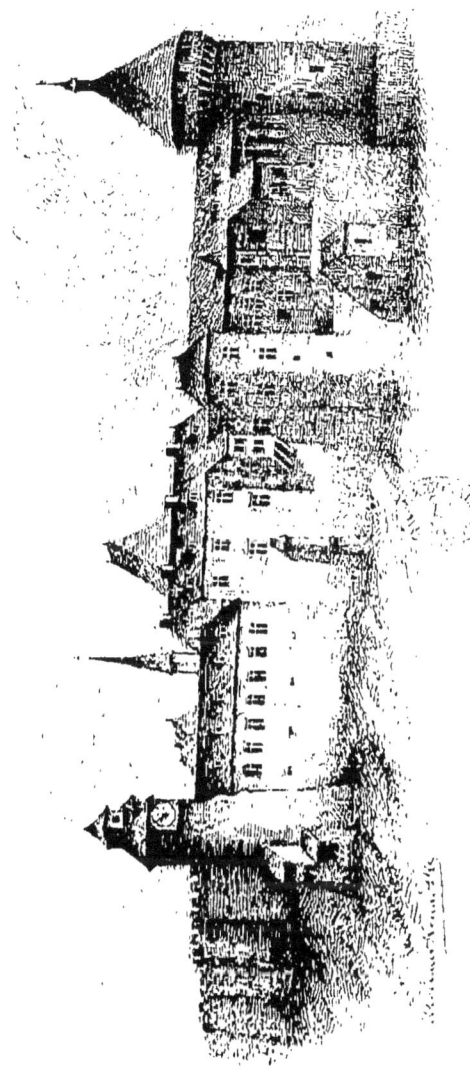

LE CHATEAU DE BAR, D'APRÈS LE TABLEAU DE SAINT-PIERRE
DESSIN DE M. WLODIMIR KONARSKI.

tous les efforts de la garnison et des habitants ne purent arrêter.

Le feu avait commencé la destruction de la partie centrale du château; les ordres de Louis XIV, pour le démantèlement de la forteresse, hâtèrent la ruine totale.

1° *Démantèlement.* — En 1670, lassé des tergiversations de Charles IV, et sachant que le duc de Lorraine tramait de nouvelles intrigues contre la France, le Roi ordonna d'occuper le duché. L'armée française, forte de 14.000 hommes, vint camper près de Vaubecourt, le 30 septembre. Un mois après, pour en finir avec de nouvelles résistances de la part d'une province profondément attachée à ses souverains, il fut décidé que l'on démantèlerait les forteresses du pays. Bar et son château ne furent pas épargnés. Le 30 octobre, l'ordre fut donné de procéder à la démolition des murailles et des tours. Le conseil de ville réclama; vainement il essaya d'adoucir les commandants de La Platière et de La Bottière, de les amener par des présents à surseoir à la démolition des tours du château; vainement on eut recours à M. de Lionne lui-même; tout ce qu'on put obtenir, ce fut de conserver la Tour de l'Horloge à cause de sa beauté et de son utilité. Le 16 novembre, le ministre transmettait ses instructions sur ce point à M. de Créqui et à Louvois, qui en pressa l'exécution.

2° *Démolition.* — Afin d'aller plus vite en besogne, on avait d'abord résolu de faire sauter à la mine les fortifications du château; mais sur les réclamations des habitants des maisons voisines, on se contenta d'employer la pioche. Cinq à six cents hommes des villages environnants furent contraints de faire à la corvée ce travail de destruction, qui dura plusieurs mois.

On commença par renverser le rempart et les tours qui défendaient le château du côté de la ville-haute, et les débris servirent à combler le fossé; puis on fit une grande brèche à la courtine qui partait de la Tour de l'Horloge et se dirigeait vers le Nord; on abaissa jusqu'au niveau du sol des terrasses les murs qui les soutenaient; on démolit la belle Tour Valéran située près du collège des Jésuites; on rasa la Tour noire; on en conserva seulement la base qui soutient l'esplanade du côté de la porte ; on ne laissa de la Tour du Baile que les fondations cachées sous le sol ; les portes furent aussi démantelées et les matériaux de démolitions furent laissés sur place, encombrant les fossés, les talus et les avenues qui conduisaient à la ville-haute. La Belle Porte seule fut conservée.

C'en était fait de la vieille forteresse des Comtes et des Ducs de Bar, symbole et boulevard de leur indépendance souveraine. A la pioche des démolisseurs succédèrent les ravages du temps et de l'incendie qui continuèrent l'œuvre de destruction.

3° *Décadence.* — A part le bâtiment de la Chambre des comptes et ceux du Chapitre de Saint-Maxe qui étaient habités, le reste demeurait de plus en plus dans un état de délaissement et d'abandon, surtout durant les guerres désastreuses du règne de Charles IV. Les gouverneurs séjournaient encore au château, mais les appartements étaient négligés. En 1665, la Chambre des comptes constatait que les appartements de Son Altesse étaient en si mauvais état, que les toitures du château neuf, de la Chambre, de la Tour Vauran, de la grande salle des États, de la grande galerie, de la maison voisine de la première porte, avaient besoin d'urgentes réparations (1).

A partir de la réunion de la Lorraine et du Barrois à la France, la salle des États avait été transformée en un magasin à blé ; les pièces voisines étaient affectées à différents services de la Chambre des comptes.

Sur l'emplacement du pavillon incendié, le chanoine Notta se construisit une maison, que M. Antoine de La Morre, principal du collège, et chanoine de Saint-Maxe, obtint en 1769 (2) à cens perpétuel, et transforma en une demeure confortable, dont la porte d'entrée en fer forgé et décorée de vases sculptés par Louis Humbert, a été depuis utilisée pour l'habitation de l'aumônier du Couvent.

Le reste demeurait sans emploi et s'en allait à la ruine.

---

(1) Arch., cart. 217, f° 482. Vers 1739, le château servait de logement aux soldats invalides. — (2) Chambre des comptes, reg. 243, f° 49.

## IX. — Établissement de la manufacture.

On parlait d'établir, dans les pièces délaissées, un dépôt de mendicité, mais le Chapitre de Saint-Maxe s'alarma d'un tel voisinage; la suite des événements leur donna une destination plus utile.

1° *Première idée de la manufacture.* — Un jour de dimanche les abbés *de Cheppe* et *André*, chanoines de Saint-Pierre, se promenaient sur la route de *Combles* en s'entretenant de la misère des gens du peuple; ils rencontrèrent une jeune fille revenant à la ville chargée d'un fagot, et lui demandèrent pourquoi elle faisait semblable métier; elle répondit qu'elle aimerait mieux faire autre chose, mais n'avait pas d'ouvrage. L'idée leur vint de s'occuper des enfants en établissant un atelier de charité, où ceux-ci apprendraient à travailler, et où ils seraient élevés sous l'influence de la religion.

2° *Débuts heureux.* — L'abbé de Cheppe se mit aussitôt à l'œuvre et loua une remise dans la rue des Grangettes : c'était en 1765; on y établit les premiers ateliers de filage, de tissage et de tricotage sous la direction de deux sœurs de la Doctrine chrétienne, chargées d'instruire les jeunes filles et de diriger leur travail. L'essai réussit, et bientôt il fallut songer à un plus vaste local; on loua d'abord une des grandes chambres du château, alors occupée par les officiers municipaux. Mais afin d'étendre l'œuvre et d'en assurer l'avenir, en 1768, MM. Henry, curé de Bar, Bertrand, official, de Noncourt, promoteur de l'officialité, de Cheppe et André, chanoines de Saint-Pierre, adressèrent une requête à Louis XV, disant que, dans la vue d'instruire la jeunesse et de secourir les pauvres, ils avaient projeté d'établir une manufacture qui pût occuper un grand nombre d'ouvriers, et, qu'ayant besoin d'un vaste emplacement, ils demandaient l'abandon à titre d'ascensement, des anciennes écuries et de la grande galerie du château, ainsi que du terrain adjacent.

3° *Constitution de la manufacture.* — L'évêque de Toul déclara le projet d'utilité publique; les officiers municipaux l'encouragèrent; M. de Vendières, procureur général de la Chambre des comptes, appuya la pétition; et, sur le rapport favorable de M. de Laverdy, contrôleur général des finances, le 24 avril 1768, une ordonnance de Louis XV accorda l'objet de la demande moyennant un cens annuel de 20 livres. Le 11 juillet suivant, la Chambre des comptes enregistra l'arrêt.

Deux ans après, le 16 mars 1770, entre les Directeurs et Administrateurs de la manufacture, MM. Jean Bertrand, official du Barrois, Jean-François de Cheppe et Charles André, chanoines de Saint-Pierre, Estienne de Vassart, chevalier, seigneur d'Andernay, maître des comptes, Joseph Bouchez *de Morlaincourt*, chevalier, seigneur de Morlaincourt, Charles Battel, écuyer, Pierre-Henri Magot, écuyer, receveur des finances, Pierre-François Mathurin Hériot, écuyer, seigneur de Bettancourt, tous demeurant à Bar, un contrat d'Association fut rédigé, en vertu duquel, les sociétaires voulant créer l'industrie dans un pays qui en était dépourvu, s'engagèrent à construire une manufacture de dentelles, d'ouvrages de coton, de toile de fil et de coton, etc.

4° *But charitable.* — Leur but était de fonder un établissement de charité pour le bien public; par conséquent, ils s'interdisaient de s'approprier les bénéfices, mais s'obligeaient, après le remboursement des frais d'établissement et autres, à employer les profits pour l'extension de l'œuvre, pour l'avantage des pauvres et des orphelins; ces derniers devraient être admis de préférence.

5° *Fonctionnement.* — Un Régisseur et un Secrétaire établis pour trois ans s'occupaient gratuitement du fonctionnement de l'œuvre: l'instruction des jeunes gens se donnait sous la direction des ecclésiastiques par des maîtres et maîtresses ayant la charge d'enseigner aux apprentis la lecture, l'écriture, le calcul, et les éléments de la religion; il y avait deux salles de travail séparées pour chaque sexe. Après quatre années d'apprentissage, on délivrait aux ouvriers un brevet de maîtrise.

6° *École royale*. — Le 12 janvier 1773, un arrêt du Conseil d'État du Roi permit d'élever les bâtiments nécessaires, et d'inscrire sur la porte principale le titre d'*École royale et gratuite*. Madame Adélaïde de France favorisa l'établissement par ses libéralités ; on lui accorda divers privilèges (1), et, la jouissance de la somme de 1.200 livres de rente, léguée par Stanislas aux Frères des Écoles chrétiennes, lui fut attribuée, en attendant que les conditions du legs pussent être remplies.

On se mit à l'œuvre. Sur les murs de la grande galerie de l'ancien château, on éleva le magnifique bâtiment de la manufacture qui existe encore ; les constructions montèrent à la somme de 60.000 livres. En 1775, les fondateurs avaient avancé 100.000 écus.

7° *Développements*. — Comme l'œuvre se développait, en 1774 et 1775, sur le rapport favorable de M. de Romécourt, procureur général de la Chambre des comptes, Turgot, conseiller du roi et contrôleur général des finances, accorda aux associés l'autre partie de l'ancien château, comprenant la salle des États et les grandes salles adjacentes, jusqu'au grand puits, qui fut alors comblé ; on y ajouta les terrasses en ruines et les jardins situés en arrière, sur les glacis. Une chapelle fut établie au centre des ateliers pour le service religieux de la population ouvrière. En 1778, cent jeunes filles de sept à seize ans, envoyées par l'hôpital des enfants trouvés de Nancy, travaillaient dans les ateliers sous la direction de cinq Sœurs.

Ce fut donc sous l'inspiration de la religion, que s'introduisit à Bar l'industrie du tissage et de la filature, qui dans la suite devint une des principales sources de la fortune du pays.

8° *Manufacture pendant la Révolution*. — Les choses durèrent ainsi jusqu'à la Révolution. Le 16 avril 1791, l'établissement fut supprimé, les enfants répartis dans les campagnes, et

---

(1) Le 8 août 1777 le corps municipal permit à la manufacture de prendre le superflu des eaux de la fontaine de la ville-haute pour les conduire dans la grande citerne de la cour. — V. mairie de Bar, reg. 45, f° 80.

les Sœurs obligées de se séparer. Cependant le travail continua, pendant les mauvais jours, sous la direction des employés de la manufacture; mais les fondateurs émigrèrent. De temps en temps, quelques prêtres fidèles venaient, à la dérobée, célébrer les saints mystères pour les Directeurs et quelques fidèles avertis discrètement. M. l'abbé Trancart, fils de l'un d'eux, né dans la manufacture, avait religieusement conservé le petit meuble, où l'on cachait les vases sacrés, dont la pauvreté rappelait les messes des Catacombes.

9° *La fin.* — Le 7 frimaire an XII (1804), MM. de Cheppe et Charles-François Chanot de Battel cédèrent leurs droits sur l'établissement à MM. Trancart et Lallemant, qui le firent valoir durant quelque temps : en 1807, il revint à MM. Jeannin, Royer et Champenois (1). Enfin, le 27 septembre 1832, la manufacture proprement dite, construite sur la grande galerie du château, fut acquise par les Dames Dominicaines, qui l'ont aménagée pour leur pensionnat. De la sorte, à l'atelier de la charité, au travail de la manufacture, succéda le laboratoire de l'intelligence et de la formation des âmes.

## X. — Ce qui reste du château ; les ruines.

Le reste des locaux, après avoir servi à différents usages, fut dévoré par un violent incendie, qui consuma, en 1817, la caserne de gendarmerie adjacente; les débris furent démolis et dispersés; et, sur l'emplacement des grandes salles, des jardins furent créés, qui devinrent plus tard la propriété des religieuses de Saint-Dominique.

De la forteresse et de la demeure féodale, il ne reste plus que la Tour de l'Horloge, les substructions du Couvent, des débris

(1) Les livres de comptabilité, ainsi que les carnets d'échantillons de tissus provenant de cette première fabrique établie à Bar-le-Duc existent encore, et sont déposés au Musée industriel de cette ville, fondé par la Société de géographie. Ils ont été donnés par M. Jules Baudot, directeur du Tissage mécanique et membre de la Société des lettres, qui les tenait de M. l'abbé Trancart.

de murailles et un bastion dans le jardin du Monastère, des pans de rempart soutenant les terrasses de l'esplanade, la première porte, les murs qui contrebutent la chaussée du Baile, et les jardins avoisinants; çà et là, quelques débris des vieilles fortifications; enfin, la Chambre des comptes, le *nouveau chastel*, et la maison du Doyen, dont nous parlerons dans l'étude spéciale que nous en ferons.

Le château avait été fondé en même temps que le régime féodal; il devait en suivre les vicissitudes, et disparaître avec lui.

# CHAPITRE II.

## LA MAISON DE BAR ET LES SEIGNEURS DU CHÂTEAU.

---

I. Première race des ducs de Mosellane et Comtes de Bar : Frédéric I; Théodoric ou Thierry I; Frédéric II. — II. Seconde race des Comtes de Bar : *Famille de Montbéliard :* La comtesse Sophie et Louis de Montbéliard; Théodoric ou Thierry II; Thierry III; Renauld le Borgne; Renauld II; Henri I; Thibaut I; Henri II; Thibaut II; Henri III; Edouard I; Henri IV; Edouard II; Robert le Magnifique, Duc de Bar; Edouard III; Louis, cardinal et Duc de Bar. — III. Troisième race des Souverains du Barrois : *la Maison d'Anjou :* René d'Anjou; Yolande d'Anjou. — IV. Quatrième race des Seigneurs de Bar : *Maison de Lorraine-Vaudémont :* René II; Antoine; François I; Charles III le Grand; Henri II le Bon; Charles IV et Nicole; François II; Charles IV seul; Charles V; Léopold I; François III. — V. Stanislas, Duc de Bar. — VI. Les Rois de France, Ducs de Bar. — Fin de la principauté du Barrois.

Nous avons décrit le château et rappelé ses vicissitudes durant le cours des siècles depuis son origine jusqu'à sa destruction; disons maintenant les Seigneurs qui l'habitèrent, et ont formé *la Maison de Bar.*

Par son origine et ses alliances, la Maison de Bar fut une des plus illustres de l'Europe; elle sortait des anciens ducs d'Ardenne et de Mosellane, descendants de la race royale de France : très souvent, nous la verrons alliée aux empereurs, aux rois, aux plus nobles familles du temps;

elle a produit un grand nombre de héros qui se sont illustrés dans les combats : plusieurs d'entre eux ont versé leur sang, pour les intérêts de la Religion et de la Patrie ; il en est sorti de grands évêques qui ont gouverné les Églises de Metz, Verdun, Liège, etc., des femmes remarquables par leurs vertus et leurs capacités.

La ligne de descendance masculine a été différentes fois interrompue, d'où résultent plusieurs races. La première commence à Frédéric, et comprend trois Comtes de Bar. La seconde a pour tige Louis de Montbéliard, et finit au cardinal Louis ; on y compte seize noms. Puis vient la Maison d'Anjou, à laquelle succède celle de Lorraine-Vaudémont, jusqu'à l'avènement de Stanislas, et la réunion du Barrois à la France.

Nous indiquerons brièvement ce qu'il y a de plus remarquable dans le règne de ces souverains, principalement en ce qui regarde le château de Bar, leur caractère, leurs alliances, leur mort, leur postérité, renvoyant pour de plus amples détails aux auteurs qui ont traité largement la matière (1).

## I. — Première race
### des Ducs de Mosellane et Comtes de Bar.

De 950 à 1032.

#### Frédéric I$^{er}$,
Duc de Mosellane et 1$^{er}$ Comte de Bar.

[Vers 950 jusqu'en 984.]

1° *Origine du Comté de Bar.* — Après avoir fait partie du royaume d'Australie et du vaste empire carlovingien, le pays

---

(1) V. Dom Calmet, *Hist. de Lorraine*. — Benoît Picart, *Histoire de Toul*. — Maillet, *Essai chronologique sur le Barrois*. — Digot, *Hist. de Lorraine*, etc.

de Bar, tour à tour possédé par les descendants de Charlemagne, qui régnaient en France, et par les empereurs de Germanie, finit par devenir une principauté indépendante, au moment où s'établissait la féodalité du Moyen âge. Alors les grands feudataires, profitant de la faiblesse des derniers Carolingiens, des divisions politiques de cette époque tourmentée, et des invasions normandes, cherchèrent à se constituer des domaines, où ils régnaient en maîtres sous le nom de Duchés et de Comtés bientôt héréditaires.

2° *Le premier Comte de Bar, sa puissance.* — C'est sous le nom de Comte que, vers 952, apparaît Frédéric, le chef et le fondateur de la Maison de Bar (1).

Il était, croit-on, fils d'Othon d'Ardenne (2), de très noble famille, écrit Gerbert, devenu plus tard le pape Silvestre II ; ses ancêtres sortaient du sang royal. En 954, il épousa Béatrix, fille du comte de Paris, Hugues le Grand, sœur de Hugues Capet, nièce de l'empereur Othon I, et de Brunon, archevêque de Cologne ; par sa mère Hedwige, fille de Henri l'Oiseleur, elle descendait de saint Arnou, et tenait à la famille Carolingienne.

Déjà Seigneur de la Voivre, de Briey, maître d'une partie du Chaumontois, et de Bar, Frédéric agrandit peu à peu son domaine par des échanges, qu'il fit avec saint Gérard (3), et avec l'abbaye de Saint-Denis, pour les biens que celle-ci possédait à Neuville, Revigny, Laimont (4), contre ceux que Béatrix avait aux environs de Paris. Il se constitua le voué, ou le défenseur des moines de Saint-Mihiel, pour la protection des intérêts temporels de leur puissante abbaye ; ce titre ajoutait à sa puissance en lui conférant des droits considérables, dont abu-

---

(1) Une charte de Bérenger, évêque de Verdun, et Flodoard, dans sa *Chronique*, lui donnent ce titre en 952.
(2) Maillet, *Essai chronolog.*, p. 7. — Benoît Picart, *Vie de Saint Gérard*, p. 329.
(3) V. chap. I<sup>er</sup>, p. 7.
(4) Vassebourg, f° 200.

sèrent quelques-uns de ses successeurs (1). Il eut aussi la vouerie des abbayes de Saint-Dié et Moyen-Moutier (2).

3° *Frédéric, devenu duc de Mosellane*. — En 958 (3), Brunon, archevêque de Cologne, Duc de la Haute et Basse-Lorraine, ne se sentant pas capable de gouverner un si vaste État au milieu des difficultés des temps, et désirant se consacrer à l'évangélisation des peuples du Nord, tout en conservant le commandement supérieur des deux duchés, avec le titre d'Archiduc, se dessaisit de la Haute-Lorraine. Il en confia le gouvernement à son neveu Frédéric, Comte de Bar, lequel devint de la sorte Duc bénéficiaire de la Lorraine Mosellane, et réunit à son alleu du Barrois, ainsi qu'à ses autres possessions, un vaste territoire s'étendant à droite et à gauche de la Moselle, depuis Trèves et Luxembourg jusqu'aux confins des Vosges, vers le Midi (4).

4° *Caractère de Frédéric et sa descendance*. — Il avait, nous disent nos chroniqueurs, une réputation méritée de bravoure et de capacité. Richer, moine de Senones, l'appelle « *un homme craignant Dieu* », zélé pour les choses de la religion, l'ami de saint Gauzelin, évêque de Toul. Il mourut en 984, laissant trois fils : *Théodoric* ou *Thierry*, son successeur ; *Adalbéron*, qui fut successivement évêque de Verdun et de Metz ; et *Henri* ou *Héselin*, comte de la Voivre ; une fille Itta, épouse de Rapbot, Seigneur d'Altenbourg.

(1) « Vinrent cinq générations de Ducs et de Comtes, qui, non con-
« tents de l'énorme part, que s'était faite leur ancêtre Frédéric, prirent
« dans le reste, ce qui leur convenait, pour en faire des bénéfices à
« leurs hommes d'armes » (*Chron. de Saint-Mihiel*). L'avouerie eut son origine dans l'interdiction, que l'Eglise faisait aux clercs et aux moines, de prendre part à la guerre et de paraître devant les tribunaux laïques. L'avoué les remplaçait pour ces circonstances. Mais trop souvent, au lieu d'être les protecteurs des églises et des monastères, les avoués en devinrent les spoliateurs (Glasson ; Bonvalot, *Hist. du droit et des institutions en Lorraine*, p. 134).

(2) Widric, *Vie de Saint Gérard*, charte d'Othon II.

(3) Flodoard. — (4) V. Dom Calmet, II, p. 18 et 24.

### Théodoric ou **Thierry Ier**,

Duc de Mosellane, 2° Comte de Bar

[984-1024].

1° *Régence de Béatrix, et première origine du Chapitre de Saint-Maxe*. — Dans les premières années du règne de Thierry, Béatrix, femme d'un caractère élevé et d'une grande vertu, administra la Lorraine ainsi que le Barrois avec beaucoup de sagesse, et conserva longtemps une légitime influence dans le gouvernement. Mais en 1007, Thierry, fatigué de cette sorte de tutelle, se mit violemment en possession de l'autorité, et fit enfermer sa mère dans une étroite prison, dont elle ne sortit que par l'intervention du pape Jean XX. Pour l'expiation de sa faute, il dut fonder quatre prébendes à Saint-Maxe, en donnant à cette église le moulin de Longeville et ses dépendances (1).

2° *Principaux événements du règne*. — Il fut aidé dans ses affaires par Nanterre, abbé de Saint-Mihiel, qu'il envoya en ambassade près de Robert, roi de France; parce que ce moine parlait la langue française avec beaucoup de pureté (2).

Vaillant guerrier, il soutint la cause de l'empereur saint Henri contre ses rivaux, attaqua non loin du château de Bar, Amalric ou Amaury, archidiacre de Langres, et le tua de sa propre main en lui reprochant ses brigandages.

Thierry acquit par héritage le comté d'Amance (3), fonda le prieuré de Laître, et fit plusieurs libéralités à l'église de Saint-Mihiel; entre autres, il lui donna les biens qu'il possédait à Marbot, faubourg de Bar.

3° *Les enfants de Thierry I*. — Thierry mourut très probablement en 1024. Il eut de son épouse Richilde, fille d'Eduin

---

(1) V. Dom Calmet, t. I, *preuves*, p. 399, 400. — Jean de Bayon, *Chron. Mediani Monasterii*, lib. II, p. 46.
(2) *Chron. Sancti Michaelis*; Mabillon, ann. 358.
(3) V. P. Benoît Picart, *Vie de Saint Gérard*, p. 259

roi d'Angleterre (1), quatre enfants, dont deux seulement lui survécurent : *Frédéric II* son successeur, et *Adèle* qui fut mariée à Valéran, comte d'Arlon.

### Frédéric II,
#### Duc bénéficiaire de Mosellane et 3ᵉ Comte de Bar
[1024-1032].

1° *Brièveté de son règne*. — Frédéric II ne régna que peu de temps; il épousa Mathilde de Souabe, veuve de Conrad le Vieux, duc de Franconie, et sœur de l'impératrice Gisèle.

2° *Ses deux filles*. — Il mourut, pense-t-on, en 1032, laissant seulement deux filles, *Béatrix* et *Sophie*, dont la tutelle fut confiée par l'empereur Conrad le Salique à Gothelon ou Gozelon, devenu duc bénéficiaire de la Haute-Lorraine.

Les filles de Frédéric furent élevées à la cour impériale, et conservèrent seulement les domaines héréditaires de leur père. Béatrix eut le comté de Briey avec le Clermontois; elle épousa Boniface, marquis de Toscane, et devint la mère de la célèbre comtesse Mathilde, tante de Godefroy de Bouillon, laquelle soutint le pape saint Grégoire VII dans sa lutte contre l'empereur Henri IV, et dota le Saint-Siège des biens, qu'elle possédait en Toscane. Son tombeau se trouve à Saint-Pierre de Rome dans la chapelle de Saint-Sébastien; on y voit un bas-relief du Bernin, représentant la scène de Canossa. Après la mort de Mathilde, le comté de Briey revint à la Maison de Bar entre 1115 et 1117 (2).

(1) Lepaige.
(2) V. Clouet, *Hist. de Verdun*, II, p. 17. — B. Picart, *Vie de Saint Gérard*, p. 351.

## II. — Seconde race des Comtes de Bar,

De 1032 à 1419.

### La Comtesse Sophie et Louis de Montbéliard,

4° Comte de Bar

[1032-1092].

1° *Minorité de Sophie.* — Sophie reçut en partage le comté de Bar et d'Amance avec la vouerie de Saint-Mihiel. Pendant la minorité de la Comtesse, Gothelon, duc de Lorraine, protégea ses États contre les incursions d'Eudes, comte de Champagne, lequel, après s'être emparé deux fois de Bar, en 1036 et 1037, fut défait par Godefroy, fils de Gothelon, et tué dans une bataille, qui se livra non loin de cette ville (1).

2° *Elle épouse Louis de Montbéliard.* — Sophie épousa Louis de Montbéliard, comte de Monçon et de Férette, descendant de la maison d'Alsace et de Habsbourg. Il devint ainsi la tige de la seconde race des Comtes de Bar. C'est de lui, pense-t-on, que le Barrois a pris ses armes : *fond d'azur, avec deux barbeaux adossés et croix d'or à pied fiché*. Cette alliance accrut le Comté de Bar du pays de Pont-à-Mousson.

3° *Sa résidence à Saint-Mihiel.* — Après la mort de son époux (1067), Sophie établit sa résidence à Saint-Mihiel, où elle fit bâtir un château-fort pour la protection de l'abbaye, mais dont les gouverneurs devaient plus tard vexer étrangement les moines.

4° *Elle prétend au droit d'investiture.* — Durant toute sa vie, la Comtesse joignit à une solide piété un grand respect pour

---

(1) Herman Corrig., *De finibus imperii Germ.*, lib. I, c. VII, p. 58, cité par Lepaige, *Mourance du Barrois*.

l'Église. Dans ce siècle, où, par suite de l'organisation de la féodalité, les grands bénéfices ecclésiastiques, devenus une sorte de principauté, se conféraient comme les fiefs militaires par la puissance séculière, Sophie, vouée de Saint-Mihiel, avait cru pouvoir investir, après son élection, l'abbé Sigefroy par la tradition de l'anneau et de la crosse, emblèmes de l'autorité spirituelle. C'était une usurpation sur les droits de l'Église, contre laquelle luttèrent alors les Souverains Pontifes, et, plus que tous les autres, saint Grégoire VII. Sophie reconnut ses torts, et fit, en 1078, le voyage de Rome pour être absoute de sa faute; de son côté, Sigefroy se rendit à la Ville éternelle, portant avec lui sa crosse abbatiale pour la recevoir des mains du Pape.

5° *Fondations religieuses*. — En 1088, avec l'agrément de l'évêque Pibon de Toul, elle fonda le prieuré de Notre-Dame de Bar, qu'elle dota richement, et le confia aux Bénédictins de Saint-Mihiel : l'abbaye de Saint-Pierremont lui doit aussi son origine; d'autres disent que la comtesse Mathilde en fut la fondatrice.

6° *Sa mort et ses enfants*. — Elle mourut en 1092, après plus de 60 ans de règne, et fut enterrée à l'abbaye de Saint-Mihiel, près du tombeau de son époux : elle en avait eu trois enfants : *Théodoric* ou *Thierry*, Comte de Bar; *Frédéric*, comte de Lucelbourg, en Alsace; *Béatrix*, mariée au duc de Carinthie, en Autriche.

### Théodoric ou Thierry II, 5° COMTE DE BAR

[1092-1105].

1° *Principaux événements de son règne*. — A son avènement, Thierry possédait le comté de Bar et le domaine d'Amance, ainsi que le comté de Monçon : il reçut en outre de l'évêque Richer la charge de voué ou protecteur temporel de Verdun (1);

---

(1) Après la dislocation de l'Empire carlovingien, les évêques de Verdun gouvernaient la ville en qualité de souverains ; plus tard ils se virent obligés de déléguer une part de leur autorité à des Comtes ou Avoués choisis et révoqués à leur volonté.

il revendiqua le droit d'investiture de l'abbaye de Saint-Mihiel ; mais pour ne pas tomber sous le coup de l'excommunication, il fut convenu avec les moines, que lors d'une élection, la crosse abbatiale serait déposée sur l'autel, et que l'abbé élu, conduit par le Comte, l'y viendrait prendre (1). Thierry suivit quelque temps le parti de Henri IV révolté contre Grégoire VII, mais il finit par se réconcilier avec le Saint-Siège. En 1102, il fit présent à l'abbaye de Saint-Mihiel du prieuré d'Isming, afin qu'on y priât pour ses ancêtres, pour lui et sa descendance (2).

2° *Son épouse et ses enfants.* — Thierry avait épousé Ermentrude, fille de Guillaume, frère du duc de Bourgogne, et sœur du pape Calixte II, qui mit fin à la querelle des investitures. De son épouse, il eut plusieurs enfants : *Louis*, qui accompagna Godefroy de Bouillon à la première croisade, se distingua au siège de Nicée, et mourut en Terre-Sainte vers 1102 ; *Thierry*, comte de Montbéliard ; *Renaud le Borgne*, comte de Monçon, et plus tard Comte de Bar ; *Frédéric*, comte de Férette et d'Amance ; *Étienne*, évêque de Metz, et dans la suite cardinal ; *Gonthilde*, morte en odeur de sainteté, première abbesse du Monastère de Biblisheim, fondé par Thierry. Le Comte fut enseveli avec son épouse Ermentrude dans la cathédrale d'Autun, où son tombeau se voyait encore au siècle dernier (3).

### Thierry III, 6ᵉ Comte de Bar

[1105].

Il devint Comte de Bar à la mort de Thierry II : mais, à cause de sa mauvaise conduite (4), il fut bientôt chassé par ses sujets, et se retira dans son comté de Montbéliard.

---

(1) *Chron. Sancti Michaelis*, citée dans Dom Calmet, t. II, *preuves*, p. 202.
(2) V. Dom Calmet, I, 515, charte de donation ; parmi les témoins on lit : Warin de Salmagne, Baudin d'Apremont, etc.
(3) Durival, t. IV, suppl., p. 13.
(4) Albéric de Trois-Fontaines.

**Regnault** ou **Renaut I****er**, dit **le Borgne**, 7° Comte de Bar

[1105-1149].

1° *Il devient Comte de Bar; accroissement de sa puissance.*
— Fils de Thierry II, il épousa Gisèle ou Gisla de Vaudémont, fille de Gérard, comte d'Alsace et d'Helvide de Habsbourg, petite-nièce du pape saint Léon IX.

Après l'éloignement de son frère Thierry, Regnault, déjà comte de Monçon, se mit en possession du comté de Bar : il fut le voué de l'abbaye de Saint-Mihiel, et vidame ou gouverneur civil du comté de Verdun; à ce titre, chargé de la milice et de la justice criminelle, avec droit à une part du revenu de l'église.

2° *Son caractère.* — C'était, comme beaucoup de seigneurs de son siècle, un rude batailleur, dont la valeur dégénérait souvent en violence, mais à qui la foi savait inspirer de grandes œuvres.

3° *Il est attaqué par l'empereur Henri V.* — Il soutint la cause du pape contre Richard, évêque schismatique de Verdun, et s'attira la colère de l'empereur Henri V, alors en lutte avec le Saint-Siège. L'armée impériale vint attaquer le château de Bar (1113). La place dut se rendre, et Regnault fut emmené prisonnier devant la forteresse de Monçon, dont l'empereur voulait ensuite s'emparer.

4° *Siège de Mousson.* — Comme le château tenait bon, Henri fit élever une potence, et menaça d'y faire pendre le Comte, si les assiégés ne se rendaient. Ceux-ci demandèrent jusqu'au lendemain pour délibérer. Or, la nuit même, la comtesse de Bar, Gisèle, qui jusqu'alors avait soutenu le courage des soldats, mit au monde un fils auquel les défenseurs de la forteresse prêtèrent aussitôt serment de fidélité; et, quand une dernière sommation de se rendre fut faite à la place, cette femme héroïque, montant sur la tour la plus élevée du donjon, montra le nouveau Comte à l'empereur, en lui disant que s'il faisait mourir son époux, il lui resterait un successeur; mais qu'elle était résolue de s'ensevelir sous les ruines du château, plutôt que de capituler. Un tel courage fit réfléchir l'empereur, qui leva le siège; à la prière de ses proches, il rendit la liberté à Regnault, sans autre condition que celle de l'hommage des terres, relevant de l'Empire (1).

5° *Ses vexations contre l'Église.* — Regnault se rendit coupable de vexations et pillages à l'égard des biens de l'abbaye de Saint-Mihiel; cependant il finit par donner satisfaction aux moines. Il exerça aussi toutes sortes de violences dans la ville de Verdun, en élevant la fameuse *Tour du Voué* ou *Courlouve*, d'où ses soldats sortaient pour faire des déprédations sans nombre; en sorte qu'au lieu d'être le défenseur de l'Église, il en était le tyran. En vain les miracles se multiplièrent à la cathédrale pour consoler le peuple opprimé (2); en vain, l'évêque Adalbéron, escorté de son clergé, des religieux et des fidèles, essaya de toucher le Comte en se jetant à ses pieds dans l'église, en présence des châsses et des reliques des saints, Regnault demeura inflexible. Il fallut que l'évêque usât de stratagème pour s'emparer de la tour, qui fut rasée.

6° *Agrandissement du domaine et fondations.* — Avec le temps, le terrible Comte s'adoucit; il agrandit son domaine par l'acquisition de Dun, Sampigny, Sainte-Lucie, Malaumont, Rouvroy, Courcelles, Ernecourt, Han-les-Juvigny, Briey, Clermont, Vienne-le-Château et Stenay (3). En 1144, il fonda pour les Prémontrés l'abbaye de Riéval près de Void, puis le prieuré d'Auzécourt.

7° *Le Comte se croise.* — En 1147, électrisé par la parole de saint Bernard, il se croisa avec son frère Étienne de Metz, se rendit en Terre-Sainte à la suite de Louis VII et de Conrad III, revint en France sur la fin de l'année, mourut en 1149,

(1) Récit d'Othon de Frisingue, abbé de Morimont en Bassigny; Albéric; Laurent de Liège. V. *Patrolog.* Migno, t. CCLV, p. 948.
(2) C'est ce qui donna lieu à l'institution de la fête verdunoise des Prodiges. Clouet, II, p. 209.
(3) V. Clouet, II, p. 211.

en de grands sentiments de repentir (1), et fut enterré dans l'église de l'abbaye de Saint-Mihiel, près de Gisla, son épouse.

8° *Ses enfants*. — Il en avait eu de nombreux enfants ; *Hugues*, qui mourut en 1146, et fut enterré au cloître de Saint-Mihiel ; *Regnault II*, qui fut Comte de Bar, s'enrôla pour la seconde croisade avec son père, et se distingua au siège de Damas ; *Thierry*, primicier, puis évêque de Metz ; *Agnès*, épouse du comte de Chini ; *Étiennette*, mariée au seigneur de Commercy ; *Clémence*, qui épousa successivement le comte de Clermont en Beauvoisis et le comte de Dommartin.

## Regnault II, 8° Comte de Bar

[1149-1173].

1° *Les violences contre les moines de Saint-Mihiel*. — Fils de Regnault Ier, il fut comme lui voué de l'abbaye de Saint-Mihiel ; malgré les recommandations suprêmes de son père, il exerça contre les moines des vexations telles, que l'abbé Manegande dut recourir à l'intervention du pape Eugène III. Admonesté par le Souverain Pontife, le Comte de Bar donna satisfaction aux religieux.

2° *A la prière de saint Bernard il fait la paix avec Metz*. — Dans une guerre contre les habitants de Metz, il infligea une sanglante défaite aux Messins près de Pont-à-Mousson ; et, parce que les hostilités menaçaient de se prolonger, saint Bernard fut appelé comme médiateur. Regnault craignant un accommodement, qui lui retirerait les avantages de sa victoire, se refusa d'abord aux conditions de paix : pour ne pas céder, il s'était dérobé aux négociations. « *Ne vous troublez pas*, dit le « Saint aux religieux, qui l'accompagnaient ; *il m'a semblé cette*

---

(1) « Il commit des violences inouïes contre l'abbaye de Saint-Mihiel en exactions, tailles, corvées, séjours sur les terres, pendant lesquels il voulait être défrayé à sa merci : quand il fut à sa dernière heure il sentit de grands remords, confessa publiquement ses torts en exhortant son fils à ne pas suivre ses exemples (*Chron. de Saint-Mihiel*).

« *nuit que je célébrais une messe solennelle; et, comme j'avais
« déjà récité la première oraison, je me suis aperçu que j'avais
« omis le* Gloria in excelsis : *j'ai rougi de ma distraction, et nous
« avons réparé ensemble cet oubli* ». Bientôt, en effet, on vint
lui dire que Regnault offrait de reprendre la conférence : « Eh
« bien ! dit-il à ses religieux, *je vous avais prédit, que nous chan-
« terions le* Gloria in excelsis Deo ». On reprit les pourparlers
dans une île de la Moselle, et la parole du Saint, qui multipliait
les guérisons autour de lui, fit accepter au Comte une paix
honorable. Saint Bernard, déjà malade, revint à Clairvaux et
mourut peu après.

3° *Fondation de Jeand'heurs.* — En 1154, Regnault II
confirma la donation de l'*alleu de Jandeures* faite aux Prémontrés par Gérard, *châstelain* de Bar, et Galienne son épouse; il
prit les religieux sous sa protection.

4° *Il épouse Agnès de Champagne; ses enfants.* — La même
année, il épousa Agnès, fille de Thibaut le Grand, comte de
Champagne, qui lui apporta en dot la belle châtellenie de
Ligny. Cette alliance lui valut de devenir, cinq ans après, le
beau-frère de Louis VII, roi de France, lequel en 1150 épousa
Alix, sœur d'Agnès de Champagne. Regnault eut quatre enfants : *Henri* et *Thibaut*, qui furent successivement Comtes de
Bar; *Regnault*, évêque de Chartres; et *Hugues*, prévôt de cette
Église. On met généralement l'année de sa mort entre 1170 et
1173 (1). Il fut enterré dans l'église de Saint-Mihiel; Agnès, qui
lui survécut, fonda la collégiale Notre-Dame de Ligny; elle
mourut en 1207, et fut enterrée à l'abbaye de Trois-Fontaines.

## Henri I<sup>er</sup>, 9° Comte de Bar

[1173-1191].

1° *Premiers événements de son règne.* — Henri succéda, dans
le gouvernement du comté de Bar, à Regnault II. Avec sa

(1) En 1170, selon Albéric de Trois-Fontaines et M. d'Arbois de
Jubainville; en 1173, d'après Dom Calmet.

mère, il exerça des exactions contre l'Église de Verdun, dont il prétendait rester le voué héréditaire : ses violences lui attirèrent les anathèmes de l'évêque Arnoul, des papes Honorius III et Alexandre III. Il reconnut sa faute, et, le 15 juin 1179, il vint à Verdun avec la comtesse Agnès, se rendit au cloître de la cathédrale ; puis, en présence des témoins cités à l'acte, de la noblesse du pays, et de l'évêque, il sollicita l'absolution des censures encourues, en s'engageant à payer sur l'alleu de Bar, une rente annuelle de 40 sols, laquelle devait se solder à la Purification (1).

Ame chevaleresque, la même année, Henri parut avec de nombreux chevaliers à un grand tournoi donné par Philippe-Auguste, son cousin, entre Réthel et Saint-Porcien.

2° *Son testament.* — En 1180, au moment où il se préparait à partir pour la Terre-Sainte, afin de guerroyer contre les ennemis de la Croix, « ignorant ce que l'avenir lui réservait, et ne « voulant pas encourir la colère céleste au jour des vengeances, « il fit une donation importante aux religieux de l'abbaye de « Sainte-Marie-aux-Bois (2), et promit de les défendre, en attes- « tant le Christ, les Anges et les témoins de l'acte (3). » Il prit aussi sous sa protection l'abbaye de Beaulieu.

3° *Il se croise et meurt en Terre-Sainte.* — Après avoir laissé le gouvernement du Barrois à Thibaut, son frère, il accompagna Philippe-Auguste à la troisième croisade (4), se distingua au siège de Saint-Jean-d'Acre, demeura en Terre-Sainte après le retour du roi de France, attaqua l'armée de Saladin, sur les bords du Jourdain, le 19 octobre 1191, dans la fameuse bataille, où le Sultan perdit 40,000 hommes ; il y fut tué en combattant aux côtés de Richard Cœur de Lion, avec Messires Thibaut, comte de Blois, son oncle, sénéchal de France ;

---

(1) V. Dom Calmet, II, *preuves*, p. 382. — (2) A Pont-à-Mousson.
(3) V. Dom Calmet, II, *preuves*, p. CCCLXXXVIII.
(4) Avec lui se trouvaient plusieurs chevaliers barrois, Drogon ou Dreux de Nettancourt, Godefroy de Longeville, Aubry de Dompierre, Renauld de Montiers (*Revue d'Austrasie*, juillet 1842).

Raoul, comte de Clermont; Louis, comte de Chiny; Raoul de Coucy; Barthélemy de Vignory. Son corps relevé sur le champ de bataille fut, dit-on, inhumé au monastère de Saint-Jérôme, près de Bethléem.

Henri ne laissa pas d'enfants. Sa femme, Jeanne de Dreux, se retira au domaine de Putil situé dans une vallée solitaire, non loin de Bar, avec la comtesse Agnès, sa belle-mère et quelques dames vivant en une sorte de communauté religieuse. Ce fut l'origine de l'abbaye de Sainte-Hould ou Sainte-Hoïlde, sœur, dit-on, de sainte Ménehould, dont une relique avait été donnée à la comtesse Agnès par son frère Henri de Champagne. Les religieuses de cette communauté adoptèrent plus tard la règle de Citeaux (1).

### Thibaut Ier, 10e Comte de Bar

[1191-1214].

1° *Il fait la guerre au Duc de Lorraine.* — Chargé du gouvernement du Barrois au départ de Henri pour la croisade, Thibaut lui succéda, quand arriva la nouvelle de la mort de son frère.

Il déclara la guerre à son gendre Ferri, duc de Lorraine, allié de l'évêque de Metz, lui infligea une sanglante défaite; le fit prisonnier avec ses frères, Thierry d'Enfer et Philippe de Gerbéviller, ainsi qu'une grande partie de la noblesse lorraine; les enferma dans le château de Bar (1208), et leur rendit la liberté après sept mois de captivité, non sans les obliger à signer un traité fort onéreux.

2° *Il prend part à la croisade contre les Albigeois.* — En 1211, pour expier ses violences envers Bertram de Metz, Thibaut se croisa avec son fils Henri contre les Albigeois, dont les erreurs et les désordres étaient un danger pour la chré-

---

(1) Cette relique précieuse était une portion du bras de la Sainte; elle est maintenant enfermée dans une riche châsse, et gardée au sacraire de l'église Saint-Antoine de Bar-le-Duc.

tienté ; il aida Simon de Montfort dans le siège de Lavaur et de Toulouse, revint peu de temps après avec ses Barrisiens, que les Provençaux prenaient pour des Allemands, et qui se raillaient au cri de Bar.

> Adonc viretz les Alamans cridar
> Tuit en avant : à Bar, à Bar, à Bar...
> Tantas pieras gieten aicels crozatz de Bar
> Ain los grans manganels qu'en pau nel faut crebar (1).

3° *Résultats et caractère de son gouvernement.* — Thibaut agrandit le Barrois en ajoutant à ses domaines la possession définitive du Clermontois. Il fonda la collégiale de Sainte-Croix à Pont-à-Mousson, où il déposa une relique considérable de la vraie Croix, rapportée de Jérusalem. C'est à Thibaut que revient l'honneur de la promulgation de la charte de Beaumont dans ses États ; il affranchit Beaufort en 1198 (2), Rancourt en 1202 (3) et Bourmont en 1203. Il mourut en 1214, et fut enterré avec ses pères dans l'abbaye de Saint-Mihiel. Les chroniques l'appellent un bon prince ; le Chapitre de Verdun décida que l'anniversaire du Comte, et celui de son fils Henri, seraient célébrés à perpétuité, et que deux cierges brûleraient toujours en leur souvenir.

4° *Ses enfants.* — Il prit successivement trois épouses : Laurette de Loos, dont il eut *Agnès*, mariée à Ferry, duc de Lorraine ; Isabeau, fille du comte de Bar-sur-Seine, qui lui donna *Henri*, Comte de Bar, et une fille mariée à Hugues, comte de Châtillon-sur-Marne ; Ermenson de Namur, qui fut mère d'*Isabeau*, épouse de Valéran de Limbourg.

---

(1) « Adoncques virent les Allemands crier tous : en avant, à Bar, à Bar, à Bar ; iceux croisés de Bar jetaient tant de pierres, que peu s'en fallut, que leurs grands mangonneaux ne crevassent » (V. Clouet, *Hist. de Verdun*, t. II, p. 336).

(2) Bonvalot, ouvrage cité.

(3) *Invent. de Lorraine*, t. II, fol. 209.

### Henri II, 11° Comte de Bar

[1214-1240].

1° *La bataille de Bouvines.* — Vaillant guerrier, il se distingua, dès son avènement, à la bataille de Bouvines (1214); là il combattit près de Philippe-Auguste, dont il soutint l'effort à l'heure critique de la mêlée, et contribua de la sorte à cette grande victoire nationale (1).

2° *Victoire de Champigneulles.* — En 1232, après une longue guerre, il défit complètement Mathieu, duc de Lorraine, dans un vallon voisin de Champigneulles; « *En la malencontreuse* « *jouste de guerre*, écrit le chroniqueur, *qui fut donnée tout* « *proche de Champigneux, fut li duc en grande malchance, et li* « *chevaucheurs, qu'estoient en sa gauche, s'en enfuyrent à* « *revers dos* » (2).

3° *Henri prend part à la 6° croisade et y périt.* — En 1237, Henri fit le voyage de Rome, et y reçut la croix des mains de Grégoire IX, avec un grand nombre de chevaliers français, pour la sixième croisade. Il s'embarqua en septembre 1239 avec cent hommes d'armes : le peu de discipline et le dérèglement des mœurs, surtout le défaut d'unité dans le commandement, furent la cause de l'insuccès de cette expédition. Cependant, après un premier avantage remporté par Pierre de Bretagne, Henri de Bourgogne, Henri de Bar et Amaury de Montfort voulant s'illustrer par leurs exploits, s'engagèrent témérairement sur la route de Gaza, et furent surpris par les Sarrasins. Les ennemis étaient dix contre un, et les sages conseillaient la retraite. Henri et Amaury s'y refusèrent, disant qu'il y aurait péril et

---

(1) Le Long, *Hist. du diocèse de Laon*, p. 284.
(2) En la malencontreuse bataille qui se donna tout près de Champignoulles, le Duc essuya un terrible revers, et les chevaliers qui étaient à gauche s'enfuirent en tournant le dos (Thierriat, *Mémoires, règne de Mathieu*).

lâcheté de reculer. Le comte de Bar disparut dans la mêlée : c'était le dimanche après la Saint-Martin 1239.

*Li Quens* (comte) *de Bar ne revint pas* (1).

Un obit se célébrait tous les ans à Saint-Maxe vers cette date en souvenir de l'illustre croisé, et le Chapitre prélevait à ce sujet une redevance sur la taille de Bar.

4° *Son caractère et ses fondations.* — Brave à la guerre, Henri fut un prince religieux, ami du peuple et des lettres. En 1229, d'accord avec sa femme Philippe de Dreux, il dota richement le monastère de Sainte-Hould, fondé dans son domaine de Putil près de Laimont. En 1236, le pape Grégoire IX confirma la donation et mit cette maison sous la protection du Saint-Siège (2) : cette communauté n'admettait guère parmi les religieuses que des filles nobles, et les noms que l'histoire a conservés se rattachent aux grandes familles du pays Barrois. L'année même de sa mort, Henri fonda également le couvent des Trinitaires de La Marche.

5° *Affranchissement des communes.* — Il favorisa l'affranchissement des communes; prit sous sa garde Autrécourt et Waly, en s'inspirant de la loi de Varennes et de Beaumont (3); affranchit Laheycourt (1230) en imposant une capitation de deux sols et deux poules, en réglant les droits communaux et seigneuriaux selon la loi de Maurupt (4). En 1234 il donna une charte à la ville de Bar, fixant le chiffre de certaines impositions,

---

(1) *Chron. Champenoise de Saint-Magloire*, recueil de Barbazan, t. II, p. 227.

(2) V. sa bulle citée par Dom Calmet, t. II, *preuves*, p. CCCXLIX.

(3) Moyennant la redevance d'un septier d'avoine et d'une poule par chacun an pour le comte de Bar à la Saint-Remy; mais le Comte n'accorda pas encore toutes les franchises et privilèges de la loi de Beaumont. V. *Annuaire de la Meuse*, 1844, p. 215.

(4) Dom Calmet, *Notice de Lorraine*, t. II, p. 617. Cette charte est peut-être le premier droit écrit du Barrois.

de certaines amendes, qui demeuraient jadis à la volonté du Comte, et donnant aux treize bourgeois, désignés par lui, le droit de choisir le mayeur parmi eux (1).

6° *Protecteur des lettres.* — Il se montra le protecteur des trouvères, et en reçut des chansons : un poète, dont le nom n'est pas connu, termine ainsi une pièce de vers, qu'il lui dédia :

> Monseigneur de Bar, qui pris et valor
> Maintient chascun jor,
> Doine Dex (Dieu) gloire et honor (2).

Il était poète lui-même, et les vers mordants, qu'on lui attribue, le placeraient parmi les satiriques du xiii° siècle (3).

7° *Ses enfants.* — De sa femme Philippe de Dreux, il eut : *Thibaut II*, son successeur ; *Henri de Bar*, mort jeune ; *Regnault*, seigneur d'Ancerville, fondateur de la commanderie de Braux, où il fut inhumé ; *Marguerite*, épouse du comte de Luxembourg, à qui elle apporta la châtellenie de Ligny, et devint la tige d'une lignée, où l'on compte cinq empereurs, deux impératrices, cinq

---

(1) D'après cette charte, treize jurés ou échevins gouvernaient la ville, et rendaient la justice. Chaque année ils étaient désignés par le Seigneur, et pouvaient dans la quinzaine choisir le maire dans leurs rangs ; si non, ce droit revenait au Comte. La justice était rendue par les échevins, mais sous la dépendance du Seigneur, qui connaissait exclusivement de certains crimes et d'actions concernant certaines personnes. Il prenait une part des amendes, laissait l'autre part à la ville : la taille arbitraire était remplacée par un impôt régulier. Les bourgeois demeurèrent assujettis à divers devoirs tels que, la banalité de four, moulin, pressoir, les fournitures de chevaux et charrois, moyennant salaire ; ils étaient tenus au service militaire de 16 à 60 ans, devaient le gîte aux officiers. Il y avait interdiction d'admettre à la bourgeoisie les vassaux du Seigneur sans son autorisation (Bonvalot, *Hist. du droit public et privé de Lorraine*, p. 173).

(2) A Mgr de Bar qui, chaque jour atteste son mérite et sa vaillance, que Dieu donne gloire et honneur.

(3) Les chansonniers de Champagne au xii° et xiii° siècle. Reims, 1850, in-8°.

reines, deux connétables de France, et un Bienheureux ; *Sibille*, mariée à Henri de Salon.

Philippe de Dreux mourut en 1241, après avoir légué aux pauvres par testament, pour le salut de son âme, tout le mobilier de ses maisons de campagne, sa garde-robe, sa vaisselle d'argent, sa literie et le revenu d'un an de son douaire (1).

### Thibaut II, 12ᵉ Comte de Bar

[1240-1294].

1° *Vaillance de Thibaut.* — D'abord sous la tutelle de sa mère, le comte Thibaut II hérita des qualités de son père. Pendant un long règne, il se distingua par sa vaillance dans les guerres qu'il eut à soutenir, et où il fut presque toujours heureux. A Ferri III, duc de Lorraine, qui lui reprochait d'avoir poursuivi jusque sur ses terres le comte de Luxembourg, il fit cette fière réponse : « *Ne pouvoit s'estreindre (s'empêcher) de présenter « l'ost (la bataille) et de poursuivre a outrecuidance son sien « ennemi en quel pays il se trovait!* »

2° *Prince lettré, il est fait prisonnier.* — En voulant soutenir la cause de Guillaume de Flandres, son beau-père, il fut blessé et fait prisonnier dans un combat (1253).

C'était un prince lettré : pendant qu'il était prisonnier du comte de Hollande, pour charmer les ennuis de sa captivité, il composa une mélancolique et gracieuse complainte, où se retrouve un échantillon de la poésie chevaleresque au xiiiᵉ siècle : nous la donnerons intégralement :

---

(1) « Je prog (prends) por m'ame trestous mon meuble, qui est en « mes granges, et tout le harnois de mon hostoil, et hanas (hanaps) en « escuelles d'argent, en drap, en contes (tapis) et totes aultres choses ; « la vaillance (valeur) de la terre, qui m'est assignée por mon douaire « un an après ma mort, ou 2 mille livres de fors (la meilleure mon- « naie). Ce fut fait quand li milliaires corrait par mil et CC et 41 en « mois de Janvier, le jor de la feste saint Vincent » (Duchesne).

## I.

De nos barons que vos est-il d'avis,
Compains Erard? Dites votre semblance.
En nos parents, ni en tos nos amis,
Avez y vos nulle bonne attendance,
Pourquoi fussiens hors du Thysis pays,
Où nos n'avons joie, solaz, ne ris?
Au comte Othon ai moult grant espérance.

## II.

Duc de Braibant, je fus jà votre amis
Tant comme fus en ma libre puissance :
Se vous faisiez de rien nulle entrepris,
En moi peuviez avoir moult grant fiance.
Por Dieu, vos prie, ne me soyez eschis!
Fortune fait maint prince et maint marchis,
Meillors que moi, venir à mescheance.

## III.

Belle-mère, ai-je rien à vos méfis,
Par quoi eusse votre male veuillance,
Dès celui jor que votre fille pris?
Vos ai servi loiaument dès m'enfance;
Or suis por vos ici liés et pris
Entre les mains mes morteux ennemis.
S'avez bon cuer, bien en prendrez vengeance.

## IV.

Bon cuens d'Alost, se par vos suis hors mis
De la prison, où je suis en doutance,
Où chacun jor me vient de mal en pis :
Tos jours y suis de la mort en balance,
Sachiez porvoir, se vos m'êtes aides,
Votre serai, de bon cuer, à tos dis,
Et mes povoirs sans nulle retenance.

### V.

Chanson, va, dis mon frère lou marchis,
Et mes hommes ne me fassent faillance :
Et si diras à ceux de mon païs,
Que loiauté maints prod'hommes avance.
Or verrai-je, qui sera mes amis,
Et connaîtrai tres tous mes ennemis :
Encore aurai, se Dieu plaist, recovrance (1).

Voici la traduction de cette poésie :

### I.

De nos seigneurs que pensez-vous
Compagnon Erard, dites-moi ce qui vous semble ?
En nos parents, et en tous nos amis
Avez-vous quelque bonne espérance ?
Par eux serons-nous tirés du pays d'Allemagne,
Où nous n'avons ni joie, ni soulagement, ni gaîté ?
Au comte Othon (de Gueldres) ai moult grande confiance.

### II.

Duc de Brabant, je fus jadis votre ami,
Tant que je fus libre et puissant :
Si vous faisiez quelque entreprise,
En moi vous pouviez vous fier.
Pour Dieu, je vous en prie, ne m'abandonnez pas.
Fortune a fait maint prince et maint marquis,
Meilleurs que moi, tomber dans le malheur.

---

(1) *Recueil des chants historiques français*, par M. Leroux de Lincy. Dans la Bibliothèque nationale, le manuscrit, d'où est extraite cette chanson, est orné d'une belle initiale, représentant le comte Thibaut sur un coursier esparançonné d'un long drap d'azur, parsemé de bars et de croisillons. V. Clouet, *Hist. de Verdun*, t. II, p. 456, et *Société d'archéologie lorraine*, t. IV.

### III.

Belle-mère (Marguerite de Flandres) vous ai-je manqué en
Pour encourir votre malveillance,            [rien
Depuis le jour, où j'ai pris votre fille,
Je vous ai loyalement servi, même dès mon enfance.
A présent, pour vous je suis lié et pris
Entre les mains de mes mortels ennemis :
Si vous avez bon cœur, vous en tirerez vengeance.

### IV.

Bon comte d'Alost, si par vous je suis délivré
De la prison, où je suis dans l'incertitude ;
Où chaque jour, je vais de mal en pis ;
Où, à tout instant, je suis en transe de mort,
Soyez assuré que, si vous me venez en aide,
Je serai vôtre de bon cœur à toujours,
Et tous mes fiefs aussi sans réserve.

### V.

Chanson va, dis à mon frère le marquis,
Et à mes hommes, qu'ils ne me fassent défaut :
Et, tu diras à ceux de mon pays,
Que la loyauté a servi plus d'un homme vaillant.
Je vais voir quels seront mes amis,
Et, je connaîtrai mes ennemis.
J'aurai encore, s'il plaît à Dieu, ma délivrance.

La cantilène est touchante, mais Guillaume de Hollande ne relâcha pas son prisonnier pour de beaux vers : l'intervention de saint Louis qui vint lui-même à Gand (1254) plaider la cause de Thibaut ne suffit pas, il fallut payer une forte rançon.

*3° Médiation de saint Louis entre Thibaut et Henri de Luxembourg.* — Saint Louis fut plus heureux, quand il s'offrit comme médiateur entre le Comte de Bar et son beau-frère Henri de

Luxembourg, au sujet de l'hommage, que ce dernier avait fait de la châtellenie de Ligny au comte de Champagne. Écoutons le naïf récit du sire de Joinville : « Le roy saint Louis fut le « prince du monde, qui plus travailla à mettre paix entre les « princes de son royaume et les voisins. Or, il s'émeut une « grande guerre entre le comte Thibaut de Bar et le comte de « Luxembourg, qui avoit pris sa sœur à femme; lesquels se « combattirent dessous Prény, et print prisonnier le comte de « Bar, le comte de Luxembourg, et prit le château de Liney, « qui étoit au comte de Luxembourg de par sa femme. Pour « celle guerre apaiser, le roy envoya Monseigneur Perron, le « chambellan, l'homme du monde qu'il croyoit le plus ; et ce « fut aux dépens du roy; et le roy fit tant qu'ils furent récon- « ciliés ». Saint Louis servit aussi de médiateur entre le comte Thibaut et son frère Renaut de Bar, seigneur d'Ancerville (1).

4° *Sagesse du gouvernement de Thibaut.* — L'influence de saint Louis se faisait sentir sur son siècle. A son école, Thibaut savait mériter l'affection et la confiance de ses sujets par l'abandon de ses droits et l'établissement des franchises municipales; son administration fut sagement organisée, sa politique habile et ferme. Il eut la sauvegarde de Metz, Toul et Verdun, dont l'évêque, Jacques Pantaléon, à quelque temps de là devenu pape, sous le nom d'Urbain IV, demeura son ami. Thibaut accrut le Barrois des terres de Trongnon, plus tard Heudicourt, de Pierrefort et de l'Avant-Garde (1272). Il multiplia les affranchissements des communes dans le Barrois (2); jusque dans la vieillesse, il sut résister aux prétentions de

(1) Archives nationales, carton I, 912. — V. papiers Servais, *Cart.* VII, an 1268, et *Société d'archéologie lorraine*, t. IV.
(2) Citons les communes de la Meuse affranchies sous Thibaut II : Stenay, Varennes, en 1243 ; Clermont en 1246 ; Neuvilly, Aubréville en 1248 ; Douaumont, Bezonval, Baulmont en 1253 ; Sommeille en 1258, etc., etc. : Presque toutes recevaient la charte de Beaumont, qui organisait les municipalités avec un maire et des échevins élus par les bourgeois, établissait certaines lois locales, où les délits étaient prévus et punis sévèrement, tout en maintenant les droits seigneuriaux dans une certaine mesure. C'était un acheminement vers une liberté plus grande qui devait venir avec le temps.

Philippe le Bel, par rapport à l'abbaye de Beaulieu et à l'indépendance du Barrois.

Thibaut II, en 1259, fonda dans la cathédrale de Verdun la chapelle Notre-Dame, aussi nommée la *Chapelle de Bar*; il prit sous sa protection l'abbaye de Lisle-en-Barrois (1263) (1); il fonda également en 1249 la collégiale de Saint-Hilairemont, ou Lamothe, en lui donnant les statuts du Chapitre de Saint-Maxe; il dota la Maison-Dieu de Pont-à-Mousson, pour la rémission de ses péchés et la réparation des torts qu'il avait pu faire (2).

Il mourut, croit-on, en 1294 (3); et fut le premier de sa race pour avoir été enseveli dans la chapelle Notre-Dame à Saint-Maxe.

6° *Ses enfants.* — Il épousa successivement, Jeanne de Flandres, fille de Guillaume de Dampierre, dont il n'eut pas de descendance, et Jeanne de Tocy, dame de Saint-Fargeau et Puysaie, qui lui laissa douze enfants : *Henri III*, son successeur; *Jean*, seigneur de Puysaie; *Charles*, qui mourut jeune; *Thibaut*, évêque de Liège, tué dans une sédition à Rome en 1312, et enterré au porche de Saint-Pierre; *Regnault*, évêque de Metz; *Errard*, seigneur de Pierrefont; *Pierre*, seigneur de Pierrefort; *Alix* qui épousa Mathieu, duc de Lorraine; *Philippe*, mariée à Othon IV, comte de Bourgogne; *Marie*, femme de Gobert d'Aspremont; *Marguerite* et *Isabeau*; *Frédéric*, archevêque de Cologne.

### Henri III, 13° Comte de Bar

[1294-1302].

1° *Démêlés avec Philippe le Bel.* — Henri III épousa en 1294 Aliénor ou Éléonore, fille aînée d'Édouard I<sup>er</sup> roi d'Angleterre et d'Éléonore de Castille. Il prit imprudemment le parti de son beau-père contre Philippe le Bel, ravagea la Champagne, s'em-

(1) Dom Calmet, *Hist. de Lorr.*, t. II, *preuves*, p. 490.
(2) *Ib., Notice de Lorr.*, t. II, p. 216.
(3) V. Clouet, *Hist. de Verdun*, et Digot, *Hist. de Lorraine*.

para de l'abbaye de Beaulieu, dont les religieux s'étaient déclarés pour le Roi de France ; la pilla et l'incendia, ainsi que les villages d'alentour ; emporta les richesses du monastère à Bar, spécialement une belle image de la Vierge en argent, et le corps de saint Rouin qui fut déposé à Saint-Maxe. Mais, peu de temps après, à Louppy, près de Vaubecourt (1), il fut battu et fait prisonnier par Gaucher de Châtillon, sénéchal de Champagne, qui le conduisit à Paris comme trophée de sa victoire ; on l'enferma dans Bruges, où, après trois ans de captivité, il signa, le 5 juin 1301, l'humiliant traité par lequel, il dut abandonner au Roi ce qu'il possédait en France ; en outre les châtellenies de Conflans, Châtillon et La Marche : il lui fallut aussi se reconnaître le vassal de Philippe le Bel pour toute la partie du Barrois, qu'il possédait à l'ouest de la Meuse, et qui depuis lors prit le nom de Barrois mouvant (2).

2° *Conséquences du traité de Bruges pour le Barrois*. — Jusque-là le Barrois tout entier était regardé comme une principauté indépendante par rapport à la France, se rattachant seulement à l'Empire d'une manière bien éloignée. A partir du traité de Bruges, les Comtes de Bar, tout en conservant certains droits souverains, relevèrent de la France pour le Barrois mouvant ; les terres situées à l'orient de la Meuse restèrent de franc alleu, sans dépendance envers les rois de France, dont la politique devait tôt ou tard incorporer au royaume cette province, où l'on parlait la même langue, et où les intérêts semblaient se confondre avec la patrie française.

3° *Henri va guerroyer contre les Turcs et meurt dans son expédition*. — En outre, une des conditions du traité de Bruges obligeait le Comte de Bar à s'en aller guerroyer en Orient. L'année même, après avoir confié le gouvernement du Barrois à sa femme Éléonore et à son frère Jean de Bar, il

(1) Chevrier, II, p. 58.
(2) Voir le traité dans Dom Calmet, *Hist. de Lorr.*, Duchesne, *Hist. de Bar*, p. 44. — Les chevaliers barrisiens protestèrent, dit-on, contre ce traité désastreux, en prétendant que le Comte n'avait pas eu le droit d'aliéner la souveraineté de son pays ; mais il fallut se soumettre.

partit en Chypre pour combattre les infidèles. En 1302, Philippe le Bel, ayant fait la paix avec le roi d'Angleterre, rappela Henri; mais le Comte de Bar mourut durant la traversée, et fut, disent les chroniqueurs, enseveli dans la cathédrale de Naples (1).

4° *Acquisition, Fondation, Enfants.* — Ce prince avait acquis en 1278, de Ferri III de Lorraine, le comté de Longwy, qui fut depuis rattaché au Barrois; il fonda la chapelle Saint-Étienne et Saint-Maxe dans la Collégiale du château.

De son mariage avec Éléonore, il eut deux enfants : *Édouard*, Comte de Bar, et *Jeanne*, mariée au comte de Garennes.

### Édouard Ier, 14e Comte de Bar

[1302-1337].

1° *Premières années du règne et mariage.* — A la mort de son père, Édouard n'avait que huit ans; pendant sa minorité le Barrois fut administré par Jean de Bar, seigneur de Puysaie, Renaud, évêque de Metz, et quelques seigneurs, qui formaient le conseil de régence.

Il fut élevé à la Cour de France et marié en 1310 avec Marie de Bourgogne, fille de Robert II, duc de Bourgogne, et d'Agnès de France, sœur du roi Philippe le Hardi; par conséquent elle était la petite-fille de saint Louis. Par suite de ce mariage le Comte de Bar devenait l'allié de la Maison de France.

2° *Il est vaincu à Frouart.* — Après son mariage, le Comte prit en mains le gouvernement de ses États, déclara la guerre à Ferri II, duc de Lorraine, qui le vainquit, le fit prisonnier à Frouart, et ne lui rendit la liberté, qu'en retour d'une énorme rançon en lui imposant des conditions fort onéreuses.

3° *Différents événements de son règne.* — En 1321, Édouard assista au sacre de Charles IV, dit le Bel (1323), au mariage du

---

(1) V. Dom Calmet, II, *preuves*, p. DLVI. — Comptes divers du Chapitre Saint-Maxe.

Roi de France, et au couronnement de la reine (1); il établit un atelier monétaire à Bar (2); à la sollicitation d'Édouard, roi d'Angleterre, il reçut de Philippe le Bel moyennant hommage-lige la châtellenie et la prévôté de Gondrecourt, de qui dépendait en partie Domremy la Pucelle (3). En 1328, il prit part à la bataille de Cassel, où il se battit vaillamment, et fut blessé au service de la France.

*4° Il aide à la fondation de la Collégiale de Saint-Pierre.* — En 1315, Édouard favorisa l'érection de la Collégiale et du Chapitre de Saint-Pierre, que fondèrent à la ville-haute soixante gentilshommes ayant à leur tête Anselme, sire de Joinville et d'Ancerville, le fils de l'historien de saint Louis. Grâce à leurs libéralités et au concours du comte Édouard, bientôt s'éleva une église qui devait être achevée un siècle plus tard, et qui demeure le monument religieux le plus remarquable de Bar. Le Chapitre, d'abord nombreux, fut réduit à dix chanoines dont les prébendes étaient à la collation du souverain. A leur tête était un doyen électif en qualité de chef et de curé (4). La fon-

(1) Compte de Jennet Petit-prêtre.

(2) Sa monnaie portait un écu décoré de deux barbeaux adossés, dans un champ semé de croix à pieds fichés, avec la légende : EDVARDVS COMES ; le revers est une croix fleuronnée, avec l'inscription : MONETA BARRI.

(3) Cartulaire de Jean Vincent, archives de la Meuse ; Inventaire de Lorraine, t. VI, lay. Gondrecourt ; V. papiers Servais, cart. X, an 1307. En 1334, Jean, seigneur de Bourlémont, reconnaît tenir du Comte de Bar la forte maison de Dompremy, lundy devant la Magdelaine en juillet, après l'hommage du Roi de France pour cause du comté de Champagne, dont relevait Gondrecourt et sa prévôté. V. Servais, cart. XII, an 1334. V. Lepage, *Jeanne d'Arc est-elle Lorraine?* Nancy, 1852, in-8°. La charte de Philippe le Bel portait : « damus et concedimus di-« lecto nostro Eduardo comiti Barrensi castrum novum de Gondrecuria « cum dominio, districtu et pertinenciis » (Clouet, t. III, p. 616).

(4) Les titres de la fondation et de la confirmation, ainsi que les statuts du Chapitre, se trouvent dans un manuscrit du XVIe siècle de 54 feuillets ; les miniatures en sont fines, et paraissent appartenir à l'école des enlumineurs de René d'Anjou. La liturgie du Saint Sacrifice offre les particularités ou additions curieuses des messes *farcies* du Moyen

dation de la Collégiale fut confirmée en 1322 par Jean d'Arzilières, évêque de Toul.

5° *Édouard se croise et meurt outre-mer.* — Édouard fit le pèlerinage de Saint-Jacques de Compostelle (1), en 1323. Après avoir aidé à la fondation et à la dotation de l'hôpital de Revigny (2), il se croisa en 1336 à la prière de Jean XXII, pour aller arracher Athènes aux infidèles; mais porté par des vents contraires, il débarqua dans l'île de Chypre, et mourut à Famagouste, quatorze mois après son départ. Son corps fut ramené à Bar où « Monsieur de Joinville se rendit pour l'enterrement, avec beaucoup d'autres seigneurs, le *mercredy tierce feste de Pâques* 1337 (3). » On lui fit de splendides funérailles, et ses restes furent déposés à Saint-Maxe dans le tombeau de sa femme, Marie-de Bourgogne.

6° *Ses enfants.* — Édouard laissa quatre enfants : *Henri*, qui lui succéda; *Pierre*, seigneur de Pierrefort; *Regnault*, seigneur de Pierrefitte; *Éléonore*, qui épousa Raoul, duc de Lorraine.

### Henri IV, 15° Comte de Bar
[1337-1344].

1° *Démêlés avec Raoul de Lorraine.* — Au début de son règne, Henri eut quelques démêlés avec Raoul, duc de Lorraine; mais la médiation de Philippe de Valois y mit fin : déjà l'influence du roi de France se faisait de plus en plus sentir dans les affaires du Barrois (4).

2° *Il épouse Yolande de Flandres.* — En 1338, il épousa Yolande de Flandres, dame de Cassel, fille de Robert de Flan-

---

âge. Ce manuscrit, sauvé par M. Rollet, est maintenant entre les mains de M. Gaston Trancart, neveu de M. le chanoine Trancart. V. aussi Dom Calmet, t. II, p. DLXVII.

(1) Comptes du prévôt de Monçon, 1322-1323.
(2) V. *Pièces justificatives*, n. VI.
(3) Compte de Colet Ricart : « on y dépensa en pexons (poissons) 2.108 pièces ; en soille (seigle) 9 muids ; en vin 69 muids ; en cire 2.278 livres ».
(4) *Pièces justificatives*, n. VII.

dres et de Jeanne de Bretagne, nièce de la reine de France. Les historiens la représentent comme une femme de grand caractère, douée d'une activité prodigieuse, mais impérieuse et vindicative.

3° *Sa mort prématurée.* — Henri était un bon prince ; mais à peine âgé de trente ans, il mourut à Paris la veille de Noël 1344. Son corps fut inhumé à Saint-Maxe dans la chapelle Saint-Jean. Un obit fut fondé en sa mémoire, et le Chapitre de la collégiale percevait une redevance à ce sujet sur le *tonneu* ou *tonlieu* de Bar, c'est-à-dire les droits perçus sur les ventes des marchés et des foires.

Plus de cinquante ans après, son épouse Yolande mourut à Nieppe en 1395, et vint le rejoindre dans son tombeau à Saint-Maxe : le duc Robert leur fit élever un superbe mausolée de marbre noir surmonté de deux statues couchées, en marbre blanc : il n'en reste que la table supérieure (1) et l'épitaphe.

## Édouard II, 16ᵉ Comte de Bar

[1344-1352].

*Minorité et courte vie du comte Édouard.* — A peine âgé de sept ans quand mourut son père, Édouard fut élevé à la Cour de France, et mis sous la régence ou *Mainbournie* de sa mère, assistée d'un conseil de famille.

En 1352, il mourut sans postérité. On pense qu'il finit ses jours à Verdun près de l'évêque son cousin, Hugues de Bar, et qu'il fut enterré à Saint-Paul. On y voyait dans la chapelle de Bar une Annonciation sculptée, et près de l'Ange, un prince de Bar, ayant un genou en terre, offrant une chapelle à Notre-Dame autour de laquelle on lisait sur un rouleau « : Dame, je vous « présente » (2).

---

(1) Elle se voit à Saint-Pierre, formant autel en dessous du squelette.

(2) Clouet, *Hist. de Verdun*, II, 243.

### Robert, surnommé le Magnifique, 1ᵉʳ Duc de Bar

[1352-1411].

1° *Minorité de Robert.* — A la mort de son frère Édouard, Robert était encore mineur; la régence du Barrois fut confiée à sa mère Yolande, aidée de la comtesse de Garennes, sa plus proche parente, et de Henri de Pierrefort, déclaré lieutenant général du Comté.

2° *Comté de Bar érigé en Duché.* — Vers la fin de 1354, Robert était majeur, et, au commencement de 1355, il prenait le titre de Duc, sans qu'on puisse dire, s'il tint cette qualification de l'empereur des Romains (1), ou du roi Jean, qui voulait lui donner sa fille en mariage (2); ce qui paraît plus probable. A partir de cette époque, le sceau du Barrois fut changé et porta en légende: SIGILLVM DVCATVS BARRENSIS.

3° *Il épouse Marie de France.* — En 1364, Robert assista au sacre de Charles V à Reims, et prit la place d'un pair de France: il avait fait conduire son armure à jouter pour les fêtes, qui se donnèrent alors. Quelque temps après, il épousa Marie, la seconde fille du roi Jean le Bon, que le comte Henri IV avait tenue sur les fonts du Baptême : 60.000 francs de dot furent donnés par Charles à sa sœur, en outre des joyaux, des robes, et les meubles, que comportait son rang. Robert de son côté lui assurait un douaire de 6.000 livres. Le mariage fut célébré à Saint-Maxe le 5 octobre avec dispense du pape Urbain V, et l'on fit des *prières*, ou des dons librement consentis, pour la bienvenue de la nouvelle Châtelaine (3).

---

(1) D'après une chronique de Metz, Charles, roi des Romains, vint à Metz « et fit adonques Duc dou comte Robert de Bair ».
(2) Vassebourg, lib. II, f. 425 et 430.
(3) Ce fut pour Marie de France, qu'en 1387, Jean d'Arras composa le *roman de la fée Mélusine*, personnage fantastique, qui aimait à se baigner dans la fontaine située au pied du château de Lusignan : c'était un roman de chevalerie pour le passe-temps de la Duchesse.

4° *Heureuses conséquences de cette alliance.* — Cette alliance éleva Robert au rang des princes du sang royal : par là, il fut le gendre, le beau-frère, et l'oncle de trois rois de France : ceux-ci l'associèrent, lui et ses fils, à la plupart de leurs grandes entreprises : le nom de Bar se trouva ainsi mêlé aux principaux événements de notre histoire nationale dans ces temps chevaleresques.

5° *Ses expéditions guerrières; il est fait prisonnier par les Messins.* — Dans les premières années de son règne, Robert prit part à plusieurs guerres, qui se firent avec les principautés voisines, et s'y comporta vaillamment ; il réussit à rejeter hors du Barrois les *grandes compagnies*, qui ravageaient alors le pays. Fait prisonnier par les Messins dans une embuscade, qu'ils lui dressèrent près de Ligny, le Duc ne recouvra sa liberté, que moyennant une forte rançon. Durant cette captivité, qui dura deux ans, sa jeune épouse gouverna sagement le pays, tenant tête aux seigneurs révoltés, et cherchant à procurer la délivrance de Robert par tous les moyens ; elle engagea pour cela sa « *bonne couronne d'or, sur laquelle il y avait douze fleurons, six grands et six petits, sertis de riches perles et pierreries* ».

6° *Caractère du gouvernement de Robert.* — Administrateur habile, Robert mit fin aux guerres, qui troublaient le Barrois dans ces temps agités, et épuisaient les ressources des populations ; il éteignit les dettes de l'État, et put améliorer les affaires du Duché ; il traversa une longue suite de calamités, sans se laisser abattre. Généreux jusqu'à la magnificence, il aima ses sujets, et mérita d'en être aimé ; il prit en particulier sous sa sauvegarde les habitants de Courcelles-aux-Bois, Ménil, Malaumont, Nançois-le-Grand, Vuilleroncourt, Loxéville, Domremy, Ernecourt, moyennant une faible redevance. Il agrandit considérablement la cité ducale, en environnant la Neuveville (1) d'une muraille protégée par des tours et des fossés.

(1) Partie de la ville située entre la colline du château et les environs de l'Ornain.

7° *Fondations pieuses.* — Robert a doté Bar de plusieurs fondations. En 1372, avec Marie de France, et l'autorisation du pape Grégoire XI, il fit bâtir le couvent des *Ermites de Saint-Augustin* dans la Neuveville, au lieu dit le Pré de Dieu ; là où s'élève encore leur église, aujourd'hui Saint-Antoine, monument de la magnificence du duc Robert.

En 1385, il confia l'Hôtel-Dieu aux *chanoines réguliers de Saint-Antoine*, à charge d'y entretenir huit religieux pour le soulagement des pauvres. Il avait une vénération particulière pour la Sainte Vierge, et, en témoignage de sa piété, il voulut, qu'aux frais du trésor ducal, un cierge brulât perpétuellement devant l'autel de Notre-Dame à Saint-Maxe (1).

8° *Mort et funérailles de Marie de France.* — Son épouse Marie de France mourut à Bar le 2 janvier 1404, âgée de soixante ans, et fut enterrée à Saint-Maxe près de la sacristie dans le caveau de Henri IV. Vers la mi-mars, on lui fit, avec une pompe royale, des funérailles qui durèrent sept jours, et toute la noblesse du pays y prit part. Là, se trouvaient Philippe le Hardi, duc de Bourgogne, frère de la défunte, les comtes de Nevers, de Réthel, de Richemont, Ferry, duc de Lorraine, l'archevêque de Reims, les évêques de Châlons et de Toul, trente-deux Abbés, l'élite du clergé séculier du Barrois, des chevaliers, des écuyers, les officiers et les servants du Duc, de la Duchesse, et des princes, un grand nombre de personnes de distinction tenant une torche à la main. Selon l'usage du temps, on présenta dans l'église trois chevaux : l'un de joûte, l'autre de tournois et le troisième de guerre, montés par trois gentilshommes vêtus de noir. Le cercueil de la Duchesse était couvert de drap d'or, et l'église tendue de noir. Pour habiller tous les chevaliers, écuyers, officiers, servants, etc., on avait fait venir de Flandres une grande quantité de drap noir, auquel on ajouta tout ce qu'on put trouver à Bar. On sonna aux cinq églises ; Notre-Dame, Saint-Maxe, Saint-Pierre, Saint-Denis, aux Augustins et « au *reloge* » du château. Dans la suite, Robert fit

---

(1) Le compte du Receveur général mentionne à ce sujet une dépense de 180 livres de cire pour les années 1382-1383.

chanter à Saint-Maxe un grand nombre de messes à la mémoire de sa femme.

9° *Testament de Marie de France*. — Deux ans avant de mourir, la Duchesse avait fait un testament, expression de son âme et de sa foi (1), comme on le voit par l'entête de ce document : « En nom du Père et du Fils et du Saint-Esprit, Amen.
« Nous Marie, fille de roy de France, duchesse de Bar, Dame
« de Cassel; regardans et considerans, que n'est chose plus
« certaine de la mort, ne moins certaine de savoir l'heure de la
« venue d'icelle; pour ce voulons que l'eure de la mort, quand
« elle nous viendra, nous trove porvesue et advisée comme bonne
« fille de Saincte Église doibt estre ; et pour tant, nous, de cer-
« taine science, étant en bon propos et mémoire, sayne de cuer
« et de pensées, aiens bon entendement; de l'autorité, congié
« et licence de mon très redoupté seigneur et époux, Monsieur
« le Duc de Bar, notre testament, ordonnance et darrenière
« volonté des biens, que Dieux nous a prestez en cest siècle,
« avons fait et ordonné, faisons et ordonnons en la manière qui
« s'ensuit ».

En premier lieu, elle recommande son âme à Dieu son créateur, « à la benoiste Vierge Marie sa mère, et à toute la be-
« noiste court du Paradis » : elle veut que tous ses torts soient amendés, et ses dettes payées; elle élit sépulture en l'église Saint-Maxe du « Châtel de Bar »; puis énonce une série de legs, dont profitèrent les églises, les établissements religieux et charitables, ainsi que les pauvres du Duché de Bar et des terres qu'elle possédait en France : notamment pour le Barrois, Dun, Stenay, Étain, Pont-à-Mousson, Saint-Mihiel, Varennes, Murvaux, Billy, Clermont, Ancerville. Bar eut la part principale dans ces largesses testamentaires; elle fonda deux obits à Saint-Maxe, et laissa de quoi faire « ung vaissel » ou reliquaire pour mettre le chef de saint Maxe : fit un legs à Saint-Pierre pour la construction de l'église, à Notre-Dame, aux Augustins, à Saint-Denis, et à la Maison-Dieu. La royale testatrice n'oublia pas dans ses libéralités les personnes attachées à son service, en

(1) Il est cité par D. Calmet, III, CLIX.

particulier, Frère Geoffroy, son confesseur, qui hérita de ses bréviaires ou livres d'heures; ses chapelains, clercs de chapelle : les dames et demoiselles de sa maison reçurent aussi des legs.

10° *Testament de Robert*. — Robert fit aussi un testament, où se reconnaît sa piété par les fondations qu'il établit à Saint-Maxe, aux Augustins de Bar, à la collégiale de Saint-Pierre, à la Maison-Dieu, à Notre-Dame de Bar, Notre-Dame de Benoite-vaux en Bassigny, ainsi que dans un grand nombre d'églises et monastères du Barrois.

11° *Mort de Robert. Son portrait.* — Il mourut le 12 avril 1411, le jour de Pâques, après avoir régné 60 ans. Sur sa demande il fut inhumé à Saint-Maxe dans le tombeau de son père et de sa mère, près de son épouse, Marie de France.

Ce fut un prince religieux, brave, juste et libéral. Élevé à la Cour de France, il joignit à la politesse et à la grandeur d'âme une très prudente politique, et trouva le secret de se tenir dans les bonnes grâces des grands monarques de son temps. Il aima son peuple, et mérita d'en être chéri. Dans son testament politique enregistré à Sens en 1409, et ratifié par ses enfants, il consacra l'inaliénabilité du domaine ducal : grand principe pour la stabilité des institutions, d'où devaient sortir les plus heureuses conséquences.

12° *Ses enfants*. — Il eut de son épouse de nombreux enfants. *Henry de Bar*, qui épousa Marie de Coucy, et fut tué en 1396 à Nicopolis en combattant contre les Turcs; *Philippe*, marié à Yolande d'Enghien, il périt avec son frère dans la guerre sainte; *Édouard*, d'abord marquis de Pont-à-Mousson, puis Duc de Bar; *Louis*, cardinal, ensuite Duc de Bar; *Charles*, seigneur de Nogent-le-Rotrou, mort en 1386; *Jean de Bar*, qui fut tué à Azincourt; *Yolande de Bar*, mariée en 1384 à Jean I$^{er}$, roi d'Aragon, dont la fille Yolande, devenue l'épouse de Louis II d'Anjou, donna le jour à René d'Anjou; *Marie de Bar*, mariée au comte de Namur; *Bonne de Bar*, qui épousa en 1400 Waléran de Luxembourg, seigneur de Saint-Pol et Ligny; *Marie*, qui devint l'épouse d'Adolphe, duc de Mont.

### Édouard III, 2ᵉ Duc de Bar
[1411-1415].

1º *Premières années*. — Troisième fils de Robert, il passa sa jeunesse à la Cour de France, et reçut le marquisat de Pont-à-Mousson après la mort de ses frères aînés; il fut associé au gouvernement dix ans avant la mort de son père, et prit, dès ce moment, le titre de Duc de Bar.

2º *Ordonnance pour les deux Chapitres de Saint-Maxe et de Saint-Pierre*. — L'année même de son avènement, pour accomplir une des volontés de Robert, il annexa au décanat de l'église Saint-Maxe la première prébende de Saint-Pierre, et à celui de Saint-Pierre la première chanoinie de l'église Saint-Maxe. Cet arrangement fut ratifié le 2 avril 1412 par Henri de Ville, évêque de Toul (1).

3º *Édouard périt à la bataille d'Azincourt*. — Quatre ans après son avènement, il dut aller rejoindre le roi de France dans la lutte de nouveau engagée contre Henri V, roi d'Angleterre (2). Il commandait une division de l'armée française à la bataille d'Azincourt. Ce fut là qu'il périt avec l'élite de la noblesse, en combattant vaillamment, ainsi que son frère Jean de Bar et leur neveu Robert, comte de Marles. On releva son corps sur le champ de bataille et il fut enterré à Saint-Maxe, le 5 novembre 1415.

### Louis, Cardinal de Bar, 3ᵉ Duc de Bar
[1415-1419].

1º *Carrière ecclésiastique de Louis*. — Louis fut élevé à la cour de France, fit d'excellentes études à Paris, et se destina

---

(1) V. *Pièces justificatives*, n. IX.
(2) Avant de partir, il fit à Louppy, le 7 octobre 1415, son testament, où il élisait sépulture à Saint-Maxe, et faisait des legs à la chapelle castrale, à Notre-Dame de Verdun, à Notre-Dame de Bar, à la collégiale de Saint-Pierre, aux Augustins, à la Maison-Dieu de Bar, aux Bénédictins de Saint-Mihiel, à Sainte-Croix de Pont-à-Mousson, à Notre-Dame de Vauquois, etc.

à l'état ecclésiastique, où de bonne heure il parvint aux plus hautes dignités. Ainsi qu'on le vit pour un de ses contemporains, le Bienheureux Pierre de Luxembourg, il avait à peine quatorze ans, quand il fut appelé à l'épiscopat par Clément VII d'Avignon ; c'était là un des abus, que l'Église devait un jour réformer. Successivement administrateur du diocèse de Poitiers (1391), évêque de Langres (1395) où il laissa un renom de science, de vertu et de zèle pour la discipline (1), il devint ensuite évêque de Châlons en 1411, puis de Verdun en 1419. Créé cardinal sous le titre de Sainte-Agathe par Benoît XIII d'Avignon en 1397, il quitta son parti au Concile de Pise, dont il fut chargé de publier les décrets en France, dans le Barrois, en Lorraine, et en Allemagne. En 1409, il reçut du nouveau pontife Alexandre V le titre de cardinal-prêtre des Douze Apôtres, et, en 1413, il fut nommé cardinal-évêque de Porto par le pape Jean XXIII. Bien que mêlé aux affaires du temps, il fut un évêque remarquable, sans tache dans sa conduite privée ; ses contemporains l'avaient en estime.

2° *Le Cardinal devenu Duc de Bar.* — Comme Édouard III, son frère, ne laissait pas d'héritiers légitimes, le Cardinal, dernier survivant des fils de Robert, prit le gouvernement du Duché, non sans avoir à lutter contre les prétentions de ses deux sœurs, Yolande, reine d'Aragon, et Marie de Bar, épouse d'Adolphe, duc de Mont, lesquelles prétendaient qu'un homme d'église ne devait pas régner.

3° *Débuts de son règne. État du Barrois.* — Au début de son gouvernement, il fonda trois obits à Saint-Maxe pour son père, sa mère, son frère, aux jours anniversaires de leur mort, et se rendit à Paris pour faire hommage du Barrois mouvant entre les mains du roi de France.

A ce moment, les malheurs qui désolaient la France avaient leur contre-coup dans le Barrois ; après le désastre d'Azincourt, durant la démence de Charles VI, pendant que les partis politiques se disputaient le pouvoir, des bandes d'aventuriers,

(1) P. Berthier, *Hist. de l'Église gallicane.*

attirés de la Champagne et de la Bourgogne, par l'appât du pillage, se jetaient sur le Barrois comme sur une proie : l'usage des *gageries* ou guerres privées, les violences et les brigandages commis par les seigneurs envers leurs sujets, les ravages des Écorcheurs, des Routiers et des Malandrins ruinaient continuellement le pays.

4° *Ordre de la Fidélité et de Saint-Hubert.* — Ce fut alors que, pour rétablir la sécurité dans ses États, le Cardinal institua l'Ordre de *chevalerie de la Fidélité.* Sous son inspiration, les statuts en furent arrêtés à Bar le 31 mai 1416 : quarante-six gentilshommes, l'élite de la noblesse du duché, jurèrent sur les saints Évangiles de s'entr'aimer, de se secourir mutuellement, et de soumettre leurs différends à l'arbitrage de l'autorité ducale.

S'ils avaient à se plaindre de dommages quelconques, au lieu de recourir aux armes, ils en donnaient avis au *Roi* ou *chef de la compagnie* ; et si celui-ci jugeait les griefs suffisants, à sa requête et huit jours après, tous les membres de l'Ordre devaient marcher au secours du plaignant en fournissant le nombre d'hommes fixés par le grand-maître de l'Ordre. C'était le moyen de faire prévaloir les règles du droit, et de prévenir les guerres privées alors si fréquentes et si désastreuses pour les populations.

Le Cardinal fut le premier grand-maître, et donna sa parole de prince de faire observer les conventions jurées par les membres de l'Ordre.

L'insigne des chevaliers était primitivement un lévrier blanc ayant au cou un collier avec cette inscription « *tout ung* ». Ils devaient se réunir deux fois l'an : le 11 novembre, fête de Saint-Martin, le 23 avril, fête de Saint-Georges : alors on faisait de grandes chasses dans les environs. Les membres de l'Ordre étaient proposés par le grand-maître, assisté des gentilshommes les plus notables de la compagnie; ils n'étaient admis qu'avec l'agrément du Duc de Bar.

Cet Ordre chevaleresque et militaire se transforma, et prit, en 1422, le nom d'Ordre de Saint-Hubert avec l'image en or du saint pour insigne (1); il subsista sous ce nom jusqu'à la Révolution : rétabli en 1816, il fut définitivement aboli en 1824.

Pour en faire partie, il fallait être duc, prince, marquis, comte, noble de vieille souche, et s'être distingué par des actions d'éclat. Louis XIV, Louis XV et Louis XVI en ont été les chefs, comme souverains du Barrois.

5° *Fondation des Béguines de Bar.* — Deux ans après cette institution (1418), le Cardinal favorisa l'établissement du petit couvent des *Béguines*, pieuses femmes qui vivaient en communauté, et consacraient leur vie au soulagement des malades; plus tard, cette maison fut envahie par l'hérésie luthérienne, et supprimée par Charles III.

6° *Adoption de René d'Anjou.* — Pour mieux procurer le bonheur du pays et pourvoir à la stabilité du gouvernement, en assurant l'ordre de la succession, Louis de Bar résolut d'adopter le petit-fils de sa sœur Yolande de Bar, reine d'Aragon, dont il avait deviné les belles qualités : c'était le jeune René, second fils de Louis d'Anjou et d'Yolande d'Aragon.

Afin de mieux le former au gouvernement, et de l'attacher à son peuple, le Cardinal voulut avoir près de lui son petit-neveu. Escorté de l'élite de ses vassaux, le Duc de Bar alla au devant de René jusqu'à Notre-Dame de l'Épine, pèlerinage célèbre près de Châlons ; il lui donna pour demeure une partie du château, qu'il fit approprier à cette destination; lui assura une pension, ou sorte de liste civile, avec un train convenable à son rang; lui composa une maison formée de plusieurs gentilshommes, chevaliers, écuyers, pages, d'un chapelain et des officiers de service (2).

(1) Les membres de l'ordre devaient porter « ung imaige d'or du « dict saint pendant sur la poitrine, et ung pareil imaige brodé sur « leurs habillements » (Arch. de l'Ordre).
(2) V. Compte de Colet Ricart, 1419-1420. On fit de grands frais pour la réception de René ; une levée fut ordonnée pour sa bienvenue ; on prépara un ciel de drap de soie brodée, des chaises recouvertes en peau de Cordouan, un dragier et un tranchoir d'argent doré, les harnais de son dextrier, des esperons et faux dextriers, des aiguillettes et des vêtements pour les pages, etc. (Compte de Colet Ricart, 1420).

7° *Mariage de René avec l'héritière de la Lorraine.* — Il fit mieux encore. Afin de mettre un terme aux guerres et rivalités, qui tant de fois avaient armé le Barrois contre la Lorraine, il conçut le projet d'unir les deux provinces en leur donnant un même chef dans l'avenir : il demanda donc pour René la main d'Isabelle, la fille aînée et l'héritière de Charles II, duc de Lorraine. L'éloquence du Cardinal, le désir du peuple et de la chevalerie des deux duchés, la bonne tenue et la réputation naissante de René, décidèrent cette alliance, d'où l'on entrevoyait les plus heureux résultats pour les deux provinces. Les clauses en furent arrêtées au château de Foug le 20 mars 1419, et il fut stipulé que, tout en demeurant unis sous le même souverain, les duchés garderaient leurs lois et privilèges. Au jour des fiançailles, le Cardinal donna pour apanage au jeune Duc tout le Barrois non mouvant, en faisant ratifier par les États la convention de Foug, et jurer fidélité au nouveau souverain. Le jour du mariage, il ajouta comme cadeau de noces la ville et le château de Bar, tous les pays relevant de la France, le Barrois mouvant et le Bassigny, dont le jeune prince devait seulement jouir à sa quinzième année. En attendant cet âge, le Duc de Lorraine tenait la régence ou mainbournie des États.

8° *Ce que garda le Cardinal après le mariage de René.* — Le Cardinal se réserva le titre ducal, la jouissance des terres de Vienne-le-Château, Varennes, Clermont, Stenay et de Bar, dont le château était défendu en juin 1420 par Estienne de Vignolles dit *Lahire*, fameux capitaine français, lequel sut protéger la place contre les partisans des Anglais et des Bourguignons (1).

9° *Les dernières années du Cardinal et sa mort.* — A partir de ce moment, le Cardinal déchargé des soins de l'administration ducale, put s'occuper des affaires de son évêché de Verdun et du soin de ses terres. En 1430, il tomba malade à Hat-

(1) Voyez la mise en défense du château dans le compte de Colet Ricart ; mention de provision de soufre et de salpêtre pour la bombarde, des engins ou boulets délivrés à Husson l'artilleur, des arbalètes et des traits : Compte de Jean Carbon, gruyer de Bar en 1420.

tonchâtel, se fit conduire à Clermont, puis à Varennes dans le couvent des Cordeliers qu'il avait fondé (1410). Là il rédigea son testament, témoignage de sa piété, de sa charité, de son affection pour sa famille, et de sa libéralité à l'égard de ses serviteurs; ordonnant des aumônes considérables pour les pauvres; léguant ses ornements précieux à la cathédrale; faisant des dons importants à différentes églises, particulièrement à Saint-Maxe où il avait fondé la chapelle Saint-Christophe. Il mourut le 23 mai 1430, et fut inhumé dans la chapelle Saint-Martin, dite de Bar, à la cathédrale de Verdun; là, selon qu'il l'avait demandé, on lui fit de modestes funérailles sans aucune somptuosité de luminaire, ni tentures d'or ou de soie : un simple drap de bure noire avec une croix rouge recouvrait son cercueil, et, sur sa pierre sépulcrale on se contenta de graver son nom avec la date de sa mort (1).

La chronique de Lorraine l'a jugé en quelques mots : « vint « ung Cardinal, qui frère au Duc estoit, lequel régenta le duché si « vertueusement que toutes gens l'aymoient ». Ses statuts synodaux sagement établis sont restés longtemps le fonds de la discipline ecclésiastique dans les diocèses qu'il a gouvernés.

### Troisième race des Seigneurs du Château :
### LA MAISON D'ANJOU.
#### 1419 à 1483.

**René d'Anjou**, 4ᵉ Duc de Bar et Duc de Lorraine
[1429-1480].

1° *La Maison d'Anjou*. — La dynastie de Montbéliard, qui avait régné sur le Barrois de 1033 à 1420, finissait avec le Cardinal de Bar. La Maison d'Anjou lui succéda. Désormais, les Ducs de Bar ne feront plus du château leur résidence ordinaire;

(1) Voyez pierre tombale du Cardinal, Clouet, III, 642.

avec le cours du temps, ils n'y viendront même qu'en de rares circonstances, jusqu'à ce que la marche des événements politiques les fixera chez un autre peuple. Nous esquisserons leur histoire surtout en ce qui regarde le château de Bar et les destinées du Barrois.

2° *Premières années de René.* — René naquit à Angers en 1408, de Louis II d'Anjou, petit-fils de Jean le Bon, roi de France, et d'Yolande d'Aragon, petite-fille de Robert, duc de Bar. Avec sa sœur Marie, devenue dans la suite l'épouse de Charles VII, il fut confié au dévouement de Thiéphane la Magine, dont il reconnut dans la suite les bons soins, en lui faisant élever un monument dans l'église de Nantilly. A sept ans, il passa des mains des femmes sous la tutelle d'un gouverneur, Jehan de Poissy, qui le forma aux armes et aux lettres ; et « *tant profita en tous les deux exercices, qu'il estoit tenu en* « *iceulx, plus que son jeune aage ne requerroit, expérimenté et* « *savant* ».

Quand sa sœur Marie fut fiancée à celui qui devait être le roi de France, René parut à la Cour ; son grand-oncle le Cardinal de Bar, charmé de ses heureuses qualités, se chargea de son éducation, puis il l'adopta pour en faire son successeur au Duché de Bar : « malgré son extrême jeunesse, il l'admit dans l'Ordre de la Fidélité ».

3° *René, Duc de Bar. Son mariage avec Isabelle.* — En 1418, sous le nom de comte de Guise, René fut associé au gouvernement ducal, et son nom parut dans les actes avec celui du Cardinal. En 1420, il épousa l'héritière du duché de Lorraine, Isabelle, fille de Charles II, au milieu de fêtes splendides. Jusqu'à sa quinzième année, le duché de Bar fut administré au nom de son beau-père par les comtes d'Haussonville et de Salm, qui résidaient au château.

Vers 1424, des réparations y furent faites sur l'ordre de Charles II (1) pour recevoir le jeune Duc qui allait être émancipé.

(1) V. *Pièces justificatives*, n. II.

4° *Prise de possession du Château et du Duché de Bar.* — Celui-ci fit son entrée de prise de possession le 10 août 1424, avec un brillant cortège de chevaliers. Le château était alors en mauvais état et dénué de meubles; il fallut y pourvoir dès les premiers jours de l'installation de René, et les dépenses que fit à ce sujet le receveur général, donnent à penser que, dans beaucoup de nos maisons bourgeoises, il y a maintenant plus de luxe, qu'on en trouvait alors dans le palais ducal (1).

5° *Naissance et baptême de Loys.* — En octobre 1428, on y fit exécuter des travaux à l'occasion de la naissance de Louis, second fils de René. Dans la grande salle furent dressées deux estrades « *ou eschaffauls, pour corner les ménestrels et les trom-*« *pettes du duc de Lorraine, au batisement de Loys Monseigneur,* « *à Saint-Maxe* ». Marguerite de Bavière, duchesse de Lorraine, en fut la marraine; et des fêtes somptueuses eurent lieu pour célébrer cet événement de famille (2).

6° *État du Barrois et l'hommage à Henri VI.* — Il y avait alors grande pitié au royaume de France. Le Dauphin, devenu Charles VII, perdait chaque jour quelques lambeaux des provinces demeurées fidèles à sa cause : les Anglais unis aux Bourguignons envahissaient de plus en plus le sol français : dans un grand conseil tenu en 1428, ils résolurent de s'emparer des places, qui au nord de la Loire, tenaient encore pour Charles; puis d'en finir

---

(1) D'après le compte de Jean Rouvel, receveur général (1423-1424) : il fut dépensé 40 livres, environ 440 fr. de notre monnaie : on acheta des écuelles et des plats d'étain, 18 linceuils ou draps de lit, 110 aunes de nappes, etc. Cependant, on mentionne au château quelques vases précieux ; entre autres, un drageoir, et un plat d'argent donné par le chapitre de Toul; l'orfèvre Bothelin de Bar fit le cachet d'argent de René ; un sellier de Bar, « Jennin Doucepensée, fit six harnoix ; Jac-« quemin l'esperonnier fournit deux paires d'esperons dorés, et l'on « acheta du drap vert à Verdun pour les chaperons de la Duchesse ».

(2) Les fauconniers chassèrent aux oiseaux de rivière ; 16 veaux, 60 porcelets, et 300 poulets furent amenés de Saint-Mihiel pour le festin. On confia le prince aux soins de Damoiselle Cresseline qui résidait au château, avec la nourrice Marion, femme de Jean Cousin de Ville-sur-Saulx, et son gouverneur Michel Chifflot (Compte d'Ancel, recev. de Saint-Mihiel).

avec le roi de Bourges en s'emparant d'Orléans, afin d'être les maîtres du pont du fleuve. Presque toutes les provinces situées au nord de la Loire reconnaissaient alors l'autorité du roi d'Angleterre.

Depuis quelques années, des trêves conclues avec les Bourguignons avaient assuré la paix du Barrois; mais comme René dans la situation difficile, que lui faisaient les événements, ne pouvait refuser plus longtemps foi et hommage pour les terres qui relevaient de la France; afin d'épargner les horreurs de la guerre à ses États, d'après les conseils politiques du Cardinal, et probablement de Charles II, alors l'allié des ennemis du Dauphin, il se résigna, non sans quelque répugnance, à faire acte de vassalité pour le Barrois mouvant. Cependant, comme il était le beau-frère de Charles VII et attaché de cœur à sa cause, il ne voulut pas remplir ce devoir en personne; il en chargea le Cardinal, lequel signa le 5 mai un traité de paix avec le duc de Bedfort : un mois après René ratifia l'hommage fait par son oncle.

7° *Jeanne d'Arc et le Duc de Bar.* — A ce moment même des événements extraordinaires s'accomplissaient en France. On parlait d'une jeune fille suscitée de Dieu, née à Domremy, village du Barrois mouvant, comme dépendance de la châtellenie et prévôté de Gondrecourt, au moins pour une partie (1). C'était

(1) La nationalité de Jeanne d'Arc a été vivement contestée, et demeure jusqu'à ce jour un problème historique. Selon les uns, elle était *Barroise*, née sur la partie de Domremy relevant de la prévôté de Gondrecourt, laquelle se rattachait au Barrois depuis Philippe le Bel, et rentrait dans la vassalité de la France. V. Henri Lepage, 3 brochures 1852, 1855, 1856. Chapellier, *Étude historique sur Domremy*, 1870. Pierre Lanery d'Arc, *Bibliographie de Jeanne d'Arc*, 1894. M. Jehet, curé d'Abainville, *Réponse à M. Misset*, 1895. — Selon les autres, elle était née sur la partie Champenoise, et par conséquent Française de Domremy. V. MM. Wallon, *Hist. de Jeanne d'Arc*, Siméon Luce, *Étude historique de Domremy*, 1886, et beaucoup d'autres cités par M. l'abbé Misset, dans sa brochure *Jeanne Champenoise*.— En résumé, on peut dire que Jeanne était *Barroise*, puisque son village d'origine relevait du Barrois; qu'elle était *Champenoise*, parce que Domremy et Gondrecourt avaient été détachés de la Champagne, par Philippe le Bel pour faire partie du Barrois; qu'elle fut *Lorraine*, parce que son

Jeanne la Pucelle que René, alors présent à Nancy, avait sans doute appris à connaître, quand elle se rendit près du Duc de Lorraine. L'héroïne avait gagné à sa cause Robert de Baudricourt, féal de René pour plusieurs de ses fiefs, mais alors au service du roi de France, dont il gardait la place de Vaucouleurs (1). On disait qu'à travers tous les obstacles, elle était arrivée jusqu'au Roi, à Chinon, où elle avait donné de tels signes de sa mission surnaturelle, que Charles lui avait confié le soin de faire lever le siège d'Orléans.

La délivrance presque miraculeuse de cette ville réduite aux abois, et les succès prodigieux, qui suivirent, changèrent totalement la face des affaires : René n'y tint plus. Il voulut joindre ses armes à celles de Charles VII, son beau-frère. Appelé par son cœur, et sans doute aussi par le Roi, il quitta le siège de Metz pour se rendre à Reims, où il espérait assister au sacre de Charles; il menait avec lui Jean de Proisy, Jean de Bassompierre, Messire Jean de Bavière, Évrard de La Mark (2). Au témoignage de plusieurs historiens (3), René prit part à la cérémonie. Selon d'autres, déjà Charles avait quitté la ville du sacre pour continuer sa campagne. René le rejoignit probablement à Château-Thierry; mais, fidèle aux lois de la chevalerie, avant d'attaquer les Anglais, il fit expédier le 3 août au duc de Bedfort un message, par lequel il déclarait renoncer à tous les fiefs, que le Cardinal de Bar avait *repris* en son nom du roi d'Angleterre, et retirer l'hommage qu'il avait fait. Moyennant cette re-

pays appartient à l'ancienne Lorraine; qu'en toute hypothèse, elle était *Française*, puisque le Barrois mouvait de la France, ainsi que la châtellenie de Gondrecourt.

(1) Son père Liébaut de Baudricourt avait été conseiller et chambellan de Robert, et l'on faisait son anniversaire à Saint-Maxe.

(2) Compte de Jean Villers, cellerier de Bar, « délivrant des vivres « pour le seigneur Duc et ses gens, en alant en France au mandement « du Roy notre Seigneur »; 3° compte 1429-1430. V. Jean Rouvel, receveur général du duché, compte de 1429-1430.

(3) V. Monstrelet, c. 47. Daniel, t. II, p. 1069. D. Calmet, t. II, c. 698. P. Benoit, *Orig. de la Maison de Lorr.*, p. 393. Wallon, *Jeanne d'Arc*, 3° édit., p. 254. Vassebourg, II, 473. Du Haillan, *Hist. de France*, 1577, I, 795. Villaret, t. XIV, 1430.

nonciation, il se considérait comme dégagé des liens du vasselage et des engagements, qu'il avait contractés (1). Après cet acte, il pouvait, sans forfaiture, combattre les Anglais, et servir celui que le sacre venait de faire le vrai et le seul Roi de France, son suzerain et son parent.

On retrouve René avec Charles VII et la Pucelle à Provins, à Senlis, à Saint-Denis, près de Paris, où le Duc mena ses braves Barrisiens. Dans l'attaque de la porte Saint-Honoré, Jeanne fut blessée, et ne cessa de combattre malgré le sang qu'elle perdait. La nuit venue, quelques chevaliers la contraignirent à monter sur un cheval, et René la reconduisit à son logis de la Chapelle-Saint-Denis, où on lui donna les soins nécessaires (2).

8° *René, chevalier.* — Ce fut en septembre, à la suite de cette glorieuse campagne, où il s'était distingué, que René mérita d'être armé chevalier par le Roi de France (3). A son retour dans le Barrois, on fêta sa chevalerie en votant un aide ou impôt pour ses « *esperons dorés* » ; insignes alors réservés aux chevaliers. Bar lui offrit à cette occasion vingt-cinq *queues* ou cinquante pièces de vin (4).

A la fin de cette année, le château fut encore réjoui par la naissance d'Yolande, qui devait être un jour Duchesse de Bar, et dont le baptême fut célébré pompeusement à Saint-Mihiel après le retour de René. L'année suivante naquit à Pont-à-Mousson, Marguerite, destinée à devenir dans la suite l'infortunée reine d'Angleterre.

9° *René, duc de Lorraine.* — A la mort de Charles II (1430), René ajouta au titre de Duc de Bar celui de Duc de Lorraine ; mais il eut à lutter contre un redoutable compétiteur, Antoine de Vaudémont. Vaincu et fait prisonnier à la bataille désas-

---

(1) Voir le message aux *Pièces justificatives*, n° III.
(2) Perceval de Caigny, chroniqueur du xv° siècle, cité par Quicherat, 143, n. 171. Lecoy de La Marche, t. I, p. 76.
(3) Archives de la Meuse, série B, 261, f° 867 v°.
(4) Compte de Jean Rouvel, recev. général, 1429 ; de Jean de Villers, cellerier, 1429-1430, recettes.

treuse de Bulgnéville, il fut emmené par le duc de Bourgogne Philippe le Bon, et renfermé à Dijon dans la tour du palais, qui porte encore le nom de tour de Bar. Pendant la captivité de son époux, Isabelle prit les rênes du gouvernement, et fit voir qu'elle était digne de porter la couronne.

10° *René, roi de Sicile.* — Pendant la captivité de René, mourut en 1435 Jeanne de Duras, reine de Naples, qui avait légué ses États à la Maison d'Anjou. Isabelle se rendit en Italie pour faire valoir les droits de son époux. René lui-même, après avoir recouvré la liberté moyennant une énorme rançon, vint seconder les héroïques efforts de la vaillante Duchesse; mais de son expédition d'Italie, il ne devait retirer qu'un titre royal (1) et le comté de Provence, où dans la suite il aimait à résider.

11° *Il s'éloigne du Barrois.* — A partir de ce moment, René, tout en gardant le duché de Bar, abandonna la régence de la Lorraine et du Barrois entre les mains d'Isabelle, et la lieutenance générale à ses enfants, Jean et Louis. C'est ce dernier qui, en 1440, repoussa de Bar l'armée d'Antoine de Vaudémont, à qui ses ravages dans le Barrois ont fait donner le nom de *Mauvais*. C'est alors, pense-t-on, que la Vierge du Guet se signala par un prodige qui attira la vénération des Barrisiens à cette sainte image (2).

Cependant les actes du Barrois étaient généralement rendus

(1) Déjà en 1434, René prenait le titre de *Roi de Jérusalem et de Sicile,* comme on le voit par le titre de la donation de Popey au chapitre de Saint-Maxe, le 28 novembre 1434.

(2) La tradition rapporte que la troupe des assiégeants, espérant surprendre la ville, s'avança de grand matin par le vallon de Polval vers la Porte aux Bois. Là selon la coutume du Moyen âge se trouvait une Vierge tenant en ses bras l'Enfant-Dieu. Au moment où les soldats allaient tenter l'assaut, la sainte image s'anima tout à coup, et cria : *Au guet,* ce qui donna l'alarme au poste des Barrisiens. Furieux de cette intervention miraculeuse, un soldat de Vaudémont ramassa un fragment de brique et le jeta à la Vierge; mais le divin Enfant étendit la main gauche pour le recevoir. Le soldat, qui avait insulté Marie, fut frappé de mort, et la garnison repoussa victorieusement les assaillants.

au nom de René, et, à de rares intervalles, le Duc revenait visiter le château de Bar (1).

12° *Marguerite d'Anjou, reine d'Angleterre.* — En 1444, sa fille, Marguerite d'Anjou, âgée de 16 ans, épousa Henri VI, et son mariage devint la condition de la paix entre la France et l'Angleterre. Les noces se firent à Nancy en présence de Charles VII, de la Reine de France et du Dauphin. Des tournois et des fêtes splendides se donnèrent à cette occasion. René et Isabelle conduisirent la jeune reine jusqu'à Bar, la bénirent en la remettant au comte de Suffolk, et s'en séparèrent au milieu des sanglots, comme si de secrets pressentiments leur avaient révélé l'avenir de leur fille (2).

Marguerite était une princesse d'une grande beauté, d'un esprit très cultivé et d'un courage indomptable. Son intrépidité éclata surtout dans l'histoire de la guerre des Deux-Roses, et elle est demeurée célèbre par ses malheurs.

Après la bataille d'Exham, où son parti fut complètement défait, Marguerite avec le prince de Galles s'enfuit dans une forêt; là elle fut rencontrée par un brigand, qui s'avança sur elle l'épée à la main. Alors recueillant tout son courage, la reine saisit son fils par la main, et le présenta au voleur : « Ami, lui « dit-elle, je confie à votre loyauté le fils de votre roi ». A la vue de la Reine, et devant la grâce naïve du jeune prince, le brigand ému leur servit de guide, et leur donna un refuge dans sa caverne ; sa femme en prit soin, et après quelques jours il put les conduire jusqu'à Carlisle ; là les fugitifs trouvèrent une barque, qui leur permit de se réfugier en Écosse, et de là en Flandre, où le duc de Bourgogne les reçut avec une générosité princière. Il fut ensuite facile à la Reine de se rendre dans les États de son père.

Avec Édouard, prince de Galles son fils, et une suite de gentilshommes, parmi lesquels se trouvèrent Thomas Bire, arche-

(1) En 1454 et 1463 A ce moment il loge à Louppy-le-Châtel, que l'on avait fait parer royalement (Compte du gruyer Pariset des Bordes).
(2) De Quatrebarbes, *Notice sur René d'Anjou*.

vêque de Cantorbéry, de l'ordre de Saint-Dominique, son chapelain David, et Guillaume de La Barre, chanoine de Lincoln, elle habita (1463) quelque temps le Barrois, et vint plusieurs fois à Bar (1464); mais sa résidence était au château de Louppy et de Keures, où elle vécut assez pauvrement dans le deuil jusqu'en 1470; elle mourut à Angers en 1482 (1), la reine, l'épouse, la mère la plus infortunée de son siècle.

13° *Fondations de René à Saint-Maxe.* — Depuis qu'il était devenu comte de Provence, René avait conçu une grande dévotion pour sainte Madeleine, dont les reliques étaient vénérées à la Sainte-Baume. En revenant à Bar, il voulut y retrouver quelque chose, qui rappelât le culte de l'illustre pénitente; aussi, en 1463, il fit venir un artiste célèbre, Maître Pierre Millain (Milanais), sculpteur de la Cour, qui « *tailla les imaiges et mystères de la Magdeleine de la Bausme près de l'église Saint-Pierre* », et en orna l'église Saint-Maxe; puis il fonda dans la chapelle castrale une messe haute *à notes* en l'honneur de la sainte, le 22 juillet; en plus une messe basse chaque semaine; une lampe perpétuellement allumée devant l'autel de Notre-Dame; le chant de l'antienne, *Sancta et immaculata*, qui devait se dire chaque jour dans la collégiale à l'heure de Primes; le service de saint Marcel pour fêter le jour de sa naissance, et plus tard devenir son anniversaire, après son trépas. En 1467, il institua également la *confrérie des dix mille martyrs*, dont il voulut faire partie (2).

14° *Louis XI convoite et occupe le Barrois.* — Dans les dernières années de la vie de René, Louis XI avait cherché par tous les moyens à réunir le Barrois à la France. Sous différents prétextes, il occupa Bar en 1475, en fit réparer les murailles et les portes, où furent placées les armes de France. Il y établit pour gouverneurs, Georges de la Trémouille et d'Aubigny. Il aurait voulu une cession régulière du duché faite par René;

(1) V. *Histoire de Marguerite d'Anjou*, Tours, Mame, in-8°.
(2) B. 809.

mais celui-ci, ayant perdu ses deux fils Jean et Louis, ainsi que Nicolas, son petit-fils, par dispositions testamentaires donna le Barrois à sa fille Yolande, laquelle hérita dans la suite de tous les titres et droits de son père.

15° *Mort et caractère de René.* — René Ier d'Anjou mourut à Aix en 1480 ; son cœur fut apporté dans l'église Saint-Maxe, et son corps enseveli à Angers dans l'église des Cordeliers, près de sa première épouse Isabelle de Lorraine (1). Il eut la réputation d'un littérateur et d'un artiste. « Sa maison, écrivait un « ancien, fut le chœur des Muses, l'école des Orateurs, le con- « cours des Poètes, l'académie des Philosophes, le sacraire des « Théologiens, et le secret des Sages. » Il était passionné pour la peinture, et il a laissé quelques œuvres admirées de son temps ; mais il aimait peu à s'occuper du gouvernement de ses États (2). On a dit de lui qu'il savait mieux peindre que régner.

16° *Ses enfants.* — De son mariage avec Isabelle de Lorraine, il eut plusieurs enfants : *Jean,* duc de Calabre et de Lorraine, né à Nancy, mort en 1470 ; *Louis d'Anjou,* né à Bar en 1428, décédé en 1445 ; *Charles* et *René d'Anjou,* morts jeunes ; *Yolande d'Anjou,* née à Bar, et mariée à Ferri de Vaudémont ; *Marguerite d'Anjou,* reine d'Angleterre ; *Isabelle* et *Louise d'Anjou,* mortes jeunes.

(1) Le 16 septembre 1895, on découvrit fortuitement son tombeau, où l'on distingua mêlée aux ossements du prince, près du crâne décharné, une couronne composée de grands et petits fleurons alternants ; sous la couronne était un sceptre, et sur le côté gauche de la poitrine, une sphère surmontée de la croix.

(2) *Histoire et chronique de Provence.* Le prince a recueilli les lois de la chevalerie, les a transcrites de sa main, et magnifiquement enluminées sur vélin, dans le *Livre des tournois.* Il composa, l'*Abusé en cour,* quelques autres romans et pastorales, le *Traité entre l'âme dévote et le cœur, ou mortifiement de vaine plaisance,* un *Dialogue entre l'âme et les vertus chrétiennes.* Il orna de miniatures délicieuses plusieurs livres d'heures, et a fait quelques tableaux de mérite. C'est lui qui rétablit en Provence la Cour d'amour, qui jugeait sur les questions agitées par les Troubadours.

### Yolande d'Anjou, Duchesse titulaire de Bar
[1480-1484].

A la mort du petit-fils de René d'Anjou, Nicolas duc de Lorraine, arrivée en 1473, la couronne de ce duché revint à la fille de René, Yolande d'Anjou, qui avait épousé Ferri II de Vaudémont, sire de Joinville, mort en 1469. Elle réunissait les prétentions des deux lignes paternelles et maternelles : aussi les États de Lorraine l'agréèrent pour souveraine. Yolande, tout en gardant le titre de Duchesse de Lorraine, céda ses droits en faveur de René son fils aîné, lequel devait plus tard unir les deux duchés sous son gouvernement.

Lorsque mourut son père, Yolande hérita des titres de Reine de Sicile, de Naples, de Jérusalem, d'Aragon, Duchesse de Bar, de Lorraine et d'Anjou. Elle prit aussitôt possession du duché de Bar dont elle fut la souveraine titulaire (1). On lui fit un don de joyeux avènement à l'occasion de son entrée au château, où elle mourut le 23 février 1483. Son cœur et ses entrailles furent déposés à la collégiale de Saint-Maxe (2); et l'on transporta son corps à Joinville, pour être inhumé dans l'église de Saint-Laurent, près de son époux. Un magnifique mausolée y fut érigé en leur souvenir par les soins de son beau-frère, Henri de Lorraine, évêque de Metz.

### IV. — Quatrième race des Seigneurs de Bar :
#### LA MAISON DE LORRAINE-VAUDÉMONT.
1483 à 1736.

### René II, 5ᵉ Duc de Bar
[1483-1508].

1° *Premières années.* — Né en 1449 de Ferri II, comte de Vaudémont, seigneur de Joinville, et de Yolande d'Anjou, il

---
(1) B. 228.
(2) Compte d'Anthoine Warin, receveur général, 1483-1484.

réunissait en sa personne les droits des deux Maisons. C'était un prince doué de qualités remarquables, qu'une éducation soignée avait développées. En 1471, il épousa Jeanne d'Harcourt, d'une grande famille normande, et deux ans après il devint Duc de Lorraine par la renonciation de sa mère.

2° *Lutte avec Charles le Téméraire.* — Au début de son gouvernement, il lui fallut lutter contre un adversaire redoutable, Charles le Téméraire, qui voulait s'emparer de la Lorraine pour unir ses États du Nord avec ceux de la Bourgogne, et se constituer un royaume entre l'Allemagne et la France. Allié aux Suisses, René remporta sur le Duc de Bourgogne une première victoire à Morat, puis le défit une seconde fois sous les murs de Nancy, où le Téméraire périt dans la mêlée, le 5 janvier 1477.

3° *Le Barrois lui est rendu.* — En 1479, l'administration de la partie du Barrois située à l'est de la Meuse lui fut confiée. La ville et la prévôté de Bar étaient alors occupées par Louis XI : ce fut seulement en 1483, sous la régence d'Anne de Beaujeu, que René entra en possession du Barrois mouvant : de grandes réparations se firent alors au château depuis longtemps délaissé de ses souverains, et occupé par les gens de guerre.

4° *Il épouse Philippe de Gueldres.* — En 1485, son premier mariage avec Jeanne d'Harcourt ayant été déclaré nul par l'autorité ecclésiastique, René contracta une nouvelle alliance avec Philippe, fille du duc de Gueldres et de Catherine de Bourbon. Par sa mère, elle descendait de saint Louis, et se trouvait la cousine de François Ier. A une grande beauté, elle alliait un esprit solide et une piété peu commune.

5° *Fondation du couvent de Sainte-Claire de Bar.* — C'est vers cette époque que, par les libéralités de Marie de Tranaux, fille d'une noble famille de Metz, fut fondé à Bar le couvent des Clarisses, plus tard si cher à la Duchesse.

6° *Séjour du Duc au château.* — Après leur mariage, les deux époux vinrent assez fréquemment habiter le château de

Bar. Philippe de Gueldres y mit au monde six de ses enfants. Le Duc et la Duchesse en firent leur séjour presque habituel à partir de 1497, quand fut entreprise la reconstruction du palais ducal de Nancy (1), où René ne faisait plus que de rares apparitions, lorsque les affaires importantes le réclamaient.

En 1500, le 4 août, les États du Barrois s'assemblèrent, dans la grande salle du parement, et octroyèrent un aide de deux florins par ménage ou conduit. Le Duc avec sa Cour passa presque toute cette année au château de Bar. En 1503, il établit un grand jardin dans l'enceinte castrale, au-dessus du Baile (2) : il le fit décorer avec des ifs de la forêt de Briey et des arbres du Vaulx de Metz (3). L'année suivante, 1504, on exécuta de grandes réparations dans le logement du Duc et de la Duchesse. En 1506, René y tint les trois États pour la codification des coutumes et des lois observées dans le Barrois; le greffier du bailliage, aidé par deux jurés et deux notaires, les rédigea en quarante et un articles que l'on transcrivit sur parchemin (4).

A Bar et à Louppy-le-Château, où il se plaisait à résider, René partageait son temps entre les exercices de piété, l'administration de ses États et la chasse, pour laquelle il était véritablement passionné. Il avait déclaré une guerre d'extermination aux loups, qui ravageaient alors le pays; chaque fois qu'il tuait un de ces fauves, il lui semblait, disait-il, sauver la vie à l'un de ses sujets.

7° *Dernière maladie de René*. — C'est en les poursuivant durant le rude hiver de 1508, qu'il fut atteint d'une pleurésie, dont il sentit aussitôt la gravité; transporté au château de Fains, il y fit appeler son épouse et ses enfants, qui arrivèrent aussitôt. Après avoir revu son testament, il adressa les plus sages conseils à ses fils, leur recommanda de respecter leur mère et leur

(1) V. Archives, série B. 827, 1493-1498. B. 828.
(2) *Idem*. B. 828.
(3) *Idem*. B. 350.
(4) Compte de Christophe Liétard, receveur général en 1507. Chap. *Dépenses communes*.

frère aîné, de vivre dans la concorde, de se montrer fidèles à Dieu et à son Église, et de soulager leurs peuples en les traitant avec bonté. Ensuite il leur donna sa bénédiction, fit ses adieux aux gentilshommes, qui étaient présents, et expira le 10 décembre 1508, âgé de 59 ans.

8° *Ses funérailles*. — Son corps fut exposé durant cinq jours dans la collégiale de Saint-Maxe, puis transporté à Nancy, où il fut inhumé dans l'église des Cordeliers. Là, du côté de l'épître se trouve encore son tombeau, monument admiré des touristes, dans le style de la Renaissance : on y voit le Duc couvert d'un manteau d'hermine, agenouillé devant l'image de la Sainte Vierge, et entouré des saints pour lesquels il avait une spéciale dévotion.

9° *Caractère et portrait de René II*. — René compte parmi les princes les plus remarquables de son siècle. Ses mœurs furent irréprochables : grâce à l'influence de Philippe de Gueldres, sa piété s'affermit, et s'accrut encore sur la fin de sa vie. Il était bon et humain : un jour Balthazard d'Haussonville lui lisait la Vie de Titus. Quand il fut arrivé à l'endroit où l'empereur Romain, se mettant le soir à table, se souvint qu'il n'avait accordé aucune faveur dans la journée, et dit : « *diem perdidi amici* », « mes amis, j'ai perdu ma journée! » « *A Dieu, grâces*, reprit René, *n'en ai aucune perdue* (1). » Habile guerrier, il se signala par des victoires qui l'égalent aux grands capitaines ; prince érudit et instruit, il appelait les livres des conseillers muets, qui instruisent et corrigent sans aigreur, comme sans flatterie. Il favorisa les lettres et les sciences dans ses États ; il vit autour de lui surgir des poètes, des historiens et des savants qui lui firent honneur. Il a mérité le titre de *Victorieux* et de *Père du peuple*. Reprenant la pensée du cardinal de Bar, René, par son testament, voulut que la Lorraine et le Barrois demeurassent inséparablement unis sous le gouvernement de son fils aîné, Antoine; cette union fut ratifiée

(1) *Chronique de Rémond Messein*, citée par Chevrier; Digot, III, 409.

par les États des deux provinces assemblés à Nancy le 13 février 1509.

10° *Ses enfants*. — Il eut douze enfants de Philippe de Gueldres : *Charles*, né à Nancy en 1486, et *François* à Pont-à-Mousson (1487), l'un et l'autre moururent jeunes. *Antoine* naquit à Bar le 4 juin 1489 : il fut le successeur de René ; *Anne*, également née à Bar l'année suivante : *Nicolas* vint au monde à Nancy en 1493, et *Isabelle* à Lunéville en 1494 ; ces trois enfants ne vécurent pas longtemps. *Claude*, souche de la famille de Guise, vit le jour à Condé-sur-Moselle en 1496 ; *Jean*, né et baptisé à Bar en 1498, fut le titulaire de plusieurs évêchés, cardinal de Saint-Onuphre, ministre de France sous François Ier et Henri II ; *Louis* vint au monde à Bar en 1500, et mourut dans une expédition guerrière en Italie ; *Claude* et *Catherine*, sœurs jumelles, naquirent à Bar en 1502 ; enfin *François*, également né au château en 1506, fut baptisé à Saint-Maxe ; il périt à la bataille de Pavie, en combattant glorieusement aux côtés de François Ier.

### Philippe de Gueldres, Duchesse douairière de Bar

[1509-1520].

1° *Philippe de Gueldres réside au château de Bar. Sa vie et ses œuvres charitables*. — Dans son testament fait à Louppy-le-Château en 1506, René avait donné à son épouse, Philippe de Gueldres, le douaire du château et de tout le bailliage de Bar, avec leurs dépendances et appartenances. Par suite de cette donation, la pieuse Duchesse, comme l'attestent nos archives, résidait habituellement à Bar, passant sa vie dans la retraite, sanctifiant ses journées par la prière, le travail et les œuvres de charité (1). Le plus grand plaisir qu'elle éprouvait, dit un de ses historiens, était de s'entendre demander quelques secours pour les maisons religieuses, estimant qu'on ne pouvait plaire davantage à Jésus-Christ, que de secourir ses pauvres volon-

---

(1) V. Arch., série B. 832, 833.

taires. Elle envoyait régulièrement des aliments de carême aux Sœurs Claires de Bar (1), aux Béguines, aux Religieux Augustins, aux Cordeliers de Rembercourt. Elle se plaisait à entretenir, aux maisons d'études, les sujets les mieux doués de ces couvents, afin qu'ils fussent en état de servir plus parfaitement les intérêts de l'Église, et de faire du bien aux âmes. En 1518, elle nourrit les pestiférés relégués sur la côte Sainte-Catherine, et « pour Dieu, fit à Messire André Bonhomme » de larges aumônes à cause de son dévouement au service de ces malheureux (2). Elle travaillait volontiers pour les églises, en même temps qu'elle décorait le château des beaux ouvrages de ses mains (3).

2° *Naissance au château de Marie de Lorraine et de François de Guise.* — Pendant qu'elle habitait le château de Bar, sa belle-fille, Antoinette de Bourbon, épouse de Claude de Guise, mit au monde, le 22 novembre 1515, Marie de Lorraine qui épousa en 1538 Jacques V d'Écosse, d'où est sortie Marie Stuart. En 1519, Antoinette y donna également le jour à François de Guise, qui fut baptisé à Saint-Maxe par l'évêque de Châlons, et devint si célèbre dans la suite.

3° *Entrée de la sainte Duchesse chez les Clarisses.* — Depuis longtemps, Philippe nourrissait dans son cœur le projet d'embrasser une vie plus parfaite, à l'exemple d'autres princesses de sa maison, qui avaient renoncé à toutes les grandeurs de ce monde, pour se consacrer entièrement au service de Dieu. Quand elle crut que sa tâche de mère était remplie, elle rassembla ses enfants à Pont-à-Mousson, leur communiqua son dessein et les motifs de sa retraite, leur adressa ses recommandations, puis le lendemain, comme l'écrivit sur un livre d'heures son maître d'hôtel, Geoffroy de Multry, « huitième jour de « Décembre mil. v. xix, la Royne entra par grande dévotion à « la religion des Sœurs de Sainte-Claire, au Pont-à-Mousson ;

---

(1) B. 831. — (2) Compte de Christophe Liétard, receveur du bailliage de Bar, 1518.
(3) Voir son testament, D. Calmet ; l'abbé Guillaume, *Vie de Philippe de Gueldres*, p. 362.

« et estoient présents à la conduire à l'esglise du dict monastère
« tous messeigneurs les princes ses enfants; assavoir : M$^{gr}$ le
« Duc de Lorraine et de Bar (1), M$^{gr}$ le comte de Guise (2),
« M$^{gr}$ de Verdun (3), M$^{gr}$ François, bien jeune encore, et qui ne
« pouvait se détacher de sa mère ». Après la messe, escortée
de ses fils et de ses suivantes, elle se dirigea vers le cloître, et
alla demander à la Mère Abbesse, Jeanne d'Aspremont, la grâce
d'être reçue parmi ses filles, pour suivre la règle austère des
Sœurs de Sainte-Claire et de Sainte-Colette.

Quant fut révolue l'année complète de probation, durant
laquelle la fervente princesse voulut se soumettre à toutes les
observances de la maison, elle se consacra irrévocablement
à Dieu pour le servir dans la pauvreté, la chasteté et l'obéissance. La cérémonie de ses vœux se fit le jour de l'Immaculée-Conception, 8 décembre 1520; Philippe avait alors 59 ans. Les
sujets du Barrois ne l'oublièrent pas, et plus d'une fois, il lui fut
envoyé des truites de l'Ornain et des gelées de brochets (4).
Pendant les vingt-huit années qu'elle passa dans le cloître, elle
donna l'exemple des vertus héroïques, et mourut en odeur de
sainteté le 26 de février 1547, âgée de 87 ans. Des miracles s'opérèrent sur son tombeau (5), et sa mémoire est restée en vénération.

*4° Son testament.* — Avant de faire profession, elle avait
rédigé son testament, où l'on voit éclater les grands sentiments
de foi qui l'animaient. Nous en citerons seulement ce qui regarde ses fondations à la collégiale du château. « Elle demandait, que chaque semaine, on récitât les Vigiles des Morts le
dimanche soir; et, que le lendemain lundi, fût célébrée la messe
de *Requiem* avec recommandations; que chaque vendredi, la
messe de la Passion fût chantée à Saint-Maxe, et cinq fois l'an à
l'église de Madame Sainte-Claire de Bar, en l'honneur des cinq

(1) C'était alors Antoine.
(2) Claude de Lorraine, alors comte de Guise.
(3) Louis de Lorraine, 4° fils de René et de Philippe de Gueldres.
(4) B. 725-551.
(5) Voyez sa *Vie* par l'abbé Guillaume, Nancy, 1853, p. 267 et suiv.

PHILIPPE DE GUELDRES.

DUCHESSE DOUAIRIÈRE DE BAR, RELIGIEUSE DE Ste-CLAIRE,

MORTE EN ODEUR DE SAINTETÉ, 1347 - (LIGIER-RICHIER)

Cliché Dural.

Phototypie J. Royer, Nancy.

plaies de Notre-Seigneur; que, chaque année, la vigile de la fête du Saint-Sacrement, on habillât cinq petits enfants chantres, de rouge ou de violet, pour dire durant l'octave, comme ils avaient coutume de le faire après Matines, la grand'messe et vêpres : « *O Salutaris Hostia, avec ung De Profundis, et Fidelium, à genoulx devant le précieux Corps de N. S.; tenant chacun d'eux une torche en leurs mains, sur laquelle seroient les armes de la Duchesse et la cordelière à l'entour* ». Pendant l'octave de la Fête-Dieu, elle avait réglé que cinq cierges brûleraient jour et nuit devant le Saint-Sacrement : que treize torches, également ornées de ses armes et de la cordelière, seraient portées à la procession par treize enfants pauvres, à qui l'on donnerait cinq sols d'aumône en l'honneur des cinq plaies : que le jour du Jeudi-Saint « *il serait placé au Repositoire* cinq cierges brûlant « nuit et jour jusqu'au lendemain ; tout cela *pour le salut et* « *remède de l'âme du feu Roy, son très chier époux, de la sienne,* « *de ses progéniteurs, et successeurs* ».

5° *Souvenirs et tombeau de la sainte Duchesse.* — Le souvenir de la sainte Duchesse s'est conservé dans le pays. Son portrait et celui de René se voyaient appendus à Saint-Maxe; ses livres d'heures, pieusement gardés au monastère de Pont-à-Mousson, sont devenus le trésor de quelques familles du Barrois; des objets de piété qui faisaient partie de son oratoire se transmettent fidèlement, de générations en générations, dans la famille Du Val de Ligny : sa tombe, chef-d'œuvre de Ligier Richier, sauvée du vandalisme révolutionnaire et transportée en 1822 dans l'église des Cordeliers de Nancy, nous la montre revêtue de son habit franciscain. Par un admirable artifice, le grand sculpteur a su trouver, dans la combinaison des marbres de différentes couleurs et de la pierre de Meuse, le secret de rendre la portraiture de la sainte Clarisse aussi véritable que saisissante, dans le calme repos de la mort, pleine des glorieuses espérances. Aux pieds de la Reine, une religieuse de petite stature et d'une figure ravissante sous son voile noir, tient la couronne ducale, pour rappeler le mépris que la Duchesse douairière de Bar a fait des grandeurs de la terre, afin de mériter le diadème céleste.

En arrière se lit l'inscription, que Philippe de Gueldres avait fait graver pour sa tombe :

> Cy gist ung ver tout en pourriture,
> Rendant à la mort le tribut de nature.
> Sœur Philippe de Gueldres fust royne du passé ;
> Terre son lot pour toute couverture.
> Sœur, dit luy ung *Requiescat in pace.*

## Antoine, 6° Duc de Bar
### [1508-1544].

1° *Naissance, éducation, premières années.* — Antoine naquit au château de Bar le 4 juin 1489, et fut baptisé le 16 à Saint-Maxe. Il fut d'abord élevé à la Cour de René II son père, sous la direction de Philibert de Stainville, en toutes les connaissances que réclamait son rang ; on lui inspira dès l'enfance de grands sentiments de religion, et son père lui redisait souvent, comme la reine Blanche à saint Louis, qu'il aimerait mieux le voir mourir sous ses yeux, que de le savoir coupable de péché mortel. Dans la suite, Antoine avouait à ses serviteurs, qu'il n'avait jamais oublié cette parole. A douze ans, sur la demande de Louis XII, il fut envoyé à Paris pour être élevé à la Cour, où il se fit chérir par ses belles qualités.

2° *Prise de possession du Barrois.* — La mort de son père l'obligea de venir prendre possession de ses États. Les Abbés, les Seigneurs et les Prévôts du bailliage furent convoqués à Bar pour assister à l'entrée du jeune souverain ; il n'avait encore que dix-neuf ans ; mais déjà il laissait entrevoir les plus belles espérances à ses sujets.

3° *Campagne d'Italie.* — En 1509, Antoine accompagna le Roi de France dans sa campagne d'Italie. Il combattit si vaillamment à côté de Louis XII, à Agnadel, que le roi le félicita sur le champ de bataille, et voulut armer ses gentilshommes chevaliers.

4° *Premiers événements de son règne et son mariage*. — De retour dans ses États, il en visita les différentes villes, présida les Grands Jours à Saint-Mihiel, assista au sacre de François Ier (1515) et tint sur les fonts du baptême le dauphin, qui devait être François II.

Ce fut alors qu'il épousa une des princesses les plus accomplies de son temps ; *Renée de Bourbon*, sœur du connétable et fille de Gilbert de Bourbon, descendant de saint Louis : sa mère était Claire de Gonzague. La Cour de France donna un brillant tournoi à l'occasion de ce mariage.

5° *Seconde campagne d'Italie*. — Antoine suivit François Ier dans sa campagne du Milanais, et se distingua par sa valeur à Marignan, dont un grand général du temps a dit, que c'était *la bataille des géants*.

6° *Entrée des deux époux à Bar*. — Au retour d'Italie en avril 1516, il présenta sa jeune épouse à ses sujets du Barrois. Les populations des environs, les gens d'église, les nobles et les bourgeois accoururent au château pour recevoir triomphalement les deux époux, et l'on fit à la jeune Duchesse un présent digne d'elle.

7° *Résidence du Duc au château*. — Antoine aimait le château de Bar, et y faisait volontiers sa résidence. Son fils aîné fut baptisé à Saint-Maxe le 23 août 1517, et eut pour parrain François Ier, qui lui donna son nom ; on fit au Roi de France des fêtes magnifiques à l'occasion de ce baptême. Ce fut également au château que naquirent, et furent baptisés les autres enfants d'Antoine : *Anne*, qui épousa le prince d'Orange ; *Jean*, qui mourut jeune ; et, *Nicolas*, comte de Vaudémont, baptisé à Saint-Maxe le 10 décembre 1524 (1).

8° *Il repousse l'invasion du protestantisme*. — Zélé pour les intérêts de la religion, Antoine fit plusieurs ordonnances pour protéger la foi de ses sujets contre les doctrines luthériennes,

(1) Voyez le récit de son baptême, chap. III, *Vie et fêtes du Château*.

qui commençaient à se répandre ; et, quand les paysans révoltés de l'Alsace, réunis en corps d'armée sous le nom de Rustauds, se préparaient à passer les Vosges, le Duc de Lorraine, aidé de son frère Claude de Guise, les battit successivement à Lupstein, à Saverne, où grand nombre furent massacrés malgré les ordres d'Antoine ; à Cherviller, où l'armée lorraine défit complètement les Luthériens au cri de : *Vive Dieu et Lorraine!* Ces victoires valurent au Duc les félicitations du Souverain Pontife Clément VII ; elles préservèrent le pays d'une invasion de sectaires qui mettaient tout à feu et à sang ; elles furent complétées par toutes les mesures de rigueur que prit Antoine, et que continuèrent ses successeurs, pour empêcher l'introduction de l'hérésie, et épargner au pays les horreurs des guerres civiles dont la France fut déchirée au XVIe siècle.

9° *Arbitre de paix entre Charles-Quint et François Ier*. — Tant de beaux faits accrurent la gloire et l'autorité du bon Duc Antoine. Accepté comme arbitre entre François Ier et Charles-Quint, il amena les deux rivaux à conclure une trêve de neuf ans (1538) ; quand la paix eut été rompue, quand l'Empereur envahit la France, et fit le siège de Saint-Dizier, le Duc de Lorraine, déjà malade, vint à Bar pour suivre les événements de plus près, et offrir encore une fois sa médiation aux deux partis.

10° *Suprêmes recommandations et mort d'Antoine*. — Bientôt le mal s'aggrava au point que, sentant sa fin prochaine, Antoine dicta son testament, où, comme René II, il confirmait l'union inséparable des deux Duchés : puis, ayant reçu le saint viatique, il fit venir ses enfants pour leur adresser ses recommandations suprêmes, les priant de demeurer toujours fidèles à l'Église catholique, et de se mettre en garde contre l'hérésie. Il supplia son successeur de traiter ses sujets avec bonté, de diminuer les charges du peuple, en se rappelant qu'un jour Dieu jugera sévèrement les maîtres du monde (1). Ensuite il embrassa ses enfants, les bénit, et, détournant la tête, leur dit :

(1) V. D. Calmet, III, cccxcviii.

« *pour l'honneur de Dieu, qu'on ne me parle plus que de mon salut* ».

11° *Ses funérailles*. — Il mourut le 14 juin. Son cœur, déposé dans une urne, fut inhumé dans les caveaux de Saint-Maxe; son corps, après avoir été embaumé, demeura provisoirement dans la collégiale jusqu'au mois de septembre, à cause des troubles de guerre (1); alors le duc François le fit transporter à Nancy pour l'ensevelir dans l'église des Cordeliers, auprès de son épouse Renée de Bourbon, morte en 1539.

12° *Son portrait*. — Sa mort fut un deuil pour le pays. Pendant 35 ans, il avait travaillé à maintenir la paix dans ses États, à étendre le commerce, à favoriser l'industrie; doué des plus belles qualités princières, il y joignait une douceur, qui le fit surnommer *le bon Duc Antoine*.

Sa devise était : *Fecit potentiam in brachio suo*, entourant un bras armé de l'épée. Sous son règne, on vit paraître deux grands sculpteurs lorrains : Ligier Richier et Paul Gagel, son émule, né à Bar-le-Duc.

13° *Ses enfants*. — Il eut de sa femme, Renée de Bourbon, six enfants : *François*, qui lui succéda; *Anne*, mariée au prince d'Orange; *Nicolas*, comte de Vaudémont; *Jean*, *Élisabeth* et *Antoine*, qui mourut en bas âge.

## François I<sup>er</sup>, 7<sup>e</sup> Duc de Bar

[1544-1545].

1° *Premières années et avènement de François*. — Élevé à la Cour de François I<sup>er</sup>, son parrain, avec les fils du Roi de France, il reçut d'abord le titre de Marquis du Pont, comme aîné de la famille : en juillet 1541, il prit celui de Duc de Bar, et épousa Madame Christine, veuve de François Sforza, duc de Milan, fille de Christiern II, roi de Danemark, et d'Élisabeth d'Autriche, sœur de Charles V ; elle était nièce de la Reine de France.

(1) V. Chap. III, *Récit de ses funérailles*.

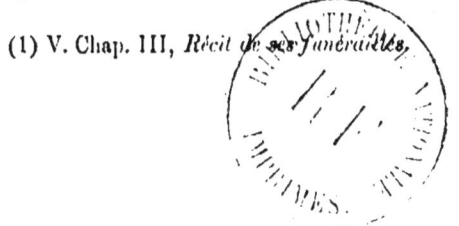

Au retour de son mariage, François fit son entrée à Bar avec son épouse, et on lui donna, comme bienvenue, un présent de cent poinçons de vin (1).

2° *Mort prématurée.* — Après le décès de son père, François demeura quelque temps au château, où il signa la nomination des **fonctionnaires du Barrois (2). Il fut accepté** comme médiateur de paix entre l'Empereur et le Roi de France; mais parce que sa santé donnait des inquiétudes, il se rendit à Remiremont, où il mourut le 12 juin 1545; il fut inhumé aux Cordeliers de Nancy près de son père, et on lui fit à Saint-Maxe de Bar des services solennels (3).

3° *Son portrait et ses enfants.* — François était doué de grandes et précieuses qualités pour le gouvernement, mais il vécut trop peu de temps pour le bonheur de ses sujets.

Il laissa trois enfants en bas âge : *Charles*, qui lui succéda; *Renée* qui épousa Guillaume, duc de Bavière; et *Dorothée* qui fut mariée au duc de Brunswick.

## Charles III, le Grand, 8° Duc de Bar

[1545-1608].

1° *Minorité, éducation, belles qualités du jeune prince.* — Charles n'avait pas encore trois ans, lorsque mourut son père; durant sa minorité, le gouvernement du Barrois fut d'abord remis à sa mère Christine de Danemark, princesse habile et entreprenante; puis, conjointement avec la régente, à Nicolas de Vaudémont, frère du Duc défunt : à l'âge de onze ans, Charles fut emmené par le roi Henri II, pour être élevé à la Cour avec les princes de la Maison de France, dont il devint le modèle.

2° *Mariage avec Claude de France.* — En 1559, le 5 février, il épousa Claude de France, seconde fille de Henri II, à Notre-Dame de Paris : ce mariage fut une des conditions de la paix

(1) Act. capit. de Saint-Maxe, f° 155. — (2) Arch., cart. 211, 95-97. — (3) Act. capit., f° 181.

de Cateau-Cambrésis. La princesse reçut de son père une dot de 100.000 écus d'or, et son époux lui assura, pour douaire, une rente de 30.000 livres, en lui laissant la jouissance sa vie durant du « chastel de Bar ».

3° *François II au château de Bar.* — Les deux époux demeurèrent à Paris jusqu'après la mort tragique de Henri II, blessé dans un tournois ; ils assistèrent au sacre de François II, le 17 septembre, et, le jeune roi de France voulut lui-même conduire sa sœur à Bar, où les attendait Charles III (25 sept. 1559). Le roi demeura près de trois semaines au château, et y célébra la fête de Saint-Michel (1). C'est de Bar que François II octroya des lettres de sauvegarde à la ville de Toul, jusque-là ville impériale, et, depuis cette époque, ville de protectorat.

4° *Charles IX à Bar.* — Quatre ans après, Claude de France mit au monde un fils, qui fut nommé Henri ; Charles IX, frère de la Duchesse, accepta d'être le parrain de l'enfant, et il vint à Bar, où la cérémonie se fit avec magnificence à Saint-Maxe (2).

5° *Charles III à Bar.* — La même année, Charles III supprima les Béguines de Bar, qui s'étaient laissé séduire par les Luthériens, et fit de leur maison une succursale de l'hospice. Deux ans après, il commença la construction du nouveau corps-de-logis attenant à la Chambre des Comptes : il subsiste encore dans ses principales parties. Depuis cette époque, on trouve fréquemment dans les registres de la Chambre des Comptes des traces de la présence du Duc à Bar (3).

6° *Mort de Claude de France.* — En 1575, mourut la princesse Claude de France, épouse de Charles III, duchesse de Bar ; et nos chroniques rapportent que les cloches sonnèrent durant huit jours, afin d'émouvoir le peuple à prier pour le repos de son âme (4).

(1) V. chap. III, *Vie et fêtes du château.* — (2) *Ibid.*
(3) Avril 1570. B. 866, juillet 1571, en 1573, 1574, 1577. B. 872, 1578, 1583, 1585, 1586, 1587. B. 877, 1599.
(4) Lettre de Charles III au bailly de Bar. V. Papiers Servais, cart. XL. B. 1097.

7° *Actes du gouvernement de Charles III à Bar.* — En 1579, se tinrent au château les États du Barrois pour la rédaction des Coutumes ; après quatorze jours de délibérations, le travail fut terminé le 14 octobre ; c'est tout le Code du Barrois, mis en ordre d'après les anciens usages et les ordonnances des souverains (1). A la même époque, le Calendrier grégorien fut adopté dans le Duché, et le commencement de l'année fixée au 1er janvier, au lieu de Pâques.

8° *Les huguenots tentent vainement de s'emparer de Bar.* — En 1589, le 16 septembre, un corps d'armée des soldats de Henri IV, commandé par le maréchal d'Aumont, tenta de surprendre Bar de grand matin, et occupa pendant trois heures la ville-haute ; mais la garnison du château et la milice de la ville-basse repoussèrent l'ennemi : dans la mêlée, le maréchal perdit la vie (2). Une procession fut instituée en souvenir de cette délivrance.

9° *Caractère du gouvernement de Charles III.* — Charles III avait de hautes qualités, et possédait l'art de gouverner ; il fut le législateur du Barrois, organisa politiquement le pays, et conclut avec Charles IX un concordat sur la question de la mouvance du Barrois. Il fit des règlements d'administration appropriés aux besoins de son temps ; s'opposa de toutes ses forces au progrès de l'hérésie ; se déclara pour la Ligue, garda le pays dans la fidélité à la religion catholique, pendant que la France était déchirée par les guerres religieuses. Il mit l'ordre dans les finances ; créa la célèbre Université de Pont-à-Mousson, avec le concours de son oncle le grand Cardinal de Lorraine ; approuva la fondation du Collège de Bar, et contribua en 1596 à l'érection du couvent des Capucins, qui fut un des plus beaux de la province ; il favorisa le commerce et l'industrie, les sciences et les arts.

10° *Sa mort.* — Ce fut un règne long et glorieux. Quand le prince sentit que sa fin approchait, il fit appeler ses enfants pour

(1) Voyez Chap. IV, *États du Barrois.*
(2) V. Chap. Ier, p. 20.

les bénir, leur demanda de vivre dans la crainte et l'amour de Dieu, la concorde mutuelle : s'adressant au Duc de Bar, il dit qu'il laissait en ses mains un État tranquille, lui recommanda son peuple, et la paix avec ses voisins. Après ces recommandations suprêmes, il fit sur eux le signe de la croix, et leur donna sa bénédiction, en disant que c'était pour eux et les absents, priant Dieu de les vouloir bénir au ciel comme il les bénissait sur la terre. Il expira le 14 mai 1608.

11° *Caractère*. — Charles était un prince profondément religieux ; il assistait tous les jours à la messe, et jamais ne chassait le dimanche ; sa charité envers les malheureux était inépuisable ; sobre dans sa vie, il savait se montrer magnifique quand le voulait l'occasion : instruit, modeste, ennemi de la flatterie, il s'appliqua entièrement au bonheur de son peuple. Sa mort fut un deuil universel pour ses sujets.

12° *Ses enfants*. — De son épouse Claude de France, il eut huit enfants : *Henri*, né en 1563, qui lui succéda ; *Charles*, né en 1567, qui fut évêque de Strasbourg et cardinal ; *François*, comte de Vaudémont, qui devint Duc de Lorraine et Bar ; *Catherine*, abbesse de Remiremont, et fondatrice des Dames du Saint-Sacrement à Nancy ; *Élisabeth*, qui épousa Maximilien, duc de Bavière ; *Christine*, mariée à Ferdinand, fils du duc de Toscane ; *Antoinette*, épouse du duc de Clèves ; *Claude* et *Anne*, mortes en bas âge.

### Henri II, surnommé le Bon, 9° Duc de Bar

[1608-1624].

1° *Baptême et ses mariages*. — Henri, né à Nancy le 8 novembre 1563, fut baptisé en avril 1564 dans la collégiale de Saint-Maxe par le Cardinal de Lorraine. Il eut comme parrain le Roi de France, Charles IX, venu à Bar pour le tenir sur les fonts, et le roi d'Espagne, Philippe II, représenté par le comte de Mansfeld, gouverneur de Luxembourg ; la marraine fut son aïeule, Christine de Danemark. Le 29 janvier 1599, des vues politiques lui firent épouser la sœur de Henri IV, Catherine de Bourbon, princesse d'un esprit cultivé, mais fière de sa race, et calviniste obstinée, que rien ne put amener à la foi catholique.

A partir de son mariage, Henri prit le titre de Duc de Bar. Cette union froissa la religion de ses sujets, et fut pour le prince la source de bien des chagrins. Catherine étant morte sans enfants en 1604, Henri épousa en secondes noces Marguerite de Gonzague, fille du Duc de Mantoue, et nièce de la Reine de France, Marie de Médicis (1606).

2° *Principaux événements du règne de Henri dans le Duché de Bar.* — Le 18 mai 1608, Henri prit en mains le gouvernement des deux Duchés sous le nom de Henri II, parce que la Maison de Lorraine avait déjà été gouvernée par un Duc de ce nom. Le 1er août il reçut en personne le serment du président de la Chambre des Comptes, et des autres principaux officiers du Duché de Bar (1), où il revint fréquemment avec son épouse (2).

Sous son gouvernement, se firent à Bar plusieurs fondations importantes. En 1617, à la sollicitation des officiers de la ville, et pour mieux assurer la parfaite éducation de la jeunesse, Henri confia le collège de Gilles de Trèves à la direction des Pères Jésuites, et leur assigna en différentes fois 3.000 livres de rente (3).

En 1618, les Minimes s'établirent à Bar, grâce à la générosité de Noël L'hoste, seigneur du Jard, et de son épouse dame Barbe Vincent de Génicourt. Les religieux bâtirent leur couvent là, où se trouve actuellement le Marché couvert, et la première pierre en fut posée au nom du Duc par Jean Maillet, président de la Chambre des Comptes. Henri II leur assigna 400 livres de rente à charge de prier pour la Maison de Lorraine et de Bar (4).

---

(1) Archives, cart. 212, f° 122. — (2) 1611, 1616, 1622.
(3) B. 590-595.
(4) Archiv., cart. 212, f° 220.

Vers la même époque, fut fondé le monastère de la Congrégation de Notre-Dame, dont les jardins sont maintenant occupés par la place Reggio. Madame Barbe Vincent de Génicourt, veuve de M. L'hoste du Jard, dota ce nouvel établissement, et fit mieux encore en se donnant elle-même pour servir Dieu dans la famille religieuse du bienheureux Pierre Fourier; quelques années après, elle devint la supérieure de cette maison, qu'elle a longtemps embaumée du parfum de sa sainteté.

3° *Mort et caractère de Henri II.* — Après avoir marié sa fille Nicole à Charles, fils du comte de Vaudémont, Henri II, âgé de 59 ans, mourut à Nancy le 31 juillet 1624, et fut enterré à la collégiale de Saint-Georges au pied de l'image de la Vierge, pour laquelle il avait une grande dévotion.

Il laissa par testament 48.000 livres pour l'établissement des Carmes à Bar. Ce qui faisait le caractère de ce prince, c'était la bonté et la libéralité, qui allaient parfois jusqu'à la prodigalité; son ambition fut de rendre son peuple heureux ; « il avait le « cœur et les mains toujours ouverts aux indigents; il fut « l'appui de la noblesse, le bienfaiteur du clergé, les délices et « l'amour de son peuple » (D. Calmet).

4° *Enfants.* — Henri eut deux filles de sa seconde femme, Marguerite de Gonzague : *Nicole*, mariée en 1621 à Charles, fils de François de Vaudémont; et *Claude*, qui épousa le prince Nicolas-François, frère de Charles.

Trois ans avant sa mort, arrivée le 7 février 1632, Marguerite de Gonzague, veuve de Henri, prit l'habit du tiers-ordre de Saint-Dominique dans l'église des Dames prêcheresses de Nancy; elle fut inhumée dans la collégiale de Saint-Georges près de son époux : sur sa tombe on plaça une effigie en bronze représentant la Duchesse revêtue d'un manteau de religieuse, et priant à genoux (1).

(1) V. Testament de Marguerite de Gonzague. Dom Calmet, III, *preuves*, col. DV-DVII.

### Charles IV, 10ᵉ Duc de Bar, et Nicole

[1624-1625].

Après la mort de Henri II, son gendre, Charles se mit en possession du gouvernement. Selon le testament de Henri II, pendant un an, il exerça l'autorité souveraine conjointement avec Nicole son épouse; les actes étaient rendus en leur nom, et les monnaies portaient leur double effigie.

### François II, 11ᵉ Duc de Bar

[1625].

1° *Avènement et abdication de François II.* — Mais en 1625, François de Vaudémont, fils de Charles III et frère de Henri II, se basant sur le testament de René II, concernant la masculinité des Duchés de Lorraine et de Bar, revendiqua le droit à la souveraineté, que son fils Charles lui céda.

Après avoir régné durant cinq jours, François se démit de son pouvoir en faveur de son fils.

2° *Ses enfants.* — De son mariage avec Christine de Salm François II eut six enfants : *Henri*, mort en 1611 ; *Charles*, qui épousa Nicole sa cousine-germaine, et fut Duc de Lorraine et de Bar; *Nicolas-François*, qui, n'étant pas encore dans les ordres sacrés, abandonna l'état ecclésiastique pour épouser la princesse Claude, sœur de Nicole; *Henriette*, mariée à Louis de Guise, baron d'Ancerville ; *Marguerite de Lorraine*, qui épousa Gaston de France, duc d'Orléans, frère de Louis XIII; enfin *Christine*, morte en bas âge.

### Charles IV, seul

[1625-1675].

1° *Premières années de son règne.* — Après l'abdication de son père, Charles voulut régner seul; son règne, qui dura plus d'un demi-siècle, fut une longue suite de guerres et de calamités pour le Barrois; bornons-nous à mentionner les événements, qui se rapportent à l'histoire du château.

Après plusieurs années d'intrigues et de négociations avec les ennemis de la France, Charles se refusait de faire hommage du Barrois tant en son nom qu'en celui de Nicole son épouse, et d'exécuter les clauses du traité de Vic, conclu avec le Roi de France. Louis XIII résolut de forcer à la soumission ce voisin remuant, dont il avait eu plusieurs fois à se plaindre, surtout depuis que son frère Gaston s'était réfugié en Lorraine, et avait épousé secrètement Marguerite, la sœur du Duc.

2° *Occupation française*. — Au printemps de 1631, le roi de France envahit le Barrois; le 18 juin, il envoya un officier faire sommation à Bar de se rendre, et de laisser mettre une garnison française au château; les habitants, qui n'étaient pas en état de résister à une attaque, se soumirent et députèrent des otages au Roi.

L'année suivante, Charles, ayant fait alliance avec l'Empereur malgré les clauses du traité de Liverdun, le Roi de France fit saisir et occuper le Barrois mouvant. Bar et le Duché furent administrés en son nom, et les fonctionnaires durent lui prêter serment. Le 20 août 1633, M. de La Nauve occupa le château avec une compagnie des carabiniers du Roi; le 23, Louis XIII, la Reine, le cardinal de Richelieu visitèrent Bar, et reçurent les hommages du conseil de ville; on offrit le meilleur vin de Bar à Leurs Majestés, au Cardinal, au chancelier Pierre Séguier, et aux grands seigneurs de la Cour (1).

En 1634, par arrêt du Parlement publié et affiché aux portes de la ville et du château, le Barrois fut déclaré réuni à la France : dans une assemblée générale, tenue le 1ᵉʳ novembre en la grande salle du château, les bourgeois durent prêter de nouveau serment de fidélité au Roi entre les mains de M. de La Noüe. M. de Montalant fut établi gouverneur du château, et il fit dresser une estrapade dans la Tour Noire pour le supplice de la question (2).

(1) Archives de Bar, cart. V, cm. — (2) B. 645, 648.

3° *Le Barrois rendu à Charles IV.* — En 1641, le Barrois fut rendu à Charles IV : le Duc établit pour gouverneur de la ville et du château de Bar M. de Saint-Balmont, époux de Barbe d'Ernecourt, dame de Neuville en Verdunois, célèbre par la belle défense de son manoir contre les Suédois, et le soin qu'elle prit de l'image miraculeuse de Notre-Dame de Benoîtevaux.

4° *Nouvelle occupation française.* — Bientôt les tergiversations du Duc obligèrent Louis XIII à réoccuper le Barrois, et M. de Périgal fut nommé gouverneur du château pour le Roi : c'est, durant son administration que le donjon, ou la partie jadis occupée par les souverains du Barrois, fut détruite en 1649 par un violent incendie.

5° *La ville de Bar prise et reprise.* — En 1650, le 5 octobre, le comte de Lignéville, général des armées de Charles IV, à la tête de 4.000 hommes, vint surprendre la ville de Bar et s'empara de la place; mais le 9 octobre, le marquis de La Ferté battit le comte de Lignéville près de Lavallée, et reprit le château sans coup férir.

Le 19 novembre 1652, le chevalier de Guise, agissant au nom de Charles, surprit la ville de Bar, et y jeta une garnison lorraine, qui se vit obligée de quitter la place le 19 décembre suivant.

6° *Seconde restauration de Charles.* — En 1659, à la suite du traité des Pyrénées, Charles IV, prisonnier en Espagne, fut rendu à la liberté et remis en possession de ses États; après 28 ans d'absence, il rentra dans Bar; le 2 mai, il établit le Prince de Lillebonne son lieutenant général du Barrois, et fit mettre le château en état pour le recevoir.

7° *Hommage du Barrois.* — En 1661, il dut faire l'hommage solennel du Barrois à Louis XIV. Au jour fixé, le Duc se présenta devant le Roi entouré des princes du sang, remit son chapeau, son épée, et ses gants au premier gentilhomme de la Chambre, s'agenouilla sur un coussin et prit la main du Roi; alors le Chancelier prononça la formule de l'hommage à haute voix, et Charles jura d'y être fidèle. A cette occasion, une médaille commémorative fut frappée, où l'on voyait le monarque assis sur un trône, et le Duc à ses pieds, avec cet exergue : HOMMAGIVM LIGIVM CAROLI LOTHAR. DVCIS OB DVCATVM BARRENSEM 1661.

8° *Mariage princier à Saint-Maxe.* — En 1669, le 28 avril, se fit à Saint-Maxe le mariage de Charles-Henri de Lorraine, comte de Vaudémont, fils naturel de Charles IV et de Béatrix de Cantecroix, avec Anne-Élisabeth de Lorraine, fille du duc d'Elbœuf, pair de France. Charles IV y assista ainsi que sa Cour ; le conseil de ville vota pour la fiancée des présents de noces ; il y eut un feu d'artifice sur la place Saint-Pierre, et illumination de la ville (1) ; le château fut cette fois encore le théâtre des fêtes princières (2).

9° *Troisième invasion française. Démolition du château.* — En 1670, Charles méditait une nouvelle agression contre la France ; Louis XIV voulut en finir par des coups de rigueur ; le marquis de Créqui, à la tête de 12.000 hommes, occupa Bar et le Barrois, supprima la Chambre des Comptes, fit démolir les fortifications de la ville, les tours et les murailles du château.

10° *Mort de Charles. Son caractère.* — Le duc Charles avait pris le chemin de l'exil devant cette dernière invasion française ; ce fut sur la terre étrangère qu'il mourut d'un coup d'apoplexie, le 18 septembre 1675, à l'âge de 72 ans ; son corps fut par la suite transporté dans la Chartreuse de Bosserville, qu'il avait fondée.

Charles fut assurément un vaillant capitaine, mais un mauvais administrateur et un politique infidèle à sa parole ; par ses maladresses, ses intrigues, sa vie légère, il déchaîna sur son pays des malheurs de tous genres ; la guerre, la peste, la famine, les allées et venues des armées, les contributions militaires ruinèrent une contrée jadis prospère ; les populations furent décimées et des villages entiers disparurent : il fallut plus d'un siècle pour remédier à tant de maux.

(1) Registres de la Mairie, 17, f° 193 à 199. — (2) B. 789.

**11°** *Fondation des Carmes.* — Sous son règne, en 1631, on vit les Carmes s'établir à Bar, grâce au legs de 48.000 livres fait par Henri II ; ils bâtirent leur couvent sous le titre de Saint-Joseph et Sainte-Thérèse, près de l'église Saint-Pierre, dans un emplacement magnifique, là où maintenant se trouve la prison départementale. En 1641, les Annonciades se fixèrent également à la ville-haute, où l'on voit encore quelques vestiges de leur couvent.

Charles ne laissa pas d'enfants légitimes pour lui succéder.

### Charles V, 12° Duc de Bar

[1675-1690].

**1°** *Prolongation de l'occupation française. Exploits de Charles V contre les Turcs.* — Charles V était le fils du duc Nicolas-François, frère du duc Charles IV et de Claude, fille de Henri II ; il naquit à Vienne le 3 avril 1643, et, comme la Lorraine ainsi que le Barrois étaient au pouvoir des Français, le Duc vécut loin du pays de ses pères dans sa patrie d'adoption, sans jamais paraître à Bar.

Destiné dès le jeune âge à l'état ecclésiastique, il embrassa la carrière des armes, quand mourut son frère aîné. A la tête de l'armée impériale d'Autriche, il lutta contre la France ; mais sa gloire fut d'avoir brisé la puissance des Turcs par la délivrance de Vienne, et par une série de grandes victoires, qu'il remporta sur eux.

**2°** *Visite de Louis XIV au château.* — Le Barrois restait sous la domination de Louis XIV, qui visita Bar en 1678, accompagné de la reine Marie-Thérèse et de son frère le duc d'Orléans : Leurs Majestés logèrent au château ; on déposa les clefs de la ville aux pieds du grand Roi ; on offrit des dragées fines à la Reine et le vin d'honneur à la suite princière. C'était la période brillante de Louis XIV, où ses généraux remportaient si souvent de glorieuses victoires ; on les célébrait au chant du *Te Deum* dans la chapelle ducale.

3° *Mort de Charles V. Son caractère.* — Le souverain légitime du Barrois, Charles V, mourut en héros chrétien à 48 ans, le 18 avril 1690 ; en apprenant sa mort, Louis XIV dit à ses courtisans qu'il venait de perdre le plus sage et le plus généreux de ses ennemis. Il fut un des plus illustres capitaines des temps modernes ; ses exploits ont servi la cause de la civilisation chrétienne. Son corps fut dans la suite transporté à Nancy, et inhumé dans l'église des Cordeliers au tombeau de ses ancêtres.

Charles avait épousé la sœur de l'Empereur, Éléonore, reine douairière de Pologne ; il en eut *Léopold.*

## Léopold Ier, 13e Duc de Bar

[1690-1729].

1° *Origine et éducation.* — Fils de Charles V et de la duchesse Éléonore, il naquit à Inspruck le 11 septembre 1679, et fut élevé à la Cour d'Autriche avec les fils de l'Empereur, sous la direction de maîtres choisis, qui trouvèrent en lui d'excellentes dispositions, et en firent un prince accompli.

La paix de Ryswick lui ayant rendu les Duchés de Lorraine et de Bar en 1696, il vint prendre possession de ses États héréditaires ; et bientôt les différentes branches de l'administration du pays furent réorganisées.

2° *Son mariage à Saint-Maxe.* — En 1698, afin d'attacher Louis XIV à ses intérêts, Léopold épousa Élisabeth-Charlotte d'Orléans, fille de Philippe de France, frère unique du roi. La cérémonie nuptiale se fit en l'église Saint-Maxe le 25 octobre, en présence des princes de la Maison de Lorraine et des délégués du Roi (1). Les deux époux passèrent huit jours dans la vieille demeure des souverains du Barrois, puis visitèrent les principales villes des deux Duchés. L'année suivante ils revinrent au château, et y passèrent plusieurs mois.

(1) V. Chap. III, *Vie et fêtes du château. Mariages.*

3° *Caractère de son gouvernement*. — Désormais fixé soit à Nancy, soit à Lunéville, où il construisit un palais splendide, le Duc, tout entier aux affaires du gouvernement, mit tout en œuvre pour réparer les maux, que le règne de Charles IV avait causés à la Lorraine et au Barrois ; il maintint la neutralité de ses États, favorisa le commerce et l'industrie, les sciences, les lettres et les arts ; c'eût été le règne le plus prospère, si son administration financière avait été mieux entendue, et les dépenses plus modérées.

4° *Le Prétendant Jacques III à Bar*. — Après la paix d'Utrecht, le fils de l'infortuné Jacques II, le chevalier de Saint-Georges, que ses amis appelaient Jacques III, et dont Louis XIV avait reconnu les droits à la couronne d'Angleterre, fut obligé de quitter la France, et vint demander l'hospitalité au Duc de Lorraine. Léopold fit meubler richement le château de Bar, pour le mettre à la disposition du royal exilé ; lui envoya cinquante gardes du corps ; vint lui-même, le 9 mars 1712, lui faire visite, et pourvut libéralement à ses dépenses sur la cassette ducale, pendant tout le temps que le prince habita ses États.

5° *Sa mort*. — Léopold mourut à Lunéville le 27 mars 1729, à l'âge de 49 ans : sa fin fut celle d'un grand chrétien. Il dit à son dernier moment cette belle parole : « *Je meurs sans autre « douleur, que celle de n'avoir pas servi Dieu avec autant de « fidélité que je le devais, et de n'avoir pas travaillé au bonheur « de mon peuple avec autant de soins que je le pouvais* ».

6° *Son caractère. Ses enfants*. — C'était un prince pieux. Chaque jour il entendait la messe, et passait une demi-heure en prières dans sa chapelle pour adorer le Saint-Sacrement. Dévoué à l'orthodoxie, il s'opposa au progrès du Jansénisme dans ses États. Ses mœurs étaient pures, et sa bienfaisance allait jusqu'à la prodigalité. « *Je quitterais demain ma souve- « raineté*, disait-il, *si je ne pouvais faire du bien !* » Aussi mérita-t-il d'être aimé de ses sujets.

Léopold eut huit enfants dont les trois premiers moururent

assez jeunes; ceux qui lui ont survécu furent : *François,* né en
1708, et qui lui succéda; *Élisabeth-Thérèse*, née en 1711, et
mariée à Emmanuel, roi de Sardaigne; *Charles-Alexandre,*
gouverneur général des Pays-Bas; *Anne-Charlotte,* devenue
abbesse de Remiremont.

### **François III**, 14ᵉ Duc de Bar

[1729-1736].

1° *Premiers actes de son gouvernement.* — Au moment de
la mort de son père, François se trouvait à la Cour de l'Empereur d'Autriche. En attendant que le nouveau Duc vînt prendre
possession de ses États, la régence en fut confiée à sa mère, la
Duchesse douairière, Élisabeth-Charlotte d'Orléans.

2° *Il se retire à Vienne.* — Dès qu'il fut arrivé en Lorraine,
François pourvut à l'administration des deux Duchés par différentes ordonnances, dont plusieurs concernaient le Barrois et la
ville de Bar en particulier; ensuite il se rendit en France pour
faire à Louis XV l'hommage-lige du Barrois mouvant. Peu
de temps après, ayant confié la régence de ses États aux soins
de sa mère, il se rendit à la Cour de Vienne. En 1735, il
épousa l'archiduchesse Marie-Thérèse, fille de l'empereur
Charles VI. Par le traité de Vienne en 1736, il dut renoncer
aux Duchés de Lorraine et du Barrois pour devenir Grand-Duc
de Toscane.

3° *Sa mort.* — Jamais il ne parut au château de Bar. A la
nouvelle de sa mort, on lui fit, le 13 décembre 1765, un service solennel à Saint-Maxe, en souvenir de l'attachement qu'on
avait gardé pour sa Maison.

4° *Translation de la Maison de Lorraine et Bar sur le trône
d'Autriche.* — Ainsi finit, pour le pays de Bar, la maison qui
depuis Frédéric avait régné sur le Barrois pendant près de huit
siècles, et avait tenu grande figure dans l'histoire. Par suite des
événements politiques du xviiiᵉ siècle, et comme gage de la
paix de l'Europe, le dernier de ses Ducs héréditaires dut échan-

ger sa patrie pour une principauté, qui préparait à sa famille une gloire plus grande.

Devenu l'époux de Marie-Thérèse, François de Lorraine et de Bar, fut élu empereur d'Allemagne à la diète de Francfort, en 1745 ; depuis lors sa descendance règne en Autriche.

5° *La réunion du Barrois à la France stipulée au traité de Vienne.* — La France, qui depuis des siècles aspirait à réunir la Lorraine et le Barrois à la couronne, profita des circonstances favorables pour réaliser la politique persévérante de ses rois. Il fut stipulé au traité de Vienne que Stanislas, dépossédé de la Pologne, tout en conservant le titre de Roi, régnerait sur les Duchés de Lorraine et de Bar ; lesquels à la mort de ce prince seraient incorporés définitivement à la France. C'était, à bref délai, la fin de l'indépendance d'une petite nationalité, qui occupa une belle place dans l'histoire de la féodalité.

## V.

**Stanislas le Bienfaisant**, 15ᵉ Duc de Bar

[1737-1766].

Roi deux fois détrôné de la Pologne, Stanislas dut au mariage de sa fille Marie Leckzinska avec Louis XV de recevoir au traité de Vienne les Duchés de Lorraine et de Bar, comme compensation de sa royauté perdue.

1° *Prise de possession de Stanislas.* — Nos annales ont gardé le récit détaillé de sa prise de possession. Le 8 février 1737, les commissaires de François, duc de Lorraine, se rendirent à la Chambre des Comptes de Bar, et, dans la grande salle du château, ils déclarèrent délier de leurs serments de fidélité les vassaux du Duché ; puis le chancelier de La Galaizière, délégué du Roi de Pologne, après avoir rompu les sceaux du souverain précédent, fit prêter serment de fidélité à Stanislas, et, après lui, au Roi de France. Alors les troupes du nouveau Duc entrèrent dans le château ; il y eut des feux de joie et des réjouissances, auxquelles s'associèrent les bourgeois de Bar. Déjà sujets de la France à raison de la mouvance du Barrois, n'ayant plus rien à craindre des conflits, qui tant de fois avaient désolé le pays, ils ne voyaient pas sans quelque joie se préparer une réunion, d'où l'on espérait de grands avantages. D'ailleurs le caractère bien connu du nouveau souverain faisait augurer un règne heureux.

2° *Catherine Opalinska visite le château.* — Stanislas ne visita jamais le château de Bar, qui n'avait pas pour lui l'attrait des souvenirs des ancêtres; mais son épouse, la Reine Catherine Opalinska, se rendant en Lorraine, y logea le 11 avril 1737; le lendemain, elle entendit dans l'église Saint-Maxe la messe, qui fut dite par M. de La Vallée, doyen du Chapitre. A dix ans de là, le Chapitre de la collégiale célébrait le service funèbre de cette princesse, dont la vie fut sanctifiée par la piété et la charité. Son tombeau, chef-d'œuvre du sculpteur Adam, se voit encore dans l'église de Bon-Secours à Nancy.

3° *Visite de la Reine de France, Marie Leckzinska.* — A son tour, le 9 octobre 1744, la Reine de France, Marie Leckzinska, en revenant de Metz, où l'avait appelée la maladie de Louis XV, son époux, passa par Bar, et fut reçue dans les appartements du château, au milieu des transports de joie de tout le peuple; le jour suivant, elle se rendit à la chapelle castrale pour entendre la messe, qui fut célébrée par le plus ancien chanoine de Saint-Maxe. Ce fut la dernière visite des souverains dans l'antique demeure de la Maison de Bar, devenue alors la résidence des gouverneurs de la ville et du château.

4° *Caractère du règne de Stanislas.* — Le règne de Stanislas sur la Lorraine et le Barrois fut signalé par un grand nombre d'institutions utiles et charitables, qu'il serait trop long d'énumérer : citons seulement, pour ce qui regarde Bar : la création, dans les grandes salles du château, de magasins de blé, ou greniers d'abondance, pour parer à la pénurie des années de disette; la dotation de deux écoles gratuites, l'une à la ville-haute, l'autre à la ville-basse, lesquelles devaient être confiées aux Frères des écoles chrétiennes du Bienheureux de La Salle;

la fondation d'une rente annuelle de mille livres destinée aux pauvres honteux de Bar-le-Duc.

5° *Sa mort et son éloge.* — Stanislas mourut le 23 février 1766, et fut enterré dans le chœur de la collégiale de Bon-Secours de Nancy, en face de son épouse.

La reconnaissance des peuples a donné au dernier Duc de Bar le nom le plus doux à un souverain, en appelant Stanislas, *le Bienfaisant.*

## VI.

### Les Rois de France, Ducs de Bar

[1766 à 1789].

*Fin du Duché de Bar.* — A la mort tragique de Stanislas arrivée en 1766, le Barrois réuni à la France perdit son indépendance politique, tout en gardant dans une large mesure son autonomie et ses coutumes anciennes. Louis XV et Louis XVI ajoutèrent à leur titre de Roi de France celui de Duc de Bar, dans les actes concernant le Barrois; mais l'administration devenait de plus en plus française, jusqu'aux débuts de la Révolution, où toutes les anciennes provinces furent supprimées, pour mieux affirmer l'unité nationale, sous un gouvernement centralisateur.

Le château ducal avait subi les vicissitudes de ses anciens souverains; il disparut avec eux, en laissant seulement quelques vestiges, qui attestent l'instabilité des choses humaines dans l'histoire des peuples. Toutefois, sur ces ruines du passé, et sur ce petit coin de terre, jadis habité par une des plus illustres Maisons d'Europe, planent des souvenirs, qu'il n'est pas inutile de rappeler aux générations contemporaines, peut-être trop oublieuses de ce qu'il y eut de beau dans la vie des ancêtres, et de ce qui demeure, pour le pays Barrois, un héritage de gloire.

# CHAPITRE III.

### LA VIE ET LES FÊTES DU CHÂTEAU.

I. Baptême au château et les fêtes qui l'accompagnaient; cortège baptismal, la cérémonie, le festin, le palais ducal au jour du baptême. — II. Jeunes années des enfants du Seigneur; leur mariage. — III. L'entrée ou prise de possession du pouvoir; don de joyeux avènement. — IV. L'hommage des vassaux. — V. Les visites royales au château; fêtes qui s'y donnaient alors. — VI. La vie ordinaire au château. — VII. Les funérailles au château.

APRÈS avoir étudié le château ducal, et rappelé la succession des souverains qui l'habitèrent, les événements qui ont signalé leur vie au dehors, il ne sera pas sans intérêt de les suivre dans leur demeure, d'assister aux principaux actes de leur existence; le baptême; les jeunes années et le mariage; la prise de possession du pouvoir; les hommages des hommes-liges; les visites royales et princières; la vie ordinaire du château; la mort et les funérailles du Seigneur. Nous nous servirons, autant que possible, des récits des contemporains, témoins oculaires de ce qu'ils racontaient.

## I. — Baptême au château et les fêtes qui l'accompagnaient.

La naissance du fils d'un souverain, surtout quand c'était l'héritier présomptif du duché, apportait toujours grande liesse à la famille ducale : le baptême du jeune prince était accompagné de fêtes, dont les détails, conservés dans quelques-uns de nos chroniqueurs, nous donnent une idée des splendeurs de la vie du château (1).

On peut lire en Dom Calmet les détails fort intéressants du baptême du bon Duc Antoine (2). Empruntons à Nicolas Volcyr la description des fêtes, qui se firent au château de Bar, le 10 novembre 1524, à l'occasion de la fête baptismale de *Monsieur Nicolas*, le fils puîné de M<sup>gr</sup> le Duc Antoine, depuis comte de Vaudémont et duc de Mercœur : à la suite de l'historiographe du prince, nous apprendrons à connaître le château, tel qu'il était alors aux jours solennels; nous verrons à quelles fêtes donnait lieu une cérémonie de ce genre dans la famille ducale.

1° *Le cortège baptismal et la cérémonie du baptême.* — La direction des fêtes baptismales avait été confiée à Messire Olry Wisse, seigneur de Gerbéviller, bailly de Nancy, et à Messire Antoine du Chastelet, seigneur de Sorcy, premier chambellan.

« Et comme grande foule étoit venue pour assister à la céré-
« monie, les marchalz et fouriers des logis faisoient escarter le
« peuple, afin que l'ordre ne fût troublé. Puis les escoliers
« vestuz de surpelis blancs estoient en grand nombre sur les
« elles [ailes], depuis la salle d'honneur jusqu'au portal de l'é-
« glise, avec torches allumées ».

---

(1) Voyez dans le compte du gruyer de Gondrecourt, 1365-1366, les détails de frais somptuaires pour le bâtisement d'Yolande, première fille de Robert, née à Bar cette année ; de Monseigneur Henri, en 1367. V. Servais, *Annales du Barrois*, t. I, 327, Baptême d'Edouard.

(2) *Hist. de Lorraine*, t. II, p. 1125.

« Après, marchoient les menestriers sonnans moult harmo-
« nieusement, allant çà et là Monsieur le Grand Maistre d'hos-
« tel pour entretenir l'ordre ; puis les deux capitaines des gar-
« des devant les archers le corps vestuz tous d'une parure,
« sçavoir Nicolas de Richarmesnil et Jean de Stainville moult
« richement accoustrez. Incontinent après, suivoit Messire Phi-
« libert du Chastelet (1), chambellan et porteur de la maîtresse
« enseigne de l'hostel du Seigneur Duc, et estoit suivi des gen-
« tilz hommes de l'hostel allans deux à deux en grand nombre.
« Ensuite marchoient les maistres d'hostel, testes nues, avec
« gravité et convenance moult louable et requise à tel acte ; et
« estoient suivis des trompettes résonnans moult mélodieuse-
« ment. Puis après, douze grans seigneurs, teste nue, tous
« chambellans et escuiers du dit Seigneur Duc, portans chascun
« à la main ung flambeau de cire vierge. Depuis estoient les
« poursuyvans et hérauts vestuz de cottes d'armes à la ma-
« nière accoustumée, assavoir : Cléremont, Vaudémont et
« Nancy, auprès desquels marchoit Messire Girard de Harrau-
« court, seneschal de Lorraine, tenant ung baton blanc en sa
« main, représentatif du sceptre royal et excellente principauté
« d'Austrasie.

« Puis venoit le seigneur de Crehange portant l'esguière
« d'or et serviette ; ensuite le comte de Salm avec deux bassins,
« l'ung sur l'autre ; le comte Hesse de Linange avec le cierge
« de cire vierge ; le bastard d'Anjou avoit la salière ; et après,
« au lieu de très excellente et seroine dame et princesse Ma-
« dame Marguerite de Flandres, archiduchesse d'Autriche,
« gouvernante et régente des Païs-Bas, marraine dudict Nico-
« las, marchoit révéremment le Sieur de Bersel, chambellan de
« la Majesté Impériale, portant le dict enfant, qu'il avoit receu
« des mains de la dame d'honneur en la chambre de parement,
« accompaigné de deux grands maistres, asçavoir ; Messire
« Antoine, bailly des Vosges, Messire Adam Bayer, seigneur
« de Chasteau Brehain, allant à dextre et à senestre du dict
« seigneur de Bersel pour aider à soustenir l'enfant.

(1) Seigneur de Sorcy ; sa tombe se voyait en l'église paroissiale du
dit lieu.

« Mais à coustière [à côté,] alloient les parains (1) en grande
« dévotion et pompe solemnelle ; c'est assavoir, très hault et très
« puissant prince Monseigneur Claude de Lorraine, comte de
« Guise et d'Aumalle, gouverneur de Champaigne, lieutenant
« général du Roy de France ; et d'autre part, Révérand Père
« en Dieu Monsieur d'Aulsaire (François de Dicteville, évêque
« d'Auxerre). Derrière le dict seigneur de Bersel, suivoient les
« trois jeunes comtes de Bische, Manderchette et Swambourg,
« portans la queue du drap d'or, fourré d'armines, qui estoit
« sur le dict enfant. Et après, suivoient très illustre princesse
« Madame Anthoinette de Bourbon, comtesse de Guise, et Marie
« de Lorraine sa fille ; et, tout d'ung tenant, Yolande de Croy
« dame de Moulin, portant un carreau de drap d'argent, semé
« à l'entour de grosses perles orientales, sur lequel reposoit le
« Chresmeau. Après, marchoient les dames de Valry et de
« Parroye, la baillie de Vitry, Madame de Parsy, Madame de
« Harraucourt, et la fille du bailly de Saint Mihiel, avec autres
« dames et damoiselles, en bon nombre ».

Sur le passage du cortège et dans la cour se tenaient une multitude de seigneurs et d'ecclésiastiques, présidents et conseillers des Comptes de Lorraine et du Barrois, officiers et gens d'ordonnance, bourgeois, marchands, citoyens de Metz, Toul, Verdun, Pont-à-Mousson, etc.

La collégiale avait été « moult richement parée de reliques,
« joiaux, aornements, draps d'or et d'argent, tapis faits à
« l'antique et à nouvelle façon. Sur le portail, on avoit tendu
« un pale (ou dais) richement brodé de velours cramoisi, au ciel
« duquel était l'image de Notre-Dame tenant son divin Enfant ;
« près d'elle, une Sybille monstrant la Vierge Marie à Octave
« (l'empereur Auguste) comme celle qui debvoit nasquir sans
« tasche quelconque ni macule du péché originel ; à l'entour,
« sur une banderolle estoit escripte la prophétie, qui l'annon-
« çoit ».

Sous ce dais attendaient les dames d'honneur de Stainville et de Maugiron, avec la sage-femme et nourrice, pour recevoir

---

(1) Alors il était d'usage de prendre plusieurs parrains et plusieurs marraines.

l'enfant, qu'elles découvrirent ; puis il fut porté sur les fonts, où le baptême fut honorablement célébré par Révérend Père Monsieur Balthazar du Chastelet, abbé de Saint-Vincent et Saint-Epvre, au milieu des « chants d'une infinie doulceur et « mélodie de tous les chantres des deux Courts et du dit Bar, « avec orgues et autres instruments harmonieux ».

2° *Le repas de baptême.* — Après la cérémonie, les hérauts et poursuivants d'armes parurent dans la cour d'honneur, et « ayant sonné trois fois de leurs trompes et busines (trom-« pettes), crièrent : Largesse, largesse, largesse ». C'était une invitation à s'asseoir aux tables que le prince avait fait dresser dans la grande salle des États ; les habitants de Bar et les étrangers attirés par la fête s'empressèrent d'y répondre.

Magnifique fut le festin, car, sans rappeler la viande de boucherie, on distribua vingt-huit poinssons de vin (1), 500 chapons, 1.100 poules, outre la venaison et la volerie ; « on y « servit cerfz, biches, sangliers, chièvres, veaux, dains, lap-« pins, liepvres, outardes, cignes, buttors, paons, faisans, « bitardes, oyes, herrons, cannarts, gelinettes, perdrix, bes-« casses, griesves, merles, vanneaux, tourterelles, pigeons et « ramiers, etc.

« Le lendemain qui estoit vendredy, unziesme de novembre, « après toutes manières de potages delicatz, on servit des pois-« sons en tous genres, pêchés dans les étangs et rivières du « Barrois ».

« Le vin se donnoit à tonneaux, poinssons, dandelins » ; il y avait le cru de Bar, des vins de Beaulne, de Vertus, d'Ay, des vins français et étrangers, jusqu'au Malvoisie et Romanie, qui « n'estoient épargnés moins que birre en Vuesphalle. »

« Puis la noblesse s'esbattoit en faictz, ris, jeux, dictz, chants, « orgues, instrumens, dances de haultz, moïens, et bas tons, « tant vieilles qu'à la nouvelle façon. En oultre, la fête étoit « esjouie par *Songe-Creux* et ses enfants ; *Mal me sert* ; *Peu* « *d'acquit et rien ne vault*, et autres farces vieilles et nouvelles, « joieuses à merveille ».

---

(1) Le poinsson valait deux pièces.

Ces banquets, auxquels le peuple prenait part, n'étaient rien en comparaison de ceux que le Duc offrait aux personnes de qualité : chaque repas n'avait pas moins de cinq services, dont la nomenclature des mets rappelle l'opulence des festins célèbres du Duc de Bourgogne : chaque service était apporté en cérémonie au son des tambours, fifres et trompettes.

3° *Le palais ducal au jour du baptême.* — Pendant ces fêtes, le château ducal était ouvert aux visiteurs, et l'on y admirait toutes les richesses des maisons souveraines.

Pénétrons avec Volcyr, dans la demeure seigneuriale et prenons une idée de ses magnificences des grands jours.

« La salle du parement étoit garnie de tapisseries, en haute
« lice, rehaussées de damas blanc, sur lequel l'aiguille indus-
« trieuse avoit tracé en fils d'or et d'argent la devise de la Du-
« chesse : *J'espère avoir*. Là se voyoient les buffets et bahuts
« chargés de haultz potz, couppes, tasses et hanaps d'or et
« d'argent dont l'éclat éblouissoit les yeux : on y voyoit aussi
« ung lict grant et spacieux, dont la couverte estoit d'armines
« avec force carreaux, couverts de drap d'or.

« A senestre, on entroit en une pièce plus basse nommée salle
« d'honneur, grandement décorée de tapis faictz et ourdis à
« l'antique, où l'histoire de Jason et Médée était moult clère-
« ment comprinse avec dyctiers déclaratifs (devises explica-
« tives). Au-dessus du manteau de cheminée, se voyoit un dais
« de velours cramoisy avec les armes de M$^\text{gr}$ le Duc et de la
« Duchesse : entre deux Anges se trouvoit un Phénix, puis une
« Sybille tenant la croix embrassée, si admirablement peinte,
« qu'elle sembloit parler la prophétie, dont les termes se lisoient
« à l'entour.

« De là, on montoit dans une moïenne salle tapissée moult
« richement avec des histoires du Livre des Rois : Mardochée,
« Aman, etc., représentées si bien qu'il n'y manquoit que le
« mouvement et la vie ; là aussi étoit appendu un dais, ou der-
« selet de satin cramoisy, orné de fleurs et de nœuds.

« Tout auprès, la grande salle des États, large, haulte et
« spacieuse où se trouvaient un grand nombre de convives, et

« où les princes jouaient à la paulme tout à leur aise : de là
« l'œil découvrait un splendide horizon ».

De la salle du parement, on accédait en diverses pièces tapissées, remplies d'histoires, de beaux « dictiers moraux » (proverbes) : on arrivait ensuite aux chambres « où les dames et
« damoiselles avoient accoustumé passer leur temps à broder la
« soie par subtilz artifices ».

« De là on entroit dans la chambre de la Duchesse parée de tapis de Turquie si bien faicts, qu'à peine pouvoit-on retirer sa vue, pour regarder en hault et sur costiere » : sur les murs étoient appendues des tapisseries, où le chardon héraldique se mêloit à la palme avec la devise de la Royne de Sicile, des entrelats de ceintures et banderolles. Le charlit (bois de lit) était orné de riches sculptures, décoré d'or fin et paré de tentures brodées, où l'on voyoit les belles devises : *J'espère avoir : ung pour jamais*, et le Phœnix resplendissant. Tout près se trouvoit le buffet chargé de sa vaisselle d'or et d'argent.

« La grande gallerie faisoit suite, et longeoit le jardin du château dessiné à la façon de Provence, avec fontaine d'eau vive, chambrettes de vignes, et préaux de verdure encadrant des massifs de fleurs ».

On le voit, par cette description d'un historien du XVIe siècle, la demeure seigneuriale s'était bien transformée ; selon le goût du temps, elle devenait un palais de plaisance, tout en gardant l'extérieur d'une forteresse féodale.

Fidèle aux usages du temps, la Duchesse faisait ses relevailles solennelles, et laissait à l'église Saint-Maxe une offrande, qui répondait à son rang (1).

## II. — Les jeunes années des enfants du seigneur du château et les mariages.

1° *Les jeunes années*. — Dans les premières années, les enfants du Souverain étaient élevés par leur mère aidée de la nourrice

---

(1) En 1367, Marie de France fit délivrer à cet effet 100 livres de cire par son receveur Humbelet de Gondrecourt.

et des femmes de service : on les traitait selon leur rang et les mœurs du temps. En 1430, le prince Loys, second fils de René Ier, était nourri au château par Damoiselle Cresseline et Michel Chifflot, son gouverneur. On lui acheta un pelisson ou pelisse doublée de petit gris, une robe de Malines et une autre robe fourrée de menu vair. Quand il grandit, son varlet de chambre Colet des Bordes lui procura une paire de chausses rouges (1), puis on lui donna un maître ou précepteur.

Le jeune prince prenait ses ébats au jeu de paume, en compagnie des pages ; souvent il était envoyé à la Cour de France, où il se formait avec les fils du Roy à la science des armes et du gouvernement.

Au jour, où il était armé chevalier, c'était fête au château, et les États lui votaient des aides pour ses éperons dorés (2).

2° *Le mariage.* — A certains jours, des fêtes nuptiales se célébrèrent au château, quand le Souverain contractait mariage, ou qu'il unissait l'un de ses enfants aux membres des grandes familles du temps.

L'histoire nous a conservé le souvenir du mariage du Duc Robert avec Marie de France célébré à Saint-Maxe, sans nous donner les détails de la cérémonie.

Le 22 août 1540, René de Châlon, prince d'Orange, vint à Bar épouser Anne de Lorraine, fille du duc Antoine. L'empereur Charles-Quint chérissait le fiancé, et il se fit représenter à la cérémonie par le sieur de Montbardon, un de ses gentilshommes. La princesse reçut en dot 100.000 florins et des bijoux pour deux mille, alors somme considérable, qui fut fournie au moyen d'une aide extraordinaire votée aux États, où l'on imposa 3 francs barrois par ménage.

Après la bénédiction nuptiale, le bon Duc Antoine « fict faire
« triumphes nuptiaux avec jouxtes et tournoys dressés entre
« les princes et chevaliers de France, de Bourgogne, de Lor-
« raine, du Barroys et d'Allemagne, aultant singulièrement

---

(1) Comptes de Jean Rouvel, receveur général, et de Jean Villiers, cellerier, 1419-1430.

(2) Comptes de Jean Rouvel, receveur général, 1423 et 1429.

« accompliz qu'il est possible de faire entre princes chrétiens ».

L'année suivante, les noces de Christine de Danemark avec François, Duc de Bar, furent également l'occasion de fêtes magnifiques où « marchèrent en triumphant ordre tous les princes « et anciens chevaliers du pays et maisons de Flandres, de « Bourgogne et de Lorraine, réunis à Bar; pour lesquels, après « le festin nuptial furent dressez jouxtes et tournoys en toutes « manières d'armes, aultant magnifiquement et excellentement « qu'il est possible d'en avoir veu en l'universel monde (1) ».

En des temps plus rapprochés de nous, les récits des contemporains nous font assister aux noces du Duc Léopold, qui, le 29 octobre 1698, épousa dans la chapelle castrale Charlotte-Élisabeth d'Orléans, la nièce de Louis XIV.

Huit jours à l'avance, le Duc accompagné de toute sa Cour et de ses chevau-légers vint à Bar pour présider aux préparatifs de la fête. Les appartements du Château-neuf étaient magnifiquement meublés : il y avait dans une salle basse une tenture de tapisserie artistement brodée, où se voyait l'histoire d'Abraham : au plafond pendaient des lustres d'argent ornés d'une multitude de figurines ciselées : un dais avait été disposé au-dessus d'une estrade, où les Altesses mangèrent. L'antichambre de l'appartement supérieur, éclairé par un lustre d'argent, donnait entrée à la chambre des époux, décorée de grandes glaces encadrées dans l'or et l'argent : là se trouvait un ameublement superbe, une table et des guéridons en argent avec des ornements en vermeil, des chenets en argent, des vases remplis de fleurs, un lit d'une grande richesse, de splendides tapisseries.

La jeune princesse arriva de Vitry vers le soir, et la cérémonie se fit quelques heures après par le Grand Aumônier de Son Altesse dans la chapelle du château; puis le Duc fit à son épouse la présentation des Dames et des Officiers attachés à son service. Le festin nuptial fut magnifique : à la table ducale se trouvaient l'évêque d'Osnabruck et le prince François, frère de Léopold, la princesse de Lillebonne, le comte d'Armagnac,

(1) Edmond du Boulay.

le chevalier de Lorraine, le comte de Mersan et le prince Camille. Quatre autres tables furent dressées pour les personnes de la Cour et les officiers de Louis XIV venus à Bar. Le lendemain il y eut comédie au château et feu d'artifice (1).

Ce fut la dernière cérémonie de ce genre célébrée dans la vieille demeure de la Maison de Bar.

### III. — L'ENTRÉE OU PRISE DE POSSESSION DU POUVOIR, ET DON DE JOYEUX AVÈNEMENT.

1° *Prise de possession du pouvoir.* — Quand arrivait pour le Souverain le moment d'être investi du pouvoir, il se faisait une cérémonie à laquelle était convoquée l'assemblée des notables de la ville et du pays.

Au moment où le Duc Nicolas vint, en 1472, prendre possession du Duché de Bar, le comte René de Vaudémont, plus tard René II, « accompagné de bien des gens, vint à Bar pour son
« cousin attendre; avec toute la noblesse du Barrois, il alla
« au devant une lieue en plus moult noblement. Quand le comte
« vit son cousin, il lui fit l'honneur, le Duc aussi pareillement;
« ils s'embrassèrent d'un cœur joyeux, l'honneur firent à tous,
« les saluant. Le Comte à la senestre (gauche) et le Duc à
« la dextre, tous s'en vinrent à Bar devisant. Le dict jour à
« Bar au disné fut. A son arrivée, les dits de Bar, hommes
« et femmes, grands et petits, lui feirent grand venue : chas-
« cun estoit resjoys. L'après dînée, les deux cousins, pour leur
« esbatement prendre à la salle du château, joyrent à la
« paulme.

« Le lendemain allèrent à la chasse : les braconniers trois ou
« quatre grands cerfs avoient devant les mains; tous deux en-
« semble, leurs gens aux champs s'en allirent pour les cerfs
« prendre, le Duc en un trahy (2), le Comte en un autre : les
« braconniers furent diligents. Le Duc voyant que rien ne se
« mouvoit laissit tout, à Bar s'en retourna. Le Comte en son

---

(1) De Limiers, *Dissert. sur la Lorraine et le Barrois, Atlas histor.*, t. III, p. 172. — (2) Triage.

« tiltre demeura. Les cerfs furent levés, ils se mirent à la suite,
« les chiens après. Des quatre, trois furent pris. Le comte René
« qui les suivit, voyant qu'ils étoient pris, dict aux braconniers :
« Couppez m'en deux pieds. Le Comte en ses mains les ap-
« portit, vint au Duc, les luy présentit, disant : Monsieur, mon
« cousin, il appert que je suis braconnier.

« Le Duc fut bien joyeux de ce que les cerfs estoient pris :
« grande chière ils firent le soir et le matin. L'après dînée, le
« Duc se despartit pour venir en Lorraine. Le comte René le
« conduisit hors Bar deux lieues en venant, l'a commandé
« à Dieu, et à Joinville s'en retourna (1). » (*Chronique de Lorraine*, citée par Dom Calmet, *Hist. de Lorr.*, t. III, xxxix.)

René devait lui succéder quelque temps après, et nos archives nous ont conservé le récit de son entrée à Bar. Là, nous voyons la physionomie de cette sorte d'investiture du pouvoir, à partir du moment où les souverains du Barrois cessèrent de résider habituellement au château de Bar. Suivons-en la description naïve.

« Le 13 mars 1483, notre très redoupté Seigneur, Duc de
« Bar et de Lorraine, devant faire son entrée à Bar, on alla au
« devant de lui jusqu'à la croix de Behonne : le dais au
« champ d'azur semé des armes de la ville était porté par quatre
« membres de la Chambre des Comptes. Le clergé comprenoit
« les abbés de l'Isle, de Jauvilliers et Jandeures, les Doyens
« et Chapitres de Saint-Maxe et Saint-Pierre avec les vicaires,
« chapelains et suppôts, les prêtres de Notre-Dame, les Anto-
« nistes et les Augustins fort honnestement et devotement re-
« vêtus de chappes. Auprès d'icelle croix, Messire Demenge
« Didier Thierriet, doyen du dit Saint-Maxe, comme étant la
« première et principale de toutes les églises de la ville de Bar,
« offrit au dit Seigneur Duc la croix en disant : qu'il fust le
« très bien venu, et que tous les gens de son Duchié le rece-
« voient très benignement, et estoient très joyeux de sa glo-
« rieuse venue, et lui présentoient corps et biens, le requerrant
« qu'il les voulust avoir en singulière recommandation et pro-
« tection et les entretenir en leurs libertés et franchises. Et lors

(1) Arch., série B. 501.

« le dit Duc descendit de son cheval et se mit à genoulx, baisa
« la vraye croix par grande humilité; et depuis la dicte proces-
« sion par devant le dict Seigneur procéda en avant jusque
« devant l'église de Notre-Dame, et entrant en icelle église en-
« core le dict Messire Didier doyen lui bailla à bayser icelle
« croix ; et voici que dessus demanda instrument à Pierre Du-
« puis, notaire à ce appelé et requist, présents les dits sieurs
« abbez, les curés de Longeville et Mongnéville, et Maistre
« Hubert Bodinay, lieutenant du Bailly, Nicolas Merlin, Es-
« tienne de Nayves et Mangin Thirion, conseillers du dit Duc
« avec plusieurs autres officiers du dit Bar ».

« Ensuite entra le Seigneur Duc en l'église Notre-Dame, où il
« fit sa dévotion : après, M. le Bailly requist de la part des trois
« Estats, c'est à savoir de l'Église, des nobles et du commun,
« qu'il lui plust faire le serment un tel cas accoustumé et fait
« par ses prédécesseurs : ce que le sieur Duc fit volontiers, et
« jura maintenir les trois Estats en leurs libertés, franchises,
« et en la forme et manière que le Roy précédent, son grand-
« père, les avoit maintenus et gardés ».

Après quoi, le Duc entra dans la ville conduit processionnellement jusqu'à l'église Saint-Maxe devant laquelle il descendit :
« et, par Messire N. Lamyer et François Desfours, chanoines de
« l'église, fut remonstré au sieur Duc de par le Chapitre d'icelle
« église, que le cheval duquel était descendu, appartenoit à l'é-
« glise ; ce qu'il consentit, et commanda le bailler aux dicts cha-
« noines (1). François Camus, procureur et receveur du Cha-
« pitre, prinst le dit cheval et le mena en sa maison. Puis le
« Duc entra dans l'église Saint-Maxe et y fit sa dévotion en
« baisant le chef de Monsieur Saint-Maxe, qui lui fut baillé par
« le Doyen en chantant *Te Deum laudamus*, les orgues son-
« nant (2). »

2° *Don de joyeux avènement*. — Pour sa *bien venue* et comme
*don de joyeux avènement*, les notables de la bourgeoisie de Bar

(1) Ainsi se passaient les choses à la collégiale Saint-Georges de
Nancy, quand le Duc prenait possession du pouvoir.
(2) V. arch., B. 2914.

offraient au prince avec leurs hommages les soumissions de la cité, puis des tonneaux du vin le plus délicat de leurs coteaux, et une somme d'or plus ou moins considérable. On retrouve également cette coutume dans l'histoire du Barrois quand la Duchesse faisait son entrée dans la ville. C'est ainsi qu'en 1560, « à la requeste faicte de la part des habitans de Bar par Monsieur « le lieutenant Thierry de Lamothe, le Chapitre de Saint-Maxe « vota la somme de 1.800 francs pour les nopces de M$^{gr}$ le Duc « Charles, et de 200 francs pour *la bien venue et joyeulx advène-* « *ment de Madame la Duchesse Claude* » (1).

« Le mercredy unzième jour de septembre, Madame Claude, « fille de feu Henry second et sœur du roi François II, espouse « du très illustre prince Monseigneur Charles, duc de Lorraine, « Bar, etc., fict son entrée environ les quatre heures du soir, « accompagnée de plusieurs seigneurs, dames et damoiselles de « la maison du Duc et de la sienne. Au devant de la dicte dame « furent grant nombre de gens de la ville et huict à neuf cens « hommes piedtons accoustrez honnorablement. La Duchesse « fut reçue en l'église Notre-Dame et conduicte à grant triomphe « jusques au chasteau, y estant Madame la Duchesse Chres- « tienne, douairière et mère du Seigneur Duc, et le dict Seigneur « pareillement » (2).

En 1606, l'assemblée générale des États convoquée à Bar accorda la somme de 2.000 francs pour faire présent à la jeune Duchesse Marguerite de Mantoue, nièce de Marie de Médicis et l'épouse du duc Henri II, lorsqu'elle fit son entrée dans la ville : on lui offrit en outre un beau vase d'argent qui valait 1.300 francs. La noblesse et le peuple l'accueillirent avec grande joie, et M$^r$ Drouyn la harangua sur la porte du Bourg.

## IV. — L'HOMMAGE DES VASSAUX.

A certains jours, suivant les lois de la féodalité, le château ducal était le témoin de l'hommage solennel des vassaux

(1) Actes capitul., XIII juillet 1560, f° 246 v°.
(2) Actes capitul., p. 258 r°.

envers leur souverain ; si nous voulons avoir une idée de cette cérémonie, fréquente au Moyen âge et durant le régime féodal, rappelons un événement de ce genre arrivé à la fin du xiv⁰ siècle, et dont les Archives nationales nous ont conservé le récit.

C'était le 4 juin 1393, Marguerite, comtesse de Vaudémont et Dame de Joinville, dut faire hommage pour les terres qu'elle possédait dans le Barrois. La formalité s'accomplit dans la chambre de parement du château, où le duc Robert se livrait aux travaux de l'administration de ses États. Vers neuf heures du matin, la comtesse fut introduite près de son suzerain, et là, en présence d'un grand nombre de gentilshommes et de personnes de distinction appartenant à sa suite et à la Cour du Duc, elle s'approcha révérencieusement de Robert en lui donnant des marques de soumission.

Jean d'Arrentières, chevalier, seigneur de Mognéville, prenant alors la parole au nom de Robert, interpella Marguerite dans les termes suivants : « *Vous, Madame Marguerite, com-*
« *tesse de Wademont et dame de Joinville, entrez en la foi et*
« *hommage de Monsieur le Duc de Bar et reprenez de lui en fief*
« *lige, jurable et rendable envers et contre tous, le dit conté de*
« *Wademont et toutes les forteresses, chatellenies et terres ap-*
« *partenant au dit conté, que vous devez tenir en fié de mon dit*
« *Seigneur le Duc, qui vous sont venues et eschues de la succes-*
« *sion de feu Monsieur le conte votre père, et l'en promettez foy,*
« *loyaulté et l'obéissance et service en la forme et manière et*
« *soubz les conditions que vos prédécesseurs l'on fait et tenu* ».

Après que la Comtesse eut prêté serment, la main dans la main de son suzerain, selon le cérémonial usité, Jean d'Arrentières reprenant la parole lui demanda comme Dame de Joinville de faire hommage au Duc, après la ligée du Roi de France, du chastel et appartenances de Montiers-sur-Saulx (1). Puis eut lieu la cérémonie du serment sur l'Évangile entre les mains du Duc et la rédaction de l'acte d'hommage, scellé par chacune des deux parties.

(1) Archives nationales, titre original en parchemin, cité par M. Servais, *Annales du Barrois*, t. II, p. 203.

## V. — Les visites royales au château.

Dans le cours des siècles, le château de Bar reçut quelques visites royales : il y eut alors de grandes fêtes, dont la chronique locale a gardé des souvenirs intéressants.

1° *Les visites royales au château de Bar.* — Rappelons les vénements de ce genre, dont l'histoire locale a transmis la mémoire.

En 1441 (1) le roi Charles VII vint à Bar, pendant une campagne, où il soumit plusieurs villes voisines du Barrois; il voulait alors interposer sa médiation entre René et le comte de Vaudémont. Le Roi de France se rendit à Nancy et négocia le mariage des deux filles du Duc : l'une, l'infortunée Marguerite pour le roi d'Angleterre, Henri VI; l'autre, Yolande, pour la main de Ferri II, comte de Vaudémont (2). A son retour Charles VII logea au château de Louppy.

Quelques années après, en 1464, Marguerite d'Anjou, reine d'Angleterre et épouse de Henri VI, ayant perdu le trône dans la guerre des Deux-Roses, fut obligée de se retirer en France avec son fils le prince de Galles; elle fut accueillie par son père René d'Anjou, qui lui assigna pour résidence le château de Louppy et celui de Keures; de là, elle venait au château de Bar se consoler près de son vieux père (3).

En 1517, le roi François Ier vint au château de Bar pour être le parrain du fils d'Antoine, auquel il donna son nom. En 1535, le Roi de France revint au château de Bar (4) d'où il rendit une ordonnance concernant le landgrave de Hesse.

---

(1) Chronique de Saint-Thiébaut; Monstrelet; Dom Calmet, t. II, p. 821.

(2) Dom Calmet, *Hist. de Lorraine*, t. II, *preuves*, ccxxxvi.

(3) En 1464, le Duc lui fait donner par le receveur du domaine 100 écus d'or pour l'achat de la parure, robbes et pennes du prince de Galle (B. 801, et 503 : Compte de Johan de Barbonne. — *Inventaires* de Lorraine, t. II, p. 180).

(4) Actes capit., f° 108, où il est dit que le chapitre général fut dif-

En 1551, Marie de Lorraine, épouse de Jacques V, roi d'Écosse, se trouvait au château de Bar.

Le 26 septembre 1559, François II, après avoir été sacré à Reims, vint à Bar amener sa sœur Claude de France et célébrer la fête de Saint-Michel dans la Collégiale (1).

Le 1er mai 1564, Charles IX passa quelques jours au château avec sa Cour, afin de servir de parrain au fils aîné de Charles III, qui fut Duc de Lorraine et de Bar sous le nom de Henri II (2).

En 1678, Louis XIV, la Reine Marie-Thérèse, le Duc d'Orléans avec un grand nombre d'officiers généraux, visitèrent Bar et logèrent au château ; on leur offrit les clefs de la place, le vin d'honneur et les dragées fines.

Cinquante ans plus tard, le 12 avril 1737, Catherine Opalinska, la nouvelle souveraine du Duché de Bar, faisait son entrée au château escortée d'une compagnie de chevaliers, qui étaient allés à sa rencontre, et d'un peuple immense accouru pour la recevoir. Dans la cour du château l'attendaient les élèves du Collège des Jésuites vêtus à la polonaise, et tenant en mains des étendards aux armes de la Pologne, de Lorraine et de Bar. Arrivée dans ses appartements, la Reine fut complimentée par un philosophe, et tous les élèves furent successivement présentés : puis se fit la réception des différents corps de la ville, à qui Sa Majesté adressa de gracieuses paroles.

Le soir, le château et la ville furent illuminés, on tira sur l'esplanade un superbe feu d'artifice, d'où s'échappaient des devises à l'honneur du Roi et de la Reine, et une Renommée tenant en mains les armes de Pologne.

---

féré à cause de l'arrivée du Roy de France. Des perdrix, des ramiers, des lièvres étoient envoyés par le receveur de Foug pour la réception du Roy ; on faisoit pêcher dans la Meuse à Pagny, Troussey, Ourches, Ugny. Arch., B. 2267.

(1) Act. cap., f° 250.

(2) Act. cap., f° 275. Au château on avait préparé pour l'appartement du Roi une tapisserie de satin cramoisi semée des chardons héraldiques, le lit royal était en satin rouge rehaussé de fleurs en drap d'or ; le reste de l'ameublement se ressentait de cette magnificence (Compte de Jean Prudhomme, receveur général, 1536).

On était en Carême, la Reine se contenta d'une collation, puis reçut les Dames de la ville; le lendemain elle entendit la messe à Saint-Maxe, où elle fut complimentée par le Doyen M. de La Vallée; ensuite elle prit le chemin de Ligny précédée et suivie des jeunes gens du Collège, qui se firent un honneur de l'accompagner assez loin hors de la ville (1).

En 1745, la Reine de France, Marie Leczinska, accompagnée du Dauphin, de Madame Adélaïde, visita Bar, et fut reçue au château.

*2° Les fêtes au château à l'occasion des visites royales.* — Ces visites royales donnaient lieu à des fêtes magnifiques, dont le récit nous a été conservé par le secrétaire du Chapitre de Saint-Maxe, témoin oculaire de tout ce qui se fit : écoutons-le nous raconter la réception de François II et de Charles IX, ainsi que les solennités auxquelles donna lieu leur venue.

« Le lundy, 25 septembre 1559, M. le Duc Charles, accom-
« pagné de Madame la Duchesse Claude, son espouse, arriva
« venant du sacre du Roy François second de nom; là se trou-
« voit le Révérendissime M. le Cardinal Charles de Lorraine,
« archevêque de Reims avec Madame la Duchesse de Guise, sa
« belle-sœur, venus en avant pour préparer le logis du Roy et
« de sa suite. Le Gruyer de Gondrecourt avait ordonné de
« grandes chasses et envoyé la venaison nécessaire.

« Le lendemain qui estoit le mardy, le Roi estant party le
« matin du village de Revigny arriva au dict Bar, avecques la
« Royne douairière sa mère (Catherine de Médicis), la Royne
« son épouse (Marie Stuart), la Royne d'Espagne (Isabelle de
« France, sœur de François I$^{er}$), Antoine de Bourbon, roi de
« Navarre, les Cardinaux de Lorraine et de Bourbon, François
« de Guise et plusieurs princes et princesses, qui furent reçus
« de la part du Seigneur Duc à grant joie à l'entrée de la ville :
« le Roy s'avançoit sous un poille (dais) en ciel de damas noir
« porté par quatre gentilzhommes de la maison de M$^{gr}$ le Duc :
« la Royne était soubz un autre dais au ciel de damas rouge
« armoysi, et porté par quatre autres gentilzhommes ».

(1) Chez Richard Brifflot, impr. à Bar.

Le cortège se dirigea vers le château à travers une grande affluence de peuple que la venue du roy de France avait attiré.

« Le mercredy ne fut parlé que de faire la bonne chière en
« court ouverte, et chascun fut bien traicté aux despens du dict
« sieur Duc jusques au dimanche, que la Court se despartit pour
« aller disner au gaingnage du Chesne (1) et coucher à Aul-
« noy.

« Le jeudy qui estoit la vigile de feste Sainct-Michel, en l'é-
« glise Saint-Maxe fut le chœur orné de riches tapisseries, où
« les vespres furent dictes et chantées en musique par les chan-
« tres de la chapelle du dict sieur Roy, qui y assistoit avecques
« MM. les Cardinaulx de Lorraine et Bourbon, et les chevaliers
« de l'Ordre (2) de Saint-Michel », parmi lesquels le Duc Charles venait d'être admis par le Roi.

Ce fut comme une répétition de la messe et des magnificences du sacre. Selon les statuts de l'Ordre, l'assemblée générale se faisait en la fête de l'Archange, les chanceliers devaient se présenter devant le souverain : cette fois, ils étaient quatorze, vêtus de leur long manteau de damas blanc traînant à terre, brodé d'or et fourré d'hermine, la tête couverte d'un chaperon de velours cramoisi : ils se rendirent à l'église processionnellement en bon ordre, « accompagnez des chanceliers, maistres
« des cérémonies et aultres ministres, des fifres, tambours,
« trompettes et clairons ».

« Le lendemain vendredy, jour de Saint-Michel, eut lieu la

(1) Cense ou ferme relevant de l'abbaye de Trois-Fontaines ; elle était située à quatre kilomètres de Bar, et avait une chapelle sous le vocable de saint Maurice.

(2) C'était l'Ordre militaire établi par Louis XI, en 1469, pour la défense de la foi et l'honneur de la patrie, en l'honneur de saint Michel, premier chevalier de Dieu et patron de la France, qui victorieusement batailla contre le dragon : d'après les statuts, les membres de cette chevalerie ne devaient pas dépasser 36, ils étaient choisis parmi les gentilshommes les plus nobles, les plus vaillants et les plus vertueux. L'admission se faisait par l'envoi du collier d'or, fait de coquilles enlacées dans une chaîne d'or, qui supportait l'image de saint Michel. Cet Ordre, pendant de longues années, jouit d'une haute réputation, et fut recherché par les souverains eux-mêmes : il se fondit sous Henri III dans l'Ordre du Saint-Esprit.

« messe solennelle où le Roy et les chevaliers, chascun par
« ordre, allèrent offrir une pièce d'or en grande révérence au
« prestre qui célébroit, et ouyèrent la messe dévotement ». Les
armoiries du roi de France, du roi de Suède, du roi d'Espagne, du roi de Navarre, Antoine de Bourbon, et celles des 14
chevaliers de l'Ordre furent exposées par escussons sur les
stalles du chœur et y demeurèrent en souvenir de cette solennité.

Le même jour « furent aussi dictes les vespres des morts,
« où les chevaliers portaient le manteau noir, et le Roy un man-
« teau violet; puis le lendemain, sabmedy matin, se célébra
« solemnellement la messe de *Requiem*, où les chevaliers offri-
« rent un cierge de cire jaulne ».

« Il y avoit à ces cérémonies beaucoup d'évesques, abbez,
« prothonotaires, assistants en leurs bancs, et plusieurs grans
« seigneurs, dames et damoiselles » (1).

Cinq ans après, Charles IX, roi de France, accepta d'être
parrain du fils de Charles III, duc de Bar : il vint en cette ville
le 1ᵉʳ mai 1564, accompagné de la Reine-mère, Catherine de
Médicis; de ses frères Messeigneurs d'Orléans et d'Angoulême;
de Marguerite, sa sœur, duchesse de Savoie; de Messeigneurs
les Cardinaux de Bourbon, de Lorraine, de Guise, de Stross;
du prince de Navarre, des ducs de Longueville, de Nevers, de
la Roche-sur-Yon; du prince Dauphin et de beaucoup d'autres
princes et princesses, avec plusieurs chevaliers de l'Ordre, arrivés pour le baptême de « Monsieur le Marquis, premier filz de
« Monseigneur le duc Charles et de madame Claude de France,
« son espouse. Le baptesme fut célébré en l'église de Saint-
« Maxe par le Cardinal de Lorraine, et fut nommé iceluy Sei-
« gneur, marquis Henry; ses parrains pour la part du Roy
« estoient le comte Mansfeld, gouverneur de Luxembourg, que
« le roi d'Espagne avait nommé pour le représenter en cette
« cérémonie, et le seigneur d'Orléans; ses marraines étoient la
« Reine-mère et **Madame l'Altesse Christine de Danemark,**
« **mère du Duc Charles** ».

(1) Actes capitul. 1559, f° 250.

« Et fut faict le dict baptesme avecques grandes pompes
« et triomphes durant sept jours. Le lendemain en présence du
« Roy, de la Reine-mère, des princes et princesses, eurent lieu
« des joustes en la place devant Saint-Pierre, et la toiture de la
« Halle s'effondra sous le poids des spectateurs. Il y avoit
« grant presse en la ville pour le logis ; toutefois Dieu mercy »,
ajoute naïvement le chroniqueur, « la feste se porta en sorte
« qu'il n'y eut personne mort, ni péril, mais quelques blessés
« aux joustes » (1).

## VI. — La vie ordinaire du château.

En dehors de ces visites royales qui sont restées historiques,
il y avait les relations avec les grandes familles féodales du
temps, les allées et venues des membres de la famille ducale,
les fêtes et les grandes chasses, auxquelles donnaient lieu les
événements plus ou moins extraordinaires, qui se rattachaient à
la vie du château ; il y avait le train de l'existence seigneuriale,
qui se modifiait selon les temps.

Essayons de rappeler quelque chose de cette vie du manoir,
en nous aidant des souvenirs du passé empruntés à nos Archives.

Quand le Seigneur du château n'était pas occupé à guerroyer
au dehors, à visiter les différentes contrées de son domaine, à
courre le cerf, et à prendre les nobles délassements de la
chasse, auxquels aimaient à se mêler les dames, chevauchant
sur leur dextrier, l'épervier au poing (2), il vaquait aux affaires
du gouvernement avec les gens de son conseil, les sénéchaux,
les baillis, les prévôts, les châtelains, les gruyers, receveurs
généraux, secrétaires, celleriers, etc.

Retirée dans ses appartements, la Duchesse pourvoyait à la
première éducation des enfants et à l'économie de la maison,
avec l'aide de son receveur aux deniers ; dans les moments de

---

(1) Act. capitul., f° 275.

(2) Marie de France, épouse du duc Robert, en faisait son amusement favori : elle avait une meute de chiens et des retz, deux maîtres *braconniers* ou *veneurs* et un page pour les diriger, un fauconnier et son varlet (V. Servais, *Ann. du Barrois*).

loisir, ses doigts habiles maniaient l'aiguille et s'exerçaient aux beaux ouvrages de tapisserie, qui décoraient les différentes pièces du château et formaient le précieux héritage des générations suivantes (1).

Au grands jours de parade, la dame du château se montrait avec ses atours et « ses joyaulx », dont on peut se faire une idée par l'écrin d'Yolande de Flandres : « *beaux chapeaux à perles, superbe couronne d'or à 16 florons de perles, ceintures,* Pater nostre *(chapelets),* effiches *(épingles), anneaux, mirouers, boursettes, verges d'or, pierres précieuses en tous genres*. — Marie de France avait ses grandes et petites Heures enluminées sur beau vélin, dont hérita Louis, cardinal de Bar. Celui-ci les transmit à Bonne sa sœur, ainsi que son gobelet d'or orné de saphirs et émaillé aux armes de France.

La maison nourrissait de nombreux officiers et serviteurs qui composaient une seconde famille. Il y avait le *cellerier* chargé des fournitures et de la dépense ; le *clerc* ou *maistre d'hôtel*, qui dirigeait le personnel ; le *bouteiller* ou échanson, à qui revenait le soin de la cave ; les valets de *chambre*, d'office, et les *huissiers des salles ;* le *maître-queux* avec ses valets ; le *grand veneur* ou louvetier, avec ses fauconniers, braconniers ou chasseurs ; l'*écuyer d'escuyerie*, avec les palefreniers et charretons ou cochers ; les messagers à pied et à cheval ; les *pages* et *chambellans ;* les secrétaires et chapelains ; les chantres de la chapelle ; les ménestrels ; les femmes de service pour la tenue du château ; et le *portier* ou *concierge ;* en outre, le précepteur des enfants ; le *fusicien* ou médecin (2) ; le *chastelain* ou gouverneur du château, avec les soldats pour la défense de la place et la garde du Duc. Tout cela constituait une sorte de cour et un personnel, dont la vie se mêlait dans une certaine mesure à celle du Seigneur (3).

(1) Marie de France achetait chez Perrin de Verdun du veluet (velours), du fil d'or de Chypre, etc., pour ses ouvrages à la main. Voyez testament de Ph. de Gueldres, *Vie* par l'abbé Guillaume.

(2) Comptes de Petit-prêtre, 1321-1323.

(3) V. testament de Henri IV, 30 nov. 1344, fonds Servais, cart. XIII. Compte de Barbonne, fonds Servais, cart. XXXIII.

D'après les comptes du receveur général du domaine et du cellerier du château, les frais de bouche étaient parfois considérables. Outre l'ordinaire de la table, composé de viandes, de pièces de gibier, de poissons, de volailles, gelines (poules), chapons, etc., payés comme redevances en nature, il y avait le vin des divers crûs du pays; on y trouve cités les vins étrangers, surtout le vin de Baulne, de Bar-sur-Aube, des vins d'Espagne et du Levant. Les échaudés (1), les pâtés de truites de l'Ornain, les plats d'écrevisses de la Meuse (2), les fromages du pays (3) sont fréquemment mentionnés.

Les torches et les mortiers, ou lampions de cire, servaient à l'éclairage des longues veillées d'hiver (4), pendant que d'énormes bûches flambaient dans l'âtre des cheminées monumentales. Alors les ménestrels charmaient la compagnie par leurs ballades, qui célébraient les gestes des chevaliers illustres : ou bien ils récréaient par la musique de leurs instruments ; le luth, le hautbois, le violon (5).

Nos archives parlent aussi du *fol* qui, par ses facéties, amusait la famille ducale (6).

Durant ces siècles de foi, la vie chrétienne avait sa large part dans les habitudes du château : fréquemment, on voit citer le prestre, l'aulmonier, le chapelain pour le service de l'Oratoire particulier : c'est dans ce sanctuaire domestique que se faisaient les exercices de la piété familiale.

(1) 1492. Dépenses de froment pour faire des échaudés au Duc et à la Duchesse durant le Carême (B. 823).

(2) Deux fois par semaine, Philippe de Gueldres se faisait apporter du poisson et des écrevisses de la Meuse (B. 1065).

(3) Fromages envoyés de Louppy au Duc et à la Duchesse (1527-1528. — B. 1357).

(4) Arch., B. 838, 1384.

(5) Louis Ogier, joueur de luth du Duc et Jacques de Saint-Lannes, hautbois de Monseigneur, 1526-1527, B. 541-542, Georges Lemoyne, violon du Duc, en 1572. B. 567.

(6) En 1430, la duchesse Isabelle avait à sa solde un fou nommé Didier, dont la famille fut fréquemment l'objet des largesses du Duc et de la Duchesse. Sous René II on trouve aussi Clément le Sot (Compte d'Antoine Warin, 1483-1484).

On suivait les bonnes coutumes des ancêtres pour la célébration du cycle des fêtes. En 1429, René d'Anjou donnait en étrennes aux officiers de la maison du drap rouge pour en faire chacun une paire de chausses. En 1447, il faisait acheter à Paris des joyaux, des vergettes d'or et autres objets pour les cadeaux du nouvel an. On fêtait les Rois par le gâteau traditionnel (1) et l'on fournissait les cierges de la Chandeleur. Avant le *Karesme*, on faisait le gras temps par des festins de famille (2). La pénitence quadragésimale était sévèrement gardée, comme on le voit par le genre d'aliments fournis au château vers cette époque de l'année. Au *Jeudy Sainct*, on lavait les pieds des pauvres, puis on leur donnait à manger en faisant largesse (3). Au grand *Vendredy et à Pasques communiant*, des offrandes et *aulmones* étaient distribuées au nom du Duc et de la Duchesse. Quand échéait la Saint-Martin, il y avait des réunions de famille, où l'on fêtait le souvenir du grand thaumaturge des Gaules, dont le nom était populaire dans le Barrois (4).

A la fin du xve et au commencement du xvie siècle, dans les fêtes de famille, et à certaines époques, on égayait la vie du château par des farces, des pastoureaux (5), des mystères, des

--------

(1) En 1430, pendant que René et Isabelle étaient au château, le cellerier délivrait 3 septiers de froment à Jean Galtier pour faire les watheaux (gâteaux) du jour des petits Rois.

(2) En 1527, le cellerier compte 150 volailles pour le gras temps du Duc et de la Duchesse (B. 1358).

(3) En 1451, le receveur général mentionne l'achat de 55 aulnes de toile, de pots, d'écuelles pour cette cérémonie.

(4) Compte d'Ancelot Petit-prêtre, 1427-1429. En 1542, M[r] le Duc de Guyse. Madame la Duchesse de Guyse et cinq de leurs enfants, Mr de Reims, Mr de Troyes, Claude Monsieur et François, Mr de Guyse, se trouvant à Bar avec le Duc et la Duchesse, y firent leur Saint-Martin.

(5) En décembre 1463 une farce de pastoureaux fut jouée au château devant René d'Anjou, Marguerite d'Anjou et le Prince de Galles, par les jeunes seigneurs de la Cour; Mgr de Lorraine, René de Vaudémont y portait une robe de fille (Compte de Jean de Barbonne, 1462-1464) : on y voyait paraître les petits chambellans René de Bourmont, Pierre de Beauvau, René de Brézé, Pierre de Millain, imagier de René.

représentations théâtrales, où l'on jouait des moralités intitulées : *mundus, caro, Dœmonia* ; des farces vieilles et nouvelles, reboblinées et joyeuses à merveille, *le jeu du saint homme Job, le jeu de vie et passion de Madame sainte Barbe, la vendition de Joseph, le sacrifice d'Isaac, fils d'Abraham* (1), *les trois journées de Monsieur saint Étienne, pape et martyr*, etc. En 1514, la Reine de Sicile, Philippe de Gueldres, fit donner une gratification aux acteurs, qui avaient joué, en la halle de Bar, le *mystère de la Sainte-Hostie* (2). Les foules y accouraient prendre place dès quatre heures du matin, tant on était avide de voir ces pieuses représentations.

## VII. — Les funérailles au château.

Nous avons assisté par le souvenir aux différentes phases de la vie du château. Terminons cet article en suivant les fêtes funéraires.

Quand la mort frappait le Seigneur, son épouse ou ses enfants, le glas funèbre sonnait dans toutes les églises de la ville durant plusieurs jours « *afin de mouvoir le peuple à prier pour le repos de son âme* (3) » : on différait l'enterrement jusqu'à ce que les membres de la famille et les principaux vassaux, avertis de l'événement, eussent le temps d'arriver. Les invités étaient hébergés au compte du domaine ; des funérailles solennelles se célébraient au château et à l'église Saint-Maxe, avec la pompe que comportait le rang du défunt (4).

Nous avons raconté les cérémonies funèbres que Robert fit célébrer à Saint-Maxe pour Marie de France (5) ; suivons les funérailles du bon Duc Antoine, d'après le récit des contemporains ; nous aurons une idée de ce qui se faisait alors.

« Le sabmedy, quatorzième jour du mois de juin 1544, M$^{gr}$
« le Duc Anthoine de Lorraine rendit son âme à Dieu estant

---

(1) V. *Études sur le théâtre lorrain*, par M. Lepage, 1848, p. 204 ; Digot, *Hist. de Lorr.*, t. IV, p. 139.
(2) B. 620. — (3) Digot, t. III, p. 214.
(4) B. 1097. — (5) V. chap. II, p. 68.

« détenu de la maladie de la gravelle ». Après avoir ouvert son corps pour l'embaumement, on prit son cœur et ses entrailles et on les inhuma devant le grand autel de la Collégiale ; « puis, le corps fut gardé dans la chambre mortuaire jus-
« qu'au jeudy, où on le déposa dans la salle carrée, sur un grant
« eschaffault (estrade). Au-dessus se trouvait un poel (dais)
« de satin broché : l'appartement était tendu de tapisseries, et
« quatre autels y avaient été dressés, où l'on disait 30 Messes par
« jour. Le dimanche en suyvant, à l'heure de Vespres, le dict
« corps fut apporté en grande pompe, honneur, et à la mode
« royale, au milieu du chœur de l'église.

« En avant marchaient cent petits enfants vêtuz de surplis et
« portant chacun un cierge allumé ; après eux venaient, conduits
« par deux officiers, deux cents poures (pauvres) vestuz en deuil,
« portant une torche allumée avec écussons armoyés aux armes
« du Duc ; ensuite les capitaines et archers de la garde en
« deuil, chargés de maintenir l'ordre dans la foule du peuple
« accouru. Suivait le clergé par ordre, les religieux, la paroisse
« Notre-Dame avec le Prieur en chappe, les vénérables de
« Saint-Pierre et de Saint-Maxe en habits de chœur, les abbés
« mitrés de Lisle, Jandeures, et Jovilliers avec leur crosse et leur
« chappe. En avant du corps venaient les trompettes avec leurs
« armes renversées ; le grand écuyer, bailly du Bassigny, por-
« tant l'épée d'Antoine ; le maréchal du Barrois tenant le bâton
« de justice. Le corps du Duc porté par douze gentilshommes
« était couvert d'un drap de velours noir à croix de satin blanc,
« et par-dessus était un autre grand drap d'or frisé et fourré
« d'hermine, tenu aux quatre coins par les deux sénéchaux de
« Lorraine et du Barrois, les deux baillis de Nancy et de Bar.
« Au-dessus du corps était tendu un ciel ou dais de velours
« noir porté par quatre écuyers ; sur les côtés s'avançait en
« rang la garde suisse ; derrière le cercueil, très haut et très
« puissant prince le Duc François I$^{er}$, et son frère, M$^{gr}$ Nicolas
« de Lorraine, évêque de Metz et de Verdun, tous deux en
« grand deuil à la royale ; puis la foule des officiers et seigneurs
« de tout rang, la Cour des Comptes, les bourgeois et le peuple.

« Dès que le corps eut été placé dans le chœur, les vigiles

« des morts furent chantées solennellement, y assistans les
« abbés de Lisle-en-Barrois, Jovilliers et Jandeures, ensemble
« tous les prestres des églises de ceste ville. Après les vigiles
« les princes du grand deuil furent reconduits au château.

« Et le lendemain ont été dictes cinq haultes messes : la pre-
« mière des Anges, par le doyen de Saint-Pierre ; la seconde du
« jour qui estoit la vigille de Sainct-Jehan, par le doyen de Saint-
« Maxe ; la troisième du Saint-Esperit, par l'abbé de Jandeures ;
« la quatrième de Nostre-Dame, par l'abbé de Jovilliers ; et la
« cinquième, par le dict abbé de Lisle à trois prestres. A cette
« messe les princes du sang seulement allèrent à l'offrande : à
« la même heure, trois cents messes furent célébrées dans les
« églises de Bar. La Collégiale depuis le grand portal jusque sur
« le grand autel des deux costés fut tendue de velours et de
« drap noir de trois draps de haulteur, et dessus les landes, force
« cierges d'un quarteron chascun : y avoit un grant candélabre
« soulz lequel estoit le dict corps ensepveli dedans ung cercueil
« de plomb ; sur iceluy un grant drap de veloux noir et ung
« aultre de drap d'or bordé d'armynes à la royalle, et quatre
« flambeaux qui ont touljours bruslé jour et nuyct : et dès lors
« a esté par chascun jour chanté vigilles et messes de *Requiem*
« pour le dict Seigneur, jusqu'à ce qu'on mena le corps à
« Nancy. L'on a sonné par toutes les églises de la ville trois
« jours entiers ; 212 livres de cire furent fournies à l'occasion
« des funérailles du Duc » (1).

Le corps d'Antoine demeura dans la Collégiale jusqu'au mois de septembre, alors on le transféra dans la chapelle des Cordeliers, où il fut enseveli auprès de son épouse Renée de Bourbon et de son père René II.

Ainsi s'écoulait la vie du château pendant que les Seigneurs y résidaient, et durant les séjours, qu'ils y firent à partir du moment, où ils abandonnèrent la capitale du Barrois pour fixer leur résidence à Nancy.

---

(1) Act. cap. 1544, p. 176. *Généalogie des Ducs de Lorraine*, par du Boullay, Paris, 1549, in-8°.

# CHAPITRE IV.

## LE GOUVERNEMENT DUCAL AU CHÂTEAU ET LA CHAMBRE DES COMPTES.

I. Les gens de la Maison ducale et officiers généraux de l'administration. — II. Tribunal des Assises du Duché au château. — III. Les États généraux du Barrois, existence et dates historiques. Composition et convocations. Lieu de leur réunion et objets soumis à leurs délibérations. Forme et tenue des États généraux du Barrois. — IV. Chambre du Conseil et des Comptes : origine et histoire. Attributions, composition de ses membres, admission, traitement, privilèges, costume, bâtiments, suppression définitive. Présidents.

Le château de Bar était comme le centre d'où rayonnaient les différentes branches de l'administration ducale. Là vivaient, ou du moins paraissaient fréquemment *les gens de la Maison du souverain* et ses *officiers généraux* ; là se tinrent assez souvent les *Assises* et les *États du Barrois*; là surtout la *Chambre du Conseil et des Comptes* avait son siège fixé. Disons brièvement ce qu'il y a d'intéressant sur cette organisation du gouvernement de nos princes, en ce qui regarde le château.

## I. — Les gens de la maison ducale et les officiers généraux de l'administration.

Après avoir énuméré, dans le chapitre de la *Vie du château* (1), les gens de l'entourage du Souverain qui composaient sa Maison, indiquons les principaux officiers généraux, que leurs fonctions attachaient, ou du moins attiraient souvent au château ; le *châtelain* avec ses *touriers*, le *bailli*, le *sénéchal*, le *gruyer*, le *cellerier*, le *receveur général* et le *chancelier*.

Ces dénominations semblent avoir été empruntées à l'histoire de la France féodale, dont l'influence se faisait de plus en plus sentir sur le pays limitrophe du Barrois.

Les *Châtelains*, nommés aussi *Prévôts*, étaient des officiers chargés par le souverain d'exercer à sa place le pouvoir civil et surtout militaire dans la forteresse remise à leur garde ; on peut les comparer à nos gouverneurs ou commandants de place. En dehors de leurs attributions militaires, ils rendaient la justice à la porte ou dans la cour du château ; mais leurs arrêts pouvaient être cassés par le bailli. Quand la forteresse était considérable, le châtelain avait sous sa juridiction les *Touriers*, ou capitaines de chaque tour de l'enceinte. Les pouvoirs des châtelains étaient subordonnés à ceux du sénéchal ou maréchal ; l'histoire de Bar a gardé le nom d'un certain nombre de ces fonctionnaires (2).

Le *Sénéchal* avait la surintendance de la maison, et le commandement en chef des troupes du Souverain ; il représentait le prince dans la province confiée à son administration. Le *Maréchal* venait après lui ; mais plus tard, cette seconde dignité militaire fut supérieure à la première. On voit apparaître la charge de sénéchal à partir de Thibaut II. A l'origine, cet officier était le maître des écuries du Souverain ; il conduisait l'armée au nom du Comte, gardait l'étendard principal,

---

(1) V. chap. III, p. 135.
(2) Voyez la liste, *Hist. de Bar*, par Bellot-Hormont, p. 446.

et jouissait des attributions que lui accordait le souverain (1).

Le *Bailli de robe et d'épée* était un officier chargé principalement de rendre la justice ; on le voit apparaître dans le Barrois vers le XIII$^e$ siècle : ses attributions étaient déterminées par le droit coutumier ; il jugeait en première instance les causes qui ressortaient de sa compétence ; on pouvait appeler du bailliage de Bar au Présidial de Sens, et au Parlement de Paris, pour le Barrois mouvant ; à la Cour des Grands-Jours de Saint-Mihiel, pour le Barrois non mouvant.

Le *Grand Gruyer* avait juridiction sur les eaux et forêts du domaine ducal pour l'aménagement, l'exploitation, la garde et les délits qui s'y rattachaient.

Le *Cellerier du château* recevait des vassaux les redevances en nature dues au domaine, pourvoyait principalement aux dépenses de bouche, distribuait à qui de droit les provisions ou denrées, qu'il gardait dans les magasins du château.

Le *Receveur général* du duché était chargé de centraliser les diverses redevances, que lui versaient les receveurs particuliers, et de fournir la dépense de la maison au *Trésorier de la chambre aux deniers*, lequel s'occupait de la dépense personnelle du souverain (2).

Enfin, il y avait le *Garde du scel* ou *Chancelier*, presque toujours attaché au Conseil du souverain, et faisant partie de la Chambre des Comptes. C'était lui qui donnait aux actes leur valeur par l'apposition du grand sceau du Duché avec la cire verte ; on trouve cette fonction dans le Barrois dès la fin du XII$^e$ siècle, et, pendant 200 ans, elle fut fréquemment exercée par les doyens de Saint-Maxe (3).

(1) Voyez *ibid.*, la liste des Sénéchaux et Maréchaux du Barrois, p. 460.

(2) En 1516, René de Génicourt exerçait cet office près de Philippe de Gueldres, B. 622.

(3) Voyez liste des Chanceliers, Bellot-Herment, p. 447. — En 1179 la comtesse Agnès de Champagne confirma une donation faite à l'abbaye de Saint Mihiel par l'apposition de son sceau et de celui de son fils, Henri : *ut autem hoc ratum et inconcussum permaneat sigillorum impressione firmavimus.*

## II. — Tribunal des assises du duché au château.

Les Assises étaient un tribunal composé de nobles et de prélats, qui jugeaient en premier et dernier ressort les causes féodales, et même les causes ordinaires les plus importantes; en particulier la quotité, ou fixation des prestations, lesquelles dans les campagnes se payaient en denrées ou en travail, à cause de la rareté du numéraire.

Ce tribunal formait une sorte de commission intérimaire entre les sessions des États généraux; il s'assemblait à des époques indéterminées, tantôt dans une ville, tantôt dans une autre, selon la convocation du Souverain; assez souvent jusqu'à Charles III ce fut au château de Bar, dans la salle du *pilier rond* nommée *salle des Assises*; d'ordinaire une messe, célébrée à Saint-Maxe, se disait à l'ouverture des Assises (1), qui se tinrent jusqu'à la fin du xvi<sup>e</sup> siècle.

Mais par une ordonnance du 8 octobre 1571, le Duc Charles III érigea, dans la ville de Saint-Mihiel, un siège permanent, un tribunal souverain pour connaître, décider en dernier ressort, et mettre à exécution toutes les causes qui lui étaient soumises. Ce tribunal suprême s'appela la Cour des *Grands Jours*, la *Cour souveraine*, et quelquefois même le *Parlement*; à partir de ce moment les Assises furent supprimées dans le Barrois.

## III. — Les états généraux du barrois.

1° *Existence et dates historiques des États généraux du Barrois.* — Quoique le pouvoir du souverain du Barrois fût plus indépendant qu'en Lorraine, il n'était pas absolu, mais contrebalancé par l'intervention des États représentatifs du pays, surtout en ce qui regardait l'octroi et la levée des impôts.

On trouve les premières traces de cette institution sous Thiébaut II, en 1240, quand le Comte de Bar convoqua les États pour

---

(1) Compte de Jehan de Barbonne, 1469. Messire Claude, prêtre de Saint-Maxe, célébra quatre fois durant les Assises de 1465.

déterminer les coutumes et franchises de la châtellenie de Clermont. En 1364, les États s'assemblèrent à Saint-Mihiel pour les affaires de la régence sous la minorité de Robert; la noblesse et les bourgeois, les baillis et prévôts des trois bailliages y furent convoqués (1). En 1380, 1418, 1420, ils accordèrent des aides au Souverain (2); en 1419, les vassaux du Barrois ratifièrent la convention passée entre le Cardinal de Bar et Charles II, duc de Lorraine, touchant l'union future des deux Duchés. En 1481, 1489 et 1497, convocation des trois ordres à Bar, où l'on reconnut au Duc le droit de lever des deniers sur les sujets du Duché, pourvu que ce fût de l'octroi des États. En 1437, 1480 et 1509, on les voit réunis à ceux de la Lorraine pour traiter les intérêts communs aux deux Duchés. Le 4 août 1500 (3) et en mars 1509, ils furent convoqués à Bar (4) pour voter des subsides. Vers le milieu du xvi° siècle, Charles III voulut fondre les États du Barrois dans ceux de la Lorraine pour ne faire qu'une seule assemblée, mais sa tentative ne réussit pas. Au 1er octobre 1579, le Duc réunit au château de Bar, pour la rédaction des Coutumes, les États du Barrois, où l'on vit figurer les représentants du Clergé, de la Noblesse et du Tiers-État. A partir de ce moment, nos chroniques locales, malheureusement incomplètes sur ce point, mentionnent fréquemment la tenue des États généraux du Barrois (5) au château, jusqu'à leur dernière convocation en mars 1789, pour la rédaction du cahier général des doléances du Tiers-État, et l'élection des députés à l'Assemblée nationale.

2° *Composition et convocation.* — Au début, l'assemblée des États du Barrois comprenait les chefs du clergé et les membres

(1) Servais, *Ann. du Barrois*, t. I, p. 24.
(2) Layette, *États généraux du Duché de Bar*, n° 9.
(3) Les États se réunirent dans la grande salle du château : là se trouvaient les doyens des trois collégiales, les chefs des trois abbayes, des cinq prieurés, trente-deux gentilshommes, les bourgeois de Bar et des quatre châtellenies du Barrois.
(4) Layette, *États généraux du Duché de Bar*, n° 9.
(5) En 1603, 27 avril ; 1605, 1607, 30 avril ; 1614, 1619, 1623, 1629, 1664, 1667.

de la vieille chevalerie : avec l'affranchissement des communes, les bourgeois formèrent le Tiers-État qui eut sa représentation dès le XIV⁰ siècle.

La forme de leur convocation a nécessairement varié selon les temps ; voici la lettre d'Antoine, Duc de Bar, au Prieur de Silmont, l'invitant aux États convoqués le 4 février 1525.

« De par le Duc de Calabre, de Lorraine et de Bar,
« Vénérable, très chier et bien amé ; pour ce que désirons à
« vous et aux autres gens de nos États faire dire et décliner au-
« cunes matières, qui fort grandement touchent et concernent
« l'évident bien et utilité de nos pays et subjects, avons advisé
« de faire assembler nos dits Estats, et les faire trouver en ce
« lieu le quatrième jour du moys de février prochainement
« venant.

« Mandons que vous y trouviez au dit jour pour oyr et en-
« tendre ce que de par nous leur sera dit et desclairé, afin de faire
« et pourveoir ce que lors il sera conclue ; Vénérable, très chier
« et bien amé, Notre-Seigneur vous ait en sa garde. Escript en
« notre ville de Nancy, le 12 janvier. Signé ANTHOINE » (1).

*3° Lieu de la réunion et objets soumis à la délibération des États généraux du Barrois.* — Les États généraux du Barrois se tinrent en différentes villes : à Pont-à-Mousson ; assez souvent à Saint-Mihiel ; quelquefois à Nancy, depuis la réunion pour les affaires communes aux deux Duchés ; le plus ordinairement à Bar dans la grande salle du château, nommée aussi *Salle des États*.

Les États étaient appelés à délibérer sur les intérêts généraux du Duché, la rédaction des Lois et Coutumes (2), mais principalement sur le vote des subsides réclamés par le souverain ; car c'était un principe admis dans le Barrois, que les impositions, demandées pour le gouvernement, devaient être votées par ceux qui les payaient.

En 1496, les notables de Bar attestaient que le souverain

(1) Papiers de Silmont, cart. 157.
(2) En 1579, les États s'assemblèrent à Bar pour la codification des Coutumes du Barrois.

avait accoutumé, quand bon lui semblait, à tel jour et telle ville du Duché qui lui plaisait, de réunir les trois États pour délibérer avec eux des affaires. « En cette assemblée, le Duc
« reçoit les remontrances sur ce qui regarde la guerre, la levée
« et la solde des gens de guerre, le mariage de ses sœurs et
« enfants, la réparation des villes, les voyages et l'acquit des
« dettes : on lui alloue les sommes dont il a besoin pour parer
« à ses charges; on règle ce qui est accordé en général sur tous
« les sujets du domaine, les fiefs et arrière-fiefs des gens d'é-
« glise, et autres du Duché » (1).

Voilà pourquoi, en 1525, le Duc Antoine s'excusait d'avoir levé des gens de guerre et ordonné un impôt, sans avoir eu l'agrément des États. Il l'avait fait à raison de l'urgence du péril, car il fallait repousser l'invasion des Rustauds; en conséquence, il demanda aux États de ratifier ce qu'il avait ordonné, sans préjudice de l'avenir, parce qu'il avait agi dans l'intérêt public de la Noblesse, du Clergé et du Peuple (2).

4° *Forme et tenue des États généraux du Barrois.* — On appelait aux États les représentants du Clergé, de la Noblesse, et du Tiers-État à partir des temps de Philippe le Bel (3).

Voici comment les choses se passèrent au château de Bar, le 1ᵉʳ octobre 1579, dans l'assemblée mémorable convoquée pour la rédaction des Coutumes. On fit l'appel des députés, et le bailli, sur les réquisitions du procureur général Marlorat, donna défaut contre les absents; on lut aux États le texte des Coutumes préparé par les commissaires du prince; puis, les trois ordres, après avoir élu chacun trois membres, les chargèrent d'examiner l'affaire en toute maturité. Quand leur travail fut prêt, on le soumit à l'acceptation des États; le lendemain, Charles III, qui

(1) Inventaire de Du Fourny, t. II, p. 248.
(2) Papiers de Silmont, cart. 157.
(3) Tous les corps, les communautés, les collèges, toute la noblesse et les bénéficiers devaient y être convoqués, en donnant un délai selon la distance. Les députés avaient voix délibérative; la voix de deux États emportait la troisième; mais aucun des trois États ne pouvait toucher aux intérêts de chacun d'eux (B. 2920).

se trouvait à Bar, homologua le nouveau code, et le fit publier devant l'auditoire du bailliage.

Au xvii° siècle, la tenue des États s'observait à peu près de la même manière; les officiers du Duc proposaient les matières à mettre en délibération; ensuite ils se retiraient pour laisser toute liberté à la discussion, et les trois ordres étudiaient séparément l'affaire : quand deux ordres étaient d'accord sur un point, leur avis l'emportait sur l'opinion du troisième (1).

## IV. — La chambre du conseil et des comptes du duché de Bar.

Dans l'enceinte du château se trouvait le siège d'une institution permanente, pour aider le souverain dans le gouvernement du Duché; c'était la *Chambre du Conseil et des Comptes*, dont le rôle fut assez considérable dans l'histoire du Barrois, pour que nous en disions les choses les plus intéressantes.

1° *Origines et histoire de la Chambre du Conseil et des Comptes à travers les siècles.* — Dès le début du comté de Bar, il y eut, à côté du souverain, un conseil particulier composé des principaux membres de sa famille, des vassaux et officiers de la maison du prince, présents aux actes. C'était la *curia* ou la *cour*, que l'on voit intervenir dans un grand nombre de chartes des premiers siècles, particulièrement dans les lettres de fondations, de dotations, de privilèges, de titres concernant les églises et les monastères (2).

Plus tard, sous le Comte Thiébaut II, à l'instar de ce qui se faisait en France, on voit fonctionner les officiers des Comptes, d'abord ambulants, puis fixés à Bar, pour la vérification de la comptabilité et les détails de l'administration du domaine.

On possède des chartes (3) du xiii° siècle attestant l'existence

(1) Arch., série B, n° 2920.
(2) V. charte de Jeand'heurs en 1154 : *Ego comes Rainaldus Moncionis et Barri virorum nobilium meorum curiæ Barrensis.....*
(3) Entre autres, un dénombrement en 1295 est reçu et vérifié par le Conseil.

Cliché Hébert.  Phototypie J. Royer, Nancy.

CHATEAU NEUF DE BAR ET BATIMENTS DE LA CHAMBRE DES COMPTES

et le fonctionnement de cette institution. Le Comte avait des agents pour percevoir les redevances en nature et en numéraire, qui provenaient du domaine ; il fallait examiner leur gestion financière et apurer leurs comptes devant des officiers chargés des intérêts du souverain ; on les nommait *les gens du Conseil*, les *commis*, les *comptours*, la *Chambre aux deniers*, enfin la *Chambre des Comptes*.

Au xiv° siècle, les actes de ce genre abondent (1) ; au xv° siècle, ils se multiplient, et le nom des membres de la Chambre est quelquefois cité (2). En 1434, René d'Anjou ordonne à ses officiers de rendre leurs comptes à cette Chambre ; en 1554, il en règle l'organisation dans les instructions fournies par l'évêque d'Angers, alors chancelier du roi de Sicile, à Jehannot Merlin, président des Comptes ; en 1459, on voit la Chambre déléguée au gouvernement du Barrois ; puis avec le cours du temps, ses attributions s'accroissent et se précisent ; son personnel se développe avec la multiplication des affaires.

Supprimée en 1670 pendant l'occupation du Barrois par Louis XIV, à cause de son attachement au souverain héréditaire, la Chambre des Comptes fut ensuite rétablie après le traité de Ryswick, et continua ses fonctions jusqu'en 1791.

2° *Attributions de la Chambre du Conseil et des Comptes.* — Elle était comme le Conseil d'État, le ministère public, et l'instrument de l'exercice de tous les droits souverains du Duché de Bar ; c'était par ses avis que les affaires d'État se traitaient,

(1) En 1314, dans le traité de paix conclu entre Ferri de Lorraine et le Comte Edouard, avec les princes de la famille souveraine, et de grands vassaux, sont mentionnés « *moult d'autres des amis et dou Conseil dou dit Comte* » ; en 1315, vérification des comptes du receveur général ; en 1317, le compte de Jean Boucher, prévôt du Bassigny, est vérifié par Jacques Massart ; en 1321, le compte de Jennet le prêtre ; en 1338, et sous le Duc Robert, il en est fréquemment parlé ; en 1373, le compte de Colet Henrion, prévôt de Saint-Mihiel, etc., etc.

(2) Ces appellations apparaissent dans un contrat d'assencement fait aux habitants de Villotte-devant-Louppy, le 8 novembre 1479 ; l'acte commence par ces mots : « Les gens du Conseil du Duché de Bar », et finit ainsi : « Par le conseil, les gens des Comptes... » (*Mémoires sur la souveraineté du Barrois*, 1717).

que les princes prenaient leurs délibérations, rendaient leurs décrets, publiaient leurs chartes, faisaient les règlements et ordonnances concernant le gouvernement de la province : ses arrêts étaient souverains, et ne souffraient pas d'appel.

« Elle partageait donc avec le prince l'autorité suprême ; ses
« attributions s'étendaient à toutes les branches de l'adminis-
« tration ; elle enregistrait les édits et ordonnances qui regar-
« daient le domaine ou le trésor, les affranchissements des
« communes, les règlements des monnaies ; elle autorisait ou
« rendait valables les érections de fiefs, les nominations aux
« charges et offices, les privilèges des différentes corporations ;
« passait les actes de vente et d'assencement ; homologuait les
« lettres de noblesse, de réhabilitation ; elle recevait les actes
« de foi et hommage des vassaux ; vérifiait les dénombrements,
« elle contrôlait et approuvait les états de recettes et dé-
« penses des receveurs généraux et particuliers du domaine,
« de leurs contrôleurs, des prévôts et des gruyers ; enfin elle
« répartissait les aides et subsides extraordinaires à partir de
« 1698 » (1).

3° *Composition des membres de la Chambre des Comptes. Conditions d'admission, traitement, privilèges, costume.* — Le nombre des membres de la Chambre des Comptes a varié selon les temps. En 1424, par suite de l'amoindrissement des revenus du domaine, alors ravagé par les guerres incessantes de cette période tourmentée, René d'Anjou les réduisit de cinq à trois ; en 1581, ils étaient au nombre de onze, dont un président ; en 1622, on en comptait vingt et un ; depuis, le Conseil comprenait un *président, douze conseillers,* aussi nommés *auditeurs* et *maîtres des comptes,* des *clercs d'office,* un *greffier,* un *procureur général* chargé de connaître et de défendre les droits du souverain, de surveiller les différentes branches de l'administration de la justice ; il y avait en outre un *avocat général,* un *huissier de la Chambre,* qui d'ordinaire cumulait les fonctions de concierge de la première porte du château.

(1) V. Marchal, Préface du registre, *Sommaire des arch. de la Meuse.*

Pour être admis dans la Chambre des Comptes, il fallait être noble, ou bien se rendre recommandable par ses talents et ses services; on exigeait l'âge de 25 ans, ou du moins de 23 pour les licenciés en droit, un examen de capacité sur les finances, le domaine et le droit : on n'admettait pas plusieurs proches parents dans la compagnie; le trafic était interdit, et pendant longtemps la résidence à la ville-haute fut de rigueur. Les conseillers faisaient serment de fidélité au Souverain; ils juraient de ne rien révéler des délibérations de la Chambre, dont la publication pouvait être préjudiciable, sous peine d'interdiction (1).

Le traitement des membres de la Chambre a varié avec le cours des siècles; sous René d'Anjou, les conseillers avaient pour gages 40 livres, et le président 40 écus d'or; en 1622, le président touchait 520 livres, les conseillers 260 ; en 1787, le président avait 6.000 livres, et les conseillers en proportion. Mais, outre ce traitement fixe, il y avait d'autres avantages, tels que, des affouages considérables dans les forêts du domaine, les frais de robe, des fournitures de cire pour assister aux Matines de Noël, aux processions de la Fête-Dieu, et aux adorations du Saint-Sacrement (2); en 1511, le cellerier du château leur faisait délivrer, de par la Duchesse Philippe de Gueldres, « 66 poules pour passer le gras temps » (3). Dans les cérémonies solennelles célébrées à Saint-Maxe, les membres de la Cour des Comptes avaient droit d'occuper les dix dernières stalles du chœur des chanoines.

Les gens de la Chambre avaient un costume officiel, qu'ils étaient tenus de porter en cérémonie et dans leurs fonctions. En 1520, Loys Merlin, président de la Chambre des Comptes, qui fonda la chapelle de la Conception à Saint-Maxe et une messe quotidienne pour Messires de la Chambre, était représenté sur la plaque de cuivre, relatant cette fondation, avec le costume de sa charge; on le voyait revêtu d'une longue robe pourpre bordée d'hermine, sans manches; par-dessous il portait une espèce

---

(1) Arch., cart. 130, f° 23.
(2) Arch., série B. 833 et cart. 617, f° 696. — (3) B. 833.

de soutanelle en drap d'or. Au xviiie siècle, les costumes se rapprochent de ceux de la Cour et des Parlements français, comme on peut le voir par les portraits de famille, conservés dans quelques anciennes maisons de Bar, et dont plusieurs ont un grand air : on y voit la toge pourpre pour les dignitaires, la toge noire avec le rabat, ou le jabot, et les manchettes à dentelles pour les simples conseillers.

En 1752, le sceau de la Cour des Comptes portait sur une couronne royale deux SS (*Stanislas*) enlacés entre deux barbeaux debout, sur champ semé de croisettes, avec l'inscription : SIGILLVM CVRIÆ RATIONVM BARRI.

Dès le xve siècle, on se servait à la Chambre de *jects*, ou jetons en laiton, dont l'usage subsistait encore au xviie siècle ; à ce moment, ils étaient en cuivre avec les armes de Bar, une légende et le millésime ; quelquefois ils portaient l'effigie du souverain régnant (1).

4° *Les bâtiments de la Chambre des Comptes.* — Primitivement les gens du Conseil et des Comptes s'assemblaient dans les appartements du Souverain pour délibérer sous sa présidence, et les titres originaux se gardaient dans les locaux séparés, comme la *Tour des chartes* dont il est fait mention dans les archives ; mais à mesure que les affaires de l'État et de l'administration se compliquèrent, il fallut une chambre pour le Conseil et un dépôt pour les chartes. René II fit construire à cet effet, près de la première porte du château, un bâtiment voûté pour le mettre à l'abri du feu ; là se gardaient les papiers du Duché : on l'appela le *grand trésor des chartes*. Antoine, son fils, y fit ajouter, en 1523, un corps de logis qui se voit encore : ce fut le *petit trésor des chartes* et *la salle d'audience de la Cour*. On y distingue deux niches vides, les tracés des fe-

---

(1) 1454, compte du recev. général ; 1518, compte de Prudhomme : « *Payé par le receveur à Nicolas de Villers, argentier de notre très redouptée Dame, Madame la Duchesse, pour avoir esté acheter ung cent de jects de laitton, pour servir en la Chambre des Comptes aux auditeurs d'icelle* ». En 1595, mille jetons furent accordés (Compte de Maillet).

nêtres géminées, qui ont été fermées plus tard, et dans le pilastre orné, qui les séparait, des reliefs mutilés de statues disparues; la cordelière franciscaine se reconnaît dans l'embrasure des fenêtres; sous l'ombre de la toiture, règne une magnifique corniche de choux frisés, très-bien conservée.

Contre ces bâtiments, Charles III ordonna d'élever le beau corps de logis qui subsiste encore avec ses deux ailes, ses grandes salles, et ses hautes toitures. Sur la fin du XVI<sup>e</sup> siècle, ce bâtiment servit à la résidence du Souverain sous le nom de *nouveau chastel* (1); à la fin du siècle dernier, il fut accordé à la Cour des Comptes. En 1777 (2), on y fit dresser un autel où se disait quelquefois la messe. A partir de la Révolution, les bâtiments de la Cour des Comptes servirent successivement à l'administration départementale, à la gendarmerie, à l'école normale des instituteurs de la Meuse : actuellement des écoles municipales y sont établies.

5° *Suppression définitive de la Cour des Comptes.* — Avec la suppression des anciennes provinces et leur organisation administrative en 1790, la Chambre des Comptes devait disparaître; pendant quelques mois encore, elle conserva un reste d'existence, mais elle cessa toute fonction à partir du 11 avril 1791; le 5 août suivant, les scellés furent apposés sur le greffe, les archives et le mobilier de la Chambre. Le Barrois avait cessé d'exister; une nouvelle circonscription territoriale le remplaçait, et l'administration départementale de la Meuse succédait à la Cour des Comptes. Ainsi fut anéantie, après une existence plusieurs fois séculaire, l'institution qui avait joué un si grand rôle dans le pays.

6° *Présidents de la Cour des Comptes.* — Terminons cette étude par la liste chronologique des présidents de la Cour depuis

---

(1) B. 863 et 578. — Ce nouveau bâtiment construit en 1568 coûta 5.563 francs pour la maçonnerie, 5.032 pour la charpente, 3.713 pour la couverture, 668 pour la menuiserie, 718 pour la serrurerie, 404 furent donnés à Gilbert le peintre, 3.022 pour la plomberie. Claude Gratas fit les trophées de la Porterie en 1579.

(2) Chambre des Comptes, reg. 250, f° 93.

le xv⁰ siècle : on y retrouve les noms de plusieurs grandes familles du pays.

1430. **Jean Merlin**, conseiller ordinaire de René d'Anjou.
1438. **Jean de La Réaulté**, secrétaire de la Duchesse de Bar et précepteur de René d'Anjou.
1447. **Jean Ouriet**, secrétaire du Roi de Sicile.
1450. **Jehannot Merlin**, secrétaire de René d'Anjou.
1469-1475. **Nicol Merlin**, fils du précédent.
1476. **Jean de Lamballe**, grand-archidiacre de Toul.
1478. **Loys Merlin**, fils de Jean Merlin. Il fut le conseiller général des finances de la Reine de Sicile ; quand cette princesse se fut retirée au monastère de Sainte-Claire à Pont-à-Mousson, le président de la Chambre des Comptes, Loys Merlin, alla lui aussi achever ses jours parmi les moines de Clairvaux ; mais il demeura en relation avec l'illustre clarisse : en 1573, il avait fait une fondation à Saint-Maxe (1).
1521. **Alexandre Guyot**, seigneur de Lisle-en-Rigault.
1532. **Maxe Cousin**.
1544. **René Boudet**, seigneur de Méligny et de Bazincourt.
1571. **Jean Merlin**, écuyer, conseiller d'État ; inhumé à Notre-Dame.
1596. **Jean Vincent**, seigneur de Génicourt.
1609. **Nicolas de Gleysenove**, seigneur de Morainville.

Le 12 mai 1609, en prenant possession de sa charge, il prononça une belle harangue et fit festin à Messieurs de la Chambre (2).

1618. **Jean d'Avrillot**.
1621. **Jean Maillet**, conseiller d'État.
1635. **Gaspard de Beurges**, seigneur de Ville-sur-Saulx.
1661. **Alexandre de Beurges**, son fils.

(1) V. *Pièces justificatives*, n° X.
(2) *Journal de Gabriel Le Marlorat :* Mémoires de la Société des Lettres, Sciences et Arts de Bar-le-Duc, t. I, série III⁰.

1698. **Charles d'Alençon**, seigneur de Ville-sur-Saulx.
1714. **Alexandre de La Morre.**
1732. **Antoine-Nicolas de Rouyn**, seigneur de Vassincourt.
1749. **Alexandre Mouzin de Romécourt**, baron d'Issoncourt.
1759. **François Hannel**, baron de Levoncourt.
1763. **Antoine de La Morre**, seigneur de Savonnières.
1770. **Benoît Cachedenier de Vassimont**, seigneur de Longeville.
1775. **Gabriel de La Morre**, seigneur de Savonnières, conseiller à la Cour souveraine.
1786. **Antoine-Alexandre de La Morre d'Erronville**, seigneur de Tannois.

Il fut le dernier président de la Cour des Comptes du Barrois.

# CHAPITRE V.

### LA COLLÉGIALE DE SAINT-MAXE.

I. Origines, Consécration, Vocable, Prérogatives. — II. Histoire, Reliques, Culte, Fête de Saint-Maxe. — III. Description de l'église. — IV. Le sacraire et son trésor. — V. Les Cérémonies de Saint-Maxe. — VI. Les Tombeaux et la translation des ossements des Princes. — VII. La destruction de l'église Saint-Maxe.

## I. — Origines, consécration, vocable, prérogatives de l'église Saint-Maxe.

Origines. — Si l'on s'en rapporte aux documents les plus anciens (1), ce fut un noble chevalier barrisien nommé Hézeb qui, pour la rémission de ses péchés et le salut de son âme, bâtit une chapelle dans le castrum de Frédéric (2). En ce temps de foi, chaque forteresse de quelque importance avait sa *chapelle castrale* pour le service religieux du Seigneur et de son entourage.

2° *Consécration*. — Elle existait déjà en 992, puisque en cette année, saint Gérard, évêque de Toul, la consacra sous le voca-

---

(1) V. *Office de Saint Maxe d'après les chartes de la Collégiale*. Richard Brifflot, Barroduci ; R. P. Benoît Picard ; D. Calmet, tome I, *Preuves*, 599.

(2) Un document de la fin du X° siècle nous atteste que l'église de

ble de la Sainte Vierge, de saint Étienne, premier martyr, et de tous les Saints.

3° *Vocable.* — Plus tard, elle prit le nom d'église de Saint-Maxe, lorsque le même Hézeb l'eut enrichie des reliques du saint abbé, dont les miracles signalés attirèrent bientôt au sanctuaire la vénération du pays.

4° *Prérogatives.* — La chapelle castrale fut donc, dès le principe, l'église du Seigneur; dans la suite des temps, elle resta la *paroisse du Souverain*, de sa maison, de ses commensaux, de ses officiers, de tous les habitants du château, plus tard, du Conseil de ville. Elle avait le titre d'*église principale du Barrois* et la *prééminence sur toutes les églises de Bar*; elle fut maintenue dans ce droit par plusieurs sentences de l'Officialité de Toul et de Bar, par les arrêtés du Parlement de Paris, notamment par lettres patentes de mars 1782, enregistrées au Parlement le 14 mai suivant.

## II. — HISTOIRE, RELIQUES, CULTE, PROCESSIONS ET FÊTES DE SAINT MAXE.

1° *Histoire.* — Originaire d'une famille distinguée de l'Aquitaine, saint Maxe ou saint Maxime vivait à la fin du IV<sup>e</sup> et au commencement du V<sup>e</sup> siècle sous Julien l'Apostat : il eut pour frères saint Maixent et saint Jouin, évêques de Poitiers. De bonne heure, il renonça aux honneurs que sa naissance lui permettait d'espérer, distribua ses biens aux pauvres et se retira dans la solitude pour y vivre caché. Sa vertu le fit bientôt connaître, et il fut ordonné prêtre par saint Martin. Après avoir vécu quelque temps au monastère de l'île Barbe à Lyon, objet de l'estime et de la vénération de saint Eucher, évêque de cette ville (1), il revint dans son pays et s'établit à Chinon,

Saint-Maxe existait déjà depuis longtemps : « *Olim in Barrensi castello ab antiquis viris religiosis constituta, conservata, nec non ornata basilica* ». Titre de 992, cité par le Chapitre en 1785.

(1) *Epistol. ad Philonem presb., apud* Baluze, append. *ad Opera Sancti Agobardi.*

où bientôt de nombreux disciples se groupèrent autour de lui pour se former à la vie parfaite. Tout près de Tours, il fut le disciple, bientôt l'ami de saint Martin. Il mourut le 20 août, âgé de 70 ans, et fut enterré par le saint évêque à Chinon dans une chapelle de la Sainte Vierge, qui, dans la suite, prit le nom d'église de Saint-Mesme.

Dans les dernières années de sa vie et après sa mort, Dieu signala sa sainteté par un grand nombre de prodiges, comme l'atteste saint Grégoire de Tours dans la Vie du saint, qu'il a composée (1).

2° *Reliques.* — Ses reliques, conservées dans l'église de son monastère, furent bientôt en grande vénération à cause des nombreux miracles, qui s'opéraient à son tombeau : c'est ce qui inspira au noble chevalier Hézeb le désir d'en doter notre pays. Après les avoir arrachées à la fureur des ennemis de la foi, qui dévastaient alors la Touraine, il rapporta ce précieux trésor, et le plaça dans la chapelle du château de Bar. Ainsi l'affirme la tradition constante du pays, sans que l'on puisse dire l'année précise, où se fit cette translation (2).

3° *Culte, Processions.* — Quoi qu'il en soit, le culte de saint Maxe commence avec l'histoire de la principauté du Barrois, et, depuis lors, ses reliques furent regardées comme le *palladium de la cité*. Dans les calamités publiques, on les exposait à la vénération des fidèles, et les foules accouraient pour solliciter l'intervention du bienheureux : on les portait dans les processions solennelles, auxquelles se faisaient un devoir d'assister tout le clergé séculier et régulier, les officiers de la ville et du château, le peuple barrisien, et les foules des villages environnants. Presque toujours le saint répondait à la confiance populaire par des marques visibles de sa puissante intercession.

La première mention écrite de ces processions se retrouve

(1) *De Gloria Confessorum*, c. XXII; Migne, *Patrol.*, t. LXXI, p. 846. — Bollandistes, 20 août.

(2) Une charte de 1022, citée par D. Calmet, signale déjà leur présence dans l'église castrale, t. I, *Preuves*, 399.

dans les comptes de Symon de Fou, doyen en 1365 (1), où l'on voit, qu'avec l'autorisation de l'évêque de Toul (2), la châsse de saint Maxe fut portée le jour de l'Ascension et le mercredi après la Pentecôte. Déjà l'on chantait une messe haute en la fête du saint, comme dans les solennités principales.

Dans les actes capitulaires de saint Maxe, de 1707 à 1790, il est fréquemment question des prières et des processions avec les reliques de saint Maxe, au moment des calamités publiques, pour solliciter un temps favorable aux récoltes de la terre : habituellement, les grâces implorées étaient immédiatement obtenues.

Les actes de la Collégiale ont fréquemment rappelé ces marques de la protection du saint (3). Un fait, entre autres, est demeuré célèbre, et a été consigné dans les leçons de l'Office qui se récitait au chœur.

C'était le dimanche 7 mai 1679 ; après une grande sécheresse, qui désolait le Barrois depuis plus de trois mois, au moment où la procession passait devant la maison d'un hérétique appelé Cuny, celui-ci disait en raillant la foi du peuple : « *Ces bonnes* « *gens s'attendent-ils que des ossements arides auront le pou-* « *voir de leur donner la pluie, quand le ciel est aussi serein et* « *le soleil si ardent ?* » Il ne tarda pas à voir ses railleries confondues : car, au moment où la procession remontait à la haute ville, la pluie tomba si subitement et si abondamment, pour la glorification du saint et l'affermissement de la foi du peuple, que ceux qui portaient la châsse furent obligés de s'arrêter, et de se mettre à couvert dans le logis même de l'hérétique, en

---

(1) « *Le freitre à Mons. Saint Maxe fut porté à ces processions par Collet Chapuxet et Jehan Fourmette* ».

(2) Les frais de chancellerie coûtèrent au Chapitre 13 s. 4 d. qui furent envoyés à Collet de Sallemanne ; il fut compté 7 s. à Wuillaume de Commercy, qui alla quérir les lettres à Toul (Compte de Symon).

(3) Ainsi arriva-t-il en 1718, 1719, 1728, 1730, 1731, 1735, 1737, 1741, 1745, 1746, 1749, 1751, 1752, 1766, 1771, 1777, 1781, 1782, 1789 : ainsi en fut-il dans notre siècle ; ainsi le voyons-nous encore de nos jours.

attendant que l'on pût reprendre la procession, et rendre grâces à Dieu (1).

Une sculpture commémorative, dont on voyait encore les vestiges, au numéro 28 de la Côte de l'Horloge avant la construction de la route, avait conservé le souvenir du prodige.

Avant la Révolution, c'était le Maire ou le Syndic de la ville qui, à la prière des populations, adressait « requeste au Chapi-« tre pour solliciter l'exposition et la procession des reliques », l'hôtel de ville offrait les torches de cire qui brûlaient près de la châsse; quelquefois, plusieurs jours à l'avance, un jeûne était prescrit, même aux enfants (2) : le travail demeurait suspendu le matin jusqu'à la messe, le jour de la procession.

Au moment de la descente de la châsse, le chœur chantait le *Veni Creator*, puis l'hymne de saint Maxe, avec les oraisons correspondantes. En tête du cortège venaient les corporations religieuses selon leur rang d'ancienneté, les plus récentes en tête ; les Minimes, les Jésuites, les Capucins, les Augustins, les Antonistes, le Clergé de Notre-Dame et les Pères Bénédictins du prieuré, le Chapitre de Saint-Pierre, enfin le Chapitre de Saint-Maxe dont le doyen marchait précédé du bâtonnier. La châsse était portée par les chanoines et les chapelains. En allant à Saint-Antoine, on chantait : « *De Jerusalem exeunt reliquiæ* ; de Saint-Antoine à Notre-Dame, *Pretiosus Confessor Domini*, et, dans chaque église, l'antienne des patrons.

Au retour, la paroisse Notre-Dame chantait jusqu'aux Augustins et l'église Saint-Pierre ; le clergé de Saint-Pierre redisait l'hymne de saint Maxe jusqu'à la Collégiale. Derrière le clergé et la châsse venaient les compagnies laïques rangées par corporations ; enfin la foule du peuple. A Saint-Maxe, la messe était chantée en musique, et, c'était le doyen qui officiait.

De la sorte, dans ces prières publiques, la population tout entière était officiellement représentée par ses chefs; c'était véritablement l'hommage de la société envers Celui qui est le Roi des peuples aussi bien que des individus. On n'aurait pas compris qu'il pût en être autrement, et l'on avait raison.

(1) *Officium Sancti Maximi*. Barroduci, typis Brifflot, 1749.
(2) Act. capit., 13 juin 1709.

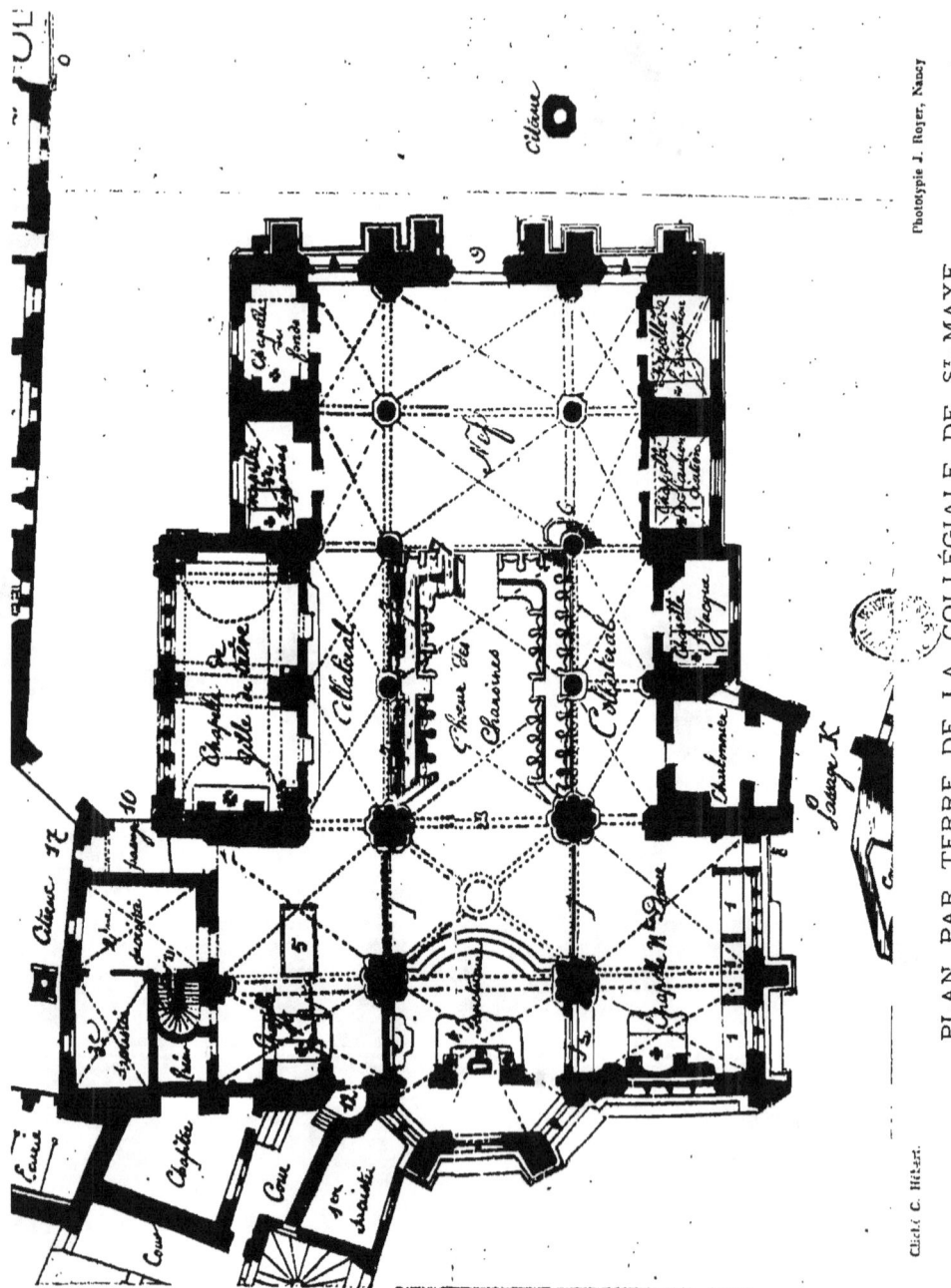

PLAN PAR TERRE DE LA COLLÉGIALE DE St-MAXE
(MONTLUISANT, 1756)

4° *Fêtes de saint Maxe*. — On célébrait à la Collégiale deux fêtes de saint Maxe : l'une, le 20 août, au jour de sa mort bienheureuse; l'autre, le 29 octobre, en mémoire de la translation de ses reliques à Bar.

La première était la fête principale. En 1738, à la supplique des notables de Bar, ecclésiastiques, religieux, magistrats, fonctionnaires, l'évêque de Toul, M$^{gr}$ Scipion-Jérôme Bégon prescrivit qu'à partir de cette année, la fête de saint Maxe, tombant le 20 août, serait célébrée, dans la ville de Bar, de la même manière que les fêtes chômées « es quelles il y avoit seulement « obligation d'assister à la messe avant le travail ». Après la messe solennelle, le peuple pouvait vaquer à ses occupations diverses (1).

### III. — DESCRIPTION DE L'ÉGLISE SAINT-MAXE.

D'après les documents divers empruntés aux Archives, et les deux plans dressés en 1756 par Montluisant, en 1781 par André, nous pouvons essayer la description de l'église Saint-Maxe.

1° *Le vaisseau*. — Autant que nous pouvons en juger par les dessins qui nous restent, l'église Saint-Maxe formait une croix latine avec chevet pentagonal ; elle avait un transept nettement accusé, au centre duquel reposait le clocher, porté sur quatre forts piliers, accostés de faisceaux de colonnes ; trois nefs, divisées en quatre travées, dont les voûtes portaient sur des colonnes cylindriques, constituaient le vaisseau primitif de l'église. Plus tard, six chapelles furent ouvertes sur les flancs de l'édifice.

L'église mesurait du chevet au portail environ trente-sept mètres : le transept avait vingt-trois mètres ; les trois nefs, quatorze mètres ; la grande, sept mètres de large. Les chapelles des collatéraux avaient en longueur la dimension d'une travée, environ cinq mètres ; en largeur, trois mètres cinquante. Seule,

---

(1) Ordonnance datée du château de Frouard, 4 août 1738.

la chapelle de Gilles de Trèves prenait la place correspondant à deux travées de la nef, et se trouvait très large.

A quelle époque fut construite l'église? Quand a-t-elle remplacé la chapelle castrale du chevalier Hézeb? A quel style architectural appartenait la Collégiale, telle qu'elle existait avant sa destruction? C'est ce qu'il serait difficile de dire. L'examen attentif des plans par terre de 1756 nous permet seulement de conjecturer, par les meneaux des fenêtres, soit du chœur, soit du transept, et les piliers de la nef, que le vaisseau principal appartenait à la seconde moitié du XIII° siècle. C'est ce que semblent indiquer d'ailleurs les tombeaux des Comtes et Ducs, enterrés à Saint-Maxe, et dont le plus ancien fut Thiébaut II (1240-1297). Les chapelles ont été construites postérieurement, à des époques différentes.

2° *L'intérieur de la Collégiale.* — Après avoir franchi le seuil de la façade, qu'appuyaient quatre contreforts, on trouvait les deux premières travées des trois nefs dégarnies de bancs : sous la nef majeure régnait le grand caveau pour les sépultures du Chapitre.

3° *Le chœur des chanoines.* — A la troisième travée commençait le chœur des chanoines avec ses deux rangs de stalles hautes et basses, au nombre de quarante-deux ; elles occupaient l'espace de deux travées. Un jubé séparait le chœur de la nef; mais en 1712, M. de La Vallée, sous prétexte qu'il masquait l'église, le fit démolir, et construire de nouvelles stalles plus belles, disait-on, que les anciennes : quelques-unes de celles-ci se voient encore dans l'église de Behonne, ornées des figurines grotesques, et sans doute satiriques, de leurs accoudoirs (1). En

(1) Ces stalles au nombre de onze sont du XV° siècle ; elles n'ont pas de hauts dossiers, ni de dais ; elles sont appliquées contre la muraille revêtue d'une boiserie moderne. Un pilier octogone, imbriqué, soutient l'accoudoir orné de moulures du temps. Les museaux sont tous différents, et représentent tour à tour : un vigneron marchant péniblement sous le faix de sa hotte ; des fleurs fantastiques ; un griffon ; un chanoine encapuchonné, à genoux, tenant un plat rempli de victuailles ; une tête couverte d'un capuchon ; une autre à oreilles d'âne ; une tête grimaçante, enfluxionnée ; un griffon à tête de folie ; deux chanoines à

Cliché Hébert.  Phototypie J. Royer, Nancy.

VIEILLES STALLES DE ST-MAXE A L'ÉGLISE DE BEHONNE

place de l'antique ambon, on adossa une chaire moderne assez richement sculptée, contre le pilier gauche, à l'angle des stalles (1). M. de La Vallée fit de plus fermer le chœur à ses frais par des grilles de fer, peu de temps après sa promotion au décanat.

En tête des stalles se trouvaient les deux sièges des choristes vers l'autel, puis l'aigle en bois doré, aux ailes éployées, fixé sur un globe par ses puissantes serres, et cherchant sa proie avec un superbe mouvement du col et de la tête : c'était le grand lutrin, chargé de ses livres choraux, et reposant sur un socle triangulaire richement sculpté (2).

4° *Le clocher.* — Sur les quatre piliers du transept reposait le clocher, dont la flèche fort élancée dominait tous les édifices environnants, et se terminait par une croix dorée (3). Dès le XVI° siècle, il renfermait plusieurs cloches. Le 27 mars 1548, Maistre Estienne de Huillecourt en coula quatre, pesant ensemble 2.258 livres ; la grosse, de 1.188 livres fut nommée *Gillecte,* du doyen Gilles de Trèves ; la seconde, de 876 livres fut appelée *Marie ;* la troisième, *Marguerite,* du poids de 676 livres ; la

genoux ; un animal grotesque. Les miséricordes offrent des oiseaux becquetant des fruits, un chien, un chasseur poursuivant un oiseau, un autre luttant contre un loup, des oiseaux, un ours jouant du flageolet, un personnage combattant un quadrupède ailé, une sorte d'hydre, une tête encapuchonnée avec oreilles d'âne, un pélican (Maxe-Werly).

(1) Cette chaire d'après la tradition est celle de Behonne qui relevait du Chapitre : elle offre des panneaux de sculpture assez remarquable : les quatre évangélistes, l'image de saint Maxe, en costume abbatial, décorent la cuve richement ornée de guirlandes et de festons : le dossier porte l'image du bon Pasteur ; le couronnement ou abat-voix, surmonté d'un ange sonnant de la trompette, est d'une élégante légèreté ; l'escalier offre une rampe de fer d'un assez beau travail. M. Godefroy attribuait cette chaire à Jacquin de Neufchâteau, auteur de la chaire de Ligny (Maxe-Werly).

(2) Ce magnifique morceau de sculpture de l'ancienne Collégiale fait partie des collections de M. Gabriel Leloup, avocat à Bar-le-Duc. Il provient du mobilier de la vieille église de Laheycourt.

(3) Compte de Richard Peron, procureur du Chapitre en 1529.

quatrième, *Maxée*, pesait 517 livres. C'était la cloche de Primes. Sept ans auparavant, quatre autres cloches avaient été refondues dans le cimetière de Notre-Dame par le même clochetier, et bénites par Gilles de Trèves; elles avaient eu d'illustres parrains, le Duc de Lorraine, le Duc et la Duchesse de Bar, et M^{lle} de Norroy. Saint-Maxe possédait donc une magnifique sonnerie.

5° *Le sanctuaire*. — On montait au sanctuaire par trois marches décrivant une courbe en avant. D'après Dom Calmet, le maître-autel était d'un beau dessin et tout en marbre; le retable ou baldaquin, orné de quatre colonnes, formait un grand cadre, où l'on admirait un Christ en croix, la Sainte Vierge et saint Jean; à l'entour se trouvaient les douze Apôtres en petit; leurs statuettes d'albâtre étaient d'un ouvrage exquis. Quelques-unes se voient encore au Musée de Bar.

Devant le maître-autel, furent déposés le cœur et les entrailles du bon Duc Antoine, mort à Bar le 14 juin 1544. Déjà auparavant, on avait inhumé en cet endroit le cœur de René I^{er} d'Anjou, le cœur et les entrailles d'Yolande d'Anjou, sa fille, et de René II, son petit-fils, enfermés dans des urnes de terre.

6° *Le tombeau de René d'Orange*. — C'est après l'un des piliers du sanctuaire, du côté de l'Évangile, que reposait sur un cul-de-lampe, *le Mort* ou *le Squelette*; un des chefs-d'œuvre de notre sculpteur lorrain, Ligier Richier (1).

Disons ce qui donna lieu à l'érection de cet étrange monument.

René d'Orange, fils de Henri de Nassau et de Claude de Châlon, avait épousé Anne de Lorraine, une des filles du Duc Antoine (2); il servait dans l'armée de Charles-Quint, au moment où l'Empereur conduisait en personne le siège de Saint-Dizier.

(1) Né à Saint-Mihiel dans les premières années du XVI° siècle, auteur du fameux Sépulcre de Saint-Mihiel, du tombeau de Philippe de Gueldres, etc.

(2) Voy. chap. III, p. 122.

CHAIRE DE L'ÉGLISE ST-MAXE A BEHONNE

C'était en 1544, le soir du 14 juillet, au moment où l'on préparait, pour le lendemain, l'assaut général contre la place, qui tenait vaillamment en échec l'armée impériale; René, étant allé visiter la tranchée, s'entretenait avec le Marquis de Marignan, quand un éclat de pierre l'atteignit à l'épaule et le blessa grièvement; le lendemain, il mourait sous sa tente.

Le 16 juillet on ramena le corps du prince à Saint-Maxe; là se célébra un service solennel; puis on le reconduisit jusqu'à la porte du château, où l'attendait une escorte militaire de 3.000 chevaux, suivie du train du défunt. « *Ce jour mesme*, relatent « les actes du Chapitre, *le cueur du dit Seigneur et ses intestins* « *ont esté sépulturés devant le grand autel de Saint-Maxe, auprès* « *de celuy de feu Monseigneur le Duc, du costé de l'Évangéliste,* « *et là gist* » (1).

On a dit que le jeune héros mourant exprima le désir qu'on fit « *sa portraiture fidèle, non pas comme il étoit en ce moment,* « dit-il à ses compagnons d'armes, *car on flatte toujours les* « *grands : mais comme il seroit, trois ans après son trépas* ».

Quoi qu'il en soit de cette légende, Anne de Lorraine chargea Ligier Richier de faire le mausolée de son époux; et, le ciseau de l'artiste sut enfanter une œuvre magistrale dans son horrible beauté.

Le corps humain s'offre aux regards dans toute l'horreur d'une décomposition avancée. Sous les chairs et les muscles, qui se déchirent dans l'affreuse corrosion du tombeau, apparaissent les os du squelette à moitié décharné; çà et là, des trous béants, des lambeaux qui se rompent et retombent; tout cela fouillé, ciselé avec une science anatomique qui saisit. C'est bien l'épouvantable travail de la dissolution dans le trépas, et le réalisme du tombeau dans son horreur.

Cependant, par une conception sublime, le génie du maître a su mettre la vie dans la mort.

Le corps putréfié se tient debout, dans une attitude où le mouvement apparaît avec le jeu des muscles et des chairs, qui se brisent. La tête n'est plus qu'un crâne dénudé, conservant

---

(1) Actes capitulaires, f° 176 verso.

encore quelques mèches de cheveux épaissis; pourtant elle regarde vers le ciel : les orbites n'ont plus leurs yeux : derrière les mâchoires, il n'y a pas de langue; mais une parole de foi semble en sortir. La main droite presse un écu sans armoiries, car le tombeau efface les grandeurs terrestres ; elle s'appuie sur la poitrine, comme pour dire que là reposent d'immortelles espérances : la gauche, étendue vers le ciel et tenant un cœur, qui a cessé de battre, semble l'offrir à Dieu (1).

Il ne faut pas oublier que là où l'avait placée l'artiste, du côté de l'Évangile, cette étrange statue était tournée vers l'autel du Dieu vivant, comme pour exprimer, dans son immobilité, un acte d'éternel amour.

Taillé dans la pierre de Meuse rendue polie comme le marbre blanc, ce squelette, avec ses teintes de vétusté, rend bien l'affreuse vérité des ravages de la mort, mais aussi laisse voir l'immortelle vie qui plane sur ces débris funèbres.

Après la réunion du Chapitre de Saint-Maxe à celui de Saint-Pierre en 1785, quand les corporations ecclésiastiques se virent menacées dans leur existence, le nouveau Chapitre fit transférer, dans un caveau de Saint-Pierre, les ossements des princes du Barrois : au-dessus de la crypte funéraire, on mit le tombeau de Henri IV et de Yolande, avec leurs statues en marbre blanc couchées sur la table en marbre noir; enfin le Squelette fut placé au-dessus de ce tombeau, dans une sorte de retable, encadré de deux belles colonnes corinthiennes et de douze petites niches. Au-dessus de la tête du mort se trouve un cartouche composé d'un heaume fermé et d'un écu entouré du collier de la Toison d'or; le fond offre en peinture une draperie funéraire. Il est probable que cet encadrement, postérieur à l'œuvre de Richier, est en grande partie le retable du maître-autel de Saint-Maxe, où l'on voyait de belles colonnes et les statuettes des douze Apôtres en albâtre. Dans le transport à l'église de la ville-haute, il y eut quelques mutilations aux pieds du Squelette et au bras gauche. Ainsi le constatait Sébastien Humbert dans son inventaire de 1790.

(1) V. *Les Richier*, par M. l'abbé Souhaut.

LE SQUELETTE, MAUSOLÉE DU PRINCE D'ORANGE

PROVENANT DE St-MAXE,

PAR LIGIER-RICHIER.

Les vandales de 1793 brisèrent les statues de Henri IV et de Yolande de Flandres, couchées sur leur tombeau : grâce à l'intervention énergique d'un officier municipal, ils laissèrent debout le Squelette, comme œuvre d'art; mais, pour voler le cœur de vermeil, ils brisèrent la main, qui fut depuis rétablie, et porte encore un cœur doré.

C'est à l'église Saint-Pierre, au-dessus du tombeau, où furent déposés les ossements des princes, que maintenant encore le voyageur peut admirer avec un de nos poëtes ce chef-d'œuvre, unique au monde en son genre.

> Ligier ! quelle statue étrange
> Sur ce sépulcre d'un guerrier !
> C'est ton œuvre. Elle eût fait crier
> D'enthousiasme Michel-Ange.
>
> Épris du Calvaire et du Ciel,
> Un jour tu dotas Saint-Mihiel
> Du plus beau tombeau de la terre.
>
> Ici, tu montres à notre œil
> La mort et son double mystère,
> L'espoir planant sur le cercueil !
>
> Oui, ton génie était puissant :
> Il a deviné l'heure affreuse.
> Où, l'œil vide, la face creuse,
> Le front vert, le nez grimaçant,
>
> La mâchoire se déchaussant,
> La bouche s'ouvrant ténébreuse,
> Le mort, sous la dalle terreuse.
> Est d'un effet plus repoussant.
>
> Moitié haillons et moitié fange,
> Cette chair que ton ciseau frange,
> Le ver en viendrait vite à bout.

Tu saisis — avant qu'il n'achève —
Le mort — et ta main le relève :
Dans son horreur il est debout! (1)

7° *L'autel Saint-Etienne.* — Derrière le grand autel de Saint-Maxe se trouvait une petite sacristie, au fond de laquelle se dressait, contre le mur du chevet, l'autel de Saint-Etienne, un des titulaires de l'église. Au-dessus de cet autel et faisant retable, il y avait un grand tableau représentant une procession générale, où l'on portait les reliques de saint Maxe pour obtenir la pluie. C'était sans doute un *ex-voto* d'une grâce obtenue. En 1793, le bataillon des Parisiens le lacéra à coups de sabre.

8° *La chapelle Notre-Dame et les tombeaux.* — Après avoir décrit la grande nef et le sanctuaire, redescendons au transept du côté de l'Évangile : là se trouvaient la chapelle Notre-Dame, et plusieurs tombeaux historiques.

Deux chapelains, fondés par Yolande de Flandres, desservaient cette chapelle (2). Là reposait la statue d'argent de sainte Anne, objet d'un culte spécial aux jours des fêtes de la Sainte Vierge : là aussi, sur un lampadaire, brûlait, le jour et la nuit, un cierge perpétuellement allumé en l'honneur de Notre-Dame; hommage de la piété de nos Ducs, qui fournissaient la cire sur les revenus du domaine (3).

Dans cette chapelle Notre-Dame, du côté du grand autel, se trouvait le tombeau de *Marie de Bourgogne*, épouse d'*Edouard I$^{er}$* et « *petite-fille de saint Loys* », comme parle la chronique. Près d'elle, avait été probablement inhumé le corps de son époux, mort en Chypre durant la croisade. En face, dans le mur de l'église, du côté du château, existaient trois arcades renfermant des tombeaux anciens, surmontés de statues cou-

(1) R. P. Baudry, O. P., *Le Squelette de Bar-le-Duc.*
(2) Voyez, l'acte de fondation dans les *Annales du Barrois* de M. Servais, t. I, page 392 et suiv.
(3) Sous le Duc Robert, le cellerier donnait annuellement la cire pour cette fondation. Compte de Jean Rouvel 1417. 182 livres de cire y figurent pour cette dépense.

chées ; les inscriptions en étaient effacées : il est probable que c'étaient, *Henri III*, dit le Vieux, époux d'Eléonore d'Angleterre, et *Thiébaut II*, mort en 1294. D'après certaines traditions, il faudrait y voir les sépultures de Théodoric ou Thierry I<sup>er</sup>, mort en 1024, principal fondateur du Chapitre : de Frédéric II, mort en 1032 ; de Renaud I<sup>er</sup> et de Gisèle de Vaudémont : on y mettait même le tombeau de Frédéric I<sup>er</sup>, époux de Béatrix et fondateur du château (1) ; mais aucune inscription ni pierre apparente ne le révélait aux yeux, et des traditions différentes plaçaient la sépulture de ces princes à l'abbaye de Saint-Mihiel.

Contre ces monuments s'ouvrait une porte latérale du côté du château. C'était le petit portail.

En suivant le collatéral de l'Évangile, après la chapelle de Notre-Dame et le transept, il y avait un réduit appelé le *Charbonnier* pour dépôt du combustible de la Collégiale : au-dessus se trouvait la *tribune des Princes* faisant suite à la seconde galerie qui partait du château et aboutissait à l'église : de là les Seigneurs et leur entourage pouvaient assister aux offices du Chapitre.

Puis venait la chapelle de Saint-Jacques, où le gouverneur de Périgal avait été enterré ; la chapelle de Saint-Pierre (2) enfin celle de la Conception. Cette dernière avait été fondée en 1520 par Louis Merlin, président de la Chambre des Comptes, qui se fit moine à Clairvaux peu de temps après que Philippe de Gueldres fut entrée aux Clarisses de Pont-à-Mousson (3).

9° *Autres chapelles*. — Du côté de l'Épître, à droite du grand portail se voyait la chapelle de Notre-Dame de Pitié renfer-

---

(1) Ainsi le croyait M. Rollet, dernier survivant du Chapitre, *Office des Saints Anges, 1823*.

(2) Plan d'André, géomètre.

(3) Ainsi l'atteste le cartulaire de Saint-Maxe : *Maistre Loys Merlin, général des finances du Roy et de la Royne de Sicile, et président de la Chambre des Comptes, a fait faire cette chapelle* ». Inscription sur une feuille d'airain où l'on voyait le Président en costume de grande cérémonie et ses armoiries. V. *Pièces justificatives*, Épitaphe de Louis Merlin, n° X.

mant les fonts baptismaux, puis la chapelle de l'Assomption, dite encore des Trépassés, parce que là se trouvait la confrérie des Ames du Purgatoire ou du *Suffrage,* dont il est fait plusieurs fois mention dans les actes du Chapitre.

A leur suite, venait la *chapelle de Gilles de Trèves,* ou *chapelle des Princes,* sous le vocable de l'Annonciation (1) ; elle fut la plus riche de toute l'église et mérite une description détaillée.

C'était en 1549. Le doyen du Chapitre, Gilles de Trèves, voulant doter la Collégiale d'une chapelle, qui répondît à ses goûts, autant qu'aux grands souvenirs attachés à saint Maxe, fit appel aux artistes renommés du pays : il consulta d'abord Michel le Lorrain, dont le projet ne le satisfît pas; puis il prit l'avis de maître Ligier Richier, et le chargea d'en dresser le projet. Le plan du grand sculpteur fut accepté du consentement unanime du Chapitre et des experts, Pierre Godart et Julien, maîtres maçons à Bar, le peintre Michel, gendre de ce dernier, et plusieurs autres gens de mérite (2).

La chapelle était spacieuse : elle répondait aux deux travées situées en avant du transept. Elle fut construite dans le style de la Renaissance italienne, et la toiture couverte en plomb. Deux portes ornées de caissons et de rosaces y donnaient accès; la voûte en plein cintre était enrichie de compartiments, de couronnes, de roses en pendentifs dorées sur fond d'azur; vingt-deux colonnes décoraient l'intérieur. Le retable de l'autel, dit Durival, était d'ordre dorique : ce qui en faisait la beauté était une Annonciation en relief, œuvre de Ligier Richier (1552), comme le portait la signature de l'artiste gravée sur le soubassement, et maintenant encore conservée au Musée de Bar (3). Sur la corniche du retable, il y avait deux figures de prophètes debout ; au sommet du frontispice, le Christ en croix avec la Sainte Vierge et saint Jean.

(1) Testament de Gilles de Trèves. V. *Pièces justificatives,* n° XI.
(2) Actes capitul., 4 octobre 1549, f° 198.
(3) La signature de Ligier Richier au Musée de Bar (Maxe-Werly, *Journal de la Société d'archéologie,* nov. 1892).

TÊTE DE CHRIST (Provenant de St-Maxe)

par LIGIER-RICHIER

Près de l'autel, on voyait, dans une arcade, un groupe représentant la crèche de Notre-Seigneur également attribuée au grand sculpteur (1). Dans une arcade voisine, se trouvait la statue du fondateur, Gilles de Trèves, agenouillée devant un prie-Dieu. Au fond de la chapelle, en face de l'autel, se lisait son épitaphe au-dessus du caveau funéraire. Sur la corniche de la chapelle, Richier avait également sculpté quatre docteurs de l'Église grecque, et quatre de l'Église latine. D'après Durival, il y avait les douze Apôtres en des attitudes différentes, modelés en terre cuite et peints au naturel.

De ces chefs-d'œuvre, il ne reste que l'Enfant à la crèche, sauvé on ne sait comment; une *tête de saint Jérôme*, recueillie dans les ruines, après les dévastations des révolutionnaires de 93, et la *tête du Christ* en croix, une des plus belles de Richier (2). Une épine, enfoncée entre les deux sourcils, y détermine des plis de chair qui concourent, avec la bouche entr'ouverte, à produire un effet saisissant; l'arcature des yeux, les paupières fermées, la contraction du visage, le lourd diadème d'épines qui le couronne, tout cet ensemble exprime bien la douleur à son plus haut degré d'intensité, et en même temps la beauté du Rédempteur dans la noblesse et la pureté des lignes de cette face adorable.

Outre le monument de Gilles de Trèves, il y avait, dans sa chapelle, divers tombeaux des membres de sa famille; de son père, de sa mère, de son frère (3); de M. d'Ernecourt, mort en

(1) On voit au Louvre, Musée Goujon, n° 91, *un Enfant à la crèche*, qui, selon toute probabilité, provient de ce monument : un moulage en plâtre de cette ravissante composition a été offert par M. Maxe-Werly au Musée de Bar. « Cet enfant est admirable de vérité et d'aban-
« don, écrit M. Victor Fournel : la chair frémit, le petit corps res-
« pire. Il est couché sur le dos, les genoux et la tête un peu relevés,
« dans une pose d'un naturel parfait ». Voir lettre de M. Maxe-Werly au conservateur du Musée, sur l'*Enfant à la crèche*.

(2) Ces deux épaves, ramassées après les dévastations des bataillons Parisiens se trouvent : la première, entre les mains de M. Gaston Trancart, ancien préfet, à Nancy ; la seconde, chez M. Humbert, contrôleur en retraite, à Bar-le-Duc.

(3) Testament de Gilles de Trèves.

1613; de Gaspard de Beurges, président de la Chambre des Comptes, inhumé le 12 juillet 1655. Sur ces tombes, étaient des figures agenouillées d'assez bon goût, mais d'artistes inconnus (1) : on voyait aussi, dans la chapelle, une dizaine de statues en terre cuite, et d'autres ornements dorés en céramique, que l'on croyait de la main de Ligier.

Après cette description de la chapelle de Gilles de Trèves, nous ne sommes pas surpris que Michel Montaigne, dans une visite qu'il fit en 1554 à Bar, ait parlé du fondateur avec les plus grands éloges. « *Il a bâti la plus somptueuse chapelle de marbre, de peintures et d'ornements, qui soit en France, de la plus belle structure, la mieux composée, étoffée, et la plus laborée d'ouvrages et d'enrichissements* ».

Des vitraux, dont il restait encore des vestiges après les dévastations des révolutionnaires, en complétaient la décoration.

10° *La chapelle de Saint-Jean.* — Après la chapelle des Princes, dans le transept du côté de l'Épître, venait la chapelle de Saint-Jean.

En avant de l'autel, au-dessus d'un caveau funéraire, les regards étaient attirés par le mausolée du comte Henri IV et de son épouse Yolande de Flandres, dont les statues en marbre blanc étaient couchées sur une dalle de marbre noir, portée par des colonnes, et élevée de plus d'un mètre au-dessus du sol. A l'entour, se trouvaient des images ou statuettes, comme on le voit par la réparation qu'en fit Jean Crocq, l'imagier, en 1487 (2). Une grille de fer protégeait le monument. L'inscription funéraire du tombeau de Henri IV est conservée au Musée de Bar ; nous en donnons une reproduction phototypique (3).

C'est là, dans le caveau funéraire de Henri IV, que furent ensevelis le Duc Robert, sa femme Marie de France, et leur fils

---

(1) Procès-verbal d'inventaire dressé par Humbert, 19ᵉ avril 1791.

(2) Compte d'Anthoine Warin, receveur général. En 1487, René II fit réparer par Jehan Crocq, imagier, les figures et ornements du mausolée.

(3) V. Page 193.

Édouard, tué à la bataille d'Azincourt ; un tombeau leur fut érigé en 1466.

Autour de la chapelle Saint-Jean régnait une tribune qui portait l'orgue de la Collégiale (1).

De la chapelle Saint-Jean on pouvait se rendre par une porte latérale à l'habitation des chapelains, qui confinait à l'église ; on y trouvait aussi l'entrée de la salle capitulaire, de la grande sacristie et du trésor.

## IV. — LE SACRAIRE ET LE TRÉSOR DE SAINT-MAXE.

La sacristie, ou *revestiaire*, avait été reconstruite, agrandie et voûtée en pierre, aux frais de Gilles de Trèves, sous la direction de Ligier Richier et d'autres experts. Là se gardaient les reliques, les ornements et les chartes de l'église, dont un inventaire fut soigneusement dressé le 31 décembre 1790 par Sébastien Humbert, membre du district et commissaire délégué : nous en citerons les articles les plus intéressants.

1° *Les reliques et reliquaires.* — Il y avait d'abord la *châsse de saint Maxe*, renfermant les reliques, dont le culte était si populaire dans le Barrois. Cette châsse, garnie de plaques d'argent et de cuivre doré, était habituellement placée dans un coffre de bois peint. A quelle époque remontait le reliquaire inventorié en 1790 ? Était-ce celui pour la construction duquel Marie de France, épouse du Duc Robert, avait légué cent écus dans son testament, et qui fut restauré en 1669 aux frais du Chapitre, du doyen Didier Lebesgue et de Jean son

---

(1) On le voit signalé dans les comptes de 1478. — En 1540, « re-
« construction du jeu d'orgues par Maistre Jehan Bondifer, ouvreur
« d'orgues à Vitry ». « On lui demanda de mettre bas les tuyaulz des
« grandes et petites orgues, les nettoyer, accorder et adjouster plusieurs
« tuyaulz nouveaux, pour unir les deux orgues du haut et du bas en-
« semble, en sorte que les chantres puissent aysément chanter. On lui
« donna pour cela 24 livres en lui fournissant la chambre, le lict et
« toute l'emplociète pour accoustrer les dits orgues ».

frère (1)? Nous ne pouvons que le présumer (2). En 1793, vers la mi-octobre, les révolutionnaires ayant à leur tête un officier municipal, brisèrent les statues et les armoiries des souverains du Barrois dans l'église Saint-Pierre; après avoir arraché de la châsse de saint Maxe les lames d'argent qui la décoraient, ils en profanèrent les reliques : la piété des fidèles les recueillit, et conserva ce que l'on en possède encore.

Dans le sacraire, étaient aussi soigneusement gardées les *reliques de saint Rouin*, enlevées à l'abbaye de Beaulieu en 1297 par le comte Henri III, et apportées à Saint-Maxe, dont elles devinrent un des plus précieux trésors (3). Elles étaient contenues en deux reliquaires : le chef du Saint dans une châsse très ancienne, en bois d'ébène, garnie de plaques d'argent et de cuivre : le reste dans un buste en bois doré, représentant un abbé mitré tenant une crosse à la main.

Saint-Maxe possédait, en outre, un caillou de la lapidation de saint Étienne, enfermé dans un reliquaire donné, en 1485, par Yolande d'Anjou (4) et René II son fils; un reliquaire de saint Sébastien formant un bras en argent monté sur bois.

Il y avait enfin de petits reliquaires en argent contenant des reliques de saint Jean-Baptiste, saint Christophe, des 10.000 martyrs, etc., etc.

(1) Mention était faite de cette réparation dans une inscription gravée sur la châsse au-dessus des armes des deux frères chanoines : *Anno Domini 1669 ista Cassa continens reliquias Sancti Maximi Confessoris, Patroni præcipui, reparata est sumptibus Capituli et D. D Desiderii Le Besgue Decani ejus, et fratris Joannis Canonici hujus Ecclesiæ, qui quadraginta Francos constituerunt* (Maillet, *Pouillé*, p. 38).

(2) Le 18 avril 1792, lors de l'inventaire des objets précieux de l'église dressé par Humbert, M. Bardot, curé constitutionnel fut invité à retirer les reliques des châsses et reliquaires en argent : ceux-ci furent le jour même envoyés au secrétariat du district (Cart. de Saint-Maxe, XXVII).

(3) En 1565, le 5 février, l'évêque de Soissons, abbé de Beaulieu, sollicita *quelques portions des reliques et ossements de saint Rouyn pour estre déposées, tant en l'église de Beaulieu, qu'en l'ermitage, où se rendaient beaucoup de personnes avec singulière dévotion.*

(4) Compte d'Anthoine Warin, 1485, B. 513-515.

2° *Les ornements et ustensiles sacrés.* — Parmi les ornements et richesses artistiques du sacraire, l'inventaire signalait un ostensoir en vermeil habilement travaillé ; plusieurs ciboires et calices, dont quelques-uns avaient été donnés par Gilles de Trèves, et portaient ses armoiries.

Il y avait une statue en argent et vermeil de la Vierge Mère couronnée, reposant sur un piédestal hexagone, dont les faces étaient émaillées : elle servait pour la procession de l'Assomption ; une image en argent de sainte Anne, accompagnée de la Sainte Vierge ; c'était sans doute l'*ex-voto* de Yolande de Flandres (1) ; une statuette argent et cuivre de saint Sébastien entouré de ses bourreaux.

Comme grosse argenterie, la sacristie possédait une croix portative ; trois croix processionnelles ; un bénitier à la main ; deux bâtons de choristes, en ébène, garnis d'argent ; six chandeliers du maître-autel, et deux d'acolytes ; deux paires de burettes avec leur plat ; une couronne, un sceptre, des encensoirs et leur navette ; une couronne pour le buste de saint Maxe.

Si l'on ajoute à ces ustensiles sacrés une niche antique en cuivre et vermeil, une croix en vermeil, un crucifix en cuivre et vermeil, reposant sur quatre lions en bronze, l'on aura quelque idée des richesses contenues au sacraire de Saint-Maxe.

Il y avait aussi, en grand nombre, des ornements précieux par leur origine et leur travail, dont il serait trop long de faire l'énumération.

3° *Les chartes.* — Le chartrier de Saint-Maxe contenait des pièces curieuses, parfaitement classées, se rapportant à l'histoire

---

(1) Le 27 déc. 1362, le Chapitre de Saint-Maxe reconnaissait que « Madame la Comtesse de Bar, Yolande de Flandres, meluue en dévo-« tion pour l'accroissement de la Sainte Église, avoit fondé deux cha-« pelles en l'honneur de M^me Sainte Anne, mère de Nostre-Dame la « Vierge Marie, et donné une ymaige, pesant 10 marcs et 5 onces, pour « la mettre en remembrance en l'église Saint-Maxe. Il promettoit « léalment et de bonne foy, que la dite ymaige sera gardée, sans icelle « vendre, engaigier, presteir, fondre, ne aliener en aucune manière, « à nul jour maix, par le Chapitre ne par aultre de par lui ». — Arch. de Nancy : lay. Fondat., n° 182. Servais, I, 399.

de la Collégiale et de son Chapitre. Ces documents, inventoriés par Humbert, sont au dépôt des Archives de la Meuse, et nous ont fourni quelques renseignements intéressants pour cette étude.

### V. — Les cérémonies a la collégiale Saint-Maxe.

La Collégiale de Saint-Maxe, étant la principale église de Bar et la paroisse du prince, c'est là qu'avaient lieu la plupart des cérémonies concernant les membres de la famille ducale, et les événements publics, dans lesquels intervenait la religion.

C'est là que se faisait ordinairement le baptême des enfants du Seigneur du château, pendant qu'il résidait à Bar; c'est là qu'avaient lieu d'ordinaire le mariage et les funérailles des membres de sa famille, comme le relatent fréquemment les actes du Chapitre, et les registres de la Chambre des Comptes, jusqu'à René d'Anjou.

Citons en particulier « le batisement de M$^{gr}$ des Mons », petit-fils du Duc Robert et fils de Marie de Bar, mariée à Alphonse, duc de Mons : 186 livres de cire neuve furent fournies pour cette cérémonie.

A partir de la réunion de la Lorraine et du Barrois, pour mieux attester la conservation des privilèges de chaque Duché, les princes aimaient à faire baptiser quelques-uns de leurs enfants à Saint-Maxe, surtout quand ils résidaient au château; ainsi le vit-on sous René I$^{er}$ pour Jean d'Anjou, en 1428, et pour Nicolas d'Anjou, l'année suivante. C'est à Bar que Philippe de Gueldres mit au monde sept de ses enfants : Antoine le 4 juin 1489; Anne, le 19 décembre 1490; Jean, le 9 avril 1498; Louis, le 27 avril 1500; Claude et Catherine, sœurs jumelles, le 24 novembre 1502; François, le 24 juin 1506 : ils furent baptisés à Saint-Maxe.

Trois fils d'Antoine : François I$^{er}$ (1517), qui fut Duc de Lorraine et eut pour parrain François I$^{er}$, roi de France; M$^{gr}$ Nicolas (1524), Jean de Lorraine (1526), naquirent à Bar, et y reçurent le baptême dans la Collégiale. Il en fut de même pour Marie de Guise, née au château le 22 novembre 1515, mariée en secondes noces à Jacques V d'Écosse, et mère de Marie Stuart. Quatre ans après sa sœur, en 1519, François de Guise, dont le nom est resté si grand, fut baptisé à Saint-Maxe par l'évêque de Châlons.

En 1563, Henri, fils aîné de Charles III et de Claude de France, venait au monde dans le château de Bar, était baptisé le 1er mai 1564 à Saint-Maxe, et avait pour parrain Charles IX, roi de France.

Des mariages princiers avaient lieu quelquefois à la Collégiale. Citons en 1539, le mariage du prince René d'Orange avec Anne de Lorraine, fille du Duc Antoine ; en 1667, celui du prince de Vaudémont, fils de Charles IV, avec Anne-Élisabeth de Lorraine, fille du prince d'Elbœuf : il se célébra avec une magnificence extraordinaire et fut béni par le doyen du Chapitre, Didier le Besgue (1) ; celui de Léopold, Duc de Lorraine et de Bar, qui, le 25 octobre 1698, épousa dans l'église Saint-Maxe Élisabeth-Charlotte d'Orléans, nommée alors Mademoiselle de France, fille de Philippe d'Orléans, frère de Louis XIV (2).

C'était à Saint-Maxe également, que se faisaient les funérailles des princes et princesses, qui mouraient à Bar, ou dont les cendres étaient rapportées dans les caveaux de la Collégiale : c'était là que se célébraient les services funèbres des souverains ; là que se chantaient les prières publiques en action de grâces des heureux événements survenus dans leurs familles, ou qui intéressaient le bien de la religion dans le Duché.

C'était à Saint-Maxe, qu'en ces différentes circonstances, on convoquait les corps ecclésiastiques et laïques de la ville : c'était là que se rendaient la Chambre des Comptes en grand costume, le Bailliage, la Prévôté, l'Hôtel de ville, le Chapitre de Saint-Pierre, les Bénédictins de Notre-Dame, les Antonistes, les Augustins, les Capucins, les Jésuites, les Carmes et les Minimes, les différentes Corporations, ayant leurs places assignées, selon les règles de la préséance. Alors la vieille Collégiale se parait

(1) Mairie de Bar, reg. 17, f° 197 à 199 et Archives, B. 789.
(2) Voir chap. III, p. 123.

de ses plus beaux ornements, la maîtrise faisait entendre les chants des grands jours, et l'on dressait au cartulaire l'acte de la cérémonie pour la mémoire des siècles futurs.

### VI. — Les tombeaux et leur translation.

Autant que les documents nous ont permis de le faire, nous avons indiqué (1) le nombre et la place des souverains du Barrois, dont les restes mortels reposaient dans la Collégiale, et qui demeuraient sous la garde du Chapitre. Celui-ci était fidèle à célébrer de siècle en siècle les obits ou anniversaires des fondateurs et bienfaiteurs de l'église.

Il y avait en outre les tombes de personnages illustres; la comtesse de Garennes, Marguerite de Longwy, Pierre de Bar, une foule d'autres membres de la noblesse Barroise et des membres du clergé, qui avaient élu sépulture dans la Collégiale.

A partir du moment où, comme nous le dirons autre part (2), le Chapitre de Saint-Maxe se réunit à celui de Saint-Pierre, il fut décidé que la Collégiale de Saint-Pierre, à cause de la beauté et de l'étendue de son chœur, serait l'église des deux Chapitres unis, pendant que la vieille église de Saint-Maxe deviendrait le siège d'une nouvelle paroisse; on résolut, en outre, de transporter à Saint-Pierre les archives, les privilèges, les fondations, les obligations, le trésor de l'antique Chapitre, les ossements des princes et leurs monuments funéraires.

Le Roi avait permis cette translation, et le Chapitre avait obtenu l'acquiescement du Grand-Duc de Toscane, héritier des maisons de Bar et de Lorraine, lequel donna 5.000 francs pour les frais. Les chanoines de Saint-Maxe firent exhumer les ossements, les 14, 15, 16 février 1786, et les déposèrent provisoirement dans le Trésor, en attendant le jour où ils pourraient prendre les dispositions nécessaires, pour assurer à ces restes vénérables une place d'honneur, dans la Collégiale des deux Chapitres réunis.

(1) V. pages 164, 168, 169, 172.
(2) V. chap. VI, art. XI.

Ils crurent la trouver dans la grande chapelle de Sainte-Madeleine, qui était placée en avant de la sacristie, et occupait tout le transept droit. En dessous, existait un vaste caveau, sur lequel la famille de Vyart revendiqua le droit de sépulture. Après différentes négociations et l'intervention de l'autorité royale, cette famille consentit à céder ses droits, à la condition que le Chapitre transporterait les monuments de ses ancêtres dans un caveau voisin, placé sous la sacristie.

Les choses avaient traîné en longueur. La Révolution précipitait le cours des événements, et menaçait d'anéantir les corporations soit religieuses, soit ecclésiastiques. Aussi, le 10 juin 1790, les chanoines s'assemblèrent capitulairement à l'issue de la grand'messe. Sur la motion présentée par l'un d'eux, que la suppression du Chapitre était à craindre; que celui de Saint-Maxe, quoique garanti par le traité de Vienne, pourrait bien être emporté dans la tourmente; ils décidèrent, conformément aux lettres patentes du mois de mars 1782, et aux instructions de Son Altesse Royale, Mgr l'Archiduc de Toscane, de faire nuitamment, sans bruit et sans pompe, la translation des cendres des princes et princesses des augustes Maisons de Bar et Lorraine; puis de célébrer le lendemain un service aussi solennel, que le permettaient les circonstances (1).

Ce fut un des derniers actes du Chapitre. MM. de Vassimont, grand-chantre, de Vyart, de Maillet, chanoines délégués en qualité de commissaires pour assister au transport des ossements, les firent déposer dans le caveau de la chapelle, après les avoir soigneusement vérifiés et scellés dans un cercueil de plomb. Mais, en 1794, des révolutionnaires s'introduisirent dans la chambre sépulcrale, et après avoir brisé la bière, qui contenait les restes des princes, ils emportèrent le métal, laissant épars, sur le sol du caveau, les ossements encore enliassés et scellés du sceau du Chapitre.

L'abbé Bardot, curé constitutionnel de Saint-Pierre, les recueillit et les enterra sans bruit dans la chapelle des Anges avec l'aide de quelques ouvriers discrets. En 1809, M. Rollet,

(1) Actes capitulaires, 10 juin 1790.

ancien chanoine de Saint-Maxe et curé de Saint-Étienne, les fit exhumer, sur les indications de M. Bardot, par ceux mêmes qui les avaient cachés sous les dalles de la chapelle ; puis les ayant enfermés en un coffre de bois, il les plaça religieusement sous un ancien tombeau du comte Henri IV et de Yolande de Flandres, établi en forme d'autel, sur le devant duquel on voit, sculptées, les armoiries de Lorraine et de Bar. Ce sont deux écussons ovales, soutenus par deux aigles couronnées d'or, et colletées d'un chapelet de perles portant la double croix de Lorraine.

Quelques débris d'ossements confondus, c'est tout ce qui reste de tant de grandeurs disparues ! Devant ce témoignage du néant des dignités humaines, on se rappelle les paroles du Sage, citées par Bossuet, sur les dépouilles mortelles de Henriette de France : *Vanité des vanités, et tout est vanité !*

## VII. — Collégiale Saint-Maxe devenue paroisse.
### Sa destruction totale.

La Collégiale ne devait pas tarder à disparaître à son tour. Après la réunion des deux Chapitres à Saint-Pierre, l'église Saint-Maxe devint paroissiale, sous le titre de Saint-Étienne, un des vocables de sa consécration. Elle fut la paroisse de la ville-haute et d'une partie de la ville-basse, d'abord desservie par M. André, puis par M. Rollet, chanoine de Saint-Maxe : celui-ci y exerça le ministère jusqu'à son refus de prêter le serment schismatique.

En 1789, pendant qu'il était encore en exercice, l'église Saint-Maxe fut profanée par un événement tragique.

C'était après le désastreux hiver de 1788 à 1789, qui avait détruit presque toutes les récoltes ; la cherté du pain et des denrées alimentaires exaspérait le peuple, et le poussait aux plus grands excès. A Bar-le-Duc, des menaces grondaient sourdement contre les marchands de grains, que l'on accusait d'accaparer le blé, pour le vendre à des prix exorbitants. Or, le 27 juillet, au moment où les trois ordres convoqués par M. Adam, lieutenant du Roi, en l'absence de M. de La Bessière, se rendaient à l'église de la nouvelle paroisse Saint-Étienne, pour adhérer aux décrets de l'Assemblée nationale, *André Pélicier*, négociant en grains, s'y présenta vers quatre heures du soir. En le voyant arriver, quelques exaltés de la populace, des manœuvres et des vignerons, l'entourèrent en l'accusant d'affamer le peuple; puis, dans leur fureur, ils se ruèrent sur lui, et, s'armant de chaises, le frappèrent à la tête, le terrassèrent et l'entraînèrent hors de l'église pour l'achever. Malgré les supplications des assistants, et l'intervention des prêtres, ces forcenés l'assommèrent à coups de pieds et de bâtons, jusqu'à ce qu'il fût sans vie. Ensuite, la foule des émeutiers traîna son cadavre par les pieds, à travers les rues de la ville-haute, et l'abandonna dans le ruisseau pour aller piller sa maison.

Le désordre ne prit fin qu'à l'arrivée d'un détachement de la milice bourgeoise, des dragons du mestre de camp, et d'une escouade de la maréchaussée. Le corps de la malheureuse victime fut relevé, et conduit le soir même au cimetière, où on l'inhuma sans cérémonie. La justice s'empara des fauteurs du désordre; trois des plus coupables furent pendus aux carrefours de la ville, et les autres envoyés aux galères.

Mais l'église avait été profanée par l'effusion du sang : le culte dut être suspendu, jusqu'à ce qu'une cérémonie expiatoire, ordonnée par l'évêque, permît d'y recommencer les offices. On continua de les y célébrer, jusqu'à la dissolution du Chapitre de Saint-Maxe et de Saint-Pierre, sur la fin de 1790. A ce moment, ayant refusé de prêter le serment schismatique à la Constitution civile du clergé, M. Rollet dut cesser ses fonctions pastorales, et un curé constitutionnel fut élu à sa place. On choisit M. Bardot, ancien vicaire de Notre-Dame. Comme l'église Saint-Pierre était vide, et lui paraissait plus convenable pour les offices paroissiaux, il obtint du corps municipal l'autorisation d'y transférer provisoirement le service de la paroisse, tout en conservant l'ancienne église Saint-Maxe, comme chapelle de secours. La translation des vases sacrés se fit encore avec les pompes de la religion, le concours de la municipalité et d'un détachement de troupes.

A partir de ce jour, l'église de la ville-haute prit le titre de Saint-Étienne, protomartyr, uni au vocable de Saint-Pierre.

L'église Saint-Maxe, de plus en plus délaissée, devenait inutile. On la ferma. Puis, sous la Terreur, les décrets de spoliation se succédèrent. A la fin de 1793, un bataillon parisien, composé de mauvais sujets et de repris de justice, ayant pour chefs de fougueux révolutionnaires, fut envoyé à Bar, et, dès son arrivée, se signala par ses excès. Au lieu d'aller se battre à la frontière, ces hommes se livrèrent au pillage, se portèrent dans les principales églises de la ville, les dévastèrent, détruisirent les tombeaux de Saint-Maxe, mirent en pièces les statues, les tableaux, les vitraux, les orgues, les ornements sacerdotaux, et les objets du culte, dont les débris furent dispersés, et jetés hors de l'édifice sacré.

A la fin de cette année néfaste, l'église Saint-Maxe fut mise en vente, et adjugée moyennant 5.250 francs à Henri Michaux de Combles, pour être démolie; on réserva les autels, les orgues, les stalles, la chaire, les figures, les plombs et les rosettes de la chapelle des Princes. L'adjudicataire, après avoir enlevé les matériaux, devait combler les caveaux et les fouilles des fondations, de manière à rendre la place nivelée.

Ainsi disparut ce monument antique que tant de souverains avaient doté, où des générations de princes et d'illustres personnages avaient été baptisés, mariés et inhumés; la célèbre Collégiale, ornement du château de Bar, sous les voûtes de laquelle la prière publique n'avait cessé de retentir durant plus de sept siècles!

De l'édifice sacré il ne reste rien, sinon quelques débris épars dans les églises, les musées (1), et les collections d'amateurs. Là où se trouvait le chevet même du chœur, on a construit une remise et des bureaux; une voie publique passe sur la chapelle Notre-Dame, et sur les chapelles du collatéral gauche; le sol de la plus grande partie de l'église est devenu la cour de récréation d'une école communale de filles. Là où se célébraient les divins mystères; où le vénérable Chapitre chantait l'office

(1) En 1841, M. Birglin, boulanger, offrit au Musée un bas-relief provenant de Saint-Maxe : c'est l'Adoration des Mages, n° 58; en 1851, les Dames Dominicaines firent don d'un autre bas-relief représentant le même sujet, n° 583.

de chaque jour; où avaient lieu les grandes cérémonies, qui intéressaient la maison Ducale et la vie religieuse du peuple Barrisien; où dormaient, sous la garde de la religion, tant de morts renommés de leur temps; sur l'emplacement de la chapelle des Princes, maintenant prennent leurs joyeux ébats les jeunes enfants, qui ne savent rien de ces choses du passé! Tristes vicissitudes des institutions humaines, qui disparaissent avec leurs ruines elles-mêmes : *etiam periere ruinæ!* (Lucrèce.)

# CHAPITRE VI.

## LE CHAPITRE DE SAINT-MAXE.

I. Origines et histoire du Chapitre. — II. Statuts, droits, privilèges, sceau. — III. Composition du Chapitre et fonctions diverses. — IV. Doyen, prérogatives, élection, habitation. — V. Nomenclature des Doyens de Saint-Maxe et biographie de Gilles de Trèves. — VI. Les Chanoines, nomination, réception, serments, vie canoniale. — VII. Suppôts et officiers du Chapitre, vicaires, chapelains, la maîtrise, officiers subalternes. — VIII. Chapitres généraux, époques et tenue. — IX. Fondations, confréries, cérémonies et fêtes religieuses, anniversaires et chapellenies. — X. Bâtiments, biens, revenus et charges. — XI. Réunion du Chapitre de Saint-Maxe à celui de Saint-Pierre. — XII. Suppression du Chapitre, les Chanoines pendant la Révolution. — XIII. Le dernier Chanoine de Saint-Maxe : M. Rollet.

### I. — ORIGINES. — HISTOIRE DU CHAPITRE DE SAINT-MAXE.

ORIGINES *et premières dotations du Chapitre de Saint-Maxe.* — L'église, fondée par le chevalier Hézeb dans l'enceinte du château, puis consacrée par saint Gérard, évêque de Toul, fut d'abord desservie par des prêtres attachés à la garnison de la forteresse. A quelle époque doit-on faire remonter les origines du Chapitre de Saint-Maxe, dont l'histoire se mêle si intimement à celle des Seigneurs du château? Les historiens ne sont pas entièrement d'accord sur ce point.

Les uns, avec Maillet, se basant sur le témoignage d'Albéric de Trois-Fontaines, écrivain du xiiie siècle, attribuent sa fondation à Frédéric lui-même. Mais selon l'opinion plus probable du P. Benoît Picart, ce fut seulement quelques années plus tard, quand le Duc Théodoric, pour expier le crime d'avoir emprisonné sa mère Béatrix, fonda par l'ordre du pape Jean XX quatre chapelains dotés d'une prébende. Ainsi l'atteste un titre de 1022, emprunté sans doute aux archives du Chapitre, et rapporté par Dom Calmet (1).

Dans ce curieux document, qui rappelle les origines de l'église castrale, la translation des reliques de saint Maxe et les débuts du Chapitre, on voit les dotations faites, pour la rémission de leurs péchés et pour l'âme de leurs parents, par plusieurs personnages illustres du pays Barrois. La Duchesse Béatrix donna son revenu de Varennes; le chevalier Almaric ou Amaury, une maison à Tannois, et le cinquième de l'église de ce village; Valtère ou Vautier, vaillant guerrier, apporta le quart de l'église de Givrauvral; le prévôt Robert, céda une maison à Fains avec ses dépendances; le duc Théodoric et son épouse Richilde offrirent le quart de ce qui leur appartenait à Massonges (2), le moulin banal de Longeville avec ses usages, l'église de Villotte et de Neuville; le chevalier Roger céda ses droits sur l'église de Rimaco (?) non loin de la Meuse, avec des prés et des terres. En outre, on voit intervenir dans ce titre plusieurs nobles et pieuses donatrices. Aimée donna un gagnage sur la Marne du nom d'Alauna (3) et le domaine de Monchablon (4) : Zézeline apporta la moitié de l'église de Saudrupt; Thézeline, noble veuve, d'accord avec Guérin son fils, et ses clients, Morin, Rucillin, Rancer, Arnauld et Holger, donna une

(1) Dom Calmet, t. I, *preuves*, p. 399.
(2) Petit hameau, plus tard ermitage, relevant de la paroisse de Vavincourt.
(3) La Nouë, faubourg de Saint-Dizier, selon toute probabilité.
(4) Moulin situé entre Haironville et Rupt-aux-Nonains, mentionné dans les comptes du Chapitre aux xive, xve et xvie siècles : il fut transformé en forge vers 1535 : au commencement du xviie siècle, le Chapitre, autorisé par l'évêque de Toul, le vendit à Jeannin Godin, de Saint-Dizier.

petite part de son fief, et engagea, pour une redevance de 100 sols et deux muids de froment, le tiers de la dîme de Saint-Hilaire (1), quelques terres, le moulin banal et ses usages, la pêche de la rivière de la Saulx.

D'après cette charte rédigée sur parchemin en présence de Valfride ou Vulfrade, châtelain, de Rudulphe, de Liétard et du prévôt Liétard, on peut faire remonter l'établissement du Chapitre dans l'église Saint-Maxe au commencement du XI$^e$ siècle ; entre 1011, où Béatrix fut emprisonnée par Théodoric, et 1022, date de la rédaction de la charte, qui mentionne la fondation des quatre prébendes et les dotations, qui s'y rattachent.

2° *Histoire du Chapitre et ses sources.* — A partir de cette époque, les documents sont rares sur l'histoire du Chapitre ; nul autre n'a été conservé durant le XI$^e$ siècle.

En 1126, Vautier, doyen, Warin, prévôt, et Albéric, chanoine de Bar, paraissent comme témoins dans la charte de donation des alleux de Jandeurs faite par Théodoric, châtelain de Bar, à l'église Saint-Jean de Toul (2).

En 1135, le même doyen Vautier, est mentionné dans un accord passé entre Lauzon, abbé de Saint-Mihiel, et Guy, voué de Condé.

Au mois de décembre 1235, Formare, archidiacre de Toul, en considération de la soumission et du dévouement, que le Doyen et le Chapitre de Saint-Maxe avaient pour sa personne et pour l'église de Toul, leur donna perpétuellement les droits qu'il possédait, en vertu de son patronat, sur les églises de Naives et Vavincourt (3). Et l'année suivante, l'évêque de Toul, Roger de Marcey, pour subvenir à la pauvreté des revenus du Chapitre, confirma cette donation.

A partir du XIII$^e$ siècle, les documents, concernant le Chapitre de Saint-Maxe, deviennent plus nombreux. En 1216, Henri II, comte de Bar, approuve la donation de Gérard de Neuville

(1) Vieille église d'un village ruiné près de Lisle-en-Rigault ; elle est devenue la chapelle du cimetière.
(2) Cart. de Jandeurs.
(3) V. *Pièces justificatives*, n. IV.

au profit de Saint-Maxe. En 1246, on fit un accord entre Aalis, dame de Louppy, Raoul son fils, seigneur de ce fief, et le Chapitre de Saint-Maxe, concernant les grosses et menues dîmes de Bordes. En 1259, une lettre de Thibaut II mentionne les statuts de la Collégiale : en 1282, il institue le Doyen du Chapitre son exécuteur testamentaire.

Au xiv<sup>e</sup> siècle, l'an 1317, un traité se conclut entre les chanoines de Saint-Maxe et Valéran de Luxembourg, seigneur de Ligny, concernant le moulin de l'Étanche à Resson (1). Depuis cette époque, les registres, soit de la Chambre des Comptes de Bar, soit du receveur du Chapitre, nous donnent des détails intéressants sur l'histoire des chanoines de Saint-Maxe, sur les revenus et leur répartition, les fondations, les charges, le personnel, les dépenses, les acquisitions, les cérémonies, les confréries, les usages, les réparations faites à l'église.

En 1346, le Chapitre de Saint-Maxe, qui avait l'administration de l'hospice de Revigny, décide qu'aucun de ses membres ne pourra gérer cet office, afin de veiller plus impartialement à la gérance de cette fondation (2).

A partir du xvi<sup>e</sup> siècle, les actes capitulaires, qui ont été conservés, nous font assister à tout ce qui regarde la vie du Chapitre, ses dignitaires, l'accroissement de ses membres, le personnel attaché à l'église; nous y retrouvons le récit de la plupart des événements, qui touchent à l'histoire des Ducs de Bar, dans leurs rapports avec Saint-Maxe. Ces documents, précieux à plus d'un titre, nous permettront de reconstituer, dans une large mesure, ce qu'il importe de savoir sur une institution disparue, qui ne fut pas sans quelque gloire dans le passé.

## II. — LES STATUTS, LES DROITS ET PRIVILÈGES, LA CROIX PECTORALE, LE SCEAU DU CHAPITRE DE SAINT-MAXE.

1° *Les statuts du Chapitre de Saint-Maxe.* — Il est probable, qu'à l'origine, les chanoines de Saint-Maxe vivaient dans le

---

(1) V. *Pièces justificatives*, n. V.
(2) V. Fonds de Saint-Maxe, Hospice de Revigny.

cloître et sous une règle commune, selon la discipline assez générale de l'Église de France jusqu'au XII° siècle. Quelle était cette règle? Aucun document ne nous le fait savoir : ce fut sans doute celle d'Aix-la-Chapelle, à l'imitation des chanoines de Toul (1).

En 1259, nous voyons qu'ils étaient régis par des statuts particuliers, comme nous l'apprend la lettre de Thibaut II, concernant la fondation du Chapitre de La Mothe, où le Comte de Bar octroye aux chanoines de cette Collégiale « telle fran- « chise et telle grâce que *ly statuts de l'église des chanoines de* « *Bar le devisent* », sans rien dire de plus.

Au commencement du XIV° siècle, le chanoine faisait serment de garder les statuts, constitutions, cérémonies et ordonnances du Chapitre.

En 1313, le doyen *Estienne de Saulx* et le Chapitre de Saint-Maxe rédigèrent des statuts particuliers, que l'évêque de Toul, Jean d'Arzillières, confirma l'année suivante, le 24 août 1314 (2).

Ces statuts avaient pour objet : le stage canonial, soit pour les anciens chanoines, soit pour les chanoines nouvellement promus; les obligations de la présence au chœur en dehors de certaines exceptions; les frais de la première réception, et la condition du chanoine qui n'avait pas reçu les ordres sacrés.

Jusqu'au XIV° siècle, on n'exigeait l'assistance du chanoine, à Matines, à la Messe capitulaire et aux Vêpres, que durant douze

---

(1) V. *Vie de Saint Gérard,* par le P. Benoît Picart, p. 159.

(2) Les statuts manuscrits du Chapitre de Saint-Maxe, in-8° vélin avec miniatures du XVI° siècle, ont été sauvés par M. Rollet au moment de la Révolution, et depuis lors acquis par M. Alfred Jacob, archiviste de la Meuse, pour le Musée de Bar-le-Duc. C'est sur ce volume que, pendant plusieurs siècles, les Chanoines et le personnel du Chapitre ont prêté le serment de prise de possession. A la fin du manuscrit se voit une miniature, représentant l'évêque de Toul, Jean d'Arzillières, assis sur son siège épiscopal et remettant au Doyen la confirmation des statuts. Cette composition est l'œuvre d'une main malhabile dans l'art de l'enlumineur : nous la remplaçons dans nos illustrations par une page empruntée au manuscrit des statuts du Chapitre de Saint-Pierre, où paraissent les mêmes personnages principaux : l'Évêque, le Comte et le Doyen.

APPROBATION DES STATUTS DU CHAPITRE,
PAR JEAN D'ARZILLIÈRES, ÉVÊQUE DE TOUL, 1314.
(FRONTISPICE D'UN MANUSCRIT DU XVIᵉ SIÈCLE.)

semaines. A partir de 1313, on régla que le stage durerait seize semaines. C'était l'espace de quatre mois seulement.

On voit par là, combien s'était affaibli l'esprit de piété dans la vie des chanoines ; cependant, il ne faut pas oublier qu'à cette époque la modicité de leurs revenus était telle que, pour vivre honorablement, les chanoines cumulaient ordinairement plusieurs prébendes : avec le stage restreint à ce laps de temps, ils pouvaient satisfaire à leurs obligations multiples ; et comme généralement les chanoines étaient nombreux dans chaque Chapitre, qu'ils avaient, pour les aider, des vicaires et des chapelains, l'office choral était suffisamment fourni. Cependant, à raison des abus qui s'introduisirent, l'Église réclama plus tard contre cette pluralité des bénéfices.

Le chanoine qui faisait son premier stage, afin de mieux se former aux usages de l'église, devait l'accomplir intégralement et d'une manière continue ; sans quoi il n'avait pas le droit de percevoir les fruits de son bénéfice, à moins qu'il ne fût excusé par le mauvais état de sa santé. Il payait, comme frais de première réception, les droits de chape qui varièrent selon les temps, et dont la somme entrait dans la caisse commune pour les besoins de l'église ; il devait en outre un festin, ou *past*, pour les chanoines présents.

Avec l'autorisation du doyen, ou bien, en l'absence du doyen, avec le consentement du Chapitre, le chanoine pouvait s'absenter pour la réception des ordres sacrés, pour un voyage nécessaire, pour compléter ses études, ou résider en Cour romaine, dont le séjour était alors Avignon.

D'après ces nouveaux statuts, les vicaires, chapelains et mercenaires, agréés par le doyen et le Chapitre, demeuraient sous leur juridiction.

Le doyen jouissait d'une double prébende, avait une double part dans les distributions ; d'autres émoluments lui étaient attribués à cause des charges, qui lui incombaient pour les offices du Chapitre et la communauté des chapelains.

Enfin, pour la vente et aliénation des droits capitulaires, relativement aux biens meubles et immeubles, il fallait le consentement du doyen et du Chapitre.

Le nouveau chanoine faisait serment de garder ces statuts, et ne pouvait les violer, sans mériter la flétrissure du parjure, et les peines attachées à une telle infidélité (1).

A ces statuts confirmés par l'autorité épiscopale, s'ajoutaient, selon les besoins du temps, des ordonnances établies dans les chapitres généraux ; elles avaient force de loi pour les chanoines et les bénéficiers attachés à la Collégiale ; nous en verrons les traces dans le cours de cette étude.

Les choses durèrent ainsi, jusqu'à la réunion du Chapitre de Saint-Maxe à celui de Saint-Pierre ; alors on rédigea de nouveaux règlements, formés de ce qu'il y avait de meilleur, dans les statuts de chacun des deux Chapitres.

2° *Droits et privilèges du Chapitre de Saint-Maxe.* — Par son ancienneté, et en vertu de sa fondation pour le service religieux de la chapelle castrale des Comtes de Bar, le Chapitre de Saint-Maxe était désigné dans une charte de René I$^{er}$, en 1462, sous le nom d'*Église principale du Barrois, de Chapitre noble et insigne de l'église royale et collégiale de Saint-Maxe* (2).

A partir de 1698, une ordonnance de Léopold avait statué, que la dignité décanale et les trois quarts des prébendes devraient être attribués à des sujets ayant au moins trois degrés de noblesse du côté paternel ; l'autre quart était pour des sujets gradués, docteurs, ou licenciés, dont la science suppléait à la noblesse.

Le Chapitre de Saint-Maxe formait donc le premier corps ecclésiastique de Bar, et avait le pas sur tous les autres. Il était convoqué aux États et aux Grands-Jours du Barrois (3) ; dans ces réunions, le doyen du Chapitre était en tête du clergé de Bar. Le seul de la province, il avait le droit de se faire précéder de deux croix dans les cérémonies publiques (4). C'était

(1) Voyez le texte des statuts aux *Pièces justificatives*, n. XVI.
(2) V. Plusieurs sentences de l'Officialité de Toul, en particulier celle du 9 décembre 1480, l'arrêt du Parlement et les lettres patentes de mars 1782 ; Actes capit., 21 septembre 1785, f° 131.
(3) Reg. capitul., 27 novembre 1553, f° 101.
(4) Reg. capitul., 1787, f° 180.

lui qui recevait le *Duc* à sa prise de possession (1), et l'*Évêque* diocésain lors de sa première entrée solennelle dans Bar (2). C'était le doyen qui faisait la harangue usitée en ces circonstances.

Dans les visites royales, le Chapitre était le premier corps admis à présenter ses hommages au souverain. Ainsi le vit-on le 10 mai 1770, quand Marie-Antoinette, fille de François I<sup>er</sup> et de Marie-Thérèse, sœur de l'Empereur d'Autriche, vint à Bar, suivie d'une Cour brillante, au moment où elle se rendait à Versailles pour épouser le Dauphin. Le Chapitre de Saint-Maxe eut audience avant tous les autres; et, son doyen, M. de Maillet, complimenta la future Reine de France, en lui disant: « Nous « venons, Madame, avec autant de respect que d'amour, présen- « ter nos hommages et nos vœux à l'héritière de nos souverains, « devenue l'épouse du prince, que le ciel a formé pour régner « sur nous; daignez les agréer, Madame; ils partent d'un cœur « accoutumé à chérir ses maîtres ». A Bar, on acclama la fille du dernier prince de Lorraine, appelée à régner bientôt sur la France, où l'attendaient tant d'infortunes royalement supportées, et la mort sur l'échafaud.

Le Chapitre de Saint-Maxe avait le droit de nomination aux cures de Behonne, Contrisson, Gondrecourt-en-Woëvre, Louppy-le-Château, Naives, Nouillonpont, Resson, Tannois, Villotte-devant-Louppy.

De temps immémorial, il avait également juridiction sur ses membres, et jugeait en première instance le doyen, les chanoines, les vicaires, les chapelains et les personnes attachées au service de son église, pour tous les cas où il « *n'eschoit pas re-* « *mède d'absolution* ». Quand un de ses membres tombait en faute, le Chapitre se réservait, contre l'Official, le privilège de le corriger par les peines disciplinaires alors en usage, comme de faire descendre aux bas sièges, de suspendre les émoluments provenant des obits et des distributions chorales, de faire porter la croix aux processions pour « *tel temps qu'il était advisé* »,

(1) 13 mars 1483.
(2) Le cérémonial en est décrit longuement dans les actes capitulaires du 27 juin 1708.

de suspendre le délinquant au *crocq* d'ignominie, et, s'il ne se corrigeait, de le révoquer de ses fonctions, quand il n'était pas chanoine (1).

Le Chapitre de Saint-Maxe était *grand écolâtre de Bar*; nul maître ne pouvait s'y établir sans la permission du souverain ou du Chapitre, suivant le droit, qui était reconnu à ce dernier, dans un acte du 25 avril 1476 ; c'était lui qui, par son doyen, réprimandait les maîtres négligents dans leurs fonctions (2). Ce droit sur les écoles avait été accordé en 1216 par Innocent III à toutes les églises collégiales.

Enfin, c'était au Chapitre qu'il appartenait de conférer les titres de *chanoines honoraires* aux prêtres bien méritants, et de *chanoines d'honneur* aux prélats, qui se distinguaient par leur dévouement envers Saint-Maxe (3).

3° *La croix pectorale du Chapitre de Saint-Maxe.* — Plusieurs collégiales de France avaient le privilège de porter une croix pectorale; le Chapitre de Saint-Maxe, alléguant les titres et prérogatives de son église, sollicita en 1779 la même faveur près de Louis XVI; le Roi, accédant gracieusement à sa demande, accorda aux chanoines de porter une croix d'or émaillée, à huit pointes égales, ornée de quatre fleurs de lys, ayant d'un côté l'image de la Sainte Vierge, avec cette légende : NOBILI ECCLESIÆ BARRENSIS DVCIS; sur le revers se trouvait l'image de saint Maxe, avec cette inscription commémorative : A REGE LVDOVICO XVI ET MARIA ANTONIA CONCESSVM.

Les membres du Chapitre devaient la porter suspendue à un ruban bleu, liseré jaune, et large de trois pouces trois lignes (4). Les chanoines capitulants avaient une grande croix ; les non-

---

(1) Actes capitul., 19 août 1536, 1541, 1543, etc.
(2) Actes capitul., 1541, f° 156.
(3) Citons M??? de La Galaizière, évêque de Saint-Dié, 27 septembre 1783 ; M??? de Champorcin, évêque de Toul ; M??? Colin de Contrisson, évêque des Thermopyles, suffragant de Laon. Actes capitul., 27 mai 1780 ; M??? l'Évêque de Dol, abbé des Vaux-en-Ornois; Mellet de Rejaumont, curé de Bar.
(4) Lettres patentes de Louis XVI, 20 nov. 1779 ; Actes capit., f° 83.

SCEAU DE LA COLLÉGIALE DE S$^t$-MAXE

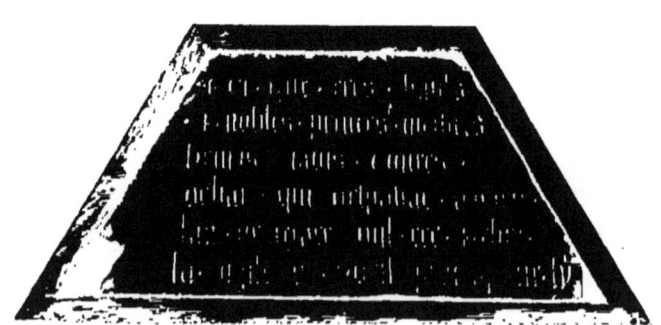

ÉPITAPHE DU COMTE HENRI IV

Cliché C. Hébert.  Phototypie J. Royer, Nancy.

capitulants une plus petite; les grandes croix demeuraient la propriété du Chapitre.

La distribution s'en fit solennement le 24 mai 1780 par les mains de l'évêque de Toul, M<sup>gr</sup> de Champorcin, qui tint à honneur de porter lui-même cet insigne dans le Barrois, en qualité de chanoine de Saint-Maxe. A titre de reconnaissance, le Chapitre décida qu'une messe canoniale serait célébrée à perpétuité, pour la famille royale, et l'évêque, dont l'intervention avait obtenu cette décoration.

4° *Le sceau du Chapitre.* — Comme tous les corps qui jouissaient d'une existence propre, le Chapitre de Saint-Maxe avait son sceau. Sur le titre original de l'accord conclu entre le Chapitre et Valéran (1317), se trouve un fragment de l'empreinte du vieux sceau, sur cire verte, trop incomplète pour la rétablir intégralement (1).

Dans une copie de la charte de la fondation de l'hospice de Revigny (1335), on voit, sur une empreinte en cire rouge, le saint abbé nimbé, vêtu de l'habit long, tenant à la main droite le bâton abbatial; à ses pieds se trouvent les armes du Barrois avec deux barbeaux et croisettes; à l'entour se lit la légende : s. capitvli sancti maximi : c'était le petit sceau.

Un autre sceau, de forme ogivale, se trouve déjà en 1640 sur la nomination d'un économe à l'hospice de Revigny : nous en donnons la reproduction ; il représente saint Maxe nimbé, revêtu de la chape, tenant le livre de la règle à sa gauche, de la droite la crosse d'abbé, symbole d'autorité, avec la devise : s. ecclesie sancti maximi barri dvcis (2).

### III. — Composition du chapitre de Saint-Maxe.
#### Fonctions diverses.

D'après la charte de fondation du Comte Théodoric I<sup>er</sup>, il y avait au début seulement quatre prébendes : avec le temps, grâce

---

(1) V. Fonds de Saint-Maxe, cart. XI.
(2) Empreinte prise par M. Maxe-Werly sur le sceau du Chapitre, alors possédé par M. le chanoine Trancart.

aux libéralités du souverain et d'autres bienfaiteurs, le nombre des chanoines s'accrut (1). En 1409, un compte du Chapitre nomme neuf chanoines; depuis lors, jusqu'en 1785, on en compte dix.

Il y avait douze prébendes fondées : d'après une charte d'Édouard III (2), deux étaient attribuées au doyen de Saint-Maxe, une au doyen de Saint-Pierre, qui de la sorte étaient chanoines dans les deux Chapitres, et y tenaient la première place après la dignité décanale; les autres prébendes étaient pour chacun des neuf chanoines.

Dans les chapitres généraux, les actes capitulaires font mention de plusieurs offices ou charges. Il y avait la *dignité décanale* qui était à vie ; celle de *procureur* ou *receveur*, chargé de la gestion des intérêts matériels, de la recette et de la dépense du Chapitre ; le *greffier*, *scribe* ou *secrétaire*, qui rédigeait les actes et tenait les archives (3); le *ponctateur*, qui notait la présence ou l'absence du chœur, pour la répartition des distributions manuelles (4); le *secretain* ou *cirier*, qui s'occupait du sacraire et en avait la garde; il dressait un inventaire en prenant possession de son office.

Au Chapitre se rattachaient les *suppôts* comprenant quatre *hauts vicaires*, quatre *bas vicaires*, ou *chapelains*, selon le nombre des chapelles à desservir, les *mercenaires*, qui suppléaient les chapelains en leur absence, le *maître de chapelle*, les *enfants de chœur*, deux *marreliers* ou marguilliers, un *ténoriste*, un *contre-basse*, le *vergier* ou bâtonnier, sorte d'huissier portant une baguette d'ébène garnie d'ivoire. Tous ces officiers étaient nommés par le Chapitre; nous dirons plus tard quelles étaient leurs fonctions, etc.

(1) René d'Anjou, dans la donation de Popey à Saint-Maxe, stipula que les revenus de la cense serviraient à une chanoinie. V. *Pièces justificatives*, n. X.

(2) Voyez cette charte aux *Pièces justificatives*, n. IX.

(3) Elles étaient fermées à trois clefs, l'une au doyen, l'autre au grand-chantre, la troisième au syndic du Chapitre.

(4) Il rédigeait la table du chœur et les fonctions des officiers du chœur ; il faisait les distributions manuelles. V. Actes capitul., année 1568, f° 299.

## IV. — Le doyen du chapitre.

1° *Prérogatives et fonctions*. — La première dignité du Chapitre de Saint-Maxe était le décanat. Le doyen avait le titre de *curé de la Sainte Chapelle*, paroisse des Comtes et Ducs de Bar, des gens et commensaux de leur maison; il avait juridiction pastorale sur le personnel du Chapitre, la direction du service religieux, et le droit de correction sur les membres de la Collégiale. C'était lui qui officiait aux grandes solennités, et présidait les chapitres; lui qui, d'accord avec les autres corps ecclésiastiques, séculiers et réguliers, réglait tout le détail des processions et cérémonies publiques célébrées à Saint-Maxe.

Il était donc un personnage considérable. D'après une décision de l'évêque de Toul, c'était au doyen de Saint-Maxe qu'il appartenait de porter le Saint-Sacrement le jour de la Fête-Dieu, depuis l'église collégiale jusqu'à Notre-Dame. Là, il chantait la messe comme supérieur aux autres par sa dignité (1).

En outre des fonctions inhérentes à son titre, assez souvent durant le Moyen âge, le doyen faisait partie du Conseil du souverain, avait la charge de garde du scel ou de grand-chancelier (2), quelquefois même il était membre de la Chambre des Comptes (3). Il avait la première place dans l'assemblée des États du Barrois.

Il jouissait des émoluments de deux prébendes canoniales dans l'église de Saint-Maxe, et d'une autre prébende, dans la Collégiale de Saint-Pierre, d'après la charte d'Édouard III, datée du 22 juin 1411, où le Duc de Bar « considérant les « grandes charges des doyens de Saint-Maxe et de Saint- « Pierre, tant au service divin qu'au gouvernement du tem-

---

(1) 1480, Règlement du grand-vicaire.

(2) En 1331, 1353, 1357.

(3) En 1418, le doyen Jehan de Revigny faisait partie du Conseil du Duc Édouard et de la Chambre des Comptes avec un traitement annuel de 40 francs.

« porel de leurs églises, et le peu de rentes, qu'ils avaient de
« leurs bénéfices, pour s'en bien acquitter », régla, en vertu de
son droit de patronat, que le doyen de Saint-Maxe serait
le premier chanoine de Saint-Pierre, et réciproquement, le
doyen de Saint-Pierre, premier chanoine de Saint-Maxe (1).
Il percevait trois gros de prébende, deux gros d'assistance,
une double part dans les distributions manuelles. Il donnait
un repas solennel au Chapitre à la fête de saint Maxe.

Le doyen de Saint-Maxe avait en plus le droit de collation
pour l'une des deux chapelles de Notre-Dame, fondée par l'un
de ses prédécesseurs.

2° *Élection, institution et prise de possession du doyen de
Saint-Maxe.* — Le doyen de Saint-Maxe était élu, de temps
immémorial, par le Chapitre lui-même, qui regardait comme
une de ses principales prérogatives le droit de choisir son chef.

Dès que le doyenné était vacant, le Chapitre faisait appeler
un notaire, et lui remettait une assignation pour le jour de l'é-
lection : cette pièce était affichée à la porte de la Collégiale en
présence témoins (2). Le Chapitre était convoqué par trois coups
de la grosse cloche, les chanoines en chape se rendaient au chœur
pour entendre la messe du Saint-Esprit, puis l'élection se faisait sous la présidence du doyen de Saint-Pierre (3).

Parfois, le prince, qui avait la collation des prébendes canoniales, recommandait pour le décanat un de ses favoris, sans
toutefois l'imposer au Chapitre : celui-ci agréait presque toujours le sujet qui lui était ainsi présenté, et l'élection se faisait
librement d'un commun accord.

En 1745, le roi Stanislas, s'autorisant d'un indult accordé en
janvier 1740 par Clément XII, nomma lui-même le chanoine
Pierre Hannel, official de Toul, au décanat de Saint-Maxe vacant par la démission de M. de La Vallée. A la mort de M. Hannel, arrivée en 1750, le Chapitre envoya vers Stanislas une
députation, qui ne fut pas reçue; il prit alors la résolution de

(1) Voir la charte aux *Pièces justificatives*, n. IX.
(2) Actes capit., 3 février 1535.
(3) Actes capit., 10 février 1535.

ressaisir ses droits en désignant lui-même pour doyen M. Charles de Maillet. Un conflit s'éleva entre le Chapitre et le Roi. Stanislas, sans tenir aucun compte de l'élection capitulaire, nomma d'autorité Mgr Joseph Billard, évêque d'Olympe, qui mourut le 29 novembre 1751. Le 22 janvier de l'année suivante, Augustin-Dominique-Joseph Barré, docteur ès-arts et licencié en l'Université de Douai, fut désigné par le Roi pour lui succéder; il fallut une lettre de jussion de Stanislas pour le faire installer par le Chapitre. A la mort du titulaire, arrivée en novembre 1761, les chanoines réclamèrent vainement en faveur de leurs droits séculaires; le Roi nomma doyen, Charles-Philippe Lebesgue de Nonsart, un de ses aumôniers ordinaires; le Chapitre refusa encore d'installer le nouveau titulaire dans sa charge. Enfin, le 1er janvier, Stanislas rendit le droit d'élire leur doyen aux chanoines, qui maintinrent leur choix du 4 juin 1750 en faveur de M. de Maillet : une décision du Parlement de Paris du 20 janvier 1763 leur avait donné droit sur ce point.

Ainsi finit une lutte, où le Chapitre revendiqua contre le pouvoir souverain sa principale prérogative, dans le but d'empêcher que le décanat ne tombât en commende, comme il était arrivé pour la plupart des abbayes, au détriment de la discipline ecclésiastique (1).

Lorsque le doyen avait été élu par le Chapitre, on chantait le *Te Deum* au son de toutes les cloches; puis l'élu demandait, et recevait l'institution canonique de l'évêque de Toul. Au jour de son intronisation, il était conduit à la salle du Chapitre; là il prêtait le serment, dont la formule nous a été conservée dans les statuts de 1313 (2) : « *par son Dieu créateur, par la foi qu'il* « *professait, par le baptême qu'il avait reçu, par sa part du* « *paradis qu'il espérait, par les paroles du Très-Saint-Sacre-* « *ment* » et certains passages empruntés aux quatre Évangiles (3), le doyen jurait « *de garder les statuts, constitutions, cérémonies* « *et ordonnances de la vénérable église de Saint-Maxe; il pro-*

(1) Actes capit., 12 janvier 1763, f° 15.
(2) V. *Pièces justificatives*, Statuts de Saint-Maxe, n. XVI.
(3) Joann., I, 1-14; Luc, I, 26, 38; Math., II, 1-13; Marc, XVI, 14 *ad finem*.

« *mettait de conserver la foi, la paix, l'amour et la concorde*
« *entre ses frères, les membres du Chapitre et les officiers de*
« *l'église; de faire une résidence personnelle et continuelle dans*
« *la Collégiale et la maison du décanat; d'assister à toutes les*
« *heures canoniales du jour et de la nuit à moins d'empêchement*
« *légitime; de tenir, conserver et accroître, autant qu'il le*
« *pourrait, les biens, droits, propriétés, franchises, rentes, re-*
« *venus et émoluments appartenant à l'église; de travailler à les*
« *recouvrer s'ils avaient été aliénés. Il s'engageait également à*
« *garder les droits de la couronne du Duc de Bar, de la Du-*
« *chesse son épouse, de toute sa descendance, et de ceux qui leur*
« *succéderaient dans le gouvernement du Barrois; en un mot,*
« *de faire tout ce que doit un bon chanoine* ».

Après le serment, l'élu était mis en possession réelle et actuelle de sa dignité par la tradition de la chape décanale (1); puis on le menait au chœur, et on l'installait à son siège : « *en* « *signe de paix et de concorde, il baisait sur la joue ung chas-* « *cun des seigneurs chanoines étant en leurs sièges, chascun* « *par ordre* » (2).

3° *Habitation du doyen.* — Obligé, d'après son serment, à faire résidence personnelle et continuelle, le doyen occupa, dès les premiers temps, une habitation située tout près du chœur de l'église et des maisons de la communauté. On en voit les appartements, les accessoires et le jardin, indiqués dans le plan de 1756 (3).

La plus grande partie de cette demeure subsiste encore, et l'on y peut admirer, dans ce qui fut jadis la salle à manger, un magnifique plafond à caissons, ornés de rosaces sculptées, du XVI° siècle ; il était demeuré caché jusqu'à ces dernières années sous une vulgaire couche de plâtre; c'est un des rares spécimens des beaux ouvrages de menuiserie de cette époque, que nous possédons dans le pays. Ce travail date proba-

(1) En 1785, le droit de chape pour le doyen était de 400 francs.
(2) Installation de Charles le Bouteiller, 26 janvier 1536 : Act. capit., f° 128.
(3) Voir reproduction du plan, p. 10.

CHAMBRE DES COMPTES — CHATEAU NEUF — MAISON DU DOYEN DE S<sup>T</sup>-MAXE

blement du temps où Messire Thierry Demange, doyen de Saint-Maxe (1509 à 1518), fut autorisé à réédifier la maison du doyenné (1).

## V. — Nomenclature des doyens de la collégiale Saint-Maxe.

Dom Calmet, qui a publié la liste des doyens de Saint-Pierre, a négligé de nous donner celle des doyens de Saint-Maxe, qui furent les chefs d'une institution, vénérable par son ancienneté et son importance dans l'histoire du Barrois. Voici, d'après les documents conservés aux Archives de la Meuse, le nom de ceux qui ont échappé à l'oubli.

**Garin**, prévôt en 1106, assista comme témoin à la charte donnée par Renaud Ier, Comte de Bar, concernant la vouerie de Condé-sur-Moselle.

**Vautier**, en 1126 et 1136, paraît dans deux actes concernant les alleux de Jandeures et la vouerie de Condé (2).

**Thiébaut**, doyen en 1226 ; on le voit figurer comme exécuteur testamentaire en 1236 (3).

**Nicholles**, doyen en 1268, paraît dans une charte concernant les dîmes de Levoncourt (4).

**Estienne**, doyen en 1281. Dans son testament du *Samedy après Pasques*, le Comte Thibaut II le nomme un de ses exécuteurs testamentaires.

**Thiébaut**, doyen de Bar en 1282. En 1283, il paraît dans un acte, où son sceau représentait un religieux à genoux devant une Vierge assise, tenant son divin Fils ; en 1288, dans l'enquête concernant la dépendance de l'abbaye de Beaulieu.

**Estienne de Saulx**, doyen en 1313, chancelier et garde du scel du Comte de Bar. C'est sous son décanat que furent rédigés les statuts du Chapitre, confirmés par Jean d'Arzilières, évêque

---

(1) B. 267, f° 121.
(2) Cartul. de Jandeures.
(3) Dufourny, t. II, 627 ; Cartul. de l'Isle-en-Barrois, p. 74.
(4) Catal. des arch. de l'abbaye de Saint-Mihiel, n° 304.

de Toul, le 24 août 1314. En 1317, le 6 avril, il fit avec Valéran de Luxembourg, sire de Ligny et seigneur de Resson, un traité, dont l'original existe encore dans les archives du Chapitre, relativement au moulin de l'Étanche, situé en dessous du village, et appartenant alors à Saint-Maxe. Il en céda la moitié au sire de Ligny moyennant certaines conditions, parmi lesquelles il est dit que les habitants de Resson, hommes et femmes, appartenant à Valéran et à ses successeurs, devront moudre au moulin de l'Étanche ; sans quoi ils seraient contraints de payer la mouture et une amende de 5 sols. En cédant ce droit au sire de Ligny, le Chapitre voulait sans doute avoir son appui pour l'exécution des mesures de police nécessaires au maintien de la banalité du moulin. En 1324 et 1325, Étienne de Saulx était garde du scel du Comte Édouard I$^{er}$.

**Guillaume de Sathenay,** doyen en 1326 ; alors on le voit cité comme témoin (1).

**Gilles de Bourmont,** doyen en 1331, garde du scel en 1337, fonda un chapelain à l'autel de Notre-Dame. Il fut conseiller de Henri IV et son exécuteur testamentaire.

**Simon de Fou,** doyen en 1354, garde du scel du duché, a fondé dans Saint-Maxe la chapelle de Saint-Christophe.

**Jean Perrins,** doyen en 1384, et garde du scel (2).

**Jean de Sorcy,** doyen en 1397, mort en 1404 (3).

**Jean de Revigny,** doyen en 1406, maître ès-arts, bachelier en théologie, membre du Grand Conseil et de la Chambre des Comptes (4), garde du scel : il paraît comme témoin au testament du Duc Édouard. En mars 1420, il se rendit à Verdun, avec Guillaume de Dampierre, pour prendre possession du siège épiscopal au nom du Cardinal de Bar.

**Demange Didier de Mirecourt,** paraît comme témoin en 1441 et 1463 (5). C'est lui qui harangua René II lors de son entrée à Bar, et de sa prise de possession du Duché (6).

**Thierriet de Meligny,** doyen en 1485, fit partie de l'as-

---

(1) Dufourny, t. IX, p. 152. — (2) B. 678. — (3) B. 2407. — (4) 3° compte de Colet Ricard, 1419-1420. — (5) Dufourny, II, p. 62, III, 150. — (6) Archives, B. 2914. V. chap. III, p. 125.

semblée des Etats, qui se tint à Bar, en 1506, pour la rédaction des Coutumes du Bailliage.

**Boucher d'Assonas**, doyen en 1508.

**Thierry Demenge**, doyen en 1509 à 1518.

**Gilles Vallet**, doyen en 1518 ; fonda la fête de Saint-Gilles, et mourut en 1524.

**Loys Mairesse**, élu le 10 mars 1524, mort le 3 janvier 1535 pendant qu'on lui administrait les derniers sacrements. Il fut inhumé dans l'église sous le grand crucifix du chœur, à l'endroit de la chapelle du petit Saint-Maxe.

**Guillaume Boucquet**, précepteur de François de Lorraine, marquis de Pont, fils aîné d'Antoine, sur la recommandation duquel il fut élu doyen, le 3 janvier 1535, et installé le 23 février suivant : il mourut à Nancy, le 24 décembre 1536, et fut enterré à l'église de Saint-Georges.

**Charles le Bouteiller** (Maistre Charlet), pronotaire apostolique, fut élu doyen le 15 janvier 1536, et se démit l'année suivante.

**Gilles de Trèves**, élu le 28 octobre 1537.

C'est un des doyens les plus remarquables de Saint-Maxe, et il mérite une notice spéciale.

1° *Origines, titres et qualités de Gilles de Trèves.* — Issu de Pierre de Trèves (1) et de Barbe de Véel, il appartenait à une famille probablement originaire de l'Anjou et ennoblie par le Duc Antoine : il eut le titre d'écuyer, les seigneuries de Xirocourt, Cumières, Chattancourt, et Ville-sur-Saulx pour une part. A la noblesse de son origine, il joignit le mérite du savoir et conquit le grade de licencié ès-droit ; dans les actes capitulaires on le qualifie *noble et sciéntifique personne.*

Entré dans les ordres sacrés, il obtint d'abord un canonicat dans la célèbre Collégiale de Saint-Georges à Nancy ; le 25 octobre 1537, il fut pourvu d'une prébende canoniale à Saint-Maxe de Bar, et reçu par le Chapitre le 28 octobre suivant : sur la recommandation du Duc Antoine présentée par Maxe Cousin,

(1) Selon toute probabilité, il s'agit de Trèves, village de l'Anjou, département de Maine-et-Loire.

alors président de la Chambre des Comptes, le Chapitre en fit son doyen.

Il tint son premier Chapitre général le 2 mai 1538, puis demanda un congé de six semaines pour faire le stage réglementaire à Saint-Georges. Depuis cette époque jusqu'en 1582, où il mourut, c'est-à-dire pendant près d'un demi-siècle, il se signala par son zèle à maintenir l'esprit ecclésiastique dans la Collégiale, en des temps, où le relâchement des mœurs, et l'envahissement du Protestantisme devenaient un réel danger pour l'orthodoxie du Barrois. Ses libéralités envers l'église Saint-Maxe et la ville de Bar le recommandent à la reconnaissance du pays.

Il fut, à ces titres divers, une grande figure du clergé barrisien au XVIe siècle, et la gloire du Chapitre de Saint-Maxe.

2° *Vigueur apostolique de Gilles de Trèves pour le maintien de la discipline ecclésiastique.* — Quand Gilles de Trèves fut élu doyen, l'Allemagne était en feu ; le Protestantisme gagnait chaque jour davantage ; l'esprit de révolte contre l'Église s'introduisait avec l'erreur dans les pays voisins, et le relâchement des mœurs se faisait sentir jusque dans les rangs du clergé. Ce fut le mérite du nouveau doyen d'avoir lutté avec énergie contre cet affaiblissement de l'esprit ecclésiastique, et contre l'influence de l'hérésie luthérienne, qui s'insinuait dans le Barrois.

Dès les premiers chapitres généraux, il rappelle les exhortations du précédent doyen, admonestant les membres de la Communauté, faisant « *remonstrances aux vicaires, chapelains* « *et suppôts ; les priant, que ung chascun voulsist mieulx faire* « *leur debvoir, qu'ils n'avoient fait du passé, pour l'acquit du* « *serment par eulx fait* (juin 1538) : *interdisant de porter* « *chaulces couppées ne chiquettées, au grand scandale des fidèles ;* « *recommandant à chascun de se contenir en habillements* « *honnestes, selon les lois ecclésiastiques, sans user de chemises* « *froncées, de courtes robes en l'église, de manches pendantes,* « *sans porter non plus longue barbe contre les statuts ; il de-* « *mande de s'abstenir des jurements et paroles inconvenantes,*

« *des jeux de quilles*, « detz » *ou cartes, des sorties nocturnes,*
« *de la fréquentation des laïques en lieux publics, portes et*
« *tavernes* (1) ».

En 1543, il exige, de la part du clergé de la Collégiale, l'assiduité aux heures canoniales, la piété et la dignité de la psalmodie, la bonne tenue au chœur; il descend aux détails pratiques du cérémonial, et en réclame la parfaite observance.

Il y eut un moment, où le doyen reçut fréquemment des plaintes sur la conduite scandaleuse de quelques-uns des employés de l'église; à plusieurs reprises, il admonesta sévèrement les coupables. Quand ceux-ci ne se rendaient pas à ses exhortations, il les dénonçait publiquement, et en termes d'une vigueur, dont la pruderie de notre langue actuelle serait choquée (2); il les soumettait aux peines disciplinaires usitées dans le Chapitre, comme de descendre aux bas-sièges, de porter la croix, d'être pendu au crocq, et « *de se tenir à ge-*
« *noulx sur les degréz durant la messe haulte, devant le grand*
« *autel; s'ils ne se corrigeoient, il les privoit, de leur charge*
« *et de leurs émoluments* ». Il ne craignait pas de recourir aux mesures les plus énergiques pour remédier au mal, rétablir la régularité de la vie ecclésiastique (3) et réprimer tous les abus.

3° *Zèle de Gilles de Trèves contre l'invasion du Protestantisme.* — A cette époque, l'hérésie luthérienne cherchait à pénétrer dans le Barrois, où jusqu'alors elle n'avait pu s'établir, grâce à l'énergie avec laquelle les fils de Philippe de Gueldres, Antoine, et les Ducs ses successeurs, avaient repoussé l'invasion des novateurs et la propagation de leurs erreurs. Dès 1553, les protestants avaient essayé de s'emparer de Beauzée et du château de Bouconville, d'établir des prêches à Jametz, Mangiennes, Damvillers; en 1562, ils dévastèrent Beaulieu, brûlèrent les titres de l'abbaye et les livres de l'église, volèrent la châsse d'or de saint Rouin, et en jetèrent les reliques au

(1) 19 août 1544, f° 177.
(2) V. Actes capitul., 5 février 1555, p. 230.
(3) Actes capitul., 5 février 1548, f° 196. — Actes capitul., février 1549, f° 201 r°; 19 août 1552, f° 214 r°; 12 février 1553, f° 220; 19 août 1559, f° 249 v°.

milieu des bois, pillèrent l'ermitage, où les fidèles se rendaient en pèlerinage. L'année suivante, ils parurent à Ancemont, Bouquemont, Buxières, Ornes, Rarécourt, Saint-Mihiel, Sampigny, Tilly, Villers, Verdun, Fresnes-en-Woëvre; ils brûlèrent l'église de Chardogne (1); ils s'infiltrèrent dans Bar, où ils infectèrent les Béguines de leurs erreurs. Les idées de révolte contre l'Église et ses institutions se répandaient dans les populations, qui trouvaient fort commode de se soustraire aux redevances séculaires : à Naives, Vavincourt, Tannois, Givrauval, Villotte-devant-Louppy, on se refusait à payer la dîme (2).

Dans le chapitre général du 5 février 1562, Gilles de Trèves constatait ces ravages avec douleur, déplorant « *les calamités à* « *l'occasion des hérétiques et gens mal sentans de la foy; iceux* « *ingérant de faire une nouvelle loy en contempnant les saints* « *sacremens et cérémonies de l'Eglise anciennement ordonnées et* « *observées; taschant de les abollir, et que, por à ce parvenir ont* « *suscité des prédicans, qui se sont efforcez faire division du peu-* « *ple et sédition contre les bons; au moyen desquelles séditions* « *en beaucoup de pays y avait guerre cruelle comme il étoit no-* « *toire. Et adfin qu'il plaise à Monseigneur pourvoir à tout, est* « *advisé que doresnavant par chun jour se dira à la grande Messe* « *incontinent après la Patenostre le Psaulme commençant :* Exau- « diat te Dns in tribulatione, *par tous les prêtres estans au chœur,* « *et à genoulx dévotement :* Submissâ voce, *pour implorer la* « *grâce de Dieu à ce d'appaiser son ire, exhortans les dits sup-* « *poz d'en faire debvoir* ».

A ces prescriptions, le doyen ajoutait des recommandations pressantes, pour la sainte vie des chanoines et des membres de la communauté, afin de ne donner aucune prise à la critique des gens du monde, alors si mal disposés pour le clergé (3). Il

(1) *En 1576, Jehan Feron, mayeur de Chardogne, Nicolas Jehan,* « *Pierre et Estienne Pathin, eschevins de l'église de Chardogne, sont* « *venus par requestes verbales auprès de Mess. du Chapitre, les sup-* « *pliant leur faire quelque bien pour ayder à refectionner leur église* « *que les huguenots avoient rompue* ». Act. cap., f° 338.

(2) Cart. de Saint-Maxe, act. capit., p. 268 v° et p. 291.

(3) Actes capit., 19 août 1563, f° 272 ; 20 janv. 1569, f° 305.

réitéra ses exhortations sur ce point sans se lasser, sachant que la meilleure digue contre l'erreur et la démoralisation des peuples était la vie exemplaire des ministres de Dieu.

4° *Libéralités de Gilles de Trèves*. — Autant Gilles de Trèves se montra zélé pour le maintien de la discipline parmi les membres du Chapitre, et la conservation de la foi dans le pays; autant il fut libéral et magnifique envers son église de Saint-Maxe, et la ville de Bar, sa patrie d'adoption.

Nous avons décrit la splendide chapelle qu'il fit construire et décorer sous la direction de notre grand sculpteur Ligier Richier; le beau sacraire ou revestiaire voûté, qu'il adjoignit à l'église, et qu'il enrichit de vases sacrés portant ses armes (1); il donna de superbes ornements; « trois chapes, une chasuble « et deux tuniques de drap d'or fournies des orfrais de broderies « bien riches, *de quoi le Chapitre l'a fort remercié* » (2). Deux siècles après, ces ornements, précieux par leur travail, comptaient encore parmi les plus remarquables du sacraire. En plus de ces dons, Gilles de Trèves, « *meu de dévotion* », gratifia sa Collégiale « des dîmes de Ville-sur-Saulx, qu'il avait acquises de « Christophe Preudhomme » (3); et il fonda pour son père et sa mère une messe quotidienne avec deux anniversaires.

Jusqu'alors, le Barrois était privé d'établissements scientifiques : la Renaissance littéraire poussait les jeunes gens à chercher au dehors, en des écoles souvent infectées par les doctrines des novateurs, une instruction, qu'ils ne pouvaient trouver dans leur pays. Il y avait là un véritable danger.

Nicolas Psaume, évêque de Verdun, le savait; en 1558, il avait créé dans sa ville épiscopale un collège confié aux Jésuites. Gilles de Trèves marcha sur les traces de l'illustre évêque. Comme le Chapitre de Saint-Maxe était le grand écolâtre de Bar, le doyen résolut de doter la ville d'un établissement, où la jeunesse du pays fût instruite dans les belles-lettres, et formée à l'école de la religion, sans avoir à redouter l'influence des er-

---

(1) Inventaire d'Humbert en 1790.
(2) Act. cap., 5 février 1565, f° 287.
(3) Act. capit., 11 octobre 1564.

reurs régnantes. Son grand cœur comprenait tout le bien, qui résulterait d'une telle institution; il ne recula devant aucun sacrifice pour fonder une école florissante.

Non loin de Saint-Maxe, au pied du Château, entre la ville-haute peuplée par la noblesse et la basse ville habitée principalement par la bourgeoisie, il acheta *le fief de Fains* appartenant à M. de Florainville. Des lettres patentes de Charles III, datées du 12 janvier 1571, autorisèrent l'établissement.

En 1573, le doyen se démit de ses fonctions de receveur du Chapitre pour être tout entier « *au batisment du collège* ». Les travaux furent conduits avec tant d'activité, que l'année suivante le gros œuvre était terminé (1). Non content de l'avoir bâti de ses deniers, Gilles de Trèves voulut doter convenablement son collège, et il donna 24.000 livres, somme énorme pour ce temps-là, libéralité vraiment princière, qui, dans un simple particulier, étonnait ses contemporains. On lit dans le journal de voyages de Michel Montaigne : « *Je trouvai de remarquable « la despense estrange qu'un particulier, prestre et doyen de « Bar, a employée, et continue tous les jours en ouvrages publi- « ques : il se nomme Gilles de Trèves; il veut faire un collège, « le doter et mettre en trein, à ses despens* ».

Le doyen donna pour patrons à l'Église du Collège les Trois Rois Mages, comme on le voyait au retable sculpté du maître-autel.

Le bâtiment formait un quadrilatère, avec cloître intérieur, ou galerie ouverte au rez-de-chaussée, surmontée d'un balcon, qui permettait de communiquer aux différentes pièces de l'étage supérieur. La façade donnant sur la rue Gilles de Trèves a été démolie, et remplacée par une construction sans caractère; mais sous la porterie se voient encore les voussures sculptées du temps : les trois autres côtés gardent le style du xvi° siècle, et offrent des parties véritablement curieuses au point de vue de l'architecture et de la sculpture de cette époque. Le collège récemment restauré avec intelligence sert pour une école de filles, une crèche, etc. Ses dimensions sont peu considérables;

---

(1) Act. capit., août 1573.

il ne faut pas oublier que selon les mœurs du temps, les établissements d'instruction n'avaient pas d'internats, mais simplement des classes avec le logement des maîtres.

Au début, des prêtres séculiers y enseignaient; en 1617, Henri II, à la prière de la ville, et pour la parfaite éducation de la jeunesse, en confia la direction aux Jésuites, dont les méthodes étaient alors si appréciées; ils y restèrent jusqu'à la suppression de la Compagnie en Lorraine (1762); pendant un siècle et demi, ils élevèrent les enfants des meilleures familles du Barrois.

Gilles de Trèves mourut à Bar le 1$^{er}$ février 1582. Selon qu'il l'avait demandé par ses dispositions testamentaires, au moment où il dut recevoir les derniers sacrements, le Chapitre avec le clergé de la Collégiale accompagna processionnellement la Sainte Eucharistie. Quand le cortège fut de retour à l'église, on donna le Salut, suivi des prières de la recommandation de l'âme. Pendant son agonie, le doyen fut assisté par un religieux Augustin, qui lui lisait la Passion, et le soutenait par de pieuses exhortations. Dès qu'il eut rendu le dernier soupir, les prêtres de Saint-Maxe récitèrent le Psautier près de sa dépouille mortelle; des messes furent célébrées aux chapelles de l'église.

Le lendemain, tous les corps ecclésiastiques et religieux de la ville, le Chapitre de Saint-Maxe, celui de Saint-Pierre, le clergé de Notre-Dame, les Augustins, les Antonistes et les Frères de Sainte-Claire, assistèrent à ses funérailles. Vingt-cinq indigents de la ville et treize pauvres veuves, les uns et les autres habillés aux frais du défunt, et portant des torches ardentes, lui faisaient un cortège d'honneur.

Son corps fut inhumé dans la chapelle de l'Annonciation, qu'il avait fait bâtir et décorer avec tant de magnificence; là où déjà reposaient son père, sa mère et son frère. On y érigea un monument où l'on voyait sa statue agenouillée dans l'attitude de la prière.

D'abondantes aumônes furent distribuées le jour de son enterrement, durant les semaines qui suivirent, et aux services qui se célébrèrent; des messes en grand nombre furent demandées dans les églises, ainsi que dans les couvents de Bar et à la paroisse ; des libéralités et des fondations diverses, inspirées par son grand cœur et sa religion, perpétuèrent sa mémoire, et firent bénir son nom.

On a conservé pieusement son portrait : chaque année, à la distribution des prix du Collège, il paraissait à la place d'honneur, d'où il semblait encore présider aux solennités académiques et aux fêtes de la jeunesse studieuse, pour laquelle il avait tant fait. Son testament est gardé aux archives de la mairie de Bar (1).

A Gilles de Trèves succédèrent comme doyens :

**Demenge Thiriet**, en 1582. Il avait paru à l'assemblée pour la rédaction de la Coutume de Bar, en 1579 ;

**Guillaume d'Ernecourt**, en 1589 ; docteur en théologie de la Faculté de Paris, il a signé des actes en 1591 et 1606 ; mort en 1609, il a été inhumé dans la chapelle de Gilles de Trèves.

**Jacques le Bœuf**, bachelier en théologie, élu doyen le 26 mars 1609, a souscrit des actes importants de 1609 à 1636. Il fit partie de l'assemblée des États du Barrois, en 1623.

**Pierre d'Audenot**, doyen en 1636.

**Didier Lebesgue**, doyen en 1650. Il établit à Saint-Maxe, en 1668, la confrérie des Trépassés, sous le vocable de Notre-Dame du Suffrage, ainsi que les prédications de l'octave des Morts avec Salut. Ce fut lui qui, le 16 avril 1669, célébra dans la Collégiale de Saint-Maxe le mariage du prince de Vaudémont avec Anne de Lorraine.

**Jacques Vassart**, doyen en 1679.

**Herric Vassart**, doyen en 1687.

**Charles Billet de La Vallée**, doyen en 1707 jusqu'en 1745 ; pendant son décanat, plusieurs fondations et modifications furent faites en l'église Saint-Maxe (2) ; dès 1713, sur la proposition de l'évêque de Toul, la réunion des deux Chapitres de Saint-Maxe et de Saint-Pierre fut acceptée en principe. M. de

---

(1) V. *Pièces justificatives*, n. XII. Extraits du testament de Gilles de Trèves.

(2) V. p. 162.

GILLES DE TRÊVES

D'APRÈS LE TABLEAU DU MUSÉE DE BAR-LE-DUC.

La Vallée se démit de ses fonctions en 1745, et mourut en septembre 1756.

**Pierre Hannel,** chanoine de Saint-Maxe, fut nommé doyen en 1745, non par la libre élection des chanoines, mais par le Roi Stanislas, en vertu d'un indult accordé par le Pape Clément XII, et les bulles de Benoît XIV.

**Charles de Maillet**, élu doyen par le Chapitre le 4 juin 1750, fut révoqué par le Roi.

A sa place, **Joseph Billard**, aumônier du Roi, évêque d'Olympie, abbé commendataire de Jandeurs, fut nommé doyen par Stanislas.

A sa mort, arrivée en 1752, M. **Augustin-Dominique-Joseph Barré**, docteur ès-arts, licencié en théologie de l'Université de Douai, désigné par Stanislas, prit possession du décanat de Saint-Maxe, malgré les protestations des chanoines ; en 1760, il fut nommé conseiller, maître et auditeur, en la Chambre des Comptes à Bar.

**Charles-Philippe Lebesgue de Nonsart**, originaire de Bar, aumônier de Stanislas, reçut du Roi le titre de Doyen, en novembre 1761.

En 1763, les droits du Chapitre à l'élection de son doyen furent reconnus, et les chanoines ratifièrent le choix qu'ils avaient fait, treize ans auparavant, en conférant le décanat à M. **de Maillet,** lequel fut institué par M$^{gr}$ de Toul le 20 janvier, et prit possession trois jours après.

Il fut le dernier doyen de Saint-Maxe, vit la réunion du Barrois et de la Lorraine à la France ; complimenta la Dauphine Marie-Antoinette à son passage dans la ville de Bar, le 10 mai 1770 ; obtint, en 1774, pour le Chapitre, l'assencement de quelques bâtiments du château, touchant à l'église et à l'hôtel décanal ; en 1779, il sollicita du Roi Louis XVI le droit pour les chanoines de porter la croix pectorale ; en 1781, il adhéra au projet de réunion des deux Chapitres, et devint le doyen du nouveau Chapitre de Saint-Maxe et Saint-Pierre jusqu'à sa suppression en 1790.

## VI. — LES CHANOINES DE SAINT-MAXE ET LEUR VIE.

1° *Nomination. Réception. Serments. Droits d'entrée du nouveau chanoine.* — En vertu de son patronat laïque, le droit de nommer les chanoines de Saint-Maxe appartenait au Souverain du Barrois. D'abord, il les prenait à son bon plaisir parmi les ecclésiastiques, qui lui semblaient dignes. Un édit de Léopold I*er*, du 30 septembre 1698, régla que les trois quarts des prébendes canoniales seraient réservées à des ecclésiastiques, ayant au moins trois degrés de noblesse du côté paternel; puis, pour encourager le mérite et le savoir, l'autre quart pouvait être attribué à des docteurs en théologie, en droit civil ou canonique, à l'exclusion de tout autre.

Lorsqu'il avait reçu sa provision (1), écrite sur parchemin et scellée du grand sceau, le nouveau chanoine la faisait enregistrer au greffe du bailliage de Bar, après avoir prêté serment d'être fidèle au Souverain. Ensuite, à l'issue de la messe capitulaire, il présentait au Chapitre ses lettres patentes, qui étaient lues par le secrétaire, et écoutées avec le respect, que méritait le Duc. Après exhibition et examen de ces pièces, de son extrait baptismal, de ses lettres de tonsure et de diaconat, de son titre de docteur, s'il n'était pas noble, on le mettait en possession corporelle, réelle, et actuelle de la prébende, et du canonicat qui lui avaient été attribués, sans qu'il fût besoin de recourir à l'Ordinaire : ensuite on le conduisait au grand autel et au chœur, pour lui assigner sa stalle dans les hauts sièges, s'il était diacre ou prêtre; là, il recevait l'accolade fraternelle.

Quand ces solennités avaient été accomplies, le nouveau chanoine prêtait serment sur les Évangiles, suivant la forme accoutumée, telle qu'on la lit dans les statuts du xiv° siècle. En voici la traduction faite deux siècles plus tard.

« *Je N... iure en Dieu nre Seigneur qui me créa, que ie croy;*
« *sur la foy que ie tien : le cresme de Baptesme que iay receu;*
« *sur ma part de paradis; par les parolles du Saint Sacrement*

(1) Voyez une provision de chanoines, *Pièces justificatives*, n. XIII.

« *et les Euangiles, que céans sont escriptes ; que tous les biens*
« *de l'église de séans, tant meubles comme héritaiges, ie gar-*
« *deray et deffenderay, aideray à deffendre et garder de tout*
« *mon pouuoir, sans aucune faintise : et saucuns en say, qui soient*
« *aucunement hors de la main de l'église, ne en débat, ie les*
« *aideray à recouurer, remettre, et appliquer à icelle, de toute*
« *ma puissance, sans faveur ni entreport. Je tenray secretes*
« *toutes les choses faictes et dittes en chapitre. Je garderay les*
« *status, constitucions, cérémonies et ordonnances faictes par*
« *chapitre. Je feray et porteray obéissance, foy, et révérence à*
« *Messeigneurs Doien et Chapitres de l'église de céans, et norirai,*
« *entre eulx, pais, amour, et concorde. Et aussi ie garderai, et*
« *aideray à garder l'onneur et estat de Mons. Le Duc, Madame la*
« *Duchesse, leur lignée, et de tous leurs successeurs ; et généra-*
« *lement ie feray tout ce entièrement, en ceste ditte église, que bon*
« *chanoīe doit faire de tout mon pouuoir comme dessus. Ainsi le*
« *iure ie par les sermens dessus nommés* ».

Après son installation, le Chapitre lui délivrait un acte, signé du secrétaire et de deux hauts vicaires appelés à ce sujet (1). A partir de ce moment, il avait voix au Chapitre, s'il était diacre. Il payait comme droit de réception le prix de sa chape, qui a varié selon les temps : on en partageait la somme entre la mense capitulaire et les employés de l'église (2) ; « *marreliers, vergiers, clers, scribe du Chapitre* ». En outre, le nouveau chanoine devait un *past ou banquet* d'entrée, auquel étaient conviés tous les chanoines de la Collégiale (3).

2° *La vie des chanoines*. — Comme nous l'avons dit, il est probable que, dans les premiers temps, les chanoines de Saint-Maxe vivaient en communauté, mangeaient ensemble, et suivaient une règle canonique : ainsi semblent l'indiquer les maisons canoniales bâties autour de l'église, et constituant une

---

(1) Procès-verbal de la réception de François Gratas du Lys. Voyez *Pièces justificatives*, n. XIV.

(2) Le droit de chape en 1785 était de 200 francs qui se soldait par des retenues en trois années.

(3) Act. cap., 1568, f° 297 v°.

sorte de cloître avec des salles communes, un réfectoire et des chambres particulières (1). Telle était d'ailleurs la discipline des Collégiales au xi⁰ siècle : alors les chanoines gardaient leurs biens patrimoniaux ; mais les fruits de leurs prébendes étaient mis en commun, et formaient la mense capitulaire. Vers le xii⁰ siècle, on fit le partage des prébendes ; et, si les chanoines continuèrent à vivre quelque temps en communauté, bientôt ils eurent des maisons particulières, proches de l'église, lesquelles demeuraient d'ordinaire la propriété du Chapitre (2). Pour la Collégiale de Saint-Maxe, elles étaient presque toutes situées dans la rue des Prêtres, aujourd'hui *rue Gilles de Trèves*.

Trois fois par an, on faisait, aux frais de la mense capitulaire, des *festins* ou *pasts*, *wastels*, le jour des Cendres, le grand Jeudi et le lendemain de Pâques (3) : c'était un vestige de la vie commune d'autrefois (4). Ces jours-là, il y avait grand sermon à Saint-Maxe, et le « *pain benoist* » se donnait le Jeudi saint.

La grande obligation des chanoines était l'office choral : les matines se disaient à cinq heures du matin, la messe capitulaire se célébrait chaque jour à neuf heures : à deux heures avaient lieu les vêpres. Ces offices se chantaient en musique ou à notes, et il y avait grand orchestre aux fêtes solennelles.

Les chanoines, revêtus du « *surpelis* » en été, de la chape noire en hiver, portant l'aumusse sur le bras, et du petit gris, ou vair au chaperon, se rendaient révéremment à leurs stalles : les chapelains et les hauts vicaires par les portes latérales, les chanoines par la porte du milieu.

Le cérémonial de l'église entrait dans les plus petits détails sur les fonctions à remplir ; et, quand il le fallait, le doyen rappelait, lors des Chapitres généraux, à l'observance des règles sacrées, ceux qui se négligeaient sur ce point. La matinée jusqu'à la messe capitulaire était consacrée à la célébration des

(1) Voir plan du château, 1756, p. 10.
(2) Act. cap., 1502, f⁰ 4.
(3) Act. cap., 1569, f⁰ 306.
(4) « *Les wastelz pour le mandey du grand jeudi faits par le fournier du Bourg aux frais du Chapitre* », 10 s. 8 d. (Compte du receveur).

messes fondées dans les différentes chapelles; il y avait assez souvent des processions et des chants funèbres vers le lieu de la sépulture des fondateurs.

A partir du xvie siècle (1), chaque chanoine avait droit à *soixante jours de vacances*, répartis à plusieurs intervalles, pour que le chœur ne fût pas délaissé.

Dans sa dernière maladie, le chanoine était de droit administré par le doyen du Chapitre, curé de Saint-Maxe. Quand il venait à mourir, on conduisait processionnellement son corps à la Collégiale, en chantant les vigiles des morts à trois nocturnes, ainsi qu'il « *est de bonne et louable coutume* (2) », puis on descendait le corps dans les caveaux du Chapitre, où le chanoine avait le droit d'élire sépulture, moyennant une redevance : celle-ci entrait dans la mense capitulaire, pour l'entretien de l'église.

### VII. — LES SUPPÔTS OU OFFICIERS DU CHAPITRE.

Pour aider les chanoines dans l'office choral, et donner plus de solennité aux chants, il y avait un personnel d'employés, qu'on nommait *les suppôts du Chapitre* : c'étaient les hauts et bas vicaires; les chapelains et mercenaires; la maîtrise, comprenant le maître de la chapelle, les enfants de chœur, l'organiste, le ténoriste et le contre-basse; enfin, dans un rang inférieur, les marreliers, le vergier et le suisse. Disons ce qu'il y a de plus intéressant sur ces différentes catégories d'officiers du Chapitre.

1° *Les hauts et bas vicaires*. — C'est à René II qu'il faut attribuer la création des *hauts vicaires*, ayant droit à une demi-prébende canoniale, et à la moitié de ce que recevaient les chanoines dans les distributions manuelles (3). En 1708, on sup-

(1) Ordonnance du Chapitre, 1551.
(2) Actes capitul., 3 décembre 1566, fo 292.
(3) En 1486, René II, pour mettre le Chapitre en état de mieux célébrer le service divin, fonda deux prébendes cantoriales et sacerdotales. Le Chapitre nommait à ces prébendes, en assujettissant les titulaires

prima quelques chapelles, dont le revenu servit à doter quatre autres vicaires nommés les *bas vicaires*, parce qu'ils se plaçaient au rang inférieur des stalles. Ils avaient le droit de porter l'aumusse et de loger dans les bâtiments de la communauté. Alternativement et par semaine, ils étaient obligés d'assister aux offices du chœur du jour et de la nuit, dans les jours non décanaux, c'est-à-dire auxquels le doyen n'officiait pas. Ils faisaient les fonctions de diacres et sous-diacres à l'autel, d'hebdomadaires, de choristes, de chapiers, selon qu'ils étaient désignés à ces divers offices sur la table capitulaire, affichée chaque semaine à la sacristie.

Les vicaires étaient nommés par le Chapitre et révocables à sa volonté, quand leur conduite exigeait cette sévérité.

2° *Les chapelains* étaient des bénéficiers ayant le droit de percevoir les revenus attachés à la chapelle, qui leur était conférée, et dont la collation appartenait soit au fondateur, soit au Chapitre. En 1707, il y en avait quatre, obligés de résider à Saint-Maxe.

Avant d'entrer en fonctions, le chapelain nommé promettait avec serment (1) de bien remplir, selon les statuts de l'église de Saint-Maxe, les charges attachées à la fondation, dont il était titulaire; d'en garder les biens; d'être fidèle au Souverain; d'obéir au doyen et au Chapitre; de vivre en paix et concorde avec tous les membres de la Collégiale; de faire résidence

à une résidence personnelle et continuelle, pour aider à la chantrerie, ainsi que par le Chapitre leur était ordonné, et non autrement : s'ils ne se comportaient pas duement, ou s'absentaient pendant trois mois, ils pouvaient être expulsés ou remplacés (Procès Doublat, Arch., cart. Saint-Maxe, cart. supplém.). En 1505, le Duc convertit ces deux prébendes en quatre offices de hauts vicaires, obligés de célébrer la messe, de résider à la chantrerie pour suivre diligemment les heures canoniales : les deux premiers reçus tenaient le chœur aux jours solennels où le doyen officiait, les deux derniers faisaient diacre et sous-diacre aux messes hautes, qui se chantaient au grand autel : s'ils s'y refusaient ou s'absentaient pendant quarante jours, le Chapitre pouvait les destituer (*ib.*).

(1) V. *Pièces justificatives*, *Juramentum capellani*, n. XVI, *ad finem*.

continuelle dans « *l'osteil* » de la communauté ; d'assister à toutes les heures canoniales, à moins d'un légitime empêchement, ou de l'autorisation du Chapitre, à peine d'être privé de ses émoluments durant tout un mois.

Les chapellenies les plus considérables avaient été fondées à l'autel de Notre-Dame : là « *chacun jour se chantoit une messe* « *haulte et à note, où la Comtesse* (1) *et beaucoup de gens* « *avoient dévotion* ». Les quatre chapelains devaient y assister en personne pour chanter la messe de Notre-Dame avant l'heure de prime, « *en surpelis durant l'été, en chape noire* « *durant l'yver* », comme l'habit de chœur le demande. Chaque chapelain célébrait la messe par semaine, et le prêtre célébrant devait dire chaque jour, « après la collecte de *Nostre-Dame, une* « *collecte de Madame Sainte-Anne* », une pour les fondateurs, une pour la comtesse Yolande de Flandres, et une autre pour les bienfaiteurs de la chapelle.

Aux fêtes de Notre-Dame, la messe se chantait à diacre et sous-diacre, ainsi qu'à la fête de Sainte-Anne. Chaque semaine, une messe basse de *Requiem* était dite avant la messe de Notre-Dame, à l'intention de la fondatrice ; ce que faisait à tour de rôle chacun des chapelains, avec collecte en l'honneur de sainte Anne, et pour Yolande.

Les chapelains résidaient à la communauté ou « *hosteil des* « *prêtres* », ils assistaient aux heures canoniales du Chapitre et avaient part aux distributions du chœur. Avant le chant des vêpres, ils entonnaient l'antienne de *Madame Sainte-Anne : Inclita stirps Jesse ;* en partant du chœur, ils allaient vers l'autel de Notre-Dame se ranger en ordre disant la collecte *Deus qui beatæ Annæ ;* se mettaient à genoux, et chantaient solennellement l'antienne de la Sainte Vierge correspondant au temps, avec l'oraison voulue, et une collecte pour la fondatrice.

Les chanoines et autres officiers de l'église, qui assistaient à cette messe de Notre-Dame et à la procession, avaient part aux distributions fondées pour encourager leur présence : les chanoines présents bénéficiaient de la part des absents (2).

(1) Yolande de Flandres.
(2) V. titre de la fondation. Servais, *Annales du Barrois*, I, 392.

3° *La maîtrise.* — Au Chapitre de Saint-Maxe se rattachait une maîtrise comprenant un maître de chapelle, quatre enfants de chœur, un ténoriste, un contre-basse et l'organiste, dont les fonctions se confondaient d'ordinaire avec celles du *maestro.*

C'est à René Ier d'Anjou, que remonte cette institution, ou du moins son organisation. Ce prince, ami des arts, voulait que les chants de la chapelle castrale répondissent à sa dignité; à cette intention, il fit une riche dotation en donnant aux chanoines de Saint-Maxe la cense de Popey, à la condition de nourrir les lépreux de la ville de Bar, qui s'y retiraient, et d'en assurer le service religieux; d'entretenir dans leur église « *quatre en-« fants de cuer* (1) *avec le Maistre chargé de les endoctriner en* « *science de musique* », comme cela se pratiquait à la cathédrale de Toul. Le Chapitre avait la charge de les loger, les nourrir et les habiller « *honnestement et convenablement, avec un trai-« tement suffisant pour le maître* »; c'était au Chapitre qu'il appartenait de les choisir, et de les révoquer, après avis de Messieurs de la Chambre des Comptes (2).

Pour mieux témoigner de sa piété envers Marie, le prince demanda en outre, qu'au commencement de chacune des heures canoniales, le président de l'office « *chantât à note : Ave Maria* « *gratia plena, Dominus tecum* »; et le chœur répondait : « *bene-« dicta tu in mulieribus et benedictus fructus ventris tui* » (3). René II compléta la fondation de son aïeul en assurant à la maîtrise une dotation sur les revenus du domaine.

Dans son testament, Philippe de Gueldres demanda que « *la* « *vigile du Saint-Sacrement fussent habillez par chascun an cinq* « *petits enfants, chantres en l'église Saint-Maxe, de rouge ou* « *de violet, pour dire durant les Octaves, comme ils sont accou-* « *tumez après Matines, après la Grant-Messe et après Vêpres :* « *O salutaris hostia, avec ung de Profundis et Fidelium, à* « *genoulx devant le précieux corps de Notre Seigneur, tenant* « *chascun d'eux une torche en leurs mains, où devoient être*

---

(1) Chœur.
(2) *Pièces justificatives*, n. X : Donation de Popey, 28 nov. 1434.
(3) *Ibid.*

« *les armes de la Duchesse et la Cordelière à l'entour* » (1).

La maîtrise logea d'abord dans une maison derrière l'école : mais, en 1540, ordre fut donné à « *Messire Nicol Drouyn, mais-*
« *tre des enfants de chœur, de monter au château pour y demeu-*
« *rer doresnavant dans une maison de la Communauté appro-*
« *priée à cet usage* » (2).

En 1739, Louis-Joseph Marchand, prêtre du diocèse de Troyes, précédemment maître de la métropole de Besançon et de la cathédrale de Châlons, auteur d'un traité sur le contre-point (3), était le maître de chapelle à Saint-Maxe. Selon la fondation, il avait la charge de nourrir, chauffer, loger et entretenir convenablement les enfants de chœur; il lui était interdit de les employer à aucun ouvrage, qui aurait altéré leur voix ou leur santé; de plus, il devait leur enseigner les prières, le catéchisme, la lecture, l'écriture, le calcul, le plain-chant et la musique, tout ce qui concerne le service de l'église. Quelques-uns de ces enfants apprenaient le latin, et arrivaient aux Ordres.

Le maître de chapelle devait faire exécuter en musique les offices des fêtes les plus solennelles, et, dans les circonstances où le Chapitre le demandait; il lui était interdit de faire chanter la maîtrise, dans les autres églises, sans l'agrément du doyen.

Le chant du chœur et de la maîtrise était accompagné par l'orgue, un contre-basse (1574) et un ténoriste (1503).

4° *Officiers subalternes*. — Il y avait au Chapitre de Saint-Maxe comme officiers subalternes, deux *marreliers* ou *marguilliers*, qui touchaient un traitement fixe du receveur de la mense capitulaire, avaient droit aux distributions manuelles du chœur, et percevaient, sur le domaine, une rétribution pour la sonnerie du couvre-feu, instituée par le duc Robert. Parfois ils exerçaient d'autres fonctions rémunérées dans l'église.

Enfin, le Chapitre avait son *bâtonnier* ou *vergier*, ainsi nommé, parce qu'il présidait à l'ordre des cérémonies avec une baguette d'ébène garnie d'argent. Dans les derniers temps, il est

(1) *Vie de Philippe de Gueldres*, par l'abbé Guillaume, p. 365.
(2) Actes cap., 1540.
(3) Bar, 1739, in-4°.

aussi fait mention d'un *suisse*, qui avait le pas sur les employés similaires des autres églises.

## VIII. — Les chapitres généraux a saint-maxe.

1° *Époques et tenue.* — En dehors des circonstances exceptionnelles qui exigeaient la réunion du Chapitre, il y avait, quatre fois l'an, des assemblées capitulaires ou *Chapitres généraux :* le 5 février, veille de la translation des reliques de saint Rouin ; le 11 avril ; le 19 août, vigile de Monsieur saint Maxe ; le 16 septembre, vigile de saint Rouin.

La veille de ces jours, après matines, le secrétaire annonçait la réunion du Chapitre ; et, le jour venu, on le convoquait au son de la grosse cloche, sonnée en volée, par trois coups différents. A neuf heures, un chanoine célébrait la messe du Saint-Esprit, après laquelle on se réunissait à la salle capitulaire ; là, chacun des membres du Chapitre prenait place selon son rang de réception. Le doyen faisait alors une exhortation, dans laquelle il recommandait le bien spirituel et temporel de l'Église, la paix et la concorde entre les membres du Chapitre ; ensuite on délibérait sur les affaires courantes.

Après quoi on faisait introduire les hauts vicaires, les chapelains et le personnel de la Collégiale, et le doyen leur adressait des recommandations inspirées par son zèle, le service de l'église, ou les besoins du temps.

2° *But, importance, secret.* — Ces assemblées, comme les Chapitres dans les ordres religieux, dont ils étaient une imitation, servaient au maintien de la discipline ecclésiastique et à la répression des abus.

En parcourant les actes capitulaires qui nous ont été conservés, on peut voir quelle était leur importance, et l'on y trouve de précieux renseignements non seulement sur la vie, les fonctions des chanoines, les affaires de la Collégiale, mais encore sur l'histoire locale. Ces actes étaient rédigés par le scribe ou secrétaire du Chapitre, lequel avait la garde des archives.

Le secret des délibérations capitulaires devait être strictement gardé : aussi, dans un chapitre du 5 février 1555, des peines sévères furent édictées contre le révélateur, quel qu'il fût : « *il était mis au crocq durant un mois, privé de toutes distribu-* « *tions chorales et exclu du Chapitre, pour donner exemple et* « *terreur aux autres* » (1).

### IX. — Fondations, obits, chapelles du chapitre de Saint-Maxe.

Avec le cours des siècles, la piété des souverains du Barrois, de la noblesse et de la bourgeoisie fit à Saint-Maxe un grand nombre de fondations; les unes avaient pour objet les cérémonies et les fêtes religieuses de la Collégiale, les autres des anniversaires ou obits des fondateurs; enfin, il y avait les chapelles avec dotation pour les chapelains.

1° *Les fondations de confréries, de cérémonies et de fêtes religieuses.* — Ce fut René Ier qui établit à la chapelle Saint-Jean l'Évangéliste la *Confrérie des dix mille vierges*, martyres de Cologne (2), dont il voulut être le chef et patron; il lui assigna un revenu de 10 livres tournois, et 20 livres de cire, à prendre tous les ans sur le tonlieu ou droit de vente de Bar.

Le *Collège ou Confrérie du Purgatoire* eut pour fondateur, en 1567, Jehan Mallyart, chanoine de Saint-Maxe; plus tard, on l'affilia à *Notre-Dame du Suffrage de Rome*, et c'est sous ce nom qu'on la voit citée dans les actes capitulaires en 1730.

En 1622, le chanoine Leschicault obtint du Chapitre que, chaque jour, on ferait sonner l'*Angelus* à Saint-Maxe avant le premier coup de matines; il donna pour cela trois francs et six gros de rente annuelle.

Des *processions* furent instituées avec revenus pour distributions chorales; la veille et le jour de la Présentation de Notre-Dame (1595); aux Rogations; à la troisième fête, ou le mardi de

---

(1) Act. capit., 1555, f° 230.
(2) Dufourny, VI, p. 634; Arch., série B. 809; Inventaire de Lorraine, VI, 365.

la Pentecôte (1); ce jour-là on se rendait à la chapelle des Clouyères, où se disait la messe (2); le 22 juillet, fête de Sainte-Madeleine, patronne de la chapelle, on allait à Popey (3).

Des messes solennelles en l'honneur de sainte Anne, saint Rouin, saint Étienne, saint Césaire, saint Gilles, de la Passion de Notre-Seigneur, etc., furent établies à Saint-Maxe avec revenus pour le Chapitre. En 1513, Loys Merlin, général des finances du Roi et de la Reine de Sicile, président de la Chambre des Comptes, fonda une messe appelée la *messe de la Chambre*, qui devait se dire tous les jours perpétuellement, *après* « *l'élévation de Notre Seigneur* », dans la chapelle de la Conception érigée par lui.

2° *Les obits ou anniversaires* s'étaient multipliés durant le cours des siècles à Saint-Maxe; on en compte plus de trois cents, qui se célébraient généralement au jour de la mort du fondateur (4). Plus de vingt avaient été établis à la mémoire des souverains du Barrois, de leurs épouses, de leurs enfants, presque tous inhumés à Saint-Maxe; quatre-vingts doyens, chanoines, vicaires, chapelains de la Collégiale ou membres du clergé; cinq baillis et châtelains de Bar; deux membres de la Chambre des Comptes, avaient leurs anniversaires à la Collégiale; le reste des obits se rapportait à des membres de la noblesse, de la bourgeoisie du Barrois, et à des employés ou commensaux du château de Bar.

Les revenus de ces différentes fondations se percevaient généralement sur les biens des fondateurs, laissés en garantie, et grevés de ces charges; de la sorte, ils n'étaient pas sujets aux

---

(1) Dufourny, VI, p. 634; Arch., série B. 809.
(2) Richard Péron, act. cap., 1554, f° 224. La chapelle des Clouyères se trouvait dans la rue actuelle de la Banque.
(3) Ce fut en 1435 que Jean Bouchier fit cette fondation.
(4) A ce point de vue ils peuvent fixer la date du décès des personnages historiques non moins sûrement que les inscriptions lapidaires de leurs épitaphes. Les comptes du receveur du Chapitre, particulièrement en 1365, 1400, 1567, sont précieux à consulter sur ce sujet.

fluctuations des rentes, exposées à toutes sortes de catastrophes financières.

3° *Les chapelles du Chapitre de Saint-Maxe.* — Au Chapitre de Saint-Maxe se rattachaient des chapelles fondées, dont la collation appartenait soit au Souverain, soit au Chapitre, ou bien au doyen, et qui étaient desservies par des chapelains généralement obligés à l'assistance du chœur.

C'étaient : la *chapelle de Saint-Étienne* fondée en 1300 par le comte Henri III : la collation appartenait au Souverain.

*Les deux chapelles de Notre-Dame*, richement dotées par Yolande de Flandres, en commutation d'un vœu qu'elle avait fait (1) : l'une appartenait au Chapitre, l'autre était à la collation du doyen.

Celle de *Saint-Christophe*, fondée par le doyen Simon de Foug en 1382 (2) : elle appartenait au Chapitre depuis 1627.

Celle de *Saint-Jean-Baptiste*, fondée par Trusson, conseiller du Cardinal de Bar, en 1423, et dont la collation était au Souverain.

Celle de *Saint-Jean l'Évangéliste*, dont le Chapitre pouvait disposer.

Celle de l'*Annonciation*, dite chapelle Hérault, fondée en 1503 ; elle appartenait au Chapitre.

Celle de l'*Exaltation de la Sainte-Croix*, fixée à l'autel Poquand, ou du *petit Saint-Maxe :* elle appartenait au Souverain.

Celle de la *Conception* fondée par Loys Merlin pour la Chambre des Comptes.

Celle de *Sainte-Barbe et Sainte-Marthe.*

Celle de *Saint-Christophe de l'ermitage de Massonges*, donnée au Chapitre en 1237 par l'archidiacre Formarc.

Celle de l'*hôpital de Revigny* fondée en 1335 avec l'assentiment de l'évêque de Toul, sous le vocable de la *Sainte Vierge et saint Nicolas*, par Jacques Massard, originaire du Bourg, et chanoine de Saint-Maxe. Ce petit hospice était destiné à rece-

(1) V. Servais, *Annales du Barrois*, t. I, p. 392.
(2) B. 800.

voir et héberger les pauvres passants, les voyageurs et les pèlerins ; le fondateur le dota d'immeubles, de rentes et de redevances. Édouard, Comte de Bar, lui accorda les mêmes droits et franchises qu'aux hôpitaux de Bar et Pont-à-Mousson (1).

## X. — Batiments, revenus et charges du chapitre.

1° *Bâtiments du Chapitre*. — Le Chapitre de Saint-Maxe possédait des bâtiments, qui servaient au logement, soit du doyen, soit des employés de l'église ; vicaires, chapelains, maître de musique et enfants de chœur. Ils constituaient « l'*hôtel de la* « *communauté* » que la libéralité des souverains avait accordé au Chapitre en toute propriété, comme on le voit dans une charte de Thiébaut II en 1246, et comme le reconnut le Cardinal de Bar en 1420. Les bâtiments de la communauté s'agrandirent en 1770 par l'assencement des maisons du domaine, qui touchaient à l'hôtel décanal et au chœur de Saint-Maxe.

En outre, le Chapitre avait des maisons pour les chanoines, placées à proximité de l'église et dans la rue des Prêtres ; les comptes de Saint-Maxe mentionnent fréquemment la maison de Sainte-Barbe, la maison Poquand, une maison à la Halle, etc. D'autres maisons avaient été données dans la ville, comme gages des fondations faites à l'église, et se louaient à des particuliers.

2° *Biens, revenus, charges du Chapitre*. — Depuis la charte de fondation, dans laquelle le comte Thierry, sa mère, et différents membres de la noblesse du pays, dotèrent les quatre premières prébendes, le Chapitre de Saint-Maxe accrut ses biens et ses revenus par des donations et fondations successives, auxquelles étaient annexées des charges.

---

(1) On lit dans la charte d'institution que cet établissement fut fondé pour l'usage des pauvres du Christ, de quelque part qu'ils vinssent, et pour les loger en passant : une chapelle y avait été adjointe pour leurs besoins spirituels ; un prêtre la desservait et régissait l'hospice (Vidimus donné en 1365 sous le Duc Robert par les officiers de son conseil).

Voyez, pour la fondation et l'administration de l'hospice de Revigny, les *Pièces justificatives*, n. VI, VII et VIII.

Les biens du Chapitre, d'après l'inventaire dressé le 1ᵉʳ septembre 1790 par Sébastien Humbert, administrateur du district (1), comprenaient en immeubles : différentes maisons ; des jardins ou *meix*, situés à Bar ; le domaine de Popey ; et les bois de Grimombois, Serainval ; le moulin de Marbot et ses dépendances ; des gagnages dans vingt et une localités ; des prés en dix autres ; des moulins à Longeville, Resson, Érize-la-Grande ; des revenus divers en grains, sur les grosses et menues dîmes dans vingt paroisses, sur les fours de Brillon et de Noyers, sur le tonlieu de Laheycourt ; enfin des rentes constituées sur particuliers, et garanties par leurs biens (2).

Ces revenus s'élevaient, en 1757, à 11.700 livres, et en 1791 à 12.195, qui se répartissaient ainsi : les deux tiers se partageaient en portions égales entre les treize prébendes canoniales, ce qui faisait environ 800 livres pour chaque chanoine, y compris 100 livres pour l'acquit des messes, dont il était chargé ; l'autre tiers ne se distribuait pas ; il servait pour les dépenses extraordinaires du Chapitre. On le voit, la prébende canoniale fournissait à peine de quoi vivre honorablement à son titulaire.

Des charges de plus d'un genre grevaient les revenus du Chapitre ; outre les fondations, auxquelles il devait satisfaire, et le traitement des divers employés de l'église, les chanoines avaient l'obligation de pourvoir aux réparations et à l'entretien de leurs bâtiments et de l'église ; il leur fallait contribuer, dans

(1) Archives départementales, cartul. du Chapitre Saint-Maxe, carton XXIX.

(2) Le Chapitre avait des biens et des droits à Andernay, Behonne, Brillon, Bussy-la-Côte, Chardogne, Chaumont-sur-Aire, Contrisson, Courcelles-sur-Aire, Deuxnouds, Erize-la-Grande, Erize-la-Petite, Fains, Givrauval, Haironville, Laheycourt, Laimont et Fontenois, Longeville, Lavallée, Louppy-le-Château, Louppy-le-Petit, Mognéville, Mussey, Naix et Menaucourt, Nant-le-Grand, Naives, Neuville-sur-Orne, Noyers, Rancourt, Rembercourt, Resson, Revigny, Rosières-devant-Bar, Savonnières et Popey, Saudrupt, Seigneulles, Tannois, Trémont, Triconville, Vassincourt, Vavincourt et Sarney, Véel, Ville-sur-Saulx, Ville-devant-Belrain, Villotte-devant-Louppy, Villotte-devant-Saint-Mihiel, Gondrecourt-en-Woëvre.

la proportion des dîmes, à la réfection et à l'entretien des églises de Andernay et Contrisson, Fains, Lavallée, Bussy, Louppy-le-Château, Mussey, Naix, Nant-le-Grand, Naives, Rancourt, Resson, l'hospice de Revigny, Vavincourt (1) : ils votaient des subsides au Souverain dans les différentes circonstances où celui-ci réclamait les *aides* et contributions de son peuple, ainsi qu'on le voit dans un grand nombre de délibérations capitulaires.

### XI. — Réunion du chapitre de saint-maxe a celui de saint-pierre.

Le Chapitre de Saint-Maxe, depuis près de huit siècles, était attaché au service de la chapelle castrale; il avait commencé avec les premiers souverains du Barrois, et son histoire s'était mêlée intimement avec leur histoire. A partir du moment où les Ducs cessèrent de résider à Bar, et n'y firent plus que de rares apparitions; à partir surtout de l'époque où le Barrois et la Lorraine passèrent en d'autres mains, et où ces provinces, jadis indépendantes, entrèrent dans l'unité française, le Chapitre de Saint-Maxe n'était plus que le gardien des tombeaux : il ne devait pas tarder à se transformer, et finalement à disparaître.

Deux Chapitres et deux Collégiales existaient dans la seule ville-haute, et il n'y avait qu'une seule paroisse pour toute la cité. C'était surcroît sur un point, et disette de secours spirituels sur un autre; une modification s'imposait.

1° *Histoire de la réunion des deux Chapitres.* — Déjà en 1697, à la réquisition de M<sup>gr</sup> de Bissy, évêque de Toul, Louis XIV, alors maître du Barrois, avait ordonné la réunion des deux Chapitres de Saint-Maxe et de Saint-Pierre, pour faire de l'église de Saint-Pierre la paroisse de la haute ville; mais le traité de Ryswick rendit la Lorraine et le Barrois à Léopold; et l'avènement de ce prince arrêta l'exécution du projet d'union.

(1) 16 juin 1576, sentence qui condamne les chanoines de Saint-Maxe à contribuer aux réparations de leur église : fonds Saint-Maxe, III<sup>e</sup> carton.

En 1713, M$^{gr}$ de Camilly, évêque de Toul, avait de nouveau exprimé le désir de voir se réunir les deux Collégiales; le conseil de ville s'y opposa : en 1754, à son tour, Stanislas proposa le projet d'union, qui fut une fois encore écarté. Enfin, dans une visite qu'il fit à Bar, le 27 mai 1780, M$^{gr}$ François-Xavier de Champorcin, évêque de Toul, ayant convoqué les chanoines des deux Collégiales, leur communiqua les motifs et le plan d'une union, qui lui semblait à l'avantage des deux Chapitres, et surtout du bien spirituel de la ville.

« Bar-le-Duc, capitale du Barrois, disait le prélat, avec « 15.000 habitants, n'a qu'une seule paroisse, dont l'église est « placée à l'extrémité d'un faubourg : la ville-haute qui réunit « la Cour des Comptes et des monnaies, le Bailliage, la Maîtrise « des forêts, le Corps municipal, et un très grand nombre de fa- « milles nobles, est pour ainsi dire sans paroisse, déshéritée de « secours religieux, surtout depuis la disparition des Jésuites « et des Antonistes : de là l'urgence de créer de nouvelles pa- « roisses pour assurer le service religieux à la population bar- « risienne ».

Le lendemain, les deux Chapitres après avoir délibéré, adhérèrent en principe à l'union ; l'année suivante il fut décidé que cette union se ferait à l'église Saint-Pierre, plus vaste et plus favorable pour un Chapitre devenu plus nombreux.

Le 14 mars 1782, Louis XVI, par lettres patentes datées de Marly, autorisa la réunion des deux Chapitres à Saint-Pierre, sous le *vocable commun de Saint-Maxe et de Saint-Pierre*, avec la qualité d'*église noble, royale, collégiale, sainte chapelle, principale église, et paroisse du Roy* (1).

Le nouveau Chapitre devait être composé d'un doyenné, première dignité réservée à un noble, et d'une grande chantrerie, seconde dignité ; le doyen et le grand-chantre étaient élus par les chanoines, et choisis dans le Chapitre. Il y avait en outre dix-sept prébendes canoniales, dont onze devaient être attribuées à des ecclésiastiques justifiant au moins trois degrés de noblesse paternelle; les six autres appartiendraient à des

(1) Actes capitul., mars 1782, f° 101.

docteurs ou licenciés en théologie, en droit canon, ou civil, élevés dans une université du royaume : tous les chanoines étaient à la nomination du Roi.

Le Chapitre, après avis de l'évêque diocésain, était invité à transférer dans l'église Saint-Pierre les tombeaux et monuments des souverains, qui se trouvaient à Saint-Maxe, les reliques et leurs châsses, les fondations particulières et les bénénéfices appartenant au Chapitre, qui ne seraient pas supprimés ou réduits.

En 1783, les chanoines désirant ranimer leur zèle au service divin, et maintenir la régularité, autant que l'honneur du nouveau Chapitre, ordonnèrent la recherche des lois primitives et des statuts des deux Chapitres, de leurs anciens usages, des canons relatifs à la vie des Chapitres : ils firent rédiger, par une commission spéciale, de nouveaux statuts, dont tous les articles furent discutés, approuvés en Chapitre, puis soumis à l'évêque de Toul, enfin confirmés par lettres patentes du Roi le 30 août 1785.

2° *Composition du nouveau Chapitre et mesures complémentaires.* — Au moment de la réunion, voici quelle fut la composition du nouveau Chapitre : M. de Maillet, doyen; de Vendières, ancien doyen de Saint-Pierre, devenu grand-chantre; de Poirson, secrétaire; de Perret; de Vyart; Charles Cachedenier de Vassimont; Bertrand, official; Cachedenier de Vassimont, jeune; de Maillet, jeune; de La Morre, principal du collège; de Marne; André; de Mellet-Rejaumont, curé de Bar; de Marien; Joseph d'Hauzen; de Cheppe; Guérin de La Marche; Warin; tous chanoines capitulants.

Le bas chœur comprenait huit vicaires, deux chapelains et des chantres musiciens, une maîtrise avec ses enfants de chœur.

On réunit le prieuré de Notre-Dame au Chapitre : les curés de l'antique paroisse Notre-Dame, des deux paroisses récemment créées, Saint-Étienne dans l'église Saint-Maxe, et Saint-Antoine dans celle des Antonistes, furent choisis dans le Chapitre : on supprima et on réunit à la mense capitulaire, pour être distribués aux huit hauts vicaires, après la mort, ou la démission des titulaires, les cinq chapelles de Notre-Dame, de Saint-Jean-Baptiste, de Saint-Jean l'Évangéliste et de Saint-Christophe, fondées à Saint-Maxe, et les quatre vicariats du Chapitre de Saint-Pierre dotés des revenus des chapelles de cette église.

## XII. — Suppression du chapitre.
### Les chanoines pendant et après la Révolution.

Le nouveau Chapitre ainsi réorganisé ne devait pas longtemps subsister : dans les esprits se préparait une révolution qui devait emporter toutes les institutions de l'ancienne France. En 1789, l'Assemblée nationale décréta la spoliation des biens du clergé, en disant qu'ils seraient mis à la disposition de la nation : bientôt les monastères et les chapitres furent supprimés, leurs biens inventoriés et confisqués contre une pension viagère, qui ne fut pas longtemps payée aux membres de ces institutions.

Le 10 juin 1790, le Chapitre de Saint-Maxe et Saint-Pierre s'occupa de la translation des ossements des anciens souverains du Barrois, qui furent déposés dans un caveau de Saint-Pierre (1) : le 19 août suivant, veille de Saint-Maxe, le doyen exhorta les chanoines à redoubler leurs aumônes dans les temps malheureux de la Révolution, qui venait de jeter dans le besoin tant de familles déchues de leurs anciens droits (2) ; ce fut le dernier chapitre général qui précéda de peu la dissolution.

Au moment de la suppression, voici quelle était la composition du Chapitre.

**Charles de Maillet,** doyen ; chapelain de la chapelle de Saint-Jean-Baptiste :

**Antoine-François Cachedenier de Vassimont,** grand-chantre du Chapitre, et vicaire général de Dol ; arrêté le 20 octobre 1793, condamné à la déportation, il mourut en rade de Rochefort le 21 octobre 1794 ; il habitait place de la Fontaine, dans la maison actuellement occupée par M. Develle, sénateur.

(1) V. p. 178.
(2) Actes capitul., 19 août 1790, f° 187.

**Jean-Baptiste de Poirson**, chapelain de la chapelle Notre-Dame à Ville-sur-Saulx; après la Révolution, en 1804, il fut délégué avec M. Rollet pour la reconnaissance des reliques de sainte Hoïlde.

**Charles Cachedenier de Vassimont**, prieur de Saint-Pierre ès-liens d'Estival, chapelain de la chapelle du Saint-Nom de Jésus à Sommelonne, dépendant de l'ordre de Malte; il émigra.

**Joseph d'Hauzen**, chapelain de la chapelle du Rosaire, à Mézières; il mourut déporté.

**Jean-Nicolas-Joseph de Perret**, mort en déportation.

**Jean-Antoine de Vyart**, chapelain de la chapelle Saint-Joseph de Stainville.

**Jean-François de Cheppe.**

**Jean-Baptiste-Nicolas Guérin de La Marche**, chapelain de la chapelle Saint-Nicolas, à Pulligny.

**Charles de Marne**, décédé à Bar, en 1807.

**Daniel-Pierre Cachedenier de Vassimont**, *le jeune*; émigré en Allemagne, il mourut à Bar, à son retour.

**Montardier**, émigra, et mourut curé de la cathédrale de Verdun, en 1810.

**De Maillet**, *le jeune*, émigré en Allemagne, mourut pieusement à Nancy, en 1803.

**Pierre-Antoine de Crolbois**, chapelain de la chapelle Sainte-Barbe, à Beauzée.

**Isidore-Antoine de Bouzinguen**, mort en déportation.

**Bertrand**, official, mort en 1790.

**Claude Rollet**, curé de Saint-Étienne; fut déporté, et mourut en 1836, curé de Notre-Dame.

Le bas-chœur comprenait:

MM. **Nicolas Henry**, maître de musique.
**Contenot**, semi-prébendé.
**J.-B. Lefèvre**, haut vicaire.
**Louis Pornot**, mort curé de Chardogne.
**Nicolas Mangeot**, chapelain de Notre-Dame.
**Louis-Simon Guéry**, vicaire.
**Claude Warin**, chapelain.

Cliché C. Hébert.   Phototypie J. Royer, Nancy.

LE DERNIER CHANOINE DE St-MAXE,

Mr ROLLET, Confesseur de la Foi,

Curé de St-Étienne et Notre-Dame, 1780-1830.

**Claude Michaut**, vicaire et chapelain.
**Claude Collin**, déporté à Rochefort.

Parmi les chanoines, quelques-uns émigrèrent ou moururent durant la Révolution ; d'autres prêtèrent le serment et remirent leurs lettres de prêtrise ; cinq furent déportés à Rochefort et ont glorieusement confessé leur foi ; ce furent : MM. de Boussinguen, d'Hauzen, de Perret, de Vassimont, le grand-chantre, Rollet, le seul qui survécut aux tortures de la déportation.

### XIII. — Le dernier des chanoines de saint-maxe, M. ROLLET.

Ce vénérable confesseur de la foi naquit le 5 décembre 1754, à Grand, dans les Vosges, d'une famille honnête, mais peu fortunée. Élevé d'abord par les soins d'un oncle, prêtre vénérable, qui démêla bien vite ses heureuses dispositions pour l'étude et la piété, il fit ses humanités au collège ecclésiastique de Ligny, puis entra au séminaire de Toul, où il se distingua par ses brillants succès : il reçut avec distinction ses grades théologiques.

Dès qu'il eut été ordonné prêtre, il fut envoyé par ses supérieurs comme vicaire à Notre-Dame de Bar-le-Duc. Là, pendant huit années, il se livra avec un zèle apostolique aux fonctions de son ministère. A l'érection des cures de Saint-Étienne et de Saint-Antoine, il fut nommé vicaire de Saint-Étienne, et chapelain du Chapitre de Saint-Maxe et Saint-Pierre (1787). Le 29 février 1788, le Chapitre lui confia la gestion de la procure (1) : l'année suivante, à raison de son savoir et de ses mérites, il le présenta pour une prébende canoniale à l'agrément de Louis XVI. Installé chanoine le 2 novembre 1789, il fut bientôt après nommé au concours curé de la nouvelle paroisse de Saint-Étienne, en des temps où la religion allait passer par les plus grandes épreuves. Sommé de prêter le serment schismatique de la *Constitution civile* du clergé, sous peine de destitution, il n'hésita pas devant le devoir ; malgré les sollicitations de timides amis et les défail-

(1) Act. capit., f° 181.

lances d'un certain nombre de prêtres, il refusa un acte que sa conscience réprouvait; quitta Bar-le-Duc, et se retira dans sa famille : là il exerça secrètement le saint ministère jusqu'au jour où il fut découvert dans sa retraite, incarcéré à Épinal, et puis condamné à la déportation. Il fit partie d'un convoi de prêtres que l'on conduisait sur une charrette, au milieu de toutes les avanies et des insultes des révolutionnaires les plus exaltés des localités, qu'ils traversaient (1).

Arrivé à Rochefort, M. Rollet fut embarqué, en compagnie de 400 prêtres, sur la gabarre *le Washington*, qui avait servi à la traite des nègres. Relégués à fond de cale dans un réduit si bas, qu'il était impossible à un homme de s'y tenir debout, et où l'air n'arrivait que par d'étroites écoutilles, ces infortunés prisonniers étaient entassés les uns sur les autres; ne recevant pour nourriture que des aliments avariés; en proie à la faim, à la soif, à la vermine, à toutes sortes de maladies; tous les jours insultés par leurs impitoyables geôliers.

Pendant une année entière, ce fut un vrai martyre, qui ne le cédait en rien aux tortures des premiers chrétiens. Le récit de leurs souffrances fait frémir d'horreur à la pensée de tant de barbarie de la part des persécuteurs, mais aussi fait ressortir l'héroïsme de ces généreux confesseurs de la foi. Plus de six cents d'entre eux périrent dans cette prison flottante.

Grâce à sa jeunesse et à la vigueur de son tempérament, M. Rollet survécut à tant de mauvais traitements. Après onze mois de déportation, il fut libéré, le 4 mars 1795, revint dans sa famille, y demeura quelque temps jusqu'à ce que recommença la persécution contre le clergé; alors il dut se cacher encore une fois. Ce fut à cette époque qu'on le nomma vicaire général et administrateur du diocèse de Toul en l'absence de l'évêque émigré; il en remplit les fonctions jusqu'au rétablissement du culte. Lorsque reparurent des jours meilleurs, sur la demande de ses paroissiens, il revint à sa cure de Saint-Étienne où il fut accueilli avec la vénération que lui valaient tant de souffrances endurées pour la religion.

(1) V. *Pièces justificatives*, n. XV.

Après la conclusion du Concordat, ses supérieurs lui offrirent les postes les plus honorables ; il les refusa pour ne pas se séparer de ses fidèles ; et, lorsqu'en 1816, il consentit à recevoir le titre de curé de Notre-Dame de Bar-le-Duc, ce fut à la condition qu'il administrerait la paroisse, sans quitter Saint-Étienne : rare exemple de modestie dans un homme d'un si grand mérite.

Pendant 57 ans, il ne cessa de se dévouer au salut des âmes ; donnant sa préférence aux pauvres, aux malades et aux enfants ; fidèle jusque dans l'extrême vieillesse à tous les devoirs de son ministère ; se faisant tout à tous ; austère à lui-même ; pauvre dans sa mise et son ameublement ; n'ayant d'autre passion que celle de faire le bien. Il travailla de toutes ses forces à ranimer la foi, à réparer les ravages que l'impiété révolutionnaire avait causés dans les âmes, à relever les ruines du sanctuaire et à fonder les œuvres que réclamaient les besoins des temps. Une des joies de ses dernières années, fut de contribuer à la fondation sur sa paroisse de l'établissement des Religieuses Dominicaines, dont il attendait le plus grand bien pour l'éducation des jeunes filles confiées à leurs mains.

Il mourut le 8 avril 1836, à 82 ans, après une longue maladie, durant laquelle il acheva de se sanctifier par la patience, la prière et la méditation des vérités éternelles. Il fut le dernier survivant du Chapitre de Saint-Maxe, dont il avait recueilli pieusement les souvenirs pour les sauver de l'oubli.

Cette figure sacerdotale couronne dignement une institution séculaire, qui eut une grande place dans l'histoire du château de Bar.

# CHAPITRE VII.

### LE COUVENT DES DOMINICAINES.

I. Modestes origines. — II. Acquisition de l'emplacement du château et développement de l'institution. — III. Le Pensionnat. La chapelle. Le Monastère et sa vie religieuse. — IV. Les Prieures. — V. Les œuvres. L'école Saint-Dominique et l'orphelinat de Notre-Dame du Saint-Rosaire.

### I. — Modestes origines du couvent des Dominicaines.

État *de l'éducation des jeunes filles à Bar-le-Duc dans les années qui suivirent la Révolution.* — Comme toutes les œuvres de ce genre, le couvent des Dominicaines, actuellement établi sur l'emplacement du château ducal, eut de modestes origines et répondit aux besoins du temps.

La Révolution avait dispersé et presque anéanti les communautés vouées à l'enseignement des jeunes filles. Lorsque la paix eut été rendue à la religion par la conclusion du Concordat, un souffle de renouveau se fit sentir dans l'Église de France, et les membres épars des maisons religieuses de femmes essayèrent de se réunir, là où l'entreprise n'offrait pas de trop grandes difficultés.

A Bar-le-Duc, les Dames de la Congrégation du Bienheureux Pierre Fourier, du vivant même de leur saint fondateur avaient établi un monastère et une école florissante, où les enfants des meilleures familles étaient élevées. Après la Révolution elles ne cherchèrent pas à relever leur institution disparue ; le monastère avait été aliéné, et le jardin de leur couvent converti en une place publique : c'est là que maintenant se dresse la statue du maréchal Oudinot, duc de Reggio.

Jusqu'en 1829, il n'y avait dans la ville que de modestes écoles pour les jeunes filles ; une sœur de la Doctrine chrétienne secondée par trois collaboratrices, avait ouvert un pensionnat à la ville-haute, sous les auspices, et dans la maison de M$^{elle}$ Vayeur, dont l'âme généreuse se consacrait entièrement aux bonnes œuvres (1) ; mais l'état précaire de la santé de cette religieuse, et le défaut du personnel enseignant, faisaient désirer une institution qui attirât davantage la confiance des parents.

C'était la grande préoccupation du vénérable M. Rollet, curé de Notre-Dame, et de son vicaire M. l'abbé Trancart ; ils souhaitaient vivement pouvoir établir à Bar une communauté de religieuses vouées à l'enseignement. Déjà plusieurs tentatives avaient été faites par eux sans succès de différents côtés, lorsque vers la mi-juillet 1829, M. Trancart, se trouvant avec son curé aux environs de Langres, eut l'inspiration d'aller frapper à la porte du couvent des Dominicaines, et fit de vives instances près de la Prieure pour en obtenir quelques sœurs.

*2° La Communauté de Langres, souche de la maison de Bar-le-Duc.* — Par ses premières origines cette maison se rattachait à la célèbre réforme introduite en France sur la fin du XVI$^e$ siècle par le Révérend Père Michaelis de sainte mémoire. En 1623, deux ferventes tertiaires de Saint-Dominique formées sous la direction des Frères-Prêcheurs de Langres, s'étaient réunies pour habiter ensemble, en suivant dans une large mesure la règle de l'Ordre. Ce fut le grain de sénevé destiné à croître, et à donner asile aux oiseaux du ciel, aux âmes éprises de la vie angélique. Bientôt des compagnes d'élite se joignirent aux

(1) Cette maison était située dans la rue des Grangettes à l'extrémité de la rue du Tribel, sur l'emplacement d'un ancien bastion, à la pointe de la colline qui domine le vallon de Polval ; de là on jouit d'une vue magnifique.

fondatrices. Dans cette maison tout embaumée du parfum de la sainteté, on rivalisait de ferveur pour le service de Dieu et le dévouement au prochain.

Les premières mères se vouèrent aux œuvres de miséricorde corporelle, mais plus encore à l'œuvre apostolique de l'enseignement de la doctrine chrétienne : plus tard les meilleures familles de la ville et des environs confièrent aux Sœurs Dominicaines l'éducation de leurs filles : le monastère reçut des pensionnaires auxquelles on apprenait les connaissances réclamées par leur condition.

Alors la Communauté agrandie sollicita et obtint la clôture qui, par la séparation plus complète du monde, permet aux âmes choisies de se consacrer plus purement à Dieu et aux intérêts de sa gloire.

Près de deux siècles s'écoulèrent ainsi dans la pratique des plus belles vertus de la vie religieuse, jusqu'au moment où la Révolution décréta la suppression des couvents. Dans ces jours néfastes, la Communauté des Dominicaines de Langres refusa la prestation du serment schismatique, et ne quitta le monastère que par la force. Pendant que dura la dispersion, toutes les religieuses restèrent fidèles aux lois de leur état, autant que le permettaient les circonstances. Au rétablissement du culte catholique, elles élurent pour Prieure la Mère Angélique de Vougécourt, à laquelle chacune obéissait, en attendant le moment où la vie de Communauté pourrait se rétablir.

Ce fut seulement en 1806, que la Mère de Vougécourt, aidée de deux autres compagnes, put obtenir la jouissance des bâtiments du monastère : on y ouvrit aussitôt un pensionnat, et, peu à peu la plupart des anciennes sœurs rentrèrent au couvent : l'école Saint-Dominique redevint florissante, et le cloître se remplit à ce point, qu'il fallut songer à fonder des maisons nouvelles.

En 1826, la restauratrice de la maison de Langres conduisit un essaim de religieuses à Neufchâteau : ce fut la première filiation du monastère.

3° *La fondation des Dominicaines à Bar-le-Duc.* — Trois ans s'étaient à peine écoulés, que la Mère Saint-Benoît de Santenoge, devenue Prieure en place de la Mère Angélique, consentit, sur les instances de M. l'abbé Trancart, à fonder une nouvelle colonie à Bar-le-Duc, et à prendre la direction de l'école établie dans la maison de Melle Vayeur.

Elle voulut elle-même venir installer celles de ses filles, qu'elle avait choisies pour la fondation ; c'étaient : sœur Marie-Mélanie, préparée pour être la Prieure de la maison; sœur Marie-Antoinette, sœur Saint-Augustin, sœur Marie de Saint-Jean, religieuses de chœur; sœur Ursule leur avait été adjointe comme converse.

Long et difficile fut le trajet de Langres à Bar-le-Duc en ce temps où l'on n'avait ni belles routes, ni services de voitures publiques bien organisés.

Dans un pas périlleux entre Neufchâteau et Gondrecourt, les voyageuses eurent à remercier Dieu d'une intervention qui leur parut miraculeuse.

On cheminait pendant une noire nuit d'automne ; le voiturier s'était engagé dans un chemin à pente escarpée comme dans les pays de montagnes; il y avait danger à poursuivre plus loin et le conducteur ne savait que faire, quand soudain quelqu'un se présenta, et par des indications précises vint en aide à l'embarras des pauvres religieuses, puis disparut. Lorsque le péril fut passé, le conducteur de l'équipage à peine remis de son émotion ne put s'empêcher de dire aux sœurs : « *Mesdames, vous devez un beau cierge à saint Nicolas !* » Quel était le personnage inconnu, qui les avait tirées d'un si mauvais pas, et que l'on n'avait plus revu ? Les Religieuses crurent à une assistance surnaturelle, et, dans leur cœur, remercièrent l'envoyé de Dieu, quel qu'il fût, dont l'intervention providentielle les avait si opportunément secourues.

Elles arrivèrent le 14 octobre 1829. Le lendemain, fête de sainte Thérèse, la modeste chapelle de l'établissement fut bénite. M. Rollet, entouré de quelques amis, prononça dans cette circonstance une allocution touchante sur les paroles du Psalmiste : *Lætentur cæli et exultet terra* (1). Il célébra les joies du

(1) Ps. xcv, 11.

ciel à la vue du monastère naissant, les allégresses de la terre à la pensée du bien que la fondation allait produire dans le pays.

Au début de leur installation, les épreuves ne manquèrent pas aux Religieuses. L'hiver de 1829 fut des plus rigoureux dans une maison mal fermée, et, par sa position exposée à tous les vents. Grande était la pauvreté de ces temps, où les sœurs n'avaient que peu de provisions, quelques ustensiles qu'elles se prêtaient à tour de rôle, une seule robe de laine écrue, qu'elles avaient apportée de Langres; avec cela des élèves sans principes religieux, sans instruction, ni éducation, d'un caractère léger et difficile. De plus, la municipalité se montrait hostile : le *Journal de la Meuse*, écho des journaux voltairiens du temps, ne cessait d'ameuter l'opinion publique contre les Religieuses nouvellement arrivées; on les dénigrait de toutes manières pour retirer les enfants, ou les empêcher de suivre les cours; mais peu à peu la vertu, le dévouement et le succès des maîtresses dans l'œuvre de l'éducation, leur concilièrent l'estime des meilleures familles de la ville et des contrées voisines (1).

## II. — Acquisition de la manufacture et de l'emplacement du château.

Bientôt le nombre des élèves s'accrut, au point que la maison de Melle Vayeur ne put les contenir; la communauté s'y trouvait elle-même à l'étroit, depuis surtout que des postulantes se présentaient pour embrasser la vie Dominicaine; d'ailleurs les différents corps de bâtiment, par leur exiguïté et leur isolement, se prêtaient mal à la vie régulière et aux exigences d'un pensionnat, de jour en jour plus populeux. Dans l'intérêt de l'œuvre il fallut songer à un autre local.

(1) La reconnaissance oblige à citer surtout les familles de Marien, de Spinetto, de Thionville, de Morlaincourt, d'Arros, Melle Vayeur et son neveu, M. Jules Gossin, conseiller à la Cour royale de Paris, Mgr de Villeneuve-Esclapon, évêque de Verdun, dont les sympathies et les secours généreux aidèrent les Religieuses dans leurs difficultés et les privations des premiers temps.

Cliché Hébert.  Phototypie J. Royer, Nancy.

LE MONASTÈRE DE ST-DOMINIQUE
SUR L'EMPLACEMENT DU CHATEAU DE BAR

Or, à ce moment même la manufacture, bâtie sur l'emplacement du vieux château ducal, était à vendre. C'était une grande construction, avec des salles spacieuses et des appartements, que l'on pouvait facilement aménager pour une maison d'éducation. La situation était superbe, entre la basse et haute ville; il y avait de l'espace, de l'air, une vaste cour, des jardins en terrasses, une vue ravissante, la possibilité de s'étendre avec le temps et les progrès de l'œuvre. C'était là véritablement une ressource ménagée par la Providence; aussi les Religieuses s'empressèrent d'acquérir cet immeuble, et d'en tirer le meilleur parti pour leur établissement. L'achat se fit le 27 septembre 1832.

Le nombre des élèves augmentait d'année en année, et la Communauté s'accroissait à son tour par l'addition de nouveaux membres. Pour être moins à l'étroit, pour régulariser les services du Monastère, et pourvoir aux besoins de l'hygiène, en donnant aux élèves un parcours moins restreint, on acheta les maisons, qui avaient remplacé le donjon incendié, puis le jardin créé sur l'emplacement des grandes salles du château, avec la belle terrasse de la Redoute; enfin, au moment de la construction de la route de l'Avenue du château, on acquit les parcelles environnantes, dont on fit des jardins suspendus sur des terrasses gigantesques, des promenades et des lieux de récréation pour les jeux des enfants.

Par suite de ces agrandissements, le Monastère occupa, sur le plateau et sur le flanc de la colline, la plus grande partie du terrain jadis couronné par l'antique manoir des souverains du Barrois.

### III. — Le pensionnat. La chapelle. Le monastère et sa vie religieuse.

Grâce à son heureuse position, l'établissement des Dominicaines offre un aspect grandiose, surtout du côté de la ville-basse, d'où l'œil embrasse le vaste ensemble des bâtiments du pensionnat, du monastère, des jardins en terrasses superposées, de la chapelle au fronton couronné d'une vierge colossale.

Essayons de décrire, pour ceux qui ne l'ont pas visité, ce séjour de l'étude, de la prière et du dévouement; où déjà tant de générations de jeunes filles sont venues se former aux connaissances ainsi qu'aux vertus, qui constituent la femme chrétienne et française; où vécurent des maîtresses éminentes, dont le mérite, caché dans le cloître, aurait fait grande figure au milieu du monde.

1° *Les bâtiments du pensionnat.* — C'est dans la rue du Château que s'ouvre l'entrée principale.

Après avoir jeté un coup d'œil sur la Tour de l'horloge, dernier vestige de la forteresse féodale, le visiteur pénètre au Monastère par l'aile des parloirs.

Suivons-le dans son itinéraire à travers les bâtiments.

A son entrée dans le cloître, il trouve pour le conduire une religieuse, dont l'habit monastique a été illustré par sept siècles de gloire, et souvent reproduit par le pinceau des maîtres. C'est toujours le costume des sœurs du moyen âge, dans sa simple sévérité, avec sa blanche tunique, son large scapulaire et son voile noir, symbole de joie et d'expiation volontaire, dans l'immolation d'une vie entièrement vouée à Dieu et à la jeunesse.

Après avoir traversé une véranda, parée de plantes rares et de fleurs épanouies jusque dans les rigueurs des frimas, il jette un regard sur la grande cour, jadis parterre du jardin ducal, où d'habitude les jeunes filles prennent les joyeux ébats de leurs récréations; puis il parcourt les salles d'études et les classes. Là, règne cette exquise propreté sans luxe, que de bonne heure il convient d'inspirer aux élèves; l'air et la lumière y abondent; l'œil s'y repose par le spectacle des panoramas lointains, qui se déroulent à l'horizon, et changent à chaque pas. Le visiteur admire le dortoir principal avec ses deux étages de fenêtres, et les innovations, que la science hygiénique y a introduites pour l'aération de la nuit. Il ne se lasse pas de regarder les belles verrières de l'Oratoire des Enfants de Marie; véritables miniatures d'une finesse exquise, où le pinceau de M. Étienne a retracé les principales scènes de la vie de la Sainte-Vierge; ce sont des leçons parlantes pour les jeunes filles élevées au pensionnat.

ENTRÉE DU MONASTÈRE DES DOMINICAINES, RUE DU CHATEAU

En descendant les escaliers d'honneur garnis de leurs rampes en fer forgé du xviiie siècle, il est étonné de voir le parti que l'on a tiré de la céramique pour le revêtement des marches. Il va de surprises en surprises à mesure qu'il parcourt le réfectoire des élèves garni de ses tables de marbre ; la salle de récréation, devenue la salle des fêtes aux grands jours ; la galerie qui se continue en une terrasse, d'où l'on jouit d'une vue ravissante sur la ville et la campagne : il voit comment l'on a utilisé des accidents du terrain dans la création des jardins, qui s'étagent les uns sur les autres, et où le regard est charmé par les plantations, les sites pittoresques, et les monuments pieux semés çà et là sur le passage.

Il aime à visiter la chapelle, dont il est bon de redire l'histoire et de faire la description.

2° *La Chapelle : histoire et description.* — D'abord le service religieux se fit au rez-de-chaussée, dans un local exigu, sans élévation, sans style et sans beauté, placé au centre des services de la maison et troublé par le bruit des récréations de la cour avoisinante. Pendant près de trente ans, les Religieuses patientèrent, amassant péniblement les ressources nécessaires pour la construction d'un sanctuaire, qui répondît à leur piété.

Le 8 juin 1859, la première pierre en fut bénite par M. Gallet, archiprêtre de Bar-le-Duc, assisté des curés de la ville, de M. Charoy, aumônier de la maison, et du Maire de Bar, M. Saincère. Avec la collaboration de M. Ernest Birglin, M. Maxe, architecte diocésain, avait tracé le plan de l'édifice sacré ; les travaux durèrent deux ans à cause des difficultés du terrain.

Le 26 juin 1860, la croix de la flèche était posée, et, le 27 septembre suivant, on plaçait sur le fronton du chœur la statue de la Vierge, œuvre du sculpteur Schmidlin. De son trône aérien elle semble bénir la ville, voilà pourquoi on lui donna le nom expressif de *Notre-Dame de la Protection*. Son érection fut jour de fête pour le peuple Barrisien ; le travail demeura suspendu, et les magasins se fermèrent comme aux grandes solennités. Enfin, le 11 juin 1861, Mgr Rossat, évêque de Verdun, entouré des principaux dignitaires du diocèse, d'un grand nombre de prêtres, et des notabilités de la ville, inaugura le nouveau sanctuaire en le dédiant sous le vocable de Notre-Dame du Saint-Rosaire.

Les religieuses, au comble du bonheur, chantèrent pendant la cérémonie les vers composés pour la circonstance par le frère de l'une d'entre elles, M. l'abbé Devoille :

> Là, désormais notre prière
> Pourra prendre un plus libre essor :
> Là tout nous parle, chaque pierre
> Nous invite à monter encor.
> En silence le cœur s'enflamme
> Des sentiments les plus joyeux ;
> Ce temple paisible est pour l'âme
> Comme le marchepied des cieux.

La chapelle a été bâtie à l'extrémité du Monastère sur l'emplacement de ce qui fut jadis le donjon, ou l'habitation des Ducs, en face, et à quelques pas du lieu, où s'élevait l'église de Saint-Maxe. Désormais, à la prière du Chapitre Ducal que les révolutions politiques avaient fait taire, allait succéder la louange de Marie, redite chaque jour par les filles de Saint-Dominique.

Un autre poète le rappela en souhaitant une meilleure destinée au nouveau sanctuaire :

> Hier, on nous l'a dit, sur tes bases antiques,
> Un temple s'élevait, où de saintes reliques,
> Comme un Palladium, protégeaient la cité.
> Aujourd'hui, l'œil en vain cherche sur la colline !!
> Il n'en reste pas même une pauvre ruine :
>   L'ouragan a tout emporté.
>
> Ah ! si demain encore, Vierge du Saint-Rosaire,
> L'ouragan menaçait ton béni sanctuaire,
> Écarte loin de nous les criminels complots :
> Éloigne de ses murs la main du sacrilège !
> Auprès du Dieu vivant que ta main les protège
>   Contre la violence des flots !

(P. Germain).

CHAPELLE DES DOMINICAINES

Le soir eut lieu la bénédiction de la cloche, dont le parrain fut M. Jean de Thelin, fils d'une ancienne élève, et la marraine, M<sup>lle</sup> Berthe Charoy, mariée dans la suite à M. Robert de La Marche. Depuis lors, sa voix d'airain est devenue le régulateur du Monastère, et un peu de la cité; chaque matin, elle lui adresse une invitation à s'unir aux prières des âmes consacrées :

> Cloche, qui te balances
> Au sommet de la tour ;
> Voix du ciel, qui t'élances
> Avant les voix du jour,
> A mon âme, qui prie,
> Viens parler de patrie,
> D'espérance et d'amour.
>
> (A. Devoille).

Les fêtes de l'inauguration passèrent, mais l'édifice demeure.

Sa principale beauté, c'est sa place sur la crête et le flanc de la colline. De ce soubassement gigantesque, le chevet de la chapelle s'élance hardiment vers le ciel, en servant de piédestal à la Vierge Marie. Le flanc nord, paré de ses hautes fenêtres, offre un beau coup d'œil au point de vue artistique. Le portail gracieusement décoré, avec son tympan orné des armes de l'Ordre, sa rose aux six pétales épanouies, et son svelte campanile, tout cela produit un fort bel effet sur la rue du Château.

Pénétrons dans l'édifice sacré, dont le style architectural rappelle la seconde moitié du xiii<sup>e</sup> siècle; le vaisseau plaît par ses proportions élancées.

Dès l'entrée, l'œil admire tour à tour; la grille de clôture en fer forgé, qui rappelle les beaux types de ferronnerie de la basilique de Saint-Denis; la galerie de statues adossées aux faisceaux de colonnettes; la mosaïque du pavé; le splendide vitrail du Rosaire, dans lequel Claudius Lavergne a su mettre en œuvre toutes les ressources de l'art du peintre verrier; l'autel, où l'or s'unit aux tons les plus doux pour l'œil; les peintures décoratives des murailles, qui s'arrêtent au cordon des fenêtres, et laissent voir les colonnes, ainsi que les lignes de l'architecture, dans la sévère beauté de la pierre. Cette sobriété, alliée à une certaine richesse, plaît dans une église monastique.

Çà et là, sur le fond des peintures décoratives, se détachent des sujets, dans lesquels l'art vient en aide à la piété. Dans le chœur des Religieuses, au-dessus de leurs têtes, règne une frise, où se trouvent, entremêlés aux scènes de la Passion, les portraits de quelques-uns des Saints et des Saintes, des Bienheureux et Bienheureuses, que l'Ordre de Saint-Dominique a enfantés en si grand nombre ; ce sont des modèles célestes pour leurs sœurs de la terre.

Sur les murs du sanctuaire apparaissent quatre grandes peintures représentant : l'éducation de Jésus et de Marie ; la vie active et la vie contemplative dans la maison de Béthanie ; la miséricorde du cœur de Jésus dans l'apparition à Thomas incrédule : autant de leçons placées sous les regards des Religieuses, rappelant les obligations de leur vie, et la source des grâces, dont elles ont besoin pour les œuvres de leur dévouement.

L'autel offre trois sujets remarquables : au retable, de chaque côté du tabernacle, deux pages de l'Évangile, empruntées à Overbeck, symbolisent la vie eucharistique et ses effets, dans la sépulture et la résurrection de Jésus. Sur le devant de l'autel est reproduite une belle page de Romain Cazes : au centre apparaît la majestueuse figure du Christ debout sur un tertre, d'où coulent les sources de vie ; il tient en mains la blanche hostie ; à droite et à gauche, des anges arrivent vers lui, portant les symboles du sacrifice sanglant, l'arche d'alliance, l'Agneau pascal, et les divers instruments du sacrifice eucharistique, réalisation et perfection des sacrifices anciens.

Tous ces tableaux sont dus à l'habile pinceau de M. l'abbé Charoy, qui, pendant de longues années, fut l'aumônier dévoué de la maison de Saint-Dominique.

La grande peinture de la tribune représentant Marie, *Reine des Vierges*, assise sur un trône vers lequel se dirige, à la manière de Flandrin, une double procession des vierges martyres et des vierges du cloître ; les stations du chemin de la Croix sur fond d'or ; la scène de l'Ascension, et les symboles eucharistiques de la table de communion, sont l'œuvre d'Édouard Wayer.

CHAPELLE DES DOMINICAINES — TRIBUNE

3° *Le Monastère et la vie religieuse*. — Entre la chapelle et les bâtiments du pensionnat se trouve le monastère avec ses salles communes, ses deux étages de cellules et son jardin fermé.

Tandis qu'au pensionnat règne une certaine élégance, ici tout est pauvre et conforme à l'esprit religieux : le seul luxe qu'on y voit est une grande propreté. Quelques tableaux suspendus dans le couloir, qui mène à la chapelle et dans la salle du travail, c'est tout l'ornement que la règle permet. Une chaise, un pauvre lit, une table, une petite armoire en bois blanc, un crucifix, et quelques images pieuses, composent tout l'ameublement de la religieuse dominicaine, quelle qu'ait été sa condition dans le monde : encore ces objets ne lui appartiennent pas : elle les échange contre d'autres, à des périodes réglementaires ; sa richesse est ailleurs que dans les parures et les bibelots, dont s'amusent tant de femmes du monde !

Sa vie s'écoule dans une série d'exercices qui recommencent sans fin. Toute l'année, de grand matin, alors que tant d'autres sont encore plongés dans les douceurs du sommeil, et bien avant que commence le labeur de l'artisan, la cloche l'appelle au chœur. Là, elle prie la Vierge Marie au nom du peuple chrétien ; elle nourrit son âme des méditations saintes, et vient apprendre chaque jour, aux pieds de son Dieu immolé, à s'immoler sans fin, pour les intérêts de sa gloire, pour le bien des jeunes âmes confiées à ses soins.

Puis, elle s'en va au travail, que lui assigne sa fonction dans le Monastère, agissant non pas à sa guise, mais sous la direction de la règle et la dépendance des Supérieures ; mêlant la prière à l'étude, à l'enseignement, au travail manuel, aux soins que réclament les enfants, et les occupations si variées d'une maison d'éducation.

C'est la vie parfaite avec ses pensées élevées ; c'est la culture de l'âme dans ses hautes facultés : c'est la vie en commun dans une famille qui se renouvelle sans cesse, et fait goûter les douceurs d'une fraternité d'amour ; c'est la vie de dévouement perpétuel aux œuvres saintes, qui répond si bien aux besoins du cœur de la femme, d'autant plus heureuse, qu'elle se sacrifie pour la plus noble des causes, en même temps qu'elle se perfectionne elle-même dans le travail intime de son âme.

Aussi voit-on le bonheur rayonner sur les visages des Religieuses du cloître ; là elles ont été librement attirées au service de Dieu par le désir d'une vie, qui est en rapport avec leurs aspirations les plus profondes ; elles ne voudraient pas l'échanger contre toutes les joies du monde.

Dans ces conditions favorables s'épanouissent les talents et les aptitudes de chacune ; à quiconque les voit de près, il est facile de constater, que le Monastère renferme des trésors cachés, des mérites supérieurs et des vertus éminentes.

Malgré les oppositions du monde, c'est la gloire de l'Église, de produire sans cesse ces belles âmes, qui sont la fleur de l'humanité régénérée, et consacrent leur vie aux plus belles œuvres du zèle religieux.

## IV. — LES PRIEURES DU COUVENT DE SAINT-DOMINIQUE.

Dans un couvent dominicain, la Prieure, librement élue par ses filles, tient une grande place dans l'organisation de la maison, dont elle devient l'âme et le principe moteur. C'est en elle que se résume en quelque sorte l'histoire du monastère. Il est donc bon de tracer l'ordre, et de rappeler la physionomie des Prieures, qui ont gouverné le couvent de Bar depuis sa fondation.

### MÈRE MÉLANIE LAURENT

FONDATRICE ET PREMIÈRE PRIEURE DE BAR

(1829 à 1839, puis de 1846 à 1849).

La première Prieure du couvent de Bar-le-Duc fut la Révérende Mère Mélanie. Elle naquit en 1790, au village de Velorcey (Haute-Saône) de parents chrétiens, qui cachèrent dans leur demeure des prêtres proscrits, et méritèrent ainsi les bénédictions de Dieu sur leur enfant. Entrée au couvent de Langres, vers 1814, elle fut employée au pensionnat jusqu'au moment de la fondation du monastère de Bar, dont elle fut la Supérieure à deux reprises différentes.

MÈRE S¹-BENOIT DE SANTENOGE
Fondatrice du Monastère (1839-1843)

MÈRE EUPHRASIE
(1849-1869)

MÈRE SAINTE-ROSE
(1869-1889)

MÈRE MARIE DE S¹-BENOIT
(1893-1899)

Réélue quatre fois au début, durant les onze premières années, elle gouverna la maison avec une grande sagesse, au milieu des difficultés les plus délicates de la fondation. Sous son gouvernement, se fit l'acquisition de la Manufacture et la transformation de l'immeuble pour l'usage du pensionnat. Grandes furent les dépenses de cette installation, et, petites étaient les ressources de l'établissement naissant. A certains jours, le Monastère se trouvait en détresse ; alors la Prieure allait vers Jésus, le Père des Pauvres; comme saint Liguori, elle frappait à la porte du tabernacle, en disant : « *Seigneur, vous connaissez nos besoins, et vous ne demandez qu'à les soulager; c'est pourquoi nous nous abandonnons à Vous* ». La Providence ne manquait pas de venir en aide par des moyens, qui ravissaient les filles de la Mère Mélanie.

Après avoir déposé ses pouvoirs en 1840, elle fut heureuse d'échanger la charge de Prieure contre l'office de portière, où se plaisait son humilité ; en 1846, le suffrage de ses filles l'appela de nouveau à la supériorité, qu'elle garda trois années encore ; mais déjà ses forces déclinaient, et, après une longue maladie religieusement supportée, elle mourut le vendredi 15 mars 1850, à trois heures de l'après-midi, comme elle l'avait annoncé et désiré : elle avait soixante ans d'âge, et trente-trois de profession. A son enterrement, il y eut un concours prodigieux ; les pauvres, les ouvriers, et les enfants l'appelaient « *la Bonne Dame Mélanie* » ; ses sœurs, qui l'avaient vue de près, la nommaient une sainte, et sa mémoire est restée en vénération dans le Monastère.

## MÈRE MARIE DE SAINT-BENOIT
### Jeanne-Marie de Santenoge
DEUXIÈME PRIEURE ET FONDATRICE DU MONASTÈRE

(1839-1842).

La seconde Prieure fut la Mère Marie de Saint-Benoît.

Issue d'une famille noble, originaire de Saint-Mihiel (1), elle

(1) Didier Barrois, né en 1540, devint greffier en chef de la Cour

naquit à Langres en 1765, de Claude-Antoine Bernard Barrois, seigneur de Germaine, Président au présidial, et Maire de la ville. Elle eut pour mère Marie-Eléonore de Castel, qui fut dame d'honneur de Louis XVI.

A treize ans, avec sa sœur, qui fut plus tard Madame de l'Yver, elle entra au couvent des Dominicaines pour y faire son éducation. Le spectacle des vertus de ses saintes maîtresses la détermina de bonne heure à se donner au service de Dieu. A vingt et un ans, le 19 avril 1785, elle fit profession, quand déjà se révélaient les signes avant-coureurs de la Révolution.

Lorsque la communauté de Langres fut contrainte de se disperser, en 1792, la Mère Saint-Benoît se retira chez sa sœur, et prit soin de l'éducation de ses nièces. Durant la Terreur, elle ne craignit pas de se rendre à Paris plaider devant le Tribunal révolutionnaire la cause de Madame de l'Yver, qu'elle put ainsi sauver de l'échafaud. Dès qu'il fut possible de reconstituer la vie de Communauté, elle unit ses efforts à ceux de la Mère Angélique de Vougécourt, sa Prieure, et la seconda dans l'œuvre de restauration du Monastère. Tour à tour, maîtresse des élèves, puis des novices, elle fut élue en 1826, Prieure de Langres, et continuée dans sa charge en 1829.

Durant son second Priorat, elle décida la fondation de Bar, et voulut y conduire elle-même les religieuses destinées à la nouvelle maison; elle les aida par sa présence au milieu des difficultés du début, et revint à Langres en avril 1830. Après l'achèvement de son second triennat, elle refusa de reprendre sa charge, afin de rentrer dans la vie d'humilité et d'obéissance chère à son cœur.

En 1833, afin de l'avoir pour appui et pour modèle, ses filles de Bar la réclamèrent, et l'élurent Prieure; mais il leur fallut céder devant les réclamations de leur Mère, qui consentit à venir habiter leur monastère à la condition de rester simple Religieuse.

souveraine des Grands jours à Saint-Mihiel ; son fils, Charles Barrois, fut ennobli le 20 juin 1590, par lettres patentes de Charles III, duc de Lorraine.

En 1835, à l'âge de 71 ans, elle célébra les noces d'or de sa consécration. En 1839, malgré ses supplications, elle dut céder aux instances de ses filles, et par dévouement consentir à devenir la Prieure du monastère : c'est alors que se fit l'acquisition du grand jardin du couvent, et l'érection du Calvaire de la terrasse.

Après les trois années de son Priorat, la Mère Saint-Benoît déposa sa charge. Parvenue à une extrême vieillesse, elle continua les exercices de la vie religieuse avec une régularité, qui édifiait la communauté. Levée avant toutes les autres, à 80 ans, elle était la première à la chapelle pour l'office : dure à elle-même, elle aimait la sainte pauvreté jusqu'à réclamer pour sa part les robes les plus usées du vestiaire; son plus grand bonheur était de s'occuper des pauvres qu'elle appelait *ses bons amis*, et, pour eux, souvent il lui arrivait de se faire quêteuse. Un jour, elle avait reçu de sa sœur une somme assez ronde, destinée à faire célébrer des messes après sa mort : elle demanda instamment d'employer cet argent pour ses chers indigents.

On obtenait tout d'elle, quand on l'aidait dans ses aumônes. Ses filles désiraient vivement posséder son portrait, et comme elle s'y refusait constamment, on ne triompha de son humilité, qu'en faisant appel à sa charité. Afin de la décider, on lui offrit vingt-cinq francs pour ses protégés. « Vingt-cinq francs! lui « disait-on, c'était assez pour avoir deux beaux pots de beurre, « avec lesquels il lui serait facile de faire des heureux pendant « l'hiver! » Elle ne put résister à une telle proposition, mais tout en cédant, afin de ne pas perdre de temps, elle voulut tricoter pour les pauvres, pendant qu'elle posait à leur profit : à la dernière séance seulement, on remplaça le tricot par le chapelet. C'est, dans cette attitude de la prière, qu'elle est représentée sur la toile : l'image de la vénérable fondatrice, fidèlement gardée dans la salle de Communauté, rappelle aux générations venues depuis sa mémoire bénie.

Femme de grand caractère, la Mère Saint-Benoît ne se laissait rebuter par aucune difficulté. Un jour, au plus fort de la persécution, qui éprouva ses filles dans les premiers temps de leur arrivée à Bar, quand la situation semblait extrêmement critique, la Mère Saint-Benoît plaçant la main sur son cœur, dit à M. Rollet : « *Je mets la main là ; si ma conscience ne me re-« proche rien, je ne m'inquiète pas de ce que les hommes peu-« vent faire ou dire* ». Le saint vieillard sourit en admirant une telle vaillance. « *Je n'ai jamais vu*, disait-il, *pareilles reli-« gieuses* » en parlant de ses chères Dominicaines ! « *Quelle maî-« tresse femme !* » répétait-il à ses amis en désignant la Mère Saint-Benoît.

Après une courte maladie, elle mourut le 2 mars 1853 dans la 90ᵉ année de son âge, et la 68ᵉ de sa profession ; elle demanda d'être enterrée comme les pauvres. Sa mémoire est restée en vénération dans le monastère qu'elle avait fondé, et dont elle demeure un beau modèle de vie religieuse. On a dit d'elle qu'elle fut une règle vivante et un type achevé des grands courages d'autrefois.

## MÈRE MARIE DE SAINT-AUGUSTIN

### *Anne-Thérèse-Humilité Devoille*

FONDATRICE ET TROISIÈME PRIEURE DU MONASTÈRE

(1843-1846).

Fille d'un grand chrétien, M. Devoille, médecin à Saint-Loup (Haute-Saône) et père de douze enfants, dont quatre se consacrèrent à Dieu, Marie-Anne-Thérèse-Humilité naquit en 1802, et se distingua dès ses plus tendres années par sa vertu, autant que par sa belle intelligence : sa première éducation se fit au foyer paternel, et s'acheva au couvent des Dominicaines de Langres.

La vue de la sainte vie de ses maîtresses fortifia en elle le désir de l'état religieux. A vingt et un ans, le 28 octobre 1823, elle fit profession, et fut employée au pensionnat dans les années suivantes, jusqu'au jour où la Mère Saint-Benoît, qui savait son mérite, la désigna pour la fondation de Bar.

C'était une éducatrice éminente, à l'esprit largement cultivé, au cœur rempli de l'amour de Dieu et des âmes ; par ses vertus autant que par ses capacités, elle prit sur les enfants un ascendant considérable, et sous sa direction, l'école naissante brilla du plus vif éclat. Pendant quatorze ans, elle fit la réputation du pensionnat, forma des femmes remarquables, dont l'action bienfaisante rayonna au sein de leurs familles et dans la société. Longtemps encore, après leur sortie du monastère, ses élèves aimaient à la consulter, et se dirigeaient d'après ses conseils; sa correspondance avec elles devenait un véritable apostolat, qui les guidait à travers le monde.

En 1843, les suffrages de ses sœurs l'appelèrent à la dignité priorale; quand son triennat fut révolu, elle déposa joyeusement sa charge pour prendre la classe des plus petites. Pendant de longues années encore, aussi longtemps que ses forces le lui permirent, elle se dévoua au service de la jeunesse, dans l'œuvre de l'éducation, où elle réussissait si bien.

Humble et cachée, elle aimait les plus petits emplois de la maison; comme la mère Saint-Benoît, elle ne cessait de travailler pour les pauvres. Durant les loisirs de la vieillesse, elle s'occupait de la rédaction des Chroniques du monastère, où elle a consigné le récit des événements, dont elle fut témoin; pages délicieuses, d'un style agréable, embaumées par la piété, pleines d'enseignements pour les religieuses venues depuis.

En 1873, la mère Saint-Augustin célébra le jubilé de sa profession, au milieu d'un brillant cortège d'élèves, qu'elle avait formées, et qui l'entouraient de leur sympathie. On espérait que la vénérable Mère verrait le cinquantenaire de la fondation du monastère, dont elle avait fait la gloire durant de longues années; mais il ne lui fut pas donné de goûter cette joie sur la terre.

A la fin de 1876, au moment où elle était à la sainte Table, elle se sentit défaillir, regagna sa place en chancelant, acheva son action de grâces, et puis fut transportée à l'infirmerie, où elle mourut quelques jours après, dans les sentiments de la plus vive piété et de la confiance de l'amour. — « *L'époux céleste est à la porte et il frappe* », lui avait dit, quelques jours avant, le prêtre chargé de l'assister à ses derniers moments. — « *Je l'entends et me dispose à lui ouvrir* », répondit la mourante avec un gracieux sourire. — On lui demandait à quoi elle s'occupait sur son lit de douleur : « *Je fais en ce moment*, disait-elle, *mon heure du plus parfait!* »

Elle mourut le 30 novembre 1876, âgée de soixante-quatorze ans : pour la première fois dans la communauté, son corps fut transporté au sanctuaire, où se fit la veillée funèbre, en présence du Dieu qu'elle avait tant aimé. Cet usage a depuis été suivi au monastère pour les sœurs décédées.

## MÈRE MARIE DE SAINTE-EUPHRASIE

*Catherine Jacquin*

QUATRIÈME PRIEURE

(1849-1862).

Née le 6 janvier 1803, à Saules, près de Citeaux (Côte-d'Or), d'une honorable famille de cultivateurs, elle perdit ses parents dès le bas âge, fut recueillie par une de ses tantes, et confiée aux Dominicaines de Langres, en 1816.

A quatorze ans, l'orpheline qui avait senti l'appel de Dieu, fut admise au noviciat, et se forma, sous la vigoureuse direction de la Mère Saint-Benoît, aux vertus de l'état religieux. Elle fit profession le 21 septembre 1820. Bientôt ses rares aptitudes la désignèrent aux Supérieures pour la charge importante de Procureuse; la Mère Saint-Benoît, alors Prieure de Langres, la réclama pour la fondation de Bar, afin de lui confier le soin du matériel de la nouvelle maison.

D'abord Économe du Monastère de Bar, puis Maîtresse des novices, la Mère Euphrasie fut élue Prieure, en 1849 : quatre fois de suite, la confiance des Sœurs la confirma dans cette dignité.

Pendant les douze années de son gouvernement, d'importants travaux s'accomplirent au Couvent : on acquit une maison dans la rue de l'Horloge pour communiquer du monastère à la ville-basse; l'aile des parloirs fut construite en 1852 : sept ans après, on entreprit l'édification de la chapelle et du bâtiment adjacent, destiné à la communauté.

A la fin de son quatrième triennat, la Mère Euphrasie, qui savait le mérite de la Mère Sainte-Rose, fit reporter les suffrages de ses sœurs sur celle, que, dans son humilité, elle jugeait plus capable de la direction de la communauté, et seconda de tout son pouvoir la nouvelle Prieure, avec qui elle n'avait qu'une même pensée.

En 1871, elle eut la joie de fêter ses noces d'or, et de renouveler ses vœux, au milieu d'un beau cortège de postulantes et de novices. En jetant un coup d'œil sur le passé, elle put remercier Dieu de tout ce qui s'était fait depuis son arrivée. L'étroite maison des premiers jours était devenue un monastère peuplé de nombreuses Religieuses ; la petite école, un pensionnat florissant ; le modeste oratoire, une gracieuse chapelle, où se pressait une affluence d'amis. Mgr Hacquard, évêque de Verdun, de douce mémoire, avait voulu présider lui-même la cérémonie, assisté de Monsieur Tripied, archiprêtre de Bar, de M. le chanoine Trancart, qui avait été l'instrument de la Providence pour la fondation, de plusieurs Pères de l'Ordre, et d'un grand nombre de prêtres, qui témoignèrent leur intérêt sympathique à la vénérable jubilaire.

Huit ans encore, elle demeura l'édification de ses sœurs par sa piété et sa régularité ; puis, quand vint sa dernière heure, elle adressa ses recommandations suprêmes aux Religieuses, qu'elle avait presque toutes données à Dieu, leur promettant de ne pas les oublier au ciel. Elle expira doucement le 21 janvier 1879, à l'âge de soixante-seize ans, après cinquante-huit années de profession religieuse.

## MÈRE MARIE DE SAINTE-ROSE
*Élisabeth Barbelle*
CINQUIÈME PRIEURE

(1862 à 1883).

Née à Bar-le-Duc, le 30 octobre 1813, de Jean Barbelle, fabricant de toiles de coton, elle perdit son père de bonne heure ; et, bien jeune encore, elle dut travailler pour venir en aide à sa mère presque aveugle; celle-ci mourut bientôt à son tour. L'enfant fut recueillie par son aïeule, qui ne tarda pas à suivre les parents dans la tombe; mais la Providence lui ménagea un refuge chez une tante établie à Saint-Dié.

A l'école du malheur, la jeune fille avait mûri; dans sa famille adoptive, elle se fit chérir par ses qualités aimables, et par les ressources de sa riche nature. C'est là qu'elle entendit l'appel de Dieu pour la vie du cloître. Bien des difficultés s'opposèrent à sa vocation : elle les surmonta courageusement, et, vers la fin de 1834, elle vint solliciter la faveur d'être admise chez les Dominicaines, récemment établies dans sa ville natale.

Imagination ardente, âme de feu, elle travailla si bien sa nature, sous la direction de la Mère Saint-Benoît, qu'elle la soumit entièrement à la grâce. Ses supérieures apprécièrent bien vite ses aptitudes, et ne tardèrent pas à lui confier les emplois les plus importants de la maison.

D'abord Procureuse, chargée des intérêts matériels, qu'elle sut gérer avec une habileté consommée, puis Maîtresse des Novices, elle montra dans cette charge délicate son grand sens religieux, et une rare pénétration pour la conduite des sujets confiés à son dévouement; elle savait faire passer son âme dans leur âme, et leur inspirer la générosité, qui l'animait. A son école se forma dans le Monastère une génération de ferventes Religieuses, qui l'aidèrent plus tard dans tous les progrès réalisés sous son impulsion féconde.

Élue Prieure en 1862, et huit fois continuée dans sa charge par la confiance de ses sœurs, elle fit tout prospérer dans la communauté et le pensionnat.

Ce fut sous son gouvernement, que l'on mit en vigueur les règles approuvées par le Saint-Siège, et le Coutumier qui les complète. C'est à son zèle que le Monastère dut l'érection des confréries du Sacré-Cœur, du Saint-Rosaire et de Saint-Joseph, si propres à nourrir la ferveur dans l'âme des maîtresses et des élèves. C'est elle qui a fondé à Bar la fraternité du Tiers-Ordre Dominicain, dont les réunions régulières aident ses membres à se rapprocher de la vie parfaite. C'est à son initiative qu'il faut attribuer l'institution des retraites, où les maîtresses laïques vinrent longtemps chaque année se retremper dans le dévouement à leurs devoirs.

Intelligence ouverte à tous les progrès, elle tint le pensionnat de Saint-Dominique au niveau de toutes les améliorations matérielles et pédagogiques, que réclame une maison d'éducation de premier ordre : le plan d'études se développa, les maîtresses furent munies de diplômes avant même que la loi l'exigeât, et les succès académiques attestèrent chaque année l'excellence de l'instruction, qui se donnait au couvent. Un passage fut créé pour fournir un facile accès aux élèves de la ville-basse : une vaste salle de récréation surmontée d'un magnifique dortoir répondit à l'accroissement du pensionnat. Jamais la maison de Saint-Dominique n'avait atteint un tel degré de prospérité.

Mais en même temps que le pensionnat se développait, la vie religieuse florissait au Monastère, sous la direction et l'influence de la Prieure. Ses filles, qui la voyaient de près, trouvaient en elle la perfection que l'on admire dans les saints : une humilité qui la portait à se mépriser elle-même ; elle se croyait propre tout au plus à attirer les malédictions sur la maison ; sa bienfaisance envers les pauvres était connue de toute la ville ; elle la pratiquait avec délicatesse, comme on le vit à l'égard des prêtres espagnols réfugiés à Bar, à qui plus d'une fois elle vint en aide dans la détresse, en leur envoyant une pièce d'or, comme honoraire d'une messe demandée par une personne anonyme.

Sa charité s'élevait jusqu'à l'héroïsme. Un jour, elle soignait la plaie infecte d'une pauvre femme, et son cœur se soulevait de dégoût devant le mal affreux : pour vaincre la nature, à l'exemple de Catherine de Sienne, elle baisa l'ulcère hideux : à partir de ce moment, plus rien ne lui coûta.

Elle était ingénieuse à trouver des ressources pour multiplier les aumônes : chaque jour, elle avait établi une distribution régulière d'aliments, que les pauvres venaient eux-mêmes chercher, et, cette institution charitable s'est depuis continuée ; quand la maladie empêchait un indigent d'aller prendre sa portion, une sœur tourière, envoyée par la Mère Prieure, la lui portait : on assistait le pauvre durant ses souffrances ; on le préparait à bien mourir, et les prières de la Communauté le suivaient après son trépas. La Mère Sainte-Rose savait intéresser les personnes du monde à ses pauvres, mais particulièrement les élèves du pensionnat, à qui elle s'efforçait d'inculquer les saintes industries de la charité.

Des notes de retraite trouvées après sa mort révèlent le secret de sa vertu, et le haut degré de perfection, où elle était parvenue, son esprit de prière, sa pratique de l'abandon à la volonté de Dieu, sa vie d'union habituelle à Notre Seigneur.

Arrivée à ce point de vertu qui confine à la sainteté, la Mère Sainte-Rose était mûre pour le Ciel. Le dimanche 10 juin 1883, quoique souffrante, elle voulut se rendre à la chapelle et assister aux offices ; mais, au sortir de la messe, elle ressentit les premières atteintes d'une congestion, qui parut assez grave pour lui administrer les derniers sacrements. Dans les jours qui suivirent, elle voulut voir toutes ses filles, les bénir une dernière fois, leur recommandant, à l'exemple du Patriarche Dominique, la charité fraternelle, l'observance des règles, la générosité de cœur dans le service de Dieu. Après sa dernière communion, elle entra dans un profond recueillement, et rendit son âme à Dieu, le 17 juin 1883, au moment de l'élévation, pendant la messe qui se disait à son intention. Elle avait soixante-dix ans d'âge, quarante-six de profession, et vingt-deux de priorat.

Ses funérailles furent un triomphe : la chapelle ne put contenir l'assistance, qui refluait dans les couloirs avoisinants : les pauvres, qu'elle avait tant de fois secourus, lui firent un cortège d'honneur, en publiant la charité de la bonne Mère Sainte-Rose. Son souvenir est demeuré vivant parmi ses filles et les encourage aux vertus de leur état.

## MÈRE MARIE DE SAINT-BENOIT
*Marie Gisbert*
SIXIÈME PRIEURE

(1883-1888).

Ce fut à Carcassonne, où les souvenirs de saint Dominique sont encore si vivants, que naquit la Mère Marie de Saint-Benoît ; orpheline dans un âge encore tendre, elle se sentit de bonne heure appelée à la vie dominicaine du cloître. En 1858, elle vint de bien loin la demander au Monastère de Bar-le-Duc, où l'attiraient la mémoire des Mères anciennes et la réputation de régularité de la maison. Elle fit son noviciat sous l'intelligente direction de la Mère Sainte-Rose, qui devina promptement le prix d'un tel sujet.

Douée de qualités remarquables, passionnée pour l'apostolat de l'éducation, elle fut d'abord employée aux petites classes ; puis après quelques années, mise à la tête du Pensionnat comme Maîtresse générale. Pendant dix-sept années qu'elle exerça cette charge importante, elle réalisa, de concert avec la Mère Sainte-Rose, de grands progrès dans les études, et forma de nombreuses générations d'enfants, qu'elle savait s'attacher pour les porter à Dieu et à la vertu : car elle avait le don d'attirer les jeunes âmes, de les élever dans toute la noble acception du mot, et de les encourager au milieu du monde par une correspondance active.

En 1883, à la mort de la Mère Sainte-Rose, elle fut élue Prieure. Pendant les cinq années qu'elle géra cette charge, elle a continué l'œuvre de sa devancière, et accompli dans la maison d'importantes améliorations : l'aile des parloirs fut reliée au bâtiment principal et relevée d'un étage : la chapelle décorée par un élégant pavage, des vitraux et des fresques ; le réfectoire des élèves agrandi et transformé. Elle fut heureuse d'établir l'œuvre de la retraite annuelle en faveur des anciennes élèves et des amies de la maison, qui voulaient profiter de cette grâce pour se ranimer dans la vie chrétienne.

Mais l'œuvre capitale de son Priorat fut la préparation d'une fondation, qui devait rester attachée à la Maison Mère, sous le régime de la Congrégation. Les vocations abondaient alors ; la ruche était pleine, et selon la maxime de saint Dominique, elle trouvait qu'il fallait, non pas entasser, mais semer le grain, de peur qu'il ne vînt à se corrompre.

Après qu'elle eut cherché dans quelle ville elle enverrait une colonie, qui pût fructueusement se dévouer à l'apostolat des jeunes âmes, les dispositions de la Providence la mirent en rapport avec le très Révérend Père Monsabré, qui prêchait alors à Notre-Dame de Paris, et Mgr Thomas, archevêque de Rouen. Celui-ci fit bon accueil à la Prieure de Bar, et il indiqua Le Havre, où il y avait du bien à faire, surtout dans la classe des jeunes filles appartenant aux meilleures familles.

La fondation fut donc résolue, et déjà la Mère Saint-Benoît s'occupait d'en régler les préparatifs, quand le mal, qui la minait depuis longtemps, l'enleva presque soudainement à l'amour de ses filles. L'œuvre fut reprise et menée à bonne fin par la Mère Saint-Charles, qui fut la confidente de ses pensées, et sa remplaçante dans le gouvernement du monastère.

La Mère Saint-Benoît mourut le 25 avril 1888, à l'âge de quarante-sept ans, après vingt-huit ans de profession et dans la cinquième année de priorat.

« Elle a fait beaucoup de bien à l'extérieur comme au dedans du Monastère » écrivait Mgr Gonindard, archevêque de Rennes, qui l'avait intimement connue pendant qu'il occupait le siège épiscopal de Verdun. « Au dehors elle était entourée de consi-
« dération, et les anciennes élèves professaient un culte pour
« elle; au dedans, elle a déversé dans le cloître des trésors de
« paix, de sagesse, de dévouement, et laissé à chacune de ses
« Religieuses des exemples lumineux. »

Mgr Pagis, évêque de Verdun, lui aussi, avait pu apprécier les hautes qualités qui la distinguaient, la droiture de jugement, la fermeté de raison, la finesse d'esprit, qui en faisaient une femme supérieure; les trésors de dévouement et d'affection qu'elle cachait dans son cœur; mais surtout l'esprit religieux, qui inspirait toute sa conduite, et lui faisait chercher Dieu avant tout. « Pour elle, le cloître était un foyer d'amour di-
« vin, qui devait rayonner au dehors par l'éducation fortement
« chrétienne, et au dedans, entretenir la flamme ardente et pure
« des vertus religieuses. »

## MÈRE MARIE DE SAINT-CHARLES
*Agathe Rémond.*

#### SEPTIÈME PRIEURE DU MONASTÈRE

depuis 1888.

Originaire de Marchéville (Meuse), où elle naquit en 1833, la mère Saint-Charles fit sa profession religieuse en 1857, et, après avoir rempli différents emplois, elle fut élue Prieure à la mort de la mère Saint-Benoît.

Sous son gouvernement plusieurs actes importants ont été accomplis. — En 1888, sur les indications et les désirs de M$^{gr}$ Thomas, archevêque de Rouen, une colonie religieuse, sortie de la maison de Bar, alla s'implanter à Sainte-Adresse, petite ville attenant au Havre : les enfants des meilleures familles du pays y forment une école florissante.

En 1892, la création d'un orphelinat ajouta une œuvre nouvelle au pensionnat de la Maison-mère. Deux ans après, se fit l'exhaussement de l'ancienne manufacture, dont la toiture, vieille de 150 ans, dut être remplacée.

En 1895, sur les encouragements de M$^{gr}$ Laroche, évêque de Nantes, un nouvel essaim de Dominicaines alla s'établir à Saint-Nazaire, malgré les incertitudes de l'avenir.

### V. — Les œuvres du couvent, l'école Saint-Dominique et l'orphelinat du Saint-Rosaire.

Au couvent des Dominicaines vit l'esprit apostolique, qui fut l'âme de l'Ordre depuis sa fondation. Cet esprit embrasse un grand nombre d'œuvres de zèle et de charité, de religion et de piété; mais le dévouement se concentre sur les deux objets principaux, qui se concilient avec la vie claustrale des religieuses : l'éducation des jeunes filles appartenant à la classe aisée de la société, et le soin des orphelines adoptées par la charité du Monastère.

1° *L'école Saint-Dominique.* — L'enseignement est le premier objet de l'activité des sœurs ; c'est par l'école qu'elles agissent sur les jeunes filles d'une manière d'autant plus efficace et féconde, qu'il leur est donné de les travailler plus longtemps. Pendant que les fils du Patriarche prêchent la vérité dans les chaires, qu'ils ont souvent illustrées par l'éloquence, leurs sœurs du cloître l'enseignent à leurs élèves, en les initiant aux éléments des sciences et des lettres, autant que le réclame une éducation distinguée ; elles travaillent surtout à les former à toutes les vertus chrétiennes, par l'exemple de leur vie sainte et les principes d'une religion éclairée.

Tel est l'idéal de l'école de Saint-Dominique à Bar-le-Duc. Depuis plus de soixante ans, ce programme est devenu chaque année, dans une large mesure, une réalité vivante ; comme l'attestent plusieurs générations d'élèves, qui, dans les différentes situations de la société, ont fait bénir la religion. Reconnaissantes pour le bienfait reçu, ces femmes chrétiennes, après avoir dirigé les premiers pas de leurs enfants dans la pratique de la vertu, se plaisent à les conduire à l'école de leurs anciennes maîtresses.

Beaucoup d'entre celles-ci ont disparu, dont plusieurs ont été des éducatrices d'élite ; il suffit de nommer parmi celles qui ne sont plus, Mère Saint-Benoît de Santenoge, Mère Marie-Antoinette Belin, Mère Saint-Augustin Devoille, Sœur Marie-Hyacinthe Devoille, Sœur Saint-Joseph de Marne, Sœur Marie-Thérèse Dubois, Sœur Saint-Thomas Isselin, Sœur Sainte-Agnès Trahin, Sœur Marie-Louise Gaulard, Sœur Saint-Antonin Onden, Sœur Saint-Ambroise Étienne, Sœur Saint-Michel Pierson, Mère Saint-Benoît Gisbert, etc. : leur beau talent a fait pendant de longues années l'honneur du pensionnat, et leur mémoire est demeurée chère aux élèves, qu'elles ont formées.

2° *L'orphelinat de Notre-Dame du Saint-Rosaire.* — Ce n'était pas assez pour les sœurs de Saint-Dominique de vouer leur vie à l'éducation des filles des bonnes familles ; elles ont aussi voulu faire du bien aux enfants moins favorisées de la fortune, et donner des mères aux pauvres orphelines.

Au pensionnat de Saint-Dominique, on a joint l'orphelinat, placé sous le vocable et la protection de Notre-Dame du Saint-Rosaire. Cette seconde famille d'enfants trouve dans les vierges du cloître le même dévouement que les demoiselles de riche condition; pour les abriter et les élever convenablement, des dépenses considérables ont été faites, sans autre but que celui d'être utile à ces enfants. Leur entretien est entièrement à la charge des religieuses.

On les élève dans la piété et les travaux, que comporte leur condition : la couture, le repassage, la tenue d'une maison, les soins du jardin, et les différentes occupations, qui leur permettront de se suffire dans l'avenir. Car la meilleure charité qu'on puisse leur faire, c'est, en sauvegardant leur jeunesse, de les aider à vivre honnêtement par le travail.

# ÉPILOGUE.

Voilà quelles furent les destinées du château de Bar. Forteresse féodale des Seigneurs durant la période du Moyen âge; à partir de la Renaissance, habitation de plaisance, bientôt délaissée par les Ducs pour les palais plus luxueux de Nancy et Lunéville; manufacture de bienfaisance pour les orphelins et les ouvriers sans travail, à la fin du XVIII$^e$ siècle, et dans les premières années de ce siècle; c'est maintenant la maison de la prière, de l'étude et de la charité.

Là, où jadis vivaient les fiers Souverains du Barrois, les fils des croisés, entourés de leurs hommes d'armes et des officiers de leur domaine; là, où passèrent tant de générations princières; sur cette colline habitée longtemps par la *Maison de Bar*, une des plus illustres de l'Europe féodale; là, où prirent naissance tant de personnages illustres dans l'histoire, dont quelques-uns sont devenus la souche de la Maison impériale d'Autriche; sur les substructions mêmes du vieux castel, se dresse un monastère avec ses dépendances.

A l'office canonial de Messires de Saint-Maxe a succédé la prière, redisant plusieurs fois le jour les louanges de Marie; le cliquetis des armes a fait place aux travaux pacifiques de l'étude; les nobles châtelaines sont remplacées par les vierges du cloître, dont les aiguilles industrieuses savent lutter avec les beaux ouvrages de Philippe de Gueldres et des Duchesses de sa race. Dans les jardins où se promenaient les fils du Duc, où ils s'exerçaient au jeu favori de la paume, prennent leurs ébats les enfants des bonnes familles du Barrois.

Il n'était pas inutile de faire revivre à leurs yeux ces souvenirs du passé, et de les rappeler aux amis de l'histoire locale : pour tous s'en dégagent des enseignements utiles de plus d'un genre. C'est le but principal que s'est proposé l'auteur de ce travail.

Puissent ces jeunes filles reproduire dans notre siècle affadi quelque chose de la vigueur de caractère, qui se voyait en leurs devancières, et rendre à la France ces femmes fortes d'autrefois, dont le nom a été évoqué dans ces pages; dont la mémoire plane encore sur la maison, où leur est donnée avec tant de zèle l'éducation chrétienne, source des vertus généreuses.

# PIÈCES JUSTIFICATIVES.

## I.

*Magnificences du château.*

(Page 28.)

Un extrait du testament de Philippe de Gueldres nous donnera quelque idée des magnificences de l'ameublement du château, dans la première moitié du XVI° siècle.

« Notre fils, le Duc de Lorraine et de Bar, aura
« pour sa part, de notre vasselle d'argent doré, qua-
« tre potz dorez, six tasses dorées, avec le couver-
« cle, deux bassins dorés, ung drageoir doré, deux flam-
« beaux d'or, et nos tapisseries. Aura sa chambre en
« château de Bar, tendue d'une tente de satin cramoisy, à nos
« armes, et à chardons, et chatonné de broderie, avec le pavil-
« lon de même sur la couchette; ung lict de champ de drap
« d'or frisé, et les batons du lit argenté; les trois rideaux de taf-
« fetas jaulne, une courte pointe de taffetas cramoysi, et sur la
« couchette une courte pointe de taffetas jeaune ; et sur le buf-
« fet sera mis le parement de velour cramoisi, et de drap d'or
« noir frisé, avec nos lettres dessus le velour cramoisi; trois
« tappis velus par terre, autour du lit de champ, et ung, de-
« vant la couchette ; et, à l'entour du dit lit de champ, un
« parement de drap dor bleu. Et, en la chambre après, sera
« une tente de damas blanc et cramoisi, un lit de champ à

« bande de satin cramoisi, et de notre ouvrage ; et dessus une
« courte pointe de taffetas cramoisi, et les rideaux de taffetas
« blanc et cramoisi ; et à l'entour du dit lict, se mettra encorres
« ung parement de satin cramoisi et de drap d'or noir ; à l'en-
« tour dudit lit quatre tappis velus par terre : dessus le buffet,
« un tappis de soye fait de notre main. En la petite salle, la ta-
« pisserie des Égyptiens, et un grand tappis velus dessus le
« buffet, avec un decelet dessus la cheminée, à bande de velour
« cramoisi ; et nos ouvrages. A la grande salle en suivant, la
« tapisserie de tazon, et ung grand tappis dessus le buffet ; et
« en la garde-robe de notre dit fils, une tente de tapisserie de
« laine à bande rouge et jaulne, ung tapis velus sur la table, et
« ung, sur le buffet.

« Item, notre fils le Cardinal aura pour sa part quatre grands
« potz d'argent non dorés, une aquyerre (1) couverte, demi dou-
« zaine de tases mertellées, à bout et pieds dorez, et un petit pot
« servant en chambre.

« Notre fils de Verdun pour sa part aura quatre grands potz
« d'argent non dorez, une aquyerre couverte, demy douzaine de
« tasses mertellées, à bout et pieds dorés, et un petit pot servant
« en chambre.

« Notre fils François aura pour sa part deux flacons, une dou-
« zaine de tasses porcelaine, une aquyère, quatre petits chan-
« deliers servant en chambre, et une coppe d'argent couverte.

« Et notre fils de Guyse aura pour sa part quatre pots d'argent
« dorez, six tasses dorées, une couverte, une aquyère dorrée, ung
« drageoir dorré, une nave dorrée, les deux grands flambeaux
« d'argent à mettre torches ; et, pour ce qu'il a femme et en-
« fants, jeune ménaisgière, et leur maison mal fournie et mal
« meublée de toutes choses, nous lui donnons en surplus de
« nos biens meubles tant en vasselle d'argent, d'échançonnerie,
« de cuisine, de saulcerie, fructerie et panneterie, d'estain, de
« cuivre et de fer ; et, pareillement luy donnons tout le reste de
« nos meubles et tapisseries, tant de laine comme de drap, de
« soye ; accoustrement de litz de champ, pavillons, carreaux,
« chayères, tabourets, tant de soye, de draps d'or que de laine ;
« tous les tappis velus et retz de nos ouvraiges ; et toutes les
« courtepointes, tant de taffetas que de laine, avec les mentes,
« et aussi tous nos linges, tant de tables comme servants en

(1) Aquyerro ; aiguière.

« chambre ; et trois couvertes d'armines qui ont servi à notre
« fille de Guise, en ses couches. Toutefois, nous entendons que
« les chambres du chateau de Bar demeurent fournies de lits
« de plumes et de couvertes de verdures ».

## II.
### *Réparation au château, en février 1423.*
(Page 77.)

D'après une lettre de Charles II, Duc de Lorraine, et *mainbour*,
ou tuteur de René d'Anjou, adressée au Receveur général du
Duché, Jean Rouvel, des réparations furent faites au château
dont les bâtiments étaient alors fort négligés, ainsi que l'atteste
la missive du prince.

« Charles, Duc de Lorraine et Marchis, mainbourg, et ayant
« le bail et gouvernement de nostre très chier et très amé fils,
« le Duc de Bar, marquis de Pont, comte de Guise ; à nos bien
« amez les gens du Conseil de nostre fils de Bar, étant en sa
« ville de Bar ; et au Receveur général, Chastelain, et con-
« cierge du chastel de Bar, salut.

« Pour ce qu'il est venu à nostre cognoissance, et sommes in-
« formez, que le chastel de Bar est très-mal retenu, maintenu,
« et ordonné, et que plusieurs chambres et salles vont à ruyne ;
« et aussi, que toutes manières de gens y conversent haben-
« donnement (1), ce qui ne se doit souffrir ; nous vous mandons
« très-expressément, ordonnons, et enjoignons, que incontinent
« soit ad ce pourveu et remédié ; tellement que icelluy chastel
« soit très-bien réparé et retenu de couvertures et autres néces-
« saires choses pour le bien d'icelluy ; et n'y souffrez aller ès (2)
« chambres et salles, jouer, converser, ni repairier (3) aucuns
« gens, fors (4) ceulx qu'il appartient, et qui y doivent fré-
« quenter. Car parce qu'icelluy chastel est commun à tous,
« sont destruits les huis (5), fenestres, verrières, et autres édi-
« fices de céans ; et faites qu'il n'y ait deffault, en tout ce qu'il
« apparaîtra par cédule du clerc-juré (6) et maistre des œu-
« vres (7), que, vous Receveur, aurez pour ce payé ; nous voulons

---

(1) A l'abandon ; librement. — (2) Dans les. — (3) Repairier ; se
cacher, habiter. — (4) Fors ; en dehors de. — (5) Huis ; portes. —
(6) Greffier ayant prêté serment. — (7) Maître maçon ou architecte.

« que vous soit alloué en vos comptes, et sans nul contredit.
« Et, avec ce, vous, concierge, faites labourer les jardins bien et
« ordonnément (1), et s'y tenez les huis de l'ostel clos, tellement
« que quant nostre fils venra en son hostel, il trouve son dit
« hostel ordonné, comme il appartient ; saichant que, se en ce,
« il y a deffault aucun, nous nous en prenrons à vous tous,
« et, spécialement à vous, Receveur, pour la retention (2), et,
« à vous, Chastelain et concierge, au surplus, s'y y ayez vostre
« advis sur ce.

« Donné à Parme le derrien (3) jour de Février 1423. Ainsi signé par nous le Duc Mainbour, JEAN DE DISY ».

### III.

*Message de René au Duc de Bedfort, pour désavouer l'hommage fait à Henri IV, et reprendre sa liberté de combattre les Anglais, 3 août 1429.*

(Page 81.)

Hault et puissant Prince, Duc de Bedfort.

Je, René, fils du roi de Jérusalem et de Sicile (4), Duc de Bar, Marquis de Pont, Comte de Guise, vous fais savoir, que comme très-révérend Père en Dieu, notre très-cher et très-amé oncle, le Cardinal de Bar, se soit puis peu de temps en çà (5), soi (6) en sa personne transporté par devers vous, et ait pour moi et en mon nom, et, par vertu de certaines diverses lettres de procuration, par moi données à lui, fait en vos mains, comme vous disant régent du royaume de France, et de ce (7), vous ait promis obéissance, comme mes prédécesseurs ont accoustumé faire aux temps passés aux rois de France : et, depuis ces choses faites, aie, tout ce que en ceste partie a esté fait par mon dit oncle, confirmé, ratifié et approuvé par mes lettres patentes, à vous sur ce envoyées.

Je, par certaines causes, qui à ce m'ont esmeu et esmeuvent, ai, dès maintenant et pour lors, renoncé et renonce par ces présentes, pleinement, absolument, à tous les fiefs, terres et seigneuries, dont mon dit oncle a, et pourrait avoir reprins de

(1) Avec ordre.— (2) Retenue. — (3) Dernier. — (4) Louis II d'Anjou. — (5) Depuis peu. — (6) Lui-même. — (7) Et à cause de cela.

vous comme régent, et, à tous hommage, foi, serment, et promesse quelconques, qu'il pourroit avoir fait pour moi, et en mon nom, et, contenus en mes dites lettres patentes à vous envoyées.

Et ces choses vous signifie, et vous escrips par ces présentes, scellées de mon scel, pour y saulver et garder mon honneur.

Données le tiers jour d'août l'an M. IIII<sup>e</sup> XXIX.

## IV.

### *Donation des églises de Naives et Vavincourt au Chapitre de Saint-Maxe, 1235.*

(Page 86.)

« Formarus archidiaconus Tullensis universis præsentes litteras inspecturis veritatis testimonium.......? universitati nostræ notum facimus, quod nos habentes respectum ad obsequia et devotionem... (quæ...?) habuerunt erga nos et ecclesiam Tullensem, Decanus et Capitulum Beati Maximi Barrensis, contulimus eisdem ecclesias de Vavincourt et de Naives cum omni integritate perpetuò possidendas... (salvis?)... tamen redditibus nostris et synodalibus. In cujus rei testimonium presentes litteras eisdem contulimus sigilli nostri... (signo?) munitas et roboratas. Datum anno Dn̄i millesimo ducentisimo tricesimo quinto, mense Decembris.

« Sigillatum cerâ viridi expressâ sigillo Elliot Domini cum caudâ pergamine membranâ pendente ».

L'année suivante (1236), le Révérend évêque de Toul confirma cette donation.

(Charte en parchemin, cartulaire de Saint-Maxe, dossier Mussey.)

## V.

### *Accord avec Valéran de Luxembourg et le Chapitre de Saint-Maxe, au sujet du moulin de l'Etanche, situé à Resson.*

(Pages 199, 200.)

Étienne, doyen de l'église collégiale de Saint-Maxe, et le Chapitre passèrent, le 6 avril 1317, avec Valéran de Luxembourg, sire de Ligny et seigneur de Resson, un traité ou sorte d'*accompagnement* relatif au moulin de l'Etanche, situé en dessous du village ; cette usine appartenait alors au Chapitre, qui en céda la moitié au comte de Ligny, aux conditions mentionnées dans l'acte.

Le Chapitre s'engageait par ce contrat à pourvoir à l'entretien du moulin ; il était stipulé que si le seigneur de Ligny se trouvait, lui ou ses ayants-cause, dans la nécessité d'y pourvoir à défaut du Chapitre, il reprendrait ses frais selon la coutume du pays ; que les propriétaires comparsonniers du moulin le feraient affermer à frais communs ; que chacune des parties prendrait en ce qui la concernait, sûreté et caution de l'adjudicataire ou fermier ; que si, on ne trouvait pas de fermier suffisant, les parties feraient garder le moulin à frais communs. Il était stipulé enfin, que tous les habitants de Resson, hommes et femmes, appartenant à Valéran ou à ses successeurs, devraient moudre au moulin de l'Etanche ; et que, dans le cas où ils iraient moudre ailleurs, ils n'en payeraient pas moins la mouture, qui appartiendrait par moitié au seigneur de Ligny et au Chapitre.

Valéran s'engageait de plus pour lui et ses successeurs, à lever une amende de 5 sols sur tous les habitants, qui auraient moulu leur grain dans une autre usine. En admettant le comte de Ligny au partage de ses droits sur ce moulin, il est probable que le Chapitre voulait assurer la reconstruction de l'usine, dans le cas où ses ressources ne lui permettraient pas d'y pourvoir, et d'en accroître le produit, en intéressant le sire de Ligny à l'exécution des mesures de police nécessaires pour assurer la banalité du moulin.

Voici le texte de la pièce originale :

« Nous, Walerans de Lucembourch, sire de Liney ; et nous Estenes, doien de l'églize colégial de Saint-Masse de Bar, et li Chapistres de cel meisme lieu en dyocèse de Toul.

« Faisons connissant (1) à tous, que nous Walerans, pour nous et pour nos hoirs (2), d'une part ; et nous, doiens et chapistres dessus dit, pour nous et pour nos successeurs, d'autre part, auons conuenances (3) entre nous telz comme il s'en suit :

---

(1) Faisons savoir. — (2) Hoirs, héritiers. — (3) Avons fait convention.

« C'est à sauoir, que li moulin de l'Estanche (1) séans dessous Resson, qui estoit à nous Doien et Chapitre dessus dit, sera partable (2) par moitiei entre nous, Walerans et nos hoirs, et nous Doien et Chapitre et nos successeurs, ensamble tous les drois et les apartenances, que nous Doiens et Chapitre auiens on dit molin, et tel manière, que nous Doiens et Chapitres, et nostre successeur de nous, tenir le dit molin en bone estat souffisant de fers, de mueles (3), de marrien (4) en iawe et fuer diawe (5), et de toutes autres nécessitéas, apartenans au dit molin ; et se nous Doyen et Chapitre en estiens défaillant, et par nostre deffaut li sires de Linei, qui par le temps seroit, si (6) hoir, ou cil (7) qui aueroit cause du signour de Linei en ladite ville de Resson, refaisoient le dit molin, il i repenrroient lor missiens (8), selont la coustume dou pais et pourront amoissoiners (9) li molins par anées par main commune de nous signour de Linei, de nos hoirs ou de celui qui aueroit cause de nous, tenans ladite ville de Resson, et de nous Doien et Chapitre, et de nos successours ; et penrra chascuns surtei et caution en sa main de sa partie de l'amoisonnour ; et se (10) nous ne trouuiens amoisonneur soffisant, nous le ferions warder (11) par moitiei, et par commun sergant sermentei à l'une partie et à l'autre : et doient et deuerons tuit (12) les habitans, hommes et femmes de Resson, qui sont et qui seront à nous Walerans et à nos hoirs, ou aciaus (13) qui aueroient cause de nous tenant ladite ville de Resson mourre *bannaule* (14) aud. molin de l'Estanche ; et si il moloient autre part, ils renderoient la mouture, qui se partiroit (15) par moitié entre nous Walerans et nos hoirs, et nous Doien et Chapitre et nos successeurs.

« Et auec ce, nous Walerans, et nostre hoir, ou cil qui aueroit cause de nous, tenant ladite ville de Resson, aueront leué,

---

(1) Moulin alimenté par les eaux d'un étang établi en dessous du village de Resson, et dont quelques débris de la chaussée apparaissent encore.
(2) Partable ; partageable. — (3) Mucles ; meules. — (4) Marrien ; mairain, bois de chêne. — (5) Dans l'eau et hors de l'eau. — (6) Si ; ses. — (7) Cil ; celui. — (8) Missions ; mise, dépenses. — (9) Amoissonner ; louer. — (10) Se ; si. — (11) Wardor ; garder. — (12) Tuit ; tous. — (13) Aciaus ; à ceux. — (14) Mourre bannaule ; moudre banalement. — (15) Partiroit ; partagerait.

prometons et sommes tentés de leuer amende de cinc solz de celui ou deciaut (1) qui autre part aueroit ou aueroient molu que au dit molin.

« Et toutes les choses dessus di, ensemble et une chascune d'elles, nous Walerans, pour nous et pour nos hoirs, promettons à tenir fermement, sans aler contre, à nul jour mais, par nous, par nos hoirs ne par autre, sur l'obligement (2) de tous nos biens mobles et non mobles, présens et auenir. Et ensemblant (3) manière, nous Doiens et Chapitre de Saint-Masse dessus di, pour nous, et pour nos successeurs, ne par autre, sur l'obligement de tous les biens de nostre di église, mobles et non mobles, présens et auenir.

« Et, auons priei et requis, prions et requerons très-haut homme, noble et puissant, nostre trei bien amei signour, mons. Edouwart, comte de Bar, que il les chozes deuant dittes voelle loer, gréer, conferrer (4) et faire tenir, comme sire souuerain.

« En tesmoignage desquelz chozes, et, pour ce que fermes soient et estables, nous Walerans, et nous Doiens et Chapistre dessus dit, auons scelées ces présentes lettres de nostre scel, que furent faites l'an de grâce mil trois cens et dix-sept, le jeudi après la Saint-Ambrose, sexte jour d'auril ».

(Titre original en parchemin renfermé dans les papiers de l'ancien Chapitre de Saint-Maxe aux Archives de la Préfecture (5). Des deux sceaux, qui s'y trouvaient appendus à des queues de parchemin, il ne reste que quelques fragments d'un sceau de cire verte, qui paraît être celui du Chapitre.)

## VI.

*Hôpital de Revigny. Fondation en janvier 1334.*

(Page 221.)

« Nous Edouardz (6), cuens (7) de Bar, faisons sçavoir et cognaissance à tous, que nous méhu (8) en pitiei et charitei pour

---

(1) Deciaut ; de ceux. — (2) Obligement ; caution, garantie. — (3) En semblant ; en semblable. — (4) Loer, greer, conferrer ; approuver, agréer, confirmer. — (5) V. Cartulaire de Saint-Maxe, cart. X. — (6) Edouard I. — (7) Cuens ; comte. — (8) Mehu ; mû.

l'avancement de Sainte Église, avons octroié et octroions à nostre amé clerc, Jacques Massard, chanoine de Bar, qu'il puisse faire et funder, por demorer a toujours en perpétuitei, un hospital pour haubergier et relever (1) poures (2) malades en nostre ville de Revignei, selon la faculté (3) qu'il appartenra audit hospitaulz.

« Et, volons et octroions au dict Jacques, qu'il puisse mettre et donner à la fundation dou dit hospitault tous les héritaiges, quels que ils soient et puissent estre, et par quelque nom, que on les puisse appelleir, qu'il a acquesté aux hoirs mons. Jehan Liétault, qui fuit (4), en quelque lieu que ils soient; et aussi aultres heritaiges et acquests que le dit Jacques voulroit mettre en la fondation dou dit hospitault; et voulons et octroions, que toutes autres gens, qui voulront donner et aulmonner à la fondation dou dit hospitault, y puissent donner tous lours biens mobles et héritaiges, sans empêchement de nous et de nos hoirs, jusqu'à seize ans après la datte de ces presentes lettres, leurs hommes et femmes, et haute justice.

« Et toutes les choses dessus dites octroions nous, et avons octroié et amortissons pour nous et nos hoirs à toujours-mais, en perpétuité; saulfe ce (5) pour nous, que après le décès dudit Jacques, nous, ou nostre hoir, comte de Bar, metterons maistres et prévandiers (6) en dit hospitault, que le cas y escherrat; liquel maistre sera preste pour chanter messe, ou faire chanter devant les poures membres Nostre Seigneur, qui en dit hospitault seront. Et de toutes choses dessus dittes retenons nous la garde pour nous, et pour nos hoirs, cuentes de Bar.

« En tesmoignage de véritei, et, por que fermes choses soient et estaubles (7) à toujours mais, nous avons fait sceller les presentes lettres de nostre grant scel, que furent faictes l'an de grâce mil trois cens trente-cinq, en mois de janvier, le dimanche après la Sainct-Vincent (8) ».

En 1335, le comte accorda à l'hôpital les mêmes franchises et libertés qu'aux hôpitaux de Bar et Pont-à-Mousson.

(1) Relever; soulager. — (2) Pourres malades; pauvres malades. — (3) La faculté, les ressources. — (4) Qui fuit; feu, qui fut. — (5) Ce; ceci. — (6) Prevandiers; prébendiers. — (7) Estaubles; stables. — (8) Fonds Saint-Maxe, carton XVI.

## VII.

*Lettre du Roi Philippe VI au Comte Henri IV de Bar.*

(Page 64.)

Philippe par la grâce de Dieu roy de France à nostre amé, féal neveu, Henri conte de Bar, salut et dilection. Vos gens nous ont donné à entendre de par vous, que nostre très-chier et féal frère, vostre père, dont Dieu ait l'âme, quant il parti derreinement (1) de son païs, meu de dévocion ordonna par ses lettres un hauspitaulx estre fondé en la ville de Revigney, auquel il faut accomplissement et confirmation de vous; de laquelle chose vous volez avoir nostre conseil et ottroy, pour tant que vous avez accordé par devers nous, que jusques à tant que vous aurez plus d'aage et de sciences, vous ne ferez don et ottroy, qui touche vostre héritaige, sans notre seel. Si (2) nous faisons savoir, qu'il nous plait bien, et volons que le fait et la dévotion de vostre dit père vous amplissiez et accomplissiez on (3) cas dessus dit, et en tous aultres convenables, par le conseil de ceux que nous avons députés à conseillers et gouverneurs. Donné au bois de Vincennes, le 11ᵉ jour de joing, l'an de grâce mil trois cents trente et sept.

(Fonds Saint-Maxe, carton XVI. Hôpital de Revigny).

## VIII.

*Cession de l'administration de l'hôpital de Revigny au Chapitre de Saint-Maxe.*

Nous, Henris (4), cuens de Bar, faisons sçavoir et congnaissance à tous ceux, qui les presentes lettres verront et orront, que comme nostre amey chapelains, messire Jacques Massard, chanoine de Bar, ait fondey et estaubly (5) pour le remède de

(1) Derreinemont; dernièrement. — (2) Si; ainsi. — (3) On; dans le cas. — (4) Henri IV, comte de Bar. — (5) Estaubly; établi.

son àme et en grant charitey un hospitault en la ville de Revigney, et mis plusiors rentes et possessions, et ait ordonney, que il averat la gubernacion d'iceluy hospitault toute sa vie, et après son décès doint (1) à nous appartenir et à nostre hoir, conte de Bar; pour ce que, il pensoit et considéroit que, nous, et nostre hoir, conte de Bar, le pourrions mieux et plus salvement (2) gouverneir pour la signorie que nous avons au dit lieu. Nous, considérant la bonne volontée et affection dou dict Mons. Jacques Massard, volons accomplir son dézir et sa bonne affection, avons considérée les grans et grièves besongnes que nous avons à faire pour nostre dit contey; et, considérant aussi les prières qui nous pourroient estre faites par plusieurs de nos amis charneis (3), hommes et subgis, et, aultres plusiors, qui nous pourroient prier pour plusieurs personnes, dont nous n'aurions nulle cognaissance, et ne saurions de quelles mours (4) ou de queilz voluntei ils fussent, en temps présent, ou dehussent (5) estre en temps à advenir; pour mieux et plus loialement et plus diligemment accomplir la volonté dou dessus dict Mons. Jacques Massard, et, pour ce que les œuvres de charitey soient mieux faictes et accomplies; et, pour ce que les personnes ecclésiastres sceivent mieux le gouvernement de teilz hospitaulz, et y puellent (6) mieux entendre; avons donnei et donnons, transportei et transportons par ces presentes lettres, tous les droits, toute la puissance, que nous avons et avoir pourrions, et deverons, en la ministration dessus dite dou dessus dict hospitaulz, après le décès dou dit Mons. Jacques, à nos bien ameis et fiaubles (7), le Doyen et le Chapitre de l'église de Saint-Maxe de Bar, nostre chastel, conjoinctement. Et lors avons requis et requérons à eulx et à lors successeurs, que purement pour Deu, pour l'onour de nous, et pour faire lor debvoir, qu'ils veulent diligemment entendre à la ministration dou dit hospitaulz, et à la croissance d'y celui pour quon toutes œuvres de charitey y soient faictes souffisamment; et qu'ils y mettent personnes souffizant, après le décès dou dict Mons. Jacques, pour gouvernaix le dict hospitaulz; et pour rendre compte toutes et tantes fois, comme il plaira au dit Doïen et Chapitre. Et, est nostre intention que, c'il ou

(1) Doint; doit. — (2) Plus salvement; en mieux sauvegardant. — (3) Amis charneis; amis selon la chair. — (4) Mours; mœurs. — (5) Dehussent; dussent. — (6) Puellent; peuvent. — (7) Ameis et fiaubles; aimés et féaux.

cilz (1), qui de par eulx y seront mis, soient toujours rappeleis et ostéis quand il plaira au dit doyen et Chapitre, non contractant lettres données, queilles quelles soient; et ne retenons rien au dict hospitaultz, fors que la pure franche garde pour nous et nos hoirs contes de Bar.

En tesmoignages des queilz choses, et pour ce que fermes soient, et estaubles; nous avons fait sceller ces presentes lettres de nostre grand scel, que furent faictes l'an de grâce Nostre Signor mil trois cens quarante et dous, en moy de mars, le vendredy après la festes Saint-Grégoire.

Scellée d'un sceau de cire verte sur parchemin.<br>(Fonds Saint-Maxe, carton XVI.)

## IX.

*Charte d'Édouard concernant l'octroi des deux prébendes, l'une à Saint-Maxe, l'autre à Saint-Pierre, en faveur du doyen de chaque Collégiale.*

(Page 195.)

Edouard, duc de Bar, marquis du Pont, seigneur de Cassel, à tous ceulx qui ces presentes lettres verront et orront salut.

Comme feu nostre redoubté Seigneur et père, dont Dieux ait l'âme, considérant les charges, que ont les doiens de noz églises de Sainct-Maxe et de Sainct-Pierre de Bar, en la cure et sollicitude de noz dictes églises, tant on (2) service divin comme au gouvernement des rentes, biens et émolumens d'icelles; esquelles est de nécessité continuellement eulx vaquer et résider comme chiefs principaulx des dictes églises, tant parce que à ce sont tenus, comme pour ce qu'il y a peu de chanoines résidans sur les lieux, pour entendre et vaquer au dit service divin, et es besongnes dessus dictes. Aiant regart à la petite valeur des revenus et facultéz de leurs doiennés, lesquelz, avec les prébendes qu'ils tiennent en ycelles églises, ne souffisent, ne pourront souffrire à leur estat convenablement; volant nostre dict Seigneur en ceste partie pourveoir à l'estaz des persones de noz amé et féaulx, maistre Jean de Revigny,

(1) C'il ou cilz; celui ou ceux. — (2) On; en service.

maistre és arts et bachelier en théologie, doien de Saint-Maxe nostre conseiller; et, maistre Pierre de Broucey, doïen de Sainct-Pierre, nostre secrétaire, heust, par grant advis et meure délibération de son conseil pour le bien des dictes églises, por le temps des vies des diz maistres Jehan et messire Pierre doïens, tant seulement ennexé aus diz doïennez les prébendes et chanoinies de noz dictes églises ; c'est assavoir, au doïenné de Sainct-Maxe la chanoinie et prébende de l'église Sainct-Pierre; et, au doyenné de Sainct-Pierre, la chanoinie et prébende de Sainct-Maxe. Et, depuis la dicte ordonnance ainsi faicte, soit escheu une chanoinie et prébende en nostre dicte église de Sainct-Pierre, de laquelle, au vivant de nostre dit Seigneur et père, ait le dit maître Jehan de Revigny, doïen de Sainct-Maxe, par vertu d'icelle ordonnance, esté pourveus; et, le dit messire de Broucey, doïen de Sainct-Pierre, non, parce que oncques n'en est aucune escheue en nostre dicte église de Sainct-Maxe.

Savoir faisons que nous, cez choses considérées, volans ensuir (1) le bon et louable propos de nostre feu Seigneur et père en ceste partie ; et, d'abondant (2), volans pourveoir perpétuellement à noz dictes églises, et aux diz doiennez, et aussi en l'augmentation du service divin, par la résidence continuelle des doïens, qui doresnavant a tousiours-mais seront instituez à noz dictes églises en la temporalité mieux gouvernées ; et, afin que pour ce faire, iceulx doïens puissent avoir leurs estas et vivres plus souffisamment, avons, de nostre certaine science et grâce especiale, les dictes deux chanoinies et prébendes annexées et annexons perpetuellement à tousiours, aux diz doiennez; c'est assaveoir, la chanoinie et prébende de Sainct-Pierre que tient le dit maistre Jehan de Revigny à son doïenné de Sainct-Maxe ; et la première chanoinie et prébende, qui escherra en nostre dicte église de Sainct-Maxe au doïenné de nostre dicte église de Sainct-Pierre : de laquelle chanoinie et prébende volons le dit messire Pierre de Broucey, doien de Sainct-Pierre, estre proveu, si tost qu'elle escherra et sera vaquant; ou, celui qui, au cour de la vacation d'icelle prébende, en serait doïen : pour y celles chanoinies et prébendes tenir et posséder par les diz doïens et leurs successeurs à tousiours. Et en oultre, afin que les diz doïens puissent mieulx entendre et prenre garde au service divin de leurs églises, et y faire plus continuelle résidence,

(1) Ensuir; accomplir. — (2) Et d'abondant; et en plus.

leur avons et à leurs successeurs octroyé, octroions, consenti et consentons par ces présentes, en tant qu'il nous touche, et que faire le pouvons, comme patron des dictes églises ; que chacun d'eulx, en faisant en son église l'estaige et résidence appartenant à son dit doïenné, ait et perçoive les gros fruitz de sa prébende ennexée, sans faire, s'il ne lui plait, aucun estaige on l'église dont la dicte prébende seroit. Laquelle ennexe, ensemble toutes les choses dessus dictes, chacune d'icelles, nous avons promis et promettons loiaulment, en bonne foy, pour nous et pour noz hoirs et successeurs, tenir, faire tenir, enteriner, et accomplir inviolablement, sans contrevenir en aucune manière ; non obstans quelzconques lettres, statuz et ordonnances de nos dictes églises, faites ou à faire, à ce contraires ; et, ne voulons que y ceulx, ne autres lettres, que nous pourrions bailler on temps advenir puisse nuire ne préjudicier au dit annexe, ne autre contenu en ces presentes. Sy (1) donnons en mandemant par ces présentes à nos amez les doïens et chapitres de nos dictes églises, et à chascun d'eulx, si comme à lui appartenra, que toutefoiz que le cas y escherroit pour ceste manière le facent, et, les reçoivent en leurs frères et cochanoines, sans attendre autre mandement de nous, ni de nos hoirs, en paiant les entrées et devoirs, et gardant les solempnitez en tel cas accoustumées. Et avons prié et requis, prions et requérons par ces présentes à révérent père en Dieu l'évesque de Toul, que ce dit annexe, ensemble toutes les choses dessus dictes, vueille approuver, ratifier et confirmer, et que ce soit ferme chose et estable a tousiours mais ; avons fait mettre nostre scel à ces presentes, sauf en autres choses notre droit et l'aultrui en toutes. Donné à Bar le vingt-deuxième jour de juing, l'an mil quatre cens et onze.

Par Mons. le Duc, présent, maistre Regnault de Gondrecort et Gérard Somieuze » Broutel.

Suit l'approbation de Henri de Ville, évêque de Toul.

Nos Henricus de Villa, Dei et sancté sedis aptice grā Tullen Epus, Notū facimus universis présentes liras inspecturis tam presentibs q futuris, Q. légitime constititit qualiter nobilis et potes prīceps dn̄s Edouardus Dux Barren, Marquisius de Ponte,

(1) Sy ; ainsi.

dn̄us de Cassel, prout et similiter fecerat bone mémorie dn̄us
Robertus ejus Pater, devotione mot̄s et ex causis legitimis
ipsm̄ ad hoc movet̄ibs̄, una prebendā canonialem eccl̄i collé-
giate Sancti Maximi univit et annexuit perpetuò eccl̄ie bt̄i Petri
de Barroducis, et simili modo unam prébendā canonialē dicte
eccl̄ie Sancti Petri univit perpetuò et annexuit décanatui predīe
eccl̄ie Sancti Maximi, quar̄ eccliar̄ progenitores dicti principis
fuerunt institutores et fundatores, jure patronats̄ necno collato-
nibs̄ et provisionibs̄ decanatuum et prebendar̄ earūde
ipsis et suis heredibs̄ retentis et reservatis, prout hic et cau-
sas rationabiles ipsm̄ principem movetes ī suis patentibus lir̄s
sigillo suo proprio sigillatis plenius continetur, et vidīms
contineri. Quibus attentis, nos in q̄tum juridictionē nostrā or-
dinariā premissa c̄ocernunt et ad eamdem spectat̄ et p̄linet, ad
supplicationem decanor̄ ecclīar predcarum, dc̄as ordinationē,
unionē, et annexionē, prout rite et canonice facte sunt appro-
bams̄ ratificams̄ et tenore pn̄cīa cōfirmams̄, auctems̄, nostrum in
hiis interponetes pariter et decretum. In cuius rei testimoniū si-
gillō curie n̄re Tullēn, quo utim̄. ī hac parte presentibus litteris
duximus apponendum. Datum et actum anno domini millesimo
quadragentesimo duodecimo. die quarta mensis aprilis.

G. de libduno de Mand<sup>to</sup> D. D. mei Reverendi.

## X.

*Acte de donation de la cense de Popey au Chapitre de
Saint-Maxe par René d'Anjou (28 novembre 1434).*

René fils du Roy de Ierusalem et de Sicile, Duc de Bar et de
Lorraine et marchis du Pont, à perpétuelle mémoire.

Scavoir faisons à tous presens et advenir, que nous, qui de
tout notre cuer et affection désirons le bien et accroissement
de l'église universelle, ainsy que tenus y sumes tant pour les
grands biens espītuels que moyennànt la grâce de Notre Seigneur Iesu Crist, son vray espous, avons reçu d'icelle en
temps passé, et, au plaisir d'icelluy Seigneur avons bon espoir
de recevoir on temps advenir, et mesmement et principalement
en notre église de Mons. Saint-Maxe, située et assise en notre
chastel de Bar, de laquelle sûmes vray parochien et fondeur, et

en laquelle reposent, et sont inhumés, et sépulturés nos progéniteurs et leurs consorts, dont dieux ait les âmes.

Méhu de dévotion singulière à icelle église, désirant comme dessus son honneur, bien, proffit et utilité, et le service divin plus honnorablement, dévotement, et grandement et par maniere d'une especialité, y estre fait et célébré, pour faire et accomplir les choses qui cy après sont devisées et escriptes.

Avons de notre sertaine science et propre mouvement, par lettres, grant advis, et meure délibération de notre conseil sur ce heue, tant à gens d'église comme nobles et aultres, donné et donnons dès maintenant perpétuellement en héritaige, en nom et à tiltre de pur, absolu, perpetuel, inrévocable don fait entre vifs, sans espérance de jamais y rappeler, empescher, débattre ou contredire en aucune manière, à la dite église de Mons. Saint-Maxe, pour tenir héritablement, côme dit est, par les doiens et Chapitre d'icelle église et leurs successeurs, *La maison de Popey*, qui anciennement se souloit aussi gouverner par gens d'église, située environ demie lieue prez de notre ville de Bar, ensemble toutes ses appartenances quelconques, tant la situation et pourpris (1) d'icelle maison, ainsi que la clausture des murs, qui l'environne, le contient, côme tous autres heritaiges arables et non arables, prey, rentes, censes, coustumes de blefs, de deniers et de vins, dismes gros et menus, vignes, bois, et par especial le bois de Grimonbois (2) et celui de Serainval (3) et tous autres appartenances à la dite maison, toutes amendes de rapports de bois; fours, moulins, pressoirs, gélines, chapons, chanves (4) cires, poivres, oisons, gaingnaige, tant celui de Serainval, et toutes ses appartenances, comme autres; et généralement tout autres choses, rentes, revenus et redevances quelconques; ensemble tout tel droit et action que nous avons et pouvons avoir en toutes ces choses, sans aucune en excepter, fuer mettre (5), ne retenir à Longueville, Savoinières, Resson, Bar, Rosières, Fains, Mussey, Neufville, Waccincourt, Contrisson, Marbot, Génicourt, leurs finaiges et affinaiges d'icelles villes, comme on plusieurs autres villes et lieux, leurs appartenances situées et assis en notre prévosté de Bar et autre part. Et volons que cette generalité soit d'autre telle force,

---

(1) Pourpris, enclos. — (2) Situé sur la côte de Resson. — (3) Serainval, entre Neuville-sur-Orne et Vassincourt. — (4) Chanvres. — (5) Fuer mettre ; omettre.

vertu, et valeur, comme si tous les héritaiges, rentes, revenus, émolumens, redevances appartenant à la dite maison de Popey d'ancienneté et de present estoient desnommés, espécialement spécifiés et dénomés en ces présentes.

Et pour ce que bonnement les dits doïens et chapitre ne veulent, et ne pourroient faire, ni labourer par leurs mains le gaignaige à la dite maison de Popey; mais leur est de nécessité de la laisser et admodier (1) à aucun fermiers, lesquelz pour cause d'un certain charroy d'un cher à quatre chevaulx, deux hommes, douze fromaiges de presse et deux bandes de lars, que la dite maison nous doibt, toutefois que nous ou nos hoirs chevauchons, ou chevaucherons, en notre pays du duché de Bar à banière déployé, voulroient avoir à moindre pris le dit gaignage en cas que soingner leur convenroit celuy charroy et autres choses. Nous, pour nous et nos hoirs, d'abondante grâce, avons déchargé et déchargeons icelle maison, ses appartenances, d'icelluy charoy et des dites provisions de fromaiges et larts, et en tenons quittes et paisibles les ditz chapitres, et leurs dits fermiers à touiours mais : et de toute aultre charge justes et raisonnables, dont la dite maison et ses appartenances seroient et pourroient être chargée, iceulx doyen et chapitre en sont, et demeurent chargés, et espécialement seront tenus de faire desservir bien et souffisament, en tant qu'il touche aux lépreux, qui scraient de la nation de la ville de Bar, et leur vivre raisonnablement ainsi qu'il appartiendra, quand le cas y escherràt.

Encore, avons donné et donnons à la dite église Mons. Saint-Maxe, pour les ditz doïens et chapitre et leurs successeurs tenir et posséder comme dessus, une prébende d'une chanoinie en la dite église, pour y demourer a touiours perpetuellement; ensemble toute la valeur d'icelle, tant en gros fruis, comme en deniers, et autres choses y appartenant; et sera icelle prébende de telle condition, que cz dits gros fruis, et en quelconques autres distributions d'icelle église, elle avera et prenra entièrement autant comme ung chanoine d'icelle feroit, s'il faisoit son estage entierement chacun an, et poursuivoit toutes les distributions d'icelle église : laquelle prébende, pour considération de ceste présente matière avons piéça, quant elle vaqua par la

(1) **Admodier**; louer moyennant redevances en nature.

mort feu Mess. Jehan Chandin, réservée et affectée à cette presente œuvre; et dès maintenant pour nous et nos hoirs, lui ordonnons et affectons, pour y demourer à tous jours mais; et dès maintenant l'avons ostée et ostons du nombre des prébendes de notre collation et de nos dits hoirs, sans que nous, nos hoirs, et ayant cause, la debvions ou puissions à nul jour mais donner à quelque personne que ce soit; et se par advertance ou inadvertence, ou autrement, nous ou nos hoirs la donnoient, que le don que en ferions, fust nul et de nulle valeur.

Et pour les dons et choses dessus exprimées, les dits doïens et chapitre, et leurs successeurs seront tenus, dès maintenant et pour toujours, avoir continuellement en la dite église quatre enfans de cuer avec le maistre qui les endoctrinera en science de musique, pour estre et desservir en la dite église, ainsi et par la manière qu'ils sont, et ont accoustumé de faire en l'église de Toul; et par l'ordonnance des dicts doïen et chapitre lesquelz maistre et enfans de cuer, les dicts doïen et chapitre, et leurs successeurs, sont tenus de songner et avitailler de toutes choses quelconques, les bien logier et gouverner, et leur songner et administrer vesture à chacun selon son estat, bien, et honnestement, et convenablement. C'est à sçavoir; au maistre, robbe comme à homme d'église et à son estat appartiendra tant seulement; et aux enfants robes, et autres choses nécessaires pour les vestir.

Et quant à leur maistre, ils lui bailleront, avec son dit vivre et vestement, salaire et louyer compétant, tant pour sa peine de les apprenre, comme pour la poursuite de l'église. Et quant il sera nécessité de mectre on dit service, ou en oster les dits enfans, ou aucuns d'eux, fust par morte voix, mue, ou pour autre cause raisonnable, la provision et ordonnance de ce faire en appartenra au dit doïen et chapitre, par l'advis et conseil du dit maistre, et des gens de nos comptes de Bar; le quel maistre, quant le cas le désirera, sera mis et osté par les dits doïen et chapitre, et par nos gens des comptes; et, si faulte apparant avoir en cette dite ordonnance ou débat se mouvoit par occasion d'icelle, et par défaut des dits du chapitre ou leurs successeurs; nous, ou nos hoirs, ou les gens de nos dits comptes, en notre absence, a tousiours mais y pourraient pourvoir de remède convenablement y afferant, comme de saisir, de mectre, ou de faire mectre en notre main la dite maison de Popey et toutes ses appartenances, et la tenir jusques à ce que le défault et faulte et le débat, s'aucun y survenoit, seroit repparé et appaisanté par les dicts doïens et chapitre ; laquelle chose reparée et appaisantée, leverons, et ferons lever notre dite main d'icelle maison et appartenance, à leur prouffit comme au paravant ; où nos dites gens, en notre absence, et tant de fois que le cas y escherroit.

Seront aussi tenus les dits doïens, chapitre, et leurs successeurs, leurs vicaires et serviteurs, qui diront et chanteront les heures canoniales d'icelle église, de dire et chanter à notte, avant le commencement des dites heures, c'est à scavoir, celui qui les commencera : *Ave Maria, gratia plena D̄nus tecum* : et, le cuer respondra : « *Benedicta tu in mulieribus et benedictus fructus ventris tui* ».

Toutes lesquelles chose et chacune d'icelle, nous, et par nous, nos hoirs, et ayant cause, avons promis et promettons, léaulment en bonne foy, et en parole de prince, tenir, garder, et accomplir de point en point, et garantir à la dite église, et nos dits doïens, et chapitre, et leurs successeurs envers et contre tous, jusques à droict.

En témoignage de ce nous avons mis nostre grand scel à ces presentes, saulf notre droict en aultre chose, et l'aultruy en toutes.

Donné à Bar, le 28 jour de novembre, l'an de grâce mil quatre cent trente quatre. Ainsi signé par M⁹ʳ le Duc en son Conseil, où maistre Jehan de Bruillon et autres estoient.

J. OURIET.

## XI.

*Fondation par le Président Merlin d'une messe à Saint-Maxe en 1513, suivant qu'il était porté en son épitaphe, gravée sur une feuille de cuivre, et placée dans la chapelle de la Conception.*

(Pages 154 et 220.)

« Noble homme Messire LOUIS MERLIN, général des finances du Roy et de la Royne de Sicile, et Président en la Chambre des comptes de ce lieu de Bar, a fait faire cette chapelle, et en icelle a fondé une messe tous les jours perpétuellement, qui se doit dire après la lévation de Nostre Seigneur de la grande et dernière messe de céans, et doit estée sonnée et gobelée de quinze coups, à l'une des grosses cloches de l'église, avant que le prestre se revette pour dire la d⁰ messe. Elle s'appellera la messe de la Chambre des Comptes.

« Aussy a fondé un obit solennel perpétuellement d'une messe haute, et deux basses, et recommandice à la fin, à dire le jour de son trépas ; et vigiles à neuf leçons le jour précédent ; et se fera en la fin de lad. messe distribution de pain, de demy muid de froment, tant aux supposts de lad. église, comme aux Présidents et gens des Comptes, et autres, qui assisteront à lad. messe ; et le surplus se donnera pour Dieu aux Sœurs de Sainte-Claire, comme par lettres des Doyen et Chapitre datées du quinzième jour de septembre mil cinq cens treize, est stipulé le plus amplement ».

Cette chapelle fut dédiée le Dimanche *Jubilate* 1514, au jour de la Conception de Nostre Dame : Priez pour le fondateur. »

(Inscription rapportée par M. de Vendières.)

## XII.

*Fondation du Collège de Gilles de Trèves.*

(Extraits de son testament) (1).

(Page 205.)

« Pour ce que mon intention et dévotion a toujours esté de faire bâtir et construyre une maison et collège, pour en icelle maison et collège y mettre et entretenir régents et maistres sçavans, pour instruire et d'heuement endoctriner la jeunesse, tant de ce lieu de Bar qu'aultres lieux ; et, que pour ce faire, j'ai acquesté une maison sise et située en la coste de l'écolle, et prochaine icelle escolle, à honoré seigneur, René de Florainville, bailly de Bar, et ma Dame la baillie sa femme ; laquelle maison j'ai faict bastir et construyre en mode de collège à mes propres fraicts, missiens (2) et dépens ; et icelle maison jà fournie de

---

(1) Une expédition originale sur parchemin de ce beau testament est gardée aux Archives de l'hôtel de ville de Bar.

(2) Missiens ; mises, avances faites.

beaucoup de beaux meubles, tant de menuiserie qu'aultres, je veulx estre dédiée pour ung collège. Et pour ce faire, je la donne et voue pour telle, pour y demourer (1) perpétuellement et à toujours mais : en laquelle maison et collège, je veulx y estre mis et entretenuz quatre régents et quatre classes; et, veulx, et ordonne quatre enfants de bonne indole (2) et doctrine estre prins, et esleuz par mes dits exéquuteurs, pour estre boursiers au dit collège, nourriz et endoctrinez, en y préférans mes plus pauvres parentz, qui seront trouvés capables pour y estre receus; pour, par lesdits quatre boursiers, chanter par chacun dimanche de l'an, et bons jours, les introïts, responds, et aultres suffrages, qui se dient durant la messe, qui se dira par ung homme d'église en ma chapelle, que j'ai dédiée, au dit collège, à l'honneur des trois Roys; lequel prestre, homme de bien, de vertu et scavoir, sera esleu par mes dits exéquuteurs; lequel aura pour toutes les dites messes de l'année la somme de cinquante francs. Et, ou le dict prêtre serait capable pour avoir une des dites classes et régentée, sera nourry et logé au dit collège, ainsy que les aultres régents ».

*Item :* je donne pour la rente de mon dit collège, pour y demeurer à toujours mais, la somme de deux milz cinq cens francs, ou environ, que j'ai, pour chacun an, droict de prendre et lever, à deux termes en payement de feste sainct Jean Baptiste et Noël par égale portion, sur les salines de Dieuze, Esustes? Salm et Salons; supplyant à mon très-redoupté et souverain Seigneur ainsi le vouloir accorder et ratifier, tant pour luy que pour ses successeurs, Ducz de Bar, et pour le bien publique, et utilité de la dite ville de Bar; laquelle rente sera pour entretenir et subvenir aux choses nécessaires du dit collège. Et, sera tenu, le receveur qui sera esleu et requis pour lever et recevoir les rentes appartenantes au dit collège, rendre compte par chacun an, par devant les vénérables doyens, tant de la dite église de Saint-Maxe que de Saint-Pierre du dit Bar, appelé avec eulx Monsieur le Président du dit Bar, et le principal du dit collège, et un de mes parents mâles : et ce pour leurs peines, vacations, et salaires, je veulx leur estre donné à chacun d'eux, et à chaque reddition du dit compte, la somme de cinq francs barrois; et, où il y auroit reliquat à ce dit compte, je veulx et entends, que les deniers du dit reliquat soient remis, et rem-

(1) Demourer ; subsister. — (2) Indole ; caractère.

ployez incontinent à rentes, pour l'augmentation et proufit du dit principal et collège ».

« *Item :* je donne pour le dict collège tous les meubles, qui s'y pourraient mettre, pour y accommoder les régents et enfants, pour y demeurer à toujours mais, sans que mes dits héritiers en puissent prendre ni retenir aucun. Et même je donne et veulx donner au collège tous les meubles, en quelles espèces ils soient, ou puissent estre, mesmes toutes les provisions de blez et aultres choses, qui y pourroient estre trouvez à l'heure de mon trespas ».

« En oultre je donne et lègue toutes mes robbes de drap de soye, que j'auray l'hors de mon trespas, ensemble tous nos sayes de veloux, satin, taffetas, damas, et de toutes aultres qualitez, pour faire parement en ma dicte chapelle des trois Roys, de mon dit collège, ainsy que mieulx sera advisé et ordonné par mes dits exéquuteurs pour la décoration d'icelle ».

« *Item :* pour ce qu'il conviendra avoir des aubes de toille blanche, pour servir en ma dite chapelle du dit collège, et que j'ai en mes coffres plusieurs belles toilles, je veux qu'il en soit distribué jusques à la quantité de quarante aulnes, ou plus, pour faire les dites aubes et rideaulx blancs, pour servir durant le Caresme ».

« *Item :* je donne pour demeurer en la chapelle des trois Roys de mon dit collège, pour y servir au divin service de la messe, mes deux chandelliers d'argent, que j'ai accoustumé de célébrer messe ».

« *Item :* je veulx et entends que, ou l'ung, ou les deux des dits quatre boursiers seroient refusans de bien faire leur debvoir de studice, ou incorrigibles : qu'ils soient mis dehors de la Congrégation de leurs compagnons, et qu'il en soit mis d'autres en leurs lieux, pour entretenir et accomplir le nombre des dits quatre boursiers, Et qu'en pareil, s'il y avait aucuns des régentz d'iceluy collège trouvé ne faire son debvoir de bien monstrer les enfants, et iceux enseigner, et endoctriner à toutes bonnes mœurs et vertuz, je veulx en ce cas qu'il soit osté, et y en mettre ung aultre suffisant et capable en son lieu ; et que pour ce faire, Messieurs les doyens des Églises Saint-Maxe et Saint-Pierre, appelez avec eulx ung de mes plus prochains parents, en ayent la charge, s'il leur plaist la prendre, ou bien M. le Président du dit Bar, qui pour l'hors sera, soit aussi prins et esleu pour ce faire ; leur pryant bien affectueusement d'en vouloir prendre la charge en faveur de charité ; et, par eulx sera le dit collège souvent visité, tant pour les leçons qui se feront, que pour le bien, et gouvernement, et entretenement de toutes les choses qui aurait besoing et nécessité d'y donner bon ordre, et aux ditz régentz et enfants, afin qu'ils ne perdent temps, et que le dit collège, et ceulx qui seront en icelluy, ayant ung bon fame (1) et renom, tant pour l'amplification d'icelluy, que perpétuer à jamais le nom du fondateur, pour en avoir a toujours louanges et prières pour le salut de son âme et des bienfaiteurs, qui cy après pourront donner et aulmonner au dit collège pour l'agrandissement d'icelluy ».

« *Item* : je veux et entends, que là où l'exercice du dit collège viendrait à cesser, et que les enfants ne fussent bien instruits et endoctrinez, ainsy que emplement est déclaré et spécifié cy devant, tellement que pour, et à l'occasion de ce, il y en eust doléance et plaintif, en ce cas je veulx, et entends, que la dite maison et meuble, ensemble la rente ou rentes en argent, retournent à mes plus prochains héritiers. Et seront les régentz, qui seront receux au dit collège pour instruire les escolliers estudiantz, tenus garder et conserver tous meubles estans en leurs chambres. Et l'hors qu'ils voudront s'en aller rendront les dits meubles en bon et suffisant estat ; et s'il y en a aucuns d'iceulx rompuz et perdus, en achepteront d'aultres à leurs despens ; et s'y feront inventaire des dits meubles signés de leur main, à cette fin que le tout demeure en bon estat ».

## XIII.

*Provision d'un canonicat sous Charles III.*

(Page 210.)

Charles, par la grâce de Dieu, Duc de Calabre, Lorraine, Bar, Gueldres, marchis, marquis du Pont-à-Mousson, comte de Provence, Vaudémont, Blamont, Zupten, etc., à Vénérables noz chers et bien amez les Doyen, Chanoines et Chapitre de l'église collégiale Saint Maixe au dit Bar, salut.

Comme la collation, provision et totale disposition des pré-

(1) Fame ; réputation.

bendes et chanoinies de vostre dicte église nous compète et appartient, à cause du patronage lay (1), pour les donner et conférer à qui bon nous semblera, quand vacation y eschet; et, soit aussy que la prébende et chanoinie, que notre bien amez messire Iehan Rambervillers tenoit en vostre dicte église, soit a présent vacante par sa démission voluntaire, faicte ce jourd'hui entre noz mains, par son procurateur nostre très-cher et féal conseiller, maistre des Registres ordinaires de nostre hostel, Loys de La Mothe, fondé de procuration spéciale, passée par devant J. Moguinot, notaire public, en date du 7º jour du présents moys; Nous, ayant pour agréable la dite démission, et, désirant y pourveoir de personne ydoine et capable, et estant certiorez du dit souffisance, littérature, et bonne conversation de nostre bien amez Messire Florentin Psaume de Longchamp (2) prestre du diocèse de Toul; à yceluy, par ces causes, et aultres à ce nous mouvant, avons donné, octroié et conféré par cestes dicte grâce spéciale, donnons octroions et conférons la dite prébende et chanoinie, vacante par résignation d'ycelluy de Rambervillers, comme dict est; pour l'avoir, tenir, exercer, destenir, lever et percevoir les fruits, rentes, revenus, émoluments et distributions manuelles y appartenant, comme l'un de vous aultres. Si vous mandons recevoir le dict Florentin Psaume, ou son procurateur, en vostre frère conchanoine, l'installer et mettre en possession corporelle, réelle et actuelle de la dite prébende et chanoinie, et, d'icelle ensemble des dictes rentes, fruitz, émoluments, revenuz et distributions susdictes; le faire et laisser joyr, et user plainement et paisiblement; lui donnant place au chœur, et voix en chapitre, sans lui faire, n'y souffrir estre faict, mis, ou donné aucun trouble, destourbice, n'y empêchement; au contraire, les solennitez en tel cas requises et observées; car tel est nostre plaisir. En tesmoin de quoy nous avons à cestes présentes, signées de nostre propre main, faict mettre et appendre nostre grand seel. Qui furent faictes et données en nostre ville de Nancy le 18ᵉ jour du moys d'août, l'an de grâce nostre Seigneur Jésus-Christ mil cinq cents soixante douze.

CHARLES.

(1) Lay; laïc. — (2) C'était le neveu de Nicolas Psaume, évêque de Verdun, qui fit grande figure au Concile de Trente.

## XIV.

*Acte de réception d'un chanoine au XVIIe siècle.*

(Page 211.)

« Ce jourd'hui 17 mars 1660, nous, doyen, chanoines et chapitre de Saint-Maxe de Bar, estant capitullairement assemblé, est comparu M. François de Gratas du Lys, qui nous a présenté les patentes, dont copie est ci-dessus, pour prendre possession de la prébende et chanoinie, que tenait cy-devant en nostre église le sieur de Gratas d'Airamone ; et après avoir bien considéré les dittes patentes avec l'honneur et respect, que nous devons à sa Majesté ; en vertu d'icelles, avons mis en possession réelle et actuelle le dit sieur F. de Gratas des dits canonicat et prébende, le faisant conduire par le sieur Gérard chanoine au grand autel de nostre église, et assigner place au chœur du costé gaulche ; après avoir presté au chapitre le serment accoustumé, en présence des deux vicaires chapelains, témoings de l'acte ; et, observé les cérémonies usitées en pareil cas ; reçu la promesse d'apprendre la musique pour se conformer aux intentions de son Altesse ».

(Procès-verbal de la réception du chanoine François Gratas du Lys. Original gardé à la Bibliothèque de l'hôtel de ville, papiers Servais.)

## XV.

*Lettre de M. Rollet, datée de Beaugency, sur le trajet de la déportation, le 17 floréal (6 mai) an II de la République ; elle était adressée à la citoyenne Billoret l'aînée, à Grand (sœur de M. Rollet).*

(Page 230.)

On y lit ce qui suit : « Oui, je m'applaudis, ma chère amie,
« de ma conduite, puisque ceux qui ont fait tous les serments,
« qui ont rendu leur lettre de prêtrise, abjuré leur caractère,

« sont aussi maltraités que nous. Du moins j'ai pour moi la
« tranquillité de ma conscience, et eux osent à peine lever les
« yeux. Dans le département de Bar on a fait partir les jeunes
« et les vieillards, assermentés ou non. M$^{rs}$ d'Hauzen et Peret
« sont en avant, M$^r$ de Cheppe doit suivre ; l'abbé Gommelet,
« chapelain de N. D. de Bar, âgé de 72 ans ; le père Macuson
« sont partis. Le pauvre doyen de Ligny a été laissé dans un
« hôpital à Épernay. Le Curé de Ligny est ici. L'abbé Henrion-
« net est en arrestation à Bar, il pourra bien être déporté. Le
« Père Henrionnet est mort ; l'abbé Dessaux est dans les pri-
« sons de Paris, et sa femme, M$^{lle}$ Mourot du Bourg l'accompa-
« gne, et sollicite la vie de son époux ».

## XVI.

*Manuscrit du Chapitre de Saint-Maxe.*

(Page 188.)

### Canonici juramentum.

Ego N....., Iuro per Deum, qui me creavit, et in quem credo, et per fidem quā teneo, per baptismum quem suscepi, per meam partem paradisi quā adepturus sum, per verba sanctissimi sacramenti, et per sancta Dei évangelia, hic infrà scripta ; Quod, huius venerabilis ecclesie collegiate beati Maximi statuta, constitutiones, cérémonias, et ordinationes, fiendas per Dominos Decanum et capl͞m conservabo ; obedienciam, fidem, honorem, et révérenciam Dominis Decanis et Capitulo deferā ; pacem, dilectionem, et concordiam inter eos fouebo. Secreta capituli non reuelabo. Nullos contrà Decanum et Capitulum in quibuscunq̄ causis motis vel mouendis consulam, uel supportabo. Omnia et quæcunq̄ bona, tam mobilia q̄ immobilia, et jura proprietatis, census, prouentus, et emolimenta retinebo, conservabo, et pro posse augmētabo ; et, si que fuerint alienata, nisu toto recuperabo. Item, iuxta vires, seruiciis ecclesie insudabo. Item d͞ni Ducis Barren et domine Ducisse, eius uxoris, totiusq̄ sue propaginis, et omnium suorum successorum, statum laudabo. Item, faciam generaliter totum, id quidq͞d verus et fidelis canonicus dicte ecclesie debet, et tenet pro profectibus et honoribus eiusd possetenus insistendo. Et ita iuro.

### Decani juramentum.

Le commencement est identique à la précédente formule.
« ... Cōservabo fidem, pacem, dilectionem, et concordiam inter fratres meos cōcanonicos et omnia supposita dicte ecclesie fovendo : personalem in hāc ecclīā et decanatūs domo ac c̄tinuam faciā residenciam. Omībusq̄ et singulis eiusdem ecclesie canonicis horis nocturnis pariter et diurnis interero, legitimo et euidenti, ut puta, infirmitatis corporalis, vel alias, cessante impedimēto. Omnia et quæcùmq̄ bona, tam mobilia quam immobilia, jura, proprietates, libertates, census, proventus, et emolumenta retinebo, conservabo, et proposse augmentabo, et si que fuerint alienata, toto conamine recuperabo. Item faciam generaliter, etc.

Suivaient les quatre évangiles du serment :

SAINT JEAN, I, vers. 1 à 14.
SAINT LUC, I, vers. 26 à 38.
SAINT MATHIEU, II, vers. 1 à 13.
SAINT MARC, XVI, vers. 14 *ad finem*.

### STATUTA ECCLESIÆ SANCTI MAXIMI.

In nomine Domini nostri Ihū Xr̄i : amen. Ad perpetuam rei memoriam, nec non ad honorem Dei, et augmentum sui divini cultus, nec non utilitatem ecclesie collegiate beati Maximi de Barroducis ; nos, Stephanus de Salsibus Decanus, totumq̄ capitulum eiusdem ecclesie, statuimus, et ordinavimus, atq̄ ordinamus, tam in presenti q̄ successive, ac in perpetuum, pro nobis et successoribus nostris canonicis ecclesie predicte, q̄ licet ab inicio creationis et fundationis eiusdem ecclesie institutum fuisset, q̄ canonicus faciens stagium in tribus mensibus, seu duodecim septimanis, faceret et compleret ; nos tamen, ex causis predictis, et ut devotio fundatorum nostrorum nec non aliorum fidelium, circa ecclesiam nostram predictam, magis exuberet, et recipiat incrementum, stagium predictum sexdecim septimanarum ex nunc in ecclesia nostra sit faciendum, et fieri debeat a festo Nativitatis B. Iohan-Bapt. usque ad aliud festum ipsius nativitatis beati Iohannis, anno revoluto.

Ita videtur, quod, canonicus faciens stagium, faciet uña diem stagii, si in matutinis et in sede chori infra gloria patri primi psalmi, et in psalmo Benedictus intersit. Simili modo, si in horā misse venerit antequam epistola sit finita, et ad collectam misse post communionem. Item, et in vesperis in gloria primi psalmi et in collecta vesperarum in sede vel in stalo chori inter fuerit, faciet unam diem stagii.

Item, canonicus *faciēs suum primum stagium,* non potest licenciari, neque debet, ex quavis causa, nisi perfecto et completo stagio suo sexdecim septimanarum. Nec aliquid percipiet, nisi completo stagio primo; hoc excepto, quod si idem canonicus gravi infirmitate urgeretur, vel si esset minutus sanguine in Barro vel in banno Barri, nichilominus faceret suum stagium, casibus predictis contingentibus. Et ratio huius est, ut novus canonicus, in officio divino ecclesie nostre, frequemtando ipsam ecclesiam instruatur.

Tenebitur que novus canonicus, postquam pure et simpliciter fuerit receptus, ad unam capam valentem decem libras forcium. Cujusmodi capa in thesaurum ecclesie nostre reponetur, et ad usum ecclesie, necnon ornamentum consumetur. Solvetq̄. similiter pastum canonicis presentibus prout hactenus in ecclesiā ntra fieri consuevit.

Item canonicus, completo suo primo stagio, ut predictum est de aliis stagiis faciendis, non solet querere graciam nec facere rogari per aliquem Dominum temporalem vel spiritualem, seu per quamvis aliam personam, ut sibi fiat gracia, ad hoc quod diminuatur aliquid de tempore dictarum sexdecim septimanarum; et, qui contra fecerit, cadet a stagio illius anni, in quo talia fieri procuraverit.

Item, canonicus, non promotus in sacris, vocem in capitulo non habebit, et volens se facere promoveri, licentiam a decano recipiat, et petat; et alias promotus vocem in capitulo careat supradictus.

Item, canonicus, qui suum primum stagium fecerit, modo, et forma predicta, anno quolibet tria modia blodi pro media parte frumenti, et alia parte avene, quando stagium suum non faciet habere debebit et habebit. Item, canonicus, facto primo stagio, ut premittitur, si in peregrinatione fuerit, seu in romana curia, aut in studio generali, aut etiam procurando solutionem fructuum sue prebende, aut pro ecclesie nostre negociis morando extra Barrum, eundo si continget, et redeundo etiam pro prefatis negociis, omni dolo et fraude penitus exclusis, stagium suum faciet; hoc proviso, quod peregrinantes, studentes, vel degentes in curia romana, ut predictum e͞, euntes et morantes pro negociis predictis, licentiam petant a Decano, qui pro tempore fuerit, per se, vel per procuratorem; quos, excausis predictis, licenciari volumus difficultate qualibet pretermissa. Et, si Decanus esset absens, volens sic petere licenciam, intret chorum ecclesie nostre, illa hora, cum ibidem celebrantur hore canonice; et, præsentibus in choro, insinuet quod licenciam a Decano causâ peregrinationis, studii, vel manendi i͞ curiâ romanâ, sive eundi vel morandi pro negociis antedictis, ut premittitur, venerit petiturus. Cuiusmodi insinuatio pro licencia petenda et obtinenda sufficiet.

**Ad quæ tenentur mercenarii seu cappellani.**

Item, mercenarii, seu capellani, et clerici, qui deservient ecclesie nostre predicte, assumentur et assumi debebunt per Decanum et capitulum convictum, quorum correctio, si negligenter egerint circa officium sibi injunctum, ad Decanum tantum spectabit. Tenebunturque omnes vicarii infrà ecclesiam nostram beneficiati, ceterique mercenarii, et clerici, interesse omnibus horis canonicis. Et si qui eorum fuerint negligentes, fructus beneficiorum, seu mercedes ipsorum, per Decanum detinebuntur, nomine ipsius Decani et capituli, quousque satisfactum erit Decano et capitulo predictis de negligencia sepe factâ.

Item, quicumque fuerit Decanus, duplicem prebendam in omnibus et per omnia habere debebit, et habebit. Et, si expensis quas fieri oportebit pro ecclesia n͞ra quantum simplex canonicus præstare tenebitur, duas partes ponere debebit, et ad hoc faciendum tenebitur, ad huius duplum censebitur obligatus. Habebitque dictus Decanus et habere debet pratum, quod situm est inter Longam villam et Popetum; et cum hoc, modium cum dimidio pro media parte frumenti et aliâ mediâ parte avene. Et exinde tenetur Decanus, et tenebitur, quicumque fuerit in tempore, ministrare unum asinum, et unum famulum cum asino, ad apportandum ligna propter ministerium ignis domus ipsius Decani et capellanorum predictorum; de quibus lignis due partes cedere debent dicto Decano, et tertia pars capellanis predictis. Quibus etiam famulo et asino memoratis, Decanus in omnibus expensis et aliis necessitatibus providere tenebitur, et providebit. Et si dictum asinum mori contigerit, vel aliter debilitari, itaque non possit facere ministerium predictum, alius asinus emi debet ad opus ministerii predictum, sumptibus Decani et capituli.

Item, venditio grossarum decimarum minutarum, ac etiam aliarum rerum, tam mobilium quàm immobilium, et omnium jurium ecclesie nostre fieri debebit, et fiet, per Decanum et capitulum conjunctum, nec aliàs teneat venditorum alienatio, seu concessio de predictis.

Item, nos Decanus et Capitulum predicti, omnia predicta et quodlibet premissorum, tactis sacrosanctis evangeliis, juravimus et juramus tenere et immobiliter observare. Statuimus atque ordinavimus, quod quolibet novus canonicus in sui receptione, supra dicta omnia et singula, simili modo juret et observet, nec aliàs, nisi premissis juratis, ad n̄ri collegii consorcium admittatur. Et quod, faciens contrarium juramento prestito penam periurii incurrat, et ab omnibus aliis canonicis periurus habeatur, et reputetur, careat que voce in capitulo, nec stagium faciat, donec super tanto reatu, Deo primum, et ecclesie n̄re, juxtà arbitrium Decani et canonicorum presentium satisfecerit competenter, et nichilominus absolutionis beneficium super huius modi piuriis meruerit obtinere. In cuius rei testimonium, et robur premissorum, sigilla nostra presentibus sunt appensa. Actum et datum anno Domini millesimo trecentesimo tercio decimo, in crastino ascensionis eiusdem.

### Approbatio episcopi.

Johannes miseratione divina Tullensis ep̄us, universis presentes inspecturis, salutem in X̄to salutis autore. Quia officii nostri debitum remediis subsidiisque invigilat subiectorum, quod per nos, qui pluribus variis meditationibus occupati sumus, singulis capitulis, ecclesiisque nostre Diocesis, non possumus circa singula expediencia, exactà diligentià, vigilare ; per alium seu alios, statutis honestis et congruis in aliquibus ecclesiarum nobis subditarum excitatos, quod plurimum gratulamur, eorumque diligenciam debemus merito circa statuta salubria commandare. Hinc est igitur, quod statuta per venerabile collegium, Decanum et capitulum Barrense, quæ, presentibus hic annexis, sunt inserta, credentes bonà deliberatione probàque consultatione ad utilitatem et honorem prefati capituli ac ecclesie eorumdem fore salubriter ordinata, auctoritate nostra, que ordinaria censetur in hoc casu, premissa statuta corroboramus, approbamus, et ea, invocato Xti nomine, confirmamus. In quorum omnium testimonium presentibus volumus sigilli nostri munimine roborari. Datum anno Domini millesimo trecentesimo quartodecimo, sabbato in festo beati Bartholomei.

### Forma iuramenti capellani.

Ego N..., promitto Deo, et iuro, quod huic beneficio meo diligenter deserviam in divinis iuxta tenorem.

# TABLE

## ANALYTIQUE ET ALPHABÉTIQUE DES MATIÈRES

CONTENUES DANS CET OUVRAGE.

Nota : Les chiffres indiquent les pages ; *p. j.* les Pièces justificatives et leur numéro d'ordre.

## A

Aalis, Dame de Louppy, accord avec le Chapitre Saint-Maxe, 187.

Adalbéron, fils de Frédéric I$^{er}$, évêque de Verdun et Metz, 39.

Adalbéron, évêque de Verdun, expulse le Comte Regnault de sa ville épiscopale, 46.

Adam Bayer, seigneur de Château-Bréhain, 117.

Adélaïde de France, bienfaitrice de la manufacture, 33. — Elle visite le château, 131.

Adèle, fille de Thierry I$^{er}$, mariée à Valéran d'Arlon, 41.

Affranchissement des communes dans le Barrois ; le mouvement se prononce sous Henri II, 53. — Sous Thibaut II, 59.

Agnès de Champagne épouse Regnault, Comte de Bar, fonde la collégiale de Ligny, 48. — Vexations contre l'Église de Verdun, repentir et soumission, 49. — Elle se retire au château de Putil, 50.

Agnès de Bar, mariée à Forri de Lorraine, 51.

Aigle du lutrin de Saint-Maxe, 163.

Aimée donne à Saint-Maxe Alaunne et Monchablon, 185.

Aimoin, chroniqueur, 6.

Alançon (d'), président de la Chambre, 154.

Albéric, chanoine, 186.

Albéric de Trois-Fontaines, sur la fondation du Chapitre Saint-Maxe, 185.

Aliénor, ou Éléonore d'Angleterre, épouse de Henri III, 60.
Alix de Bar, épouse de Mathieu de Lorraine, 60.
Amance, acquis par Thierry I*er*, 40.
Amaury, archidiacre de Langres, est défait et tué par Thierry I*er*, 40.
Amaury, chevalier, donne Tannois à Saint-Maxe, 185.
Ancerville, 69.
Ancherin, peintre-verrier, sous Robert, 25.
André, chanoine, fonde la manufacture, 31.
Angelus, institué à Saint-Maxe, 219.
Anjou (Maison d'), 76.
Anne, fille de René II, née à Bar, 95. — Épouse René d'Orange à Saint-Maxe, fêtes de son mariage, 122. — Mausolée de son époux à Saint-Maxe, 165-168.
Anne-Élisabeth de Lorraine, épouse le Prince de Vaudémont à Saint-Maxe, 177.
Anne-Charlotte, fille de Léopold, abbesse de Remiremont, 111.
Anne (Sainte-), image donnée par Yolande à Saint-Maxe, culte à la collégiale, 215.
Anniversaires fondés à Saint-Maxe, 220.
Antoine de Vaudémont, assiège la ville et le château de Bar, 20, 81, 82.
Antoine, Duc de Lorraine et Bar, naissance, éducation, premières années à la Cour de Louis XII ; prise de possession du Barrois ; campagne d'Italie ; à la bataille d'Agnadel, 94. — Premiers événements de son règne ; il épouse Renée de Bourbon ; seconde campagne d'Italie ; Marignan ; résidence au château de Bar, 95. — Legs de Philippe de Gueldres au château, *p. j.*, n° 1. — Il repousse l'invasion du Protestantisme, 95. — Victoire de Leipstein, Saverne, Cherviller ; arbitre de paix entre Charles V et François I*er*; ses enfants, 96. — Il s'excuse d'avoir prélevé des impôts sans l'assentiment des États, 147. — Testament et mort d'Antoine à Bar, 96. — Ses funérailles, 138-140. — Son cœur à Saint-Maxe, 97, 164. — Portrait, devise ; enfants, 97.
Antoine du Châtelet, seigneur de Sorcy, 116.
Antoine, bailli des Vosges, 117.
Antoine de Bourbon, roi de Navarre, au château, 131.
Antoinette, fille de Charles III, mariée au duc de Clèves, 101.
Antoinette de Bourbon, épouse de Claude de Guise, 118.
Antoinette (Marie-), à Bar-le-Duc, 191.
Antonistes, appelés à Bar, sous Robert, pour administrer l'hôtel-Dieu, 68.

ARTISTES AU CHÂTEAU. René d'Anjou, Jennin le peintre, Paul Goybaut, Ancherin, peintre-verrier, Pierre d'Amiens, Simon de Meaulx, 25. — Médard et Claudin Crock, Claude Gilbert, peintres, Claude Gratas, architecte, 26. — Ligier Richier, sculpteur, Jean Crocq l'imagier, il répare le tombeau de Henri IV, 26. — Jeannin, Robin, Luc Platel, maîtres tapissiers, 27. — Pierre Millain, sculpteur de la Cour, taille les imaiges de sainte Madeleine pour ¦Saint-Maxe, 84.

ARZILLIÈRES (Jean d'), évêque de Toul, confirme les statuts de Saint-Maxe, 188.

ASSISES (salle des), 24. — Tribunal des Assises au château, 144. — Fonctions, but de l'institution, lieu de leur tenue, suppression, 144.

AVANT-GARDE (l') au Barrois, 59.

AVÈNEMENT du Souverain, don, 126.

AVOUÉ, AVOUERIE, 38. — Origine, but, abus qui en suivirent, 39, note.

AUBIGNY (d'), gouverneur du château sous Louis XI, 84.

AUBRÉVILLE, 59.

AUDENOT (Pierre d'), doyen, 208.

AUGUSTINS (les) fondés à Bar par Robert, 68.

AUGUSTIN-DOMINIQUE BARRÉ, nommé doyen par Stanislas, 209.

AUMONT (maréchal d'), assiège Bar, il est tué dans un assaut, 20.

AUTRÉCOURT, affranchi par Henri II, 53.

AUZÉCOURT, prieuré fondé par Regnault, Comte de Bar, 46.

AVRILLOT (Jean d'), président de la Chambre, 154.

## B

BAILE, fermeture, ses défenses, 17.

BAILLI de robe et d'épée, fonctions dans le gouvernement ducal, 143.

BALMONT (de SAINT-), gouverneur du château de Bar pour Charles IV, 106.

BALTHAZARD DU CHASTELET, baptise Mgr Nicolas, 119.

BAPTÊMES princiers au château, cortège et banquet baptismal, 116, 120. — Relevailles de la Duchesse, 121. — Baptisement du fils de Marie de Bar à Saint-Maxe, 176. — Jean d'Anjou, Nicolas d'Anjou, Antoine, Anne, Jean, Louis, Claude et Catherine, François; François I$^{er}$, Nicolas, Jean de Lorraine, Marie et François de Guise, Henri II, etc., baptisés à Saint-Maxe, 176.

BAR, origines, 5. — Diverses dénominations; antiquités romaines à Bar, 6. — Childéric à Bar, réception qui lui est faite, privilèges accordés, 6. — Origines du Comté de Bar, 37. — AFFRANCHISSEMENT DE BAR SOUS HENRI II, la charte, 53-54. — Comté de Bar érigé en Duché, 66. — Fin du Duché, 114. — Bar se rend à Louis XIII, 21. — Louis XIII et Louis XIV à Bar, 21. — La ville de Bar prise et reprise sous Charles IV, 105-107.

MAISON DE BAR ET LES SEIGNEURS DU CHÂTEAU, 36. — Son fondateur Frédéric, duc de Mosellane, 38. — Translation de la Maison de Lorraine et de Bar sur le trône d'Autriche, 111-112.

BARDOT, curé constitutionnel, recueille les reliques de Saint-Maxe et les ossements des princes, 179. — Transfère la paroisse Saint-Étienne à Saint-Pierre, 181.

BARRÉ (Augustin-Dominique-Joseph), doyen nommé par Stanislas, 209.

BARROIS, origines, 5, 7, 38. — Ses armes, 42. — Barrois mouvant, 61. — Réunion du Barrois à la France stipulée au traité de Vienne, 111. — Fin du Duché de Bar, 114.

BATTEL, écuyer, administrateur de la manufacture, 32. — Vend ses droits sur l'établissement, 34.

BAZINCOURT, 7.

BÉATRIX, épouse de Frédéric I$^{er}$, noblesse de son origine, 39. — Régente sous Thierry I$^{er}$; elle est emprisonnée par son fils et délivrée par le Pape, 40. — Donation de Varennes à Saint-Maxe, 185.

BÉATRIX, fille de Frédéric II, Comtesse de Briey et du Clermontois, épouse Boniface, Comte de Toscane, et devient mère de la Comtesse Mathilde, 41.

BÉATRIX, fille de la Comtesse Sophie, épouse le duc de Carinthie, 43.

BEAUFORT, affranchi, 51.

BEAULIEU ABBAYE, protégée par Henri I$^{er}$, 49. — Pillée par Henri III, 61.

BEAUMONT, charte promulguée par Thibaut I$^{er}$, 51.

BEAUMONT, affranchi, 59.

BEDFORT (duc de), message de René. V. *p. j.*, n° III.

BÉGON (M$^{gr}$ Scipion-Jérôme), ordonne de chômer la fête de Saint-Maxe, 161.

BÉGUINES, à Bar, 74. — Supprimées, 99.

BEHONNE, relève du Chapitre de Saint-Maxe, 191. — Stalles et chaire de la collégiale, à Behonne; description, 162-163.

BENOIT PICART, sur l'origine du Chapitre de Saint-Maxe, 185.

BERNARD (saint), médiateur de paix, 47.

BERKEN, donné par Frédéric à l'Église de Toul, 7.

BERSEL (de), chambellan de l'Empereur d'Autriche, au baptême de M$^{gr}$ Nicolas, 117.

BERTRAND, fonde la manufacture, 51. — Mort en 1790, 228.
BESGUE (Le), de Nonsard, nommé doyen de Saint-Maxe par Stanislas, 209.
BEURGES (Alexandre de), président de la Chambre, 154.
BEURGES (Gaspard de), président de la Chambre, 154. — Sépulture dans la chapelle de Gilles de Trèves, 172.
BEZONVAL, affranchi, 59.
BILLARD (Joseph), évêque d'Olympie, nommé doyen par Stanislas, 197.
BILLY, reçoit un legs de Marie de France, 69.
BŒUF (Jacques Le), doyen, 208.
BONNE DE BAR, épouse de Valéran de Luxembourg, 70.
BOUCHER, doyen, 201.
BOUDET, président des Comptes, 11, 154.
BOURMONT, affranchi, 31.
BOURRAULT (Fontaine), amenée dans les jardins du château, 22.
BOUTEILLER du château, 135.
BOUZINGUEN (de), chanoine, mort en déportation, 228.
BOUTEILLER (Charles Le), doyen, 201.
BRIEY, dotation de Béatrix, 41. — Rendu au Barrois, 46.
BRUGES (Traité de) : conséquences désastreuses pour le Barrois, 61.
BRUNON, archevêque de Cologne, établit Frédéric, Duc de Mosellane, 39.

## C

CANONICAT (provision d'un), *p. j.*, n° XIII.
CAPUCINS, établis à Bar, 100.
CARMES, dotés par Henri II, 103. — Fondés à Bar sous Charles IV, 108.
CASTRUM BARRENSE, 6.
CATHERINE, fille de Charles III, abbesse de Remiremont, 101.
CATHERINE DE BOURBON, calviniste obstinée, épouse Henri II, 102.
CATHERINE DE MÉDICIS, deux fois au château de Bar, 131-133.
CATHERINE OPALINSKA, épouse de Stanislas, visite le château, 113-130.
CATURIGES, premiers habitants de Bar, 5.
CELLERIER DU CHÂTEAU, fonctions, 135-143.
CHAMBRE DU CONSEIL ET DES COMPTES. — Origines et histoire à travers les siècles, 148. — Suppression sous Louis XIV, rétablissement au traité de Ryswick, 149. — Attributions diverses, 149-150. — Composition de ses membres, nombre et fonctions du personnel, conditions d'admission, 150. — Serment, traitement et honoraires, 151. —

Prérogatives diverses, costume officiel, 151. — Sceau, jetons, 152. — Bâtiments; grand et petit trésor des chartes, 152. — Nouveau chastel. — Suppression définitive pendant la Révolution, 153.— Liste des présidents, 153-155. — Messe de la Chambre des Comptes, 220 et *p. j.*, n° XI.

CHAMPENOIS, 9, — un des propriétaires de la manufacture, 34.

CHAMPORCIN (de), évêque de Toul, chanoine d'honneur de Saint-Maxe, 193.

CHANCELIER, fonctions, 143.

CHANOINES DE SAINT-MAXE, stage, 188-189. — Nomination, frais de première réception, past ou festin d'entrée, droits sur les suppôts et les biens du Chapitre, serment de garder les statuts, conditions d'admission, noblesse ou savoir, 210. — Nombre des chanoines, nomination par le Souverain, 210. — Provision d'un canonicat, *p. j.*, n° XIII. — Entrée en fonctions; installation; serments; droit de chape; past, 210. — Acte de réception, 211, *p.j.*, n° XIV. — Vie des chanoines; au début en communauté, bientôt en particulier; festins annuels, 211-212. — Office canonial; messe capitulaire; costume d'hiver et d'été, entrée au chœur; cérémonial, 212. — Vacances; dernière maladie; sépulture à Saint-Maxe, 213. — Le dernier des chanoines de Saint-Maxe, M. Rollet, 229-231.

CHAPELAINS DE SAINT-MAXE, serment et obligations, 214. — Chapelains de Notre-Dame à Saint-Maxe; obligations spéciales; distributions manuelles, 214-215.

CHAPELLES DE L'ÉGLISE SAINT-MAXE. V. *Collégiale.* — Chapelles fondées, Saint-Étienne, 62-221. — Chapelle de Notre-Dame, 221; — de Saint-Christophe, 221; — Saint-Jean-Baptiste ou chapelle Trusson; Saint-Jean l'Évangéliste, 221; — de l'Annonciation, chapelle Hérault, 221; — Exaltation de la Sainte-Croix et du petit Saint-Maxe, 221; — de la Conception, 221; — Sainte-Barbe et Sainte-Marthe, 221; — Saint-Christophe de Massonges, 221; — Saint-Nicolas de Revigny, 221.

CHAPELLE DE BAR, à Verdun, fondée par Thibaut II, 60.

CHAPITRE DE SAINT-MAXE. Origines et premières dotations par Thierry I<sup>er</sup>, 40, 185-186. — Histoire du Chapitre et ses sources, 186-187. — Traité avec Valéran concernant l'Étanche de Resson, *p. j.*, n° V. — Statuts du Chapitre à différentes époques, 187-190, V. *p.j.*, n° XVI. — Objet, stage canonial, 188-189. — Suppôts du Chapitre, doyen; conditions pour l'aliénation des biens, 189. — Ordonnances des chapitres généraux, obligation; nouveaux statuts à la réunion des deux Chapitres, 190. — Droits et privilèges du Chapitre Saint-Maxe; titres d'honneur, premier corps ecclésiastique, sa place aux États généraux, droit à deux croix, 190. — Reçoit le souverain et l'évêque ; nomme aux cures relevant du Chapitre ; juridiction sur ses membres et droit de correction ; diverses peines contre les délinquants, 191. — Grand écolâtre de Bar ; il confère le titre de chanoine honoraire et de chanoine d'honneur, 192. — Croix pectorale accordée par Louis XVI, 192. — Sceau du Chapitre, 193. — Composition du Chapitre, offices ou charges, 193-194. — Dignité décanale, procureur, greffier secrétaire, ponctateur, secrétain ou cirier, 194. — Suppôts du Chapitre, 194 (V. ce mot). — Le Doyen (V. ce mot) ; nommé par le Chapitre; prétentions de Stanislas, 196-197. — Suppôts ou officiers, 213-217. — Officiers subalternes, marguilliers, bâtonnier, vergier, suisse, 217-218. — Fondations ; Confréries des 10.000 martyrs et des âmes du Purgatoire ; l'Angélus, les processions, les chapelles, 219-222. — Bâtiments, revenus et charges du Chapitre, 222-224. —Réunion du Chapitre de Saint-Maxe au Chapitre de Saint-Pierre ; histoire, et conditions, 224-225. — Statuts du nouveau Chapitre, composition et mesures supplémentaires, 226. — Suppression du Chapitre en 1790, 227. — Ses membres à cette époque, 227-228. — Les chanoines pendant la Révolution, 227-229. — Le dernier chanoine, 229.

CHAPITRES GÉNÉRAUX de Saint-Maxe ; époques et tenue ; but, importance ; secret des délibérations, 218-219.

CHARDOGNE, église brûlée par les Calvinistes, 204.

CHARLES II, Duc de Lorraine, mainbour de René ; lettre prescrivant des réparations au château, 77, *p. j.*, n° II.

CHARLES III, Duc de Lorraine et de Bar ; minorité ; éducation ; belles qualités ; il épouse Claude de France, 98. — Présence à Bar ; suppression des Béguines ; construction du château neuf ; actes de son gouvernement à Bar, 100, 147-148. — Fondation du collège; les Huguenots tentent de s'emparer de Bar ; caractère et gouvernement de Charles III ; concordat avec Charles IX sur la mouvance du Barrois, 100. — Mort ; portrait ; enfants ; 100, 101.

CHARLES IV, Duc de Lorraine et de Bar, règne d'abord conjointement avec Nicole, 104. — Puis seul, premières années, 104. — Il refuse l'hommage du Barrois ; guerre avec la France ; occupation du Barrois par Louis XIII, 105. — Barrois rendu ; deuxième occupation française ; ville de Bar prise et reprise; seconde restauration de Charles au traité des Pyrénées ; hommage du Barrois à Louis XIV, médaille commémorative. — Mariage du fils de Charles IV à Saint-Maxe ; nouvelle invasion française, mort de Charles IV, caractère, 107. — Fondation des Carmes, 108.

Charles V, Duc de Lorraine et de Bar ; prolongation de l'occupation française, exploits contre les Turcs ; visite de Louis XIV au château ; mort de Charles V, caractère, 108, 109.

Charles VII, Roi de France, loge au château, négocie le mariage de Marguerite et de Yolande d'Anjou, 129.

Charles IX, Roi de France, à Bar, 99, 130, 133.

Charles de Bar, fils de Robert, 70.

Charles de Lorraine, cardinal, 131.

Charles, fils de Charles III, évêque de Strasbourg, 101.

Charles-Henri de Lorraine, épouse à Saint-Maxe Anne-Élisabeth de Lorraine, duchesse d'Elbœuf, 107.

Charles-Alexandre, fils de Léopold, gouverneur des Pays-Bas, 111.

Charles Bouteiller, doyen, 201.

Charles Billet de La Vallée, doyen, ses actes, 208-209.

Charles de Maillet, doyen, ses actes, 209.

Chartes (tour, grand et petit trésor des), au château de Bar, 152.

Châtelains, leurs fonctions, 135-142.

Château ducal de Bar. — Origines, 5. — Forteresse élevée contre les incursions des Champenois par Frédéric I<sup>er</sup>, 7. — Heureuse situation au point de vue militaire, 8. — Forme primitive, enceinte, grosses tours, bâtiments intérieurs, transformations, 9. — Plans du château, tableau de Saint-Pierre, 9. — Vue cavalière de la collection d'Hœfnagel et de Beaulieu, plans par terre de Dom Calmet, de Montluisant, de Champenois, 9-10. — Description de la forteresse, 10. — Les tours (V. ce mot), la muraille d'enceinte, 13-19. — Bâtiments divers contre la courtine, 13. — Poterne de sortie, 13. — Bastion, 13-14. — Force du château, 19. — Sièges du château par Eudes de Champagne, Henri V d'Allemagne, Antoine de Vaudémont, Louis XI, le maréchal d'Aumont, Louis XIII, de Lignéville, La Ferté, chevalier de Guise, de Turenne, Mazarin, 20-21. — Bâtiments du château, description, jardins, écuyerie, première galerie, 21. — Vieux château, donjon, appartements divers, seconde galerie, 23. — Cours, grand puits, cuisines, salle des Assises et États, terrasses, magasins, Chambre des Comptes, neuf bâtiment, 24, 99, 153. — Église Saint-Maxe, bâtiments du Chapitre, 24. — Caractères et magnificence des bâtiments du château, artistes, 25. — Cheminées monumentales, 26. — Richesses mobilières sous René II et Philippe de Gueldres, 26, 27, 28, *p. j.*, n° I. — Incendie et démantèlement du château, 28 et suiv. — Décadence, 39. — Ce qui reste du château, les ruines, 34, 35. — Réparations au château ordonnées par Charles II, *p. j.*, n° II. — Jacques III au château de

Bar, 110. — Catherine Opalinska et Marie Leckzinska au château de Bar, 113.

CHÂTEAU DE BAR (La vie et les fêtes au), 115. — Baptême princier de M<sup>gr</sup> Nicolas de Vaudémont, duc de Mercœur, 116. — Repas du baptême, 119. — Palais ducal et son ameublement sous Antoine, 120, 121. — Jeunes années et mariage, 121, 122. — Prise de possession, 124, 126. — Hommage-lige rendu au château. — Visites royales, Charles VII, Marguerite d'Anjou, reine d'Angleterre, François I<sup>er</sup>, roi de France, Marie de Lorraine, épouse du roi d'Écosse, François II, roi de France, Charles IX, Marie Leckzinska ; fêtes au château à l'occasion de ces visites, 129-134. — Vie ordinaire au château, 134. — Les officiers de la demeure seigneuriale, 135. — Funérailles du souverain, 138-140.

CHEMINÉES DU CHÂTEAU, 26.

CHEPPE (de), chanoine, 228. — Fonde la manufacture, déporté, d'après M. Rollet, *p. j.*, n° XV, 31. — Vend ses droits sur l'établissement, 34.

CHEVALERIE DU JEUNE DUC, 122.

CHIENNERIE (droit de), exemption, 17.

CHILDÉRIC à Bar, accueil qu'il y reçoit, privilèges accordés, 6.

CHRISTINE DE DANEMARK, épouse François I<sup>er</sup>, Duc de Lorraine, 97-123. — Régente, 98, 127, 133.

CHRISTINE, fille de Charles III, mariée au Duc de Toscane, 101.

CHRISTOPHE (Chapelle Saint-), 76.

CLAIRE (Sainte-), couvent de Bar, 87, 92.

CLAUDE DE GUISE, fils de René, 90, 92, 96, 117. — Legs qu'il reçoit de sa mère, 244.

CLAUDE DE FRANCE, épouse Charles III, 98. — Entrée à Bar, 127. — Sa mort, 99.

CLAUDE, fille de Henri II, épouse Nicolas de Vaudémont, 103.

CLÉMENCE DE BAR, 47.

CLERMONT, 46, et le CLERMONTOIS, 51, 59, 69.

COLLIN (Claude), chapelain de Saint-Maxe, déporté, 229.

COLLÈGE DE GILLES DE TRÈVES, but de l'institution, 205. — Emplacement ; acquisition, construction, dotation, magnificence, patrons de la chapelle, description des bâtiments, style de l'architecture, destination primitive, 206-207. — Usage actuel ; les prêtres séculiers, premiers professeurs ; introduction des Jésuites, 102, 207. — Testament de Gilles de Trèves concernant le collège, *p.j.*, n° XII. — Approbation de la fondation par Charles III, 100.

COLLÉGIALE SAINT-MAXE (Voyez *Saint-Maxe*). — Origines, consécration, 156. — Vocable, 157. — Prérogatives, 126-157. — Prééminence sur les églises de la ville, 157. — Description de l'église, le vaisseau, dimensions, 161. — Époque et style de l'architecture, 162. — Intérieur de la collégiale, *ibid*. — Le chœur des chanoines ; les stalles ; le jubé ; la chaire ; grilles ; mobilier du chœur, 162-163. — Le clocher et sa sonnerie, 163. — Le sanctuaire ; maître-autel ; tombeau de René d'Orange, le Squelette, 164-168. — Autel Saint-Étienne et son *ex-voto*, 168. — Chapelle Notre-Dame et les tombeaux, 168, 169. — Chapelains attitrés, statue de sainte Anne, le cierge perpétuellement ardent, *ibid*. — Tombeau de Marie de Bourgogne, d'Édouard 1er, de Henri III, de Thiébaut II ; autres sépultures princières présumées, 168-169. — Le petit portail, 169. — Le charbonnier, *ibid*. — Tribune des princes, *ibid*. — Chapelle Saint-Jacques, *ibid*. — Sépulture de Périgal, *ibid*. — Chapelle de la Conception, *ibid*. ; — de Notre-Dame de Pitié ou des fonts ; de l'Assomption, ou des Trépassés, *ibid*. ; — de Gilles de Trèves, ou des Princes, sous le vocable de l'Annonciation ; sa construction mise au concours ; l'œuvre confiée à Ligier Richier, description de la chapelle et des œuvres du sculpteur lorrain, 170-171. — Portrait et tombeau du fondateur ; des membres de sa famille, 171. — Beauté de cette chapelle d'après Montaigne, 172. — Chapelle Saint-Jean, tombeau de Henri IV, de Yolande de Flandres, de Robert, de Marie de France, d'Édouard III, 172, 173. — Tribune de l'orgue ; salle capitulaire, 173. — Sacraire et trésor, reliques et reliquaires, 173-174 (V. ce mot). — Ornements et ustensiles sacrés, 175. — Les chartes, 175. — Cérémonies publiques à Saint-Maxe, 126-176. — Baptêmes, mariages, funérailles des princes, 176, 178. — Tombeaux de Saint-Maxe et leur translation à Saint-Pierre dans la chapelle de la Madeleine, 178-179. — Profanation en 1794, 179. — Leur emplacement actuel, 180. — Saint-Maxe devient paroisse sous le vocable de Saint-Étienne, 180. — Le meurtre de Pélicier, 180. — MM. André et Rollet, premiers curés, 180-181. — Bardot, curé constitutionnel, transfère le service paroissial à Saint-Pierre, 181. — Saint-Maxe dévasté par le bataillon des Parisiens, 182. — Vente et démolition de la collégiale ; ce qui en reste, 182-183.

COMBLES, 17.

CONDÉ (de), assiège le château, 21.

CONFRÉRIES à Saint-Maxe des 10.000 Martyrs, 84, et du Suffrage, 170-219.

CONGRÉGATION DU B. PIERRE FOURIER, établie à Bar, 103. — Ne se relève pas après la Révolution, 232.

CONTRISSON, relève de Saint-Maxe, 191.
COUSIN (Didier), abbé de Jandeures, 26.
CRÉHANGE, au baptême de M$^{gr}$ Nicolas, 117.
CRÉQUI, fait démanteler Bar et le château, 107.
CROCQ (Jean), répare le tombeau de Henri IV, 26.
CROCK (Médard) et Claudin, peintres de Charles III, 26.
CROISADES ; princes de Bar qui se croisèrent. Louis, fils de Thierry II, meurt dans la 1$^{re}$ croisade, 44. — Renaut I$^{er}$ se croise avec Louis VII, 46. — Henri I$^{er}$ prend part à la croisade de Philippe-Auguste, meurt en Terre-Sainte, sépulture à Bethléem, 49. — Thibaut I$^{er}$ contre les Albigeois, 50. — Henri II prend part à la 6$^{e}$ croisade et y périt glorieusement, 52. — Henri III va guerroyer contre les infidèles, 61. — Édouard I$^{er}$ se croise et meurt en Chypre, 64. — Henri et Philippe de Bar, fils du Duc Robert, périssent à Nicopolis, 70.
CROIX DES CHANOINES de Saint-Maxe, 192.
COURCELLES, 7, 8, 46.
COURCELLES-AUX-BOIS, 67.
COUSIN MAXE, président de la Chambre, 154.
CROLBOIS (de), chanoine, 228.
CURES relevant du Chapitre de Saint-Maxe, 191.

# D

DEMANGE (Didier), de Mirecourt, doyen de Saint-Maxe ; ses actes, il harangue René II, 200.
DEMANGE THIRIET, doyen, 208.
DENIS (SAINT-), abbaye, biens possédés dans le Barrois, 38.
DIÉ (SAINT-), 7.
DIDIER LEBESGUE, doyen, répare la châsse de Saint-Maxe, 173. — Marie le prince de Vaudémont, 177. — Fonde la confrérie des Trépassés, 208.
DOMINICAINES DE LANGRES, sorties de la réforme du V. P. Michaëlis, 233. — Humbles origines, développement, suppression, fidélité pendant la Révolution, restauration de la Communauté par la Mère de Vougécourt, 234. — Fondation de Neufchâteau en 1826, 234 ; — de Bar en 1829, 235.
DOMINICAINES DE BAR-LE-DUC. — État de l'éducation des jeunes filles à Bar-le-Duc dans les années qui suivirent la Révolution, 232. — Débuts des Dominicaines dans la maison de M$^{elle}$ Vayeur, 234. — Premières religieuses, difficultés du voyage, protection divine, la première messe dans la chapelle, allocution de M$^{r}$ Rollet, 235. —

Epreuves de la fondation, comment les Religieuses en triomphèrent, 236. — Sympathie et appui des meilleures familles, 236. — Exiguité du local de la première installation, la Providence ménage l'acquisition de la manufacture bâtie sur l'emplacement du château, agrandissements successifs, 236. — Aspect grandiose du Monastère, le Pensionnat, description des bâtiments et des jardins, 237-238. — La Chapelle du couvent, pose de la première pierre, 239. — Construction, 239. — Notre-Dame de la Protection, bénédiction de l'église, 240. — Description, aspect extérieur, l'intérieur, objets d'art, vitrail du Rosaire, frise des saints de l'Ordre, peintures murales du sanctuaire, décoration de l'autel, une page de Romain Cazes, 241-242. — La grande fresque de la procession des Vierges martyres et des Vierges du cloître, 242. — Le Monastère et la vie du cloître, 242-244.

Les Prieures du Monastère :

1° La Mère Mélanie Laurent, première Prieure et fondatrice du monastère de Bar, son origine. — Vie à Langres, 244. — Quatre fois Prieure à Bar, sa foi dans les difficultés du début. — Humilité, mort édifiante, 245.

2° La Mère Marie de Saint-Benoit de Santenoge, fondatrice et seconde Prieure du monastère. — Noble extraction. — Première éducation. — Appel à la vie religieuse, fidélité courageuse pendant la Révolution. — Elle concourt à la restauration du couvent de Langres. — Ses divers emplois, 246. — Prieure, elle décide la fondation de Bar, elle gouverne la communauté, sa vie et ses vertus religieuses, portrait, caractère, mémoire vénérée, 247-248.

3° La Mère Saint-Augustin Devoille, fondatrice et troisième Prieure, origine, éducation, vocation, 248. — Désignée pour la fondation de Bar, elle fait la gloire du Pensionnat, grande éducatrice. — Vertus religieuses, ses chroniques, noces d'or, mort édifiante, 249-250.

4° La Mère Euphrasie Jacquin, quatrième Prieure, épreuves de l'enfance, au monastère de Langres, on l'envoie à Bar, différentes charges, son Priorat et ses œuvres, 250. — Joies de ses noces d'or, Recommandations suprêmes, 251.

5° La Mère Sainte-Rose Barbelle, cinquième Prieure, épreuves du jeune âge, 251. — Vocation au cloître, Ses aptitudes remarquables et ses emplois divers, 252. — Prieure huit fois élue, actes de son gouvernement pour le Monastère et le Pensionnat, grandes vertus religieuses, 252-253. — Exemples héroïques, esprit intérieur, sainte mort, funérailles, 253-254.

6° La Mère Saint-Benoit Gisbert, sixième Prieure, 254. — Appel à la vie dominicaine, maîtresse générale, son action sur les enfants, les actes de son Priorat, 255-256. — Appréciations épiscopales sur son caractère, 256.

7° LA MÈRE SAINT-CHARLES RÉMOND, septième Prieure ; principaux actes de son gouvernement, 257.

Les œuvres du monastère, l'école dominicaine et ses résultats, l'orphelinat de Notre-Dame du Saint-Rosaire, but, esprit, 257-259.

DOMREMY-AUX-BOIS, affranchi par Robert, 67.

DOMREMY-LA-PUCELLE, relevant du Barrois, 63, note, 79.

DONJON du château, 23.

DOROTHÉE, fille de François I$^{er}$ de Lorraine, mariée au Duc de Brunswick, 98.

DOUAUMONT, affranchi sous Thibaut II, 59.

DOYEN DU CHAPITRE SAINT-MAXE ; jouissait d'une double prébende, 189-194. — Son rang aux États généraux, 190. — Il harangue le Souverain et l'évêque, 191. — Doyen de Saint-Maxe, chanoine à Saint-Pierre et réciproquement celui de Saint-Pierre chanoine à Saint-Maxe, 194 ; 195, *p. j.*, n° IX. — Prérogative du doyen de Saint-Maxe, 195. — Ses fonctions près du Souverain, membre du conseil et garde du scel, 195. — Émoluments à Saint-Maxe et à Saint-Pierre, 195. — Charte d'Édouard, *p. j.*, n° IX. — Droit de collation pour la chapelle Notre-Dame, 196. — Élection par le Chapitre quelquefois il est présenté par le prince, 196. — Stanislas revendique le droit de nommer le doyen, 196-197. — Ce droit rendu au Chapitre, 197. — Après élection, le doyen recevait l'institution de l'évêque, son intronisation ; serment, mise en possession, 197-198. — Habitation, belle salle du doyenné, 198-199. — Nomenclature des doyens de Saint-Maxe, 199-209.

DRAMES AU CHÂTEAU, 119.

DUCHÉ DE BAR, érigé, 66. — Prise de possession par les Ducs de Lorraine, 124. — Entrée de René II, 125. — Fin du Duché, 114.

DUCHESSE, occupations au château, 134, 135. — Ses atours aux jours de parade, 135.

DUN, acquis au Barrois, 46. — Objet des libéralités de Marie de France, 69.

# E

ÉCOLÂTRE DE BAR ; le Chapitre de Saint-Maxe grand-écolâtre de Bar, 192.

ÉCOLE ROYALE, à la manufacture, 33.

ÉDOUARD I$^{er}$, Comte de Bar, minorité, épouse Marie de Bourgogne ; il est vaincu à Frouard, différents événements de son règne; sa monnaie, acquisition de Gondrecourt, bataille de Cassel, il favorise la fondation de Saint-Pierre, 63; — de l'hospice de Revigny, *p.j.*, n° VI. — Statuts manuscrits du Chapitre de Saint-Pierre, 63, note 4. — Il se croise et meurt outre-mer, il est enseveli à Saint-Maxe, ses enfants, 62-64.

EDOUARD II, Comte de Bar, minorité, sa mort et son tombeau à Verdun, 65.

EDOUARD III, Duc de Bar, premières années, ordonnance pour l'union des deux prébendes du Chapitre de Saint-Maxe et de Saint-Pierre, V. *p. j.* n° IX. — Son testament, il est tué à la bataille d'Azincourt; sépulture à Saint-Maxe, 71, 173.

ELÉONORE D'ANGLETERRE, épouse Henri III, 60.

ELÉONORE DE BAR, épouse de Raoul, Duc de Lorraine, 64.

ELISABETH, fille de Charles III, épouse Maximilien de Bavière, 101.

ELISABETH-CHARLOTTE D'ORLÉANS, épouse le Duc Léopold à Saint-Maxe, 109, régente, 111.

ELISABETH-THÉRÈSE, fille de Léopold, mariée au roi de Sardaigne, 111.

ERMENSON DE NAMUR, 3° épouse de Thibaut I$^{er}$, 51.

ERMENTRUDE DE BOURGOGNE, épouse de Thierry II, 44.

ERNECOURT, acquis au Barrois, 46. — Sous la sauvegarde de Robert, 67.

ERNECOURT (d'), son tombeau à Saint-Maxe, 171.

ERRARD DE BAR, seigneur de Pierrefont, 60.

ESTIENNE, doyen de Saint-Maxe, exécuteur testamentaire de Thibaut II, 199.

ETAIN, objet des libéralités de Marie de France, 69.

ETATS, salles des États, 24. — Existence et dates historiques des États généraux du Barrois, 144. — Sous Thibaut II, sous Robert, le cardinal Louis; René I$^{er}$, René II, Antoine, Charles III; leur objet; quelquefois ils sont unis à ceux de Lorraine; les États de 1579 pour la rédaction des Coutumes, 145. — Composition et convocation, 145. — Une formule de convocation au prieur de Silmont. Lieu de leur réunion et objets soumis à leur délibération, 146. — Excuse d'Antoine à ce sujet, 147. — Forme et tenue des États aux xv$^e$ et xvii$^e$ siècles, 147-148.

ETIENNE (Saint), vocable de l'église Saint-Maxe, 157. — Autel, 168. — Caillou, 174.

ETIENNE, évêque de Metz, fils de Thierry II, 44.

ETIENNETTE DE BAR, 47.

EDOUARD II, 47.

EUGÈNE III, intervient en faveur de Manegande, contre Regnault II, 47.
EUDES DE CHAMPAGNE assiège le château de Bar, 20.

# F

FAINS, donations à Saint-Maxe, 185.
FÁUGES, général, assiège Bar, et périt dans l'attaque, 21.
FERRI, Duc de Lorraine, défait par Thibaut I$^{er}$, 50.
FERTÉ (La), s'empare du château, 21, 106.
FIDÉLITÉ, ORDRE CHEVALERESQUE, institution, statuts, insignes, transformation, 73.
FOL (Le) du Moyen âge au château de Bar, 136.
FONDATIONS A SAINT-MAXE, 68, 72, 76, 84, *p. j.*, n° XI. — Confréries des 10.000 Martyrs, du Purgatoire, l'Angélus, les Processions, messes solennelles, 219-220. — Obits ou anniversaires, revenus, 220.
FOUG (traité de), 75.
FORMARE, archidiacre de Toul, donne Naives et Vavincourt à Saint-Maxe, 186, *p. j.*, n° IV.
FRANÇOIS I$^{er}$, Duc de Lorraine et de Bar, baptisé à Saint-Maxe; son parrain; François I$^{er}$, roi de France, 95. — Premières années; mariage et avènement au pouvoir, 97. — Mort prématurée, portrait et enfants, 97.
FRANÇOIS II, fils de Charles III, Duc de Lorraine et de Bar, avènement et abdication en faveur de Charles IV, 104.
FRANÇOIS III, Duc de Lorraine et de Bar; premier acte de son gouvernement. Il se retire à Vienne, épouse Marie-Thérèse, renonce au Duché de Lorraine et de Bar, pour devenir Duc de Toscane; élu Empereur d'Allemagne; la Maison de Lorraine et de Bar, sur le trône d'Autriche, 111-112.
FRANÇOIS I$^{er}$, Roi de France, au château de Bar, 95, 129.
FRANÇOIS II, Roi de France, au château, 99, 130. — Réception, et fête de Saint-Michel, 131-133.
FRANÇOIS, fils de René II, né à Bar, tué à Pavie, 90-92. — Sa part dans les meubles du château, *p. j.*, n° I.
FRANÇOIS DE DICTEVILLE, évêque d'Auxerre, 118.
FRANÇOIS DE GUISE, né au château, baptisé à Saint-Maxe, 91-92, 131, 177.
FRÉDÉGAIRE ET BAR, 6.
FRÉDÉRIC I$^{er}$, Comte de Bar et duc de Mosellane, construit la forteresse de Bar sur le domaine de l'Église de Toul, réclamations de saint Gérard, transaction, 7. — Noble origine, épouse Béatrix, sœur

de Hugues-Capet, accroissement de son domaine, voué de Saint-Mihiel, de Saint-Dié et Moyen-Moutier, duc de Mosellane, sa puissance, caractère et descendance, 39.

Frédéric II, Duc de Mosellane et Comte de Bar. — Brièveté de son règne, il épouse Mathilde de Souabe, ses deux filles Béatrix et Sophie, 41.

Frédéric, fils de Louis de Montbéliard, comte de Lucelbourg, 43.

Frédéric, fils de Thierry II, comte de Férette et d'Amance. 44.

Frédéric, fils de Thibaut II, archevêque de Cologne, 60.

Fusicien, ou médecin, au château, 135.

## G

Galaisière (La), prend possession du Barrois pour Stanislas, 112.

Garennes (Comtesse de), régente de Robert, 66. — Son corps enseveli à Saint-Maxe, 178.

Garin, prévôt du Chapitre de Saint-Maxe, témoin d'une charte de Renaud, 199.

Génicourt (Barbe de), établit la Congrégation à Bar, 103.

Geoffroy Frère, confesseur de Marie de France, 70.

Gérard (Saint), évêque de Toul, réclame contre l'usurpation de Frédéric, transaction avec le Comte de Bar, biens cédés en compensation du territoire de Bar, 738.

Gérard de Neuville, donation à Saint-Maxe, 186.

Gérard, châtelain de Bar, fonde Jandeures, 48.

Gilbert (Claude), peintre-verrier, 26.

Gilles de Bourmont, doyen de Saint-Maxe, garde du scel et conseiller de Henri IV; fondation à Saint-Maxe, 200.

Gilles de Trèves, sa chapelle à Saint-Maxe, 170-172. — Voyez *Collégiale* : le sacraire ou revestiaire, 173. — Origine, titres et qualités, son savoir, d'abord chanoine de Saint-Georges, à Nancy, puis à Saint-Maxe de Bar, élu doyen sur la recommandation d'Antoine, 201-202. — Ses qualités, sa vigueur apostolique pour le maintien de la discipline ecclésiastique, 202. — Ses chapitres généraux, 202-204. — Admonestations et réformes, 202-203. — Zèle contre l'invasion du Protestantisme et prières à Saint-Maxe sur ce point, 203-204. — Libéralités envers la collégiale et la ville, 205. — Chapelle de l'Annonciation, 170-172. — Le revestiaire, 173. — Dons à la sacristie, dîmes de Ville-sur-Saulx, fondations d'obits, 205. — Il fonde le collège, il achète le fief de Fains; autorisation de Charles III. Magnificence du doyen, 204-205. — (V. *Collège*). — Sa mort, ses funérailles, son tombeau, son portrait, 207-208. — Extraits de son testament, *p. j.*, n° XII.

GILLES VALLET, doyen, 201.

GÉRARD DE HARAUCOURT, sénéchal de Lorraine, 117.

GISÈLE ou GISLA, de Vaudémont, origines, épouse Regnault, Comte de Bar, défense héroïque de la forteresse de Monçon, 45.

GIVRAUVAL, revenus donnés à Saint-Maxe, 185.

GLEYSENOVE (Nicolas de), président de la Chambre, 154.

GODEFROY, défait Eudes, 42.

GONDRECOURT, prévôté donnée par Philippe le Bel à Édouard Ier, 63.

GONDRECOURT-EN-WOËVRE, relève de Saint-Maxe, 191.

GONTHILDE, abbesse de Biblisheim, 44.

GOTHELON, reprend Bar et défait Eudes de Champagne, 20.

GOUVERNEMENT DUCAL, au château, 141. — V. *Officiers.*

GOURAUD (Jehan), maïeur de Chaumont, enfermé dans la Tour Noire, 15.

GOYBAULT, enlumineur de René d'Anjou, 25.

GRANCEY (de) s'empare de Bar, 21.

GRANDS-JOURS (les) de Saint-Mihiel, institution et but, 144.

GRATAS (Claude), architecte, 26.

GRUYER, fonctions dans le gouvernement ducal, 143.

GUET (Notre-Dame du) au moment du siège de Bar, 82.

GUÉRIN DE LA MARCHE, chanoine, 228.

GUILLAUME DE SATHENAY, doyen de Saint-Maxe, 200.

GUILLAUME DE DAMPIERRE, prend possession du siège de Verdun pour Louis, Cardinal de Bar, 200.

GUILLAUME BOUQUET, doyen, 201.

GUILLAUME D'ERNECOURT, doyen, 208.

GUISE (Le chevalier de), s'empare du château, 21, 106.

GUYOT (Alexandre), président de la Chambre, 154.

## H

HAN-LES-JUVIGNY, acquis au Barrois, 46.

HANNEL (François), président de la Chambre, 155.

HANNEL (Pierre), doyen par nomination de Stanislas, 196.

HATTONCHÂTEL, 76.

HAUZEN (d'), chanoine, mort en déportation, 228.

HENRI Ier, Comte de Bar : vexations contre l'Église de Verdun ; il est frappé d'anathème et se soumet, caractère chevaleresque, testament et donations pieuses ; il se croise avec Philippe-Auguste et meurt glorieusement en Terre-Sainte, 48-50.

HENRI II, Comte de Bar : bataille de Bouvines, victoire de Champigneulles ; il prend part à la 6e croisade et y périt glorieusement ; caractère et fondations pieuses ; Sainte-Hould ; affranchissement des communes ; il protège les lettres ; ses enfants, 52-55.

HENRI III, Comte de Bar : démêlés avec Philippe le Bel, il pille Beaulieu, est fait prisonnier, désastreux traité de Bruges, conséquences pour le Barrois ; il se croise et meurt en revenant ; acquisition, il fonde la chapelle Saint-Étienne à Saint-Maxe, ses enfants, 60-62. — Son tombeau, 169.

HENRI IV, Comte de Bar : démêlés avec Raoul de Lorraine, il épouse Yolande de Flandre ; il cède à Saint-Maxe l'administration de l'hospice de Revigny, *p. j.*, n° VIII. — Mort prématurée, sépulture à Saint-Maxe, 64-65, 172.

HENRI V, Empereur d'Allemagne, prend le château de Bar, 20.

HENRI II, Duc de Lorraine et de Bar, baptisé à Bar, 133-177. — Épouse en premières noces Catherine de Bourbon, 101, puis Marguerite de Mantoue ; principaux événements de son règne dans le Duché de Bar ; il confie le collège aux Jésuites ; fondation des Minimes, 102 ; des sœurs de la Congrégation ; mort et caractère ; ses enfants, 103.

HENRI ou HEZELIN, Comte de Woëvre, 39.

HENRI DE BAR, fils de Henri II, 54.

HENRI DE PIERREFORT, 66.

HENRI DE BAR, tué à Nicopolis, 70.

HENRIETTE, fille de François II, mariée au baron d'Ancerville, 104.

HENRY, curé de Bar, fonde la manufacture, 31.

HERRIC VASSART, doyen, 208.

HERIOT, écuyer, administrateur de la manufacture, 32.

HESSE DE LINANGE, 117.

HEUDICOURT, acquis au Barrois, 59.

HEZEB, apporte à Bar les reliques de saint Maxe, 158.

HOEFNAGEL, plan du château, 9.

HOMMAGE DES VASSAUX, au Duc de Bar. 127. — Hommage de Marguerite de Vaudémont au château de Bar, 128.

HÔPITAL DE REVIGNY, fondé par un chanoine de Saint-Maxe, 221, *p. j.*, n°s VI, VII, VIII.

HOULD ou HOÏLDE (SAINTE-), 50. — Relique de sainte Hoïlde, 50. — Fondation par Henri II et Philippe de Dreux, 53.

HUBERT (SAINT-), ordre. V. ce mot.

HUGUES DE BAR, fils de Renaud Ier, 47.

HUMBERT (Louis), sculpte la porte de la maison La Morre, 30.

HUMBERT (Sébastien), inventorie Saint-Maxe et ses richesses, 166, 176.

## I

ISABEAU, épouse de Thibaut I$^{er}$, 51.
ISABEAU DE BAR, épouse de Valéran, 51.
ISABELLE DE LORRAINE, épouse René d'Anjou : — conditions du mariage, 75. — Sa vaillance pendant la captivité de René I$^{er}$, 82. — Elle revendique les droits de son époux au trône de Sicile, 82. — René lui laisse la régence du Barrois, 82. — Son tombeau, 85.
ISABELLE DE FRANCE, reine d'Espagne, visite le château, 131.
ISMING, donné à l'abbaye de Saint-Mihiel, 44.
ITTA, fille de Frédéric I$^{er}$, 39.

## J

JACQUES LE BŒUF, doyen, 208.
JACQUES VASSART, doyen, 208.
JANDEURES. Fondation de l'abbaye des Prémontrés, 48. — L'abbé Cousin fournit les taques pour les cheminées du château, 26. — Donation des alleux de Jandeures à Saint-Jean de Toul, 186.
JACQUES III au château de Bar, 110.
JAR (du). M. L'Hôtel du Jar établit les Minimes à Bar, 102.
JEAN PERRINS, doyen de Saint-Maxe, chancelier, 200.
JEAN DE SORCY, 13. — Doyen de Saint-Maxe, 200.
JEAN DE REVIGNY, id., fonctions près du Souverain, 200 ; p. j., n° IX.
JEAN DE BAR, seigneur de Puisaie, 60, 61, 62.
JEAN DE BAR, fils de Robert, tué à Azincourt, 70.
JEAN D'ANJOU administre le Barrois, 82.
JEAN D'ARRENTIÈRES, 128.
JEAN, fils de René II, cardinal, 90. — Sa part au château dans les legs de sa mère, p.j., n° I.
JEAN DE STAINVILLE, 117.
JEANNE DE DREUX, épouse Henri I$^{er}$, se retire au château de Putil (Sainte-Hould), 50.
JEANNE DE FLANDRES, épouse de Thibaut II, 60.
JEANNE DE TOCY, seconde femme de Thibaut II, 60.
JEANNE DE BAR, comtesse de Garennes, 62.
JEANNE D'ARC, nationalité et origine, 79. — Ses rapports avec René d'Anjou, 80.
JEANNE D'ASPREMONT, 92.
JEANNIN, propriétaire de la manufacture, 34.
JENNIN le peintre, décore la chapelle du donjon, 25.

JENNIN, maistre tapissier, 27.
JÉSUITES appelés au collège de Bar par Henri II, 102.
JOSEPH BILLARD, évêque d'Olympie, nommé doyen par Stanislas, 209.

## K

KAROLE (la) du château; en avant de la Belle Porte, 16.
KEURES (le château de), résidence de Marguerite d'Anjou, 84, 129.

## L

LAHIRE, défenseur du château de Bar, 75.
LAIMONT, acquis par Frédéric I$^{er}$, 38.
LAITRE, prieuré, fondation, 40.
LALLEMANT, acquéreur de la manufacture, 34.
LAHEYCOURT affranchi, 53.
LA MOTHE, fondation de la collégiale par le comte Thibaut II, 60.
LAMBALLE (Jean de), président de la Chambre, 154.
LAURETTE DE LOOS, épouse de Thibaut I$^{er}$, 51.
LÉOPOLD, Duc de Lorraine et de Bar, origine et éducation; le duché de Bar lui est rendu au traité de Ryswick; il épouse à Saint-Maxe Élisabeth-Charlotte d'Orléans, 109, 123. — Caractère de son gouvernement; heureux règne; le prétendant Jacques III au château de Bar; mort de Léopold; belle parole, caractère du prince, ses enfants, 110.
LIGNÉVILLE (de) s'empare du château, 21, 106.
LISLE-EN-BARROIS, abbaye, 60.
LONGEVILLE; brûlé par Antoine de Vaudémont, 20. — Biens donnés à Saint-Maxe par Thierry I$^{er}$, 40, 185.
LONGWY, acquis au Barrois, 62.
LOUIS, Cardinal, Duc de Bar; carrière ecclésiastique; il devient Duc de Bar malgré l'opposition de quelques membres de sa famille; débuts de son règne; état du Barrois; institution de l'Ordre de la Fidélité et de Saint-Hubert; fondation des Béguines à Bar; adoption de René d'Anjou; il le marie à Isabelle, héritière de Lorraine; ce qu'il garde après le mariage de René; dernières années; testament et mort du Cardinal; funérailles édifiantes, 71-76.
LOUIS D'ANJOU, né à Bar, son baptême à Saint-Maxe, son éducation première, 122. — Lieutenant du Barrois, il repousse Antoine de Vaudémont, 20-82.
LOUIS, fils de René II, né à Bar, périt en Italie, 90.
LOUIS (Saint), médiateur entre le Comte de Bar et Guillaume de Hollande, le Comte de Luxembourg et Renaut de Bar, 58-59.

Louis XI, s'empare du château, 20-84. — Il convoite et occupe le Barrois, 84.

Louis XIII, assiège Bar et s'en empare, 21. — Sa présence à Bar, 105.

Louis XIV, au château avec la Reine de France et le Duc d'Orléans, 130.

Louis XV et Louis XVI, Ducs de Bar, 114.

Louis de Montbéliard, époux de Sophie, comte de Bar, origines, armes, 42.

Louis, fils de Thierry II, part pour la première croisade et y meurt, 44.

Louis Mairesse, doyen, mort et sépulture, 201.

Louppy-le-Chastel, bataille, 61. — Résidence de René II et de Philippe de Gueldres, 88 ; — de Marguerite d'Anjou, 129. — Relève de Saint-Maxe, 191.

Loxéville, sous la sauvegarde de Robert, 67.

## M

Magot, écuyer, administrateur de la manufacture, 32.

Maillet (de), doyen, 227. — Harangue Marie-Antoinette, 191. — Actes divers ; le dernier doyen de Saint-Maxe, 209.

Maillet (de), chanoine, 179-228.

Maillet, président de la Chambre, 154.

Maison de Bar, et les Seigneurs du château, 36. — Grands hommes qui en sont sortis ; plusieurs races de la Maison de Bar ; leur durée, 37.

Maison ducale, ses officiers ; cellerier, clerc ou maistre d'hôtel ; boutellier ; varlets de chambre ; huissiers de salle ; grand-veneur ; escuyer ; palefreniers et cochers ; femmes de service ; portier ; précepteur des enfants ; médecin ; châtelain, 135.

Maîtrise de Saint-Maxe, fondation et dotation, nomination du maître, enfants de chœur, logement du maître de chapelle, fonctions et obligations, 216-217.

Malaumont, acquis au Barrois, 46-67.

Manufacture, établie sur l'emplacement du château, 31. — Première idée, débuts heureux, constitution, but charitable, 32. — Fonctionnement, privilèges, construction, développements, population ouvrière, 33. — Pendant la Révolution, la messe à la manufacture, fin, 34.

Marchand, maître de chapelle à Saint-Maxe, 217.

Marche (La), fondation des Trinitaires, 53.

Maréchal, fonctions dans le gouvernement ducal, 142.

Marguerite de Bar, épouse du comte de Luxembourg, sa descendance glorieuse, 54, 55.

Marguerite de Longwy, ensevelie à Saint-Maxe, 178.

Marguerite, sœur de Charles IX, duchesse de Savoie, au château de Bar, 133.

Marguerite d'Anjou, naissance, 81 ; — Reine d'Angleterre, 129. — Son courage, ses malheurs, 83. — Résidence à Louppy et à Keures, 84, 129.

Marguerite de Gonzague, épouse Henri II, Duc de Bar, 102. — Don de joyeux avènement, 127. — Son entrée à Bar ; tertiaire de Saint-Dominique, sa mort et son tombeau, 103.

Marguerite de Lorraine, sœur de Charles IV, épouse Gaston d'Orléans, 104.

Marguerite de Vaudémont, fait hommage au Duc Robert, 128.

Mariages princiers à Saint-Maxe, 122. — Marie de France, 66-122. — René de Châlou et Anne de Lorraine, 122. — Fêtes nuptiales de François, Duc de Bar et Christine de Danemark, 123 ; — de Léopold et d'Élisabeth-Charlotte d'Orléans, 123 ; — du prince de Vaudémont, 107-177.

Marie de Bar, épouse de Gobert d'Apremont, 60.

Marie de Bourgogne, épouse Édouard I$^{er}$, Comte de Bar, 62. — Son tombeau, 168.

Marie de France, fille de Jean le Bon, épouse le Duc Robert à Saint-Maxe ; roman de la Mélusine composé pour elle, 66. — Administre le Duché pendant la captivité de Robert, 67. — Ses chasses, 134. — Ses occupations, 135. — Mort et funérailles, testament, 68-70. — Tombeau, 173.

Marie de Bar, sa fille, épouse du Comte de Namur, 70.

Marie de Guise, fille de Claude de Guise, née au château de Bar, baptisée à Saint-Maxe, 177. — Épouse le Roi d'Écosse, 91. — Vient au château, 130.

Marie Stuart, 91. — Elle épouse François II et vient au château de Bar, 111-131.

Marie-Thérèse, épouse François III, Duc de Lorraine et de Bar, 112.

Marie Leckzinska, visite le château, 113, 131.

Marie de Bar, épouse du Duc de Mons, 70, 72. — Son fils baptisé à Saint-Maxe, 176.

Marie-Antoinette, à Bar, haranguée par le doyen du Chapitre, 191.

Marne (de), chanoine, 228.

Marlorat, aux États généraux du Barrois, 147.

Marreliers ou Marguillers, à Saint-Maxe, 217.

MASSARD (Jacques), fonde l'hospice de Revigny, 221 ; *p. j.*, nos VI et VIII.
MASSONGES, donné par Thierry Ier à Saint-Maxe, 185.
MATHIEU, Duc de Lorraine, vaincu par Henri II, 52.
MATHILDE DE SOUABE, épouse Frédéric II, 41.
MATHILDE (la Comtesse), originaire de la Maison de Bar, soutient le Pape saint Grégoire VII ; son tombeau à Saint-Pierre de Rome, 41.
MAZARIN, assiège Bar, 21.
MAXE (Saint), origine du saint, temps où il vécut, ses deux frères, saint Maixent et saint Jouin ; sa vie, sa mort, sépulture ; miracles opérés, 157, 158. — Reliques transférées à Bar, 158. — Culte et processions dans les calamités publiques, grâces obtenues, 158-159. — Caractère officiel de ces cérémonies, 160. — Cérémonial et chants divers, 159-160. — Fêtes chômées à partir du xviiie siècle, 161. — Reliques et reliquaires, profanation au moment de la Révolution, 173-174. — Saint-Maxe collégiale. V. ce mot.
MAXE COUSIN, président de la Chambre des Comptes, 201.
MÉNIL-AUX-BOIS, 67.
MERIAN, plan, 9.
MERLIN (Jean), conseiller de René d'Anjou, 154.
MERLIN (Jehannot), président de la Chambre, 154.
MERLIN (Nicol), président de la Chambre, 154.
MERLIN (Jean), président de la Chambre, 154.
MERLIN (Louis), fonde la chapelle de la Conception à Saint-Maxe, *p. j.*, no XI, — président de la Chambre, son costume, 151. — Se retire à Clairvaux, 154.
MIHIEL (SAINT-), 69. — Les Grands-Jours, institution, 144. — Les voués de l'abbaye. V. ce mot.
MICHEL (Saint), fête de l'Ordre célébrée à Saint-Maxe en présence de François II, 132.
MINIMES, établis à Bar, 102.
MONASTÈRE DES DOMINICAINES de Bar. V. *Dominicaines.*
MONCHABLON, moulin donné à Saint-Maxe, 185.
MONTAIGNE (Michel), à Bar, appréciation sur Gilles de Trèves et sa chapelle, 172. — Son collège, 206.
MONTALANT (de), gouverneur du château, 105.
MONTARDIER, chanoine, curé de la cathédrale de Verdun, 228.
MONTLUISANT, plan du château, 10.
MONTPLONNE, 7.
MORLAINCOURT (de), administrateur de la manufacture, 32.
MORRE (Alexandre de La), président de la Chambre, 154.

Morre (Antoine de La), *item*, 155.
Morre (Gabriel de La), *item*, 155.
Morre (Antoine de La), d'Erronville, *item*, 155.
Morre (La), chanoine, son habitation sur l'emplacement du château, 30.
Moyen-Moutier, 7.
Murvaux, libéralités de Marie de France, 69.
Mystères joués au château, 137.

## N

Naives relève de Saint-Maxe, 191. — Donation par Formare, 186; *p. j.*, n° IV.
Nançois-le-Grand, sous la sauvegarde de Robert, 67.
Nant, 7.
Nanterre, abbé de Saint-Mihiel, aide Thierry I$^{er}$ dans le gouvernement, 40.
Nauve (de La), établi gouverneur du château par Louis XIII, 105.
Neuville, acquisition par Frédéric I$^{er}$, 38. — Biens donnés à Saint-Maxe par Thierry I$^{er}$, 185.
Neuvilly, affranchi, 59.
Nicolas d'Anjou, son entrée à Bar, 124.
Nicolas, fils d'Antoine, né et baptisé à Bar, 95. — Comte de Vaudémont; régent de Charles III, 98.
Nicolas-François de Vaudémont, épouse la princesse Claude, 103.
Nicolas de Richard-Ménil, 117.
Nicole, fille de Henri II, mariée à Charles de Vaudémont, 103.
Nicholles, doyen de Saint-Maxe, 199.
Notre-Dame de Bar, prieuré fondé par la Comtesse Sophie, 43. — Le prieuré uni au Chapitre de Saint-Maxe, 226.
Noncourt (de), promoteur de l'officialité, fonde la manufacture, 31.
Noüe (de La), reçoit le serment des bourgeois de Bar pour Louis XIII, 105.
Nouillonpont relève de Saint-Maxe, 191.
Notta, chanoine, bâtit une maison sur l'emplacement du château, 30.

## O

Obits fondés à Saint-Maxe, 220.
Officiers généraux au château : châtelain et ses tourriers, bailli, sénéchal, gruyer, collerier, receveur général, chancelier, 142-143. V. ces mots.

OFFICIERS SUBALTERNES du Chapitre de Saint-Maxe, 217.
OLRY WISSE, seigneur de Gerbéviller, 116.
ORDRE DE LA FIDÉLITÉ et DE SAINT-HUBERT, créé par le Cardinal-Duc Louis de Bar ; but de l'institution, règlements, insignes, recrutement, extinction, 73-74.
ORDRE DE SAINT-MICHEL, 132. — Fêtes célébrées à Saint-Maxe, 132-133.
ORGUES à Saint-Maxe, 173.
OURIET (Jean), secrétaire de René d'Anjou, président de la Chambre, 154.

## P

PAST ou festin des chanoines, 211-212.
PAUME (Jeu de) établi dans les fossés du château, 14.
PÉLICIER, massacré dans l'église Saint-Maxe, 181.
PÉRIGAL (de), gouverneur du château 21, 106. — Enseveli à Saint-Maxe, 169.
PERRET (de), chanoine, mort en déportation, 228.
PERRIN DE MONDOREY, enfermé dans la Tour Noire, 15.
PHILIBERT DE STAINVILLE, 94.
PHILIBERT DU CHASTELET, 117.
PHILIPPE DE BAR, épouse d'Othon, Comte de Bourgogne, 60.
PHILIPPE DE BAR, époux de Yolande d'Enghien, tué à Nicopolis, 70.
PHILIPPE DE GUELDRES, origine, épouse René II, 87. — Elle réside au château de Bar ; sa vie, ses œuvres charitables, 90-91. — Elle entre chez les Clarisses de Pont-à-Mousson, 91. — Prononce ses vœux en 1520 ; sa sainte vie, son testament, 92, *p. j.*, n° I. — Fondation à Saint-Maxe, 92-93, 216. — Souvenirs de la Sainte Duchesse ; son tombeau par Ligier Richier, épitaphe, 93-94. — Fondations pour la maîtrise de la Collégiale, 216.
PHILIPPE DE DREUX, épouse de Henri II, fonde Sainte-Hould ; testament pieux, 53-55.
PHILIPPE VI DE VALOIS : sa lettre au Comte Henri IV, concernant l'hôpital de Revigny, *p. j.*, n° VII.
PIERRE D'AUDENOT, doyen, 208.
PIERRE HANNEL, doyen, 209.
PIERRE DE BAR, seigneur de Pierrefort, 60-64. — Enseveli à Saint-Maxe, 178.
PIERRE DE BROUCEY, doyen de Saint-Pierre, *p. j.*, n° IX.
PIERRE (SAINT-), fondation de la Collégiale, 63. — Titres de la fondation et statuts, 63.

Pierrefort, acquis au Barrois, 59.
Pierremont (Saint-), abbaye fondée par la Comtesse Sophie, 43.
Platel (Luc), tapissier d'Antoine, 27.
Poirson (de), chanoine de Saint-Maxe, 228.
Pont-a-Mousson, uni au Barrois, 42. — Fondation de Thibaut I$^{er}$, 51-69.
Popey, acte de donation au Chapitre de Saint-Maxe, *p. j.*, n° X.
Portes du château, la Belle Porte, système de défense, 16-17. — La seconde porte du château et son système de défense ; porte de l'Armurier, 18. — Porte Phulpin, sa destruction, 18, 19.
Prévôts, 142.
Prieuré de Notre-Dame, fondé par la Comtesse Sophie, 43. — Uni au Chapitre de Saint-Maxe et Saint-Pierre, 226.
Procession d'action de graces pour la délivrance de Bar, 20, 21.
Processions à Saint-Maxe, 219 ; — des reliques du Saint, 158-160.
Protestants repoussés par les Ducs de Lorraine, ils tentent de s'introduire dans divers villages du Barrois, brûlent l'église de Chardogne ; soulèvement des paysans contre les redevances ecclésiastiques, 203, 204.
Psaume (Nicolas), chanoine de Saint-Maxe, *p. j.*, n° XIII.
Puits du château, 24.

## R

Raoul de Louppy, accord avec le Chapitre de Saint-Maxe, 187.
Rancourt, affranchi, 51.
Réaulté (Jean de La), précepteur de René d'Anjou, président de la Chambre, 154.
Receveur général, fonctions, 143.
Regnault de Bar, évêque de Chartres, 48. — Seigneur de Pierrefitte, 64.
Relevailles de la Duchesse après le baptême, 121.
Reliques et reliquaires a Saint-Maxe ; châsses de saint Maxe, 173 ; — de saint Rouin, 174 ; — saint Étienne, saint Sébastien, saint Jean-Baptiste, saint Christophe, etc., les 10.000 Martyrs, 174.
Renaut le Borgne, Comte de Bar, épouse Gisèle de Vaudémont, comte de Monçon, puis de Bar, voué de Saint-Mihiel et de Verdun, caractère violent, assiégé il est fait prisonnier au château de Bar puis rendu à la liberté grâce à l'héroïsme de Gisèle ; vexations contre l'abbaye de Saint-Mihiel et l'Église de Verdun, il agrandit son domaine, fonde Riéval, prend la croix à la suite de Louis VII, meurt à Saint-Mihiel, nombreux enfants, 45-47.

REGNAULT II, Comte de Bar; violences contre les moines de Saint-Mihiel; guerre aux Messins, médiation de saint Bernard, fondation de Jandeures confirmée; son épouse, Agnès de Champagne, ses enfants, sa mort, 47-48.

REGNAULT, seigneur d'Ancerville, fonde la commanderie de Braux, 54.

REGNAULT DE BAR, évêque de Metz, 60-62.

RENÉ D'ANJOU, Duc de Lorraine et de Bar; origine, premières années, 77. — Adoption par le Cardinal de Bar, arrivée et installation au château, 74. — Il devient Duc de Bar, 77. — Mariage avec Isabelle, héritière de Lorraine, 75-77. — Prise de possession du Duché, 78. — Naissance et baptême de Loys; état du Barrois; hommage à Henri VI d'Angleterre; désaveu, 80; *p. j.*, n° III. — Jeanne d'Arc et le Duc de Bar, 79-81. — René fait chevalier, 81. — Naissance de Yolande et de Marguerite; devient Duc de Lorraine; désastre de Bulgnéville, 81. — Captivité à Dijon; roi de Sicile, il échoue dans ses revendications en Italie; il s'éloigne du Barrois, 82. — Fondations à Saint-Maxe, 84. — Donation de Popey, V. *p. j.*, n° X. — Mort et caractère, ses enfants, 85. — Il fonde une école d'enluminure, 25. — Son cœur à Saint-Maxe; ses œuvres artistiques et littéraires, 85. — Fondation et dotation de la maîtrise, 216, *p. j.*, n° X. — Piété envers Marie, 216.

RENÉ II DE VAUDÉMONT, Duc de Lorraine et de Bar, origine, 86. — Reçoit Nicolas d'Anjou à son entrée à Bar, 124. — Il succède à René I$^{er}$ pour la Lorraine, 86. — Lutte avec Charles le Téméraire, victoires de Morat et de Nancy, 87. — Le Barrois lui est rendu, 87. — Il épouse Philippe de Gueldres, prend possession du Barrois, 125. — Fondation du couvent de Sainte-Claire, 87. — Séjours au château, les États, création d'un jardin, occupations, 87-88. — Dernière maladie, recommandations suprêmes, 88. — Funérailles, son cœur à Saint-Maxe, 164. — Son tombeau à Nancy, 89. — Caractère et portrait, 89. — Ses enfants, 90. — Fondations à Saint-Maxe, 213.

RENÉ D'ORANGE, épouse Anne de Lorraine, 122. — Il est tué au siège de Saint-Dizier, 164-165. — Son cœur et son tombeau à Saint-Maxe, 165. — Étude de ce chef-d'œuvre, 165-168.

RENÉE DE BOURBON, épouse le Duc Antoine, 95.

RENÉE, fille de François I$^{er}$, Duc de Lorraine, épouse Guillaume de Bavière, 98.

RESSON, 7. — Biens possédés par le Chapitre de Saint-Maxe, 187. — Accord avec Valéran de Ligny, 187, *p. j.*, n° V. — Relève de Saint-Maxe, 191.

Revigny, acquis par Frédéric I$^{er}$, 38. — Fondation de l'hospice, 64-221-222. — Charte d'Édouard, *p.j.*, n° VI. — Lettre de Philippe de Valois à ce sujet, *p. j.*, n° VII. — Administration cédée au Chapitre de Saint-Maxe, *p.j.*, n° VIII.

Richelieu (Cardinal de) à Bar, 21.

Richer, évêque de Verdun, 43.

Richier (Ligier), tombeau de Philippe de Gueldres, 93. — Tombeau de René d'Orange ou le Squelette ; appréciation ; place primitive ; aujourd'hui à Saint-Pierre, 164-168. — Il préside à la construction et à la décoration de la chapelle de Gilles de Trèves ; l'Annonciation ; la Nativité de N.-S.; le Christ en croix ; épaves conservées, 170-171.

Richilde, épouse de Thierry I$^{er}$, 40. — Donne à Saint-Maxe des biens à Massonges et Longeville, 185.

Riéval, abbaye, fondée par Renaud, Comte de Bar, 46.

Robert, prévôt, donation à Saint-Maxe, 185.

Robert, Duc de Bar, fait placer une horloge dans la tour du château, 11. — Minorité ; conseil de régence ; Comté de Bar érigé en Duché ; il épouse Marie de France à Saint-Maxe ; heureuses conséquences de cette alliance ; expéditions guerrières ; captivité de Metz ; caractère du gouvernement de Robert ; prospérité de son règne ; fondations pieuses ; dévotion à Marie ; testament ; mort de Robert ; son caractère et ses enfants, 66-70. — Son tombeau à Saint-Maxe, 172.

Robert de Baudricourt, 80.

Robin, maître tapissier sous René d'Anjou, 27.

Roger, donne Rimaco à Saint-Maxe, 185.

Rollet (Claude), origine, études, premiers ministères à Bar, chanoine de Saint-Maxe, 229. — Curé de Saint-Étienne, 180, 181, 229. — Il refuse le serment constitutionnel, 181-229. — Déportation à Rochefort, souffrances sur *le Washington;* rendu à la liberté il reprend son ministère, à Bar, 230. — Il recueille les ossements des princes, 180. — En 1816, il est nommé curé de Notre-Dame, son grand esprit sacerdotal, sa mort, 231. — Ses préoccupations pour l'éducation des jeunes filles ; il favorise l'établissement des Dominicaines, 233. — Lettre d'un déporté. V. *p.j.*, n° XV.

Romécourt (de), procureur général, favorise l'extension de la manufacture, 33.

Romécourt (Alexandre Mouzin de), président de la Chambre, 155.

Rouin (Saint), reliques, 174.

Rouvel (Jean), receveur général du Duché de Bar, chargé par Charles II de faire des réparations au château, *p. j.*, n° II.

Rouvrois, 46.
Rouyn (de), président de la Chambre, 155.
Royer, propriétaire de la manufacture, 34.

## S

Sacraire et Trésor de Saint-Maxe, 173.
Saint-Mihiel, abbaye, les Comtes de Bar devenus ses voués, 38-39, 47.
Saint-Pierremont, abbaye, 43.
Salm (de), 117.
Sampigny et Sainte-Lucie, acquis au Barrois, 46.
Saudrupt, donation à Saint-Maxe, 185.
Saulx (Étienne de), doyen, rédige les statuts de Saint-Maxe, 188-199. — Garde du sceel, convention avec Valéran de Ligny, 199-200, *p. j.*, n° V.
Savonnières, 17.
Sceaux du Chapitre de Saint-Maxe, 193.
Sénéchal, fonctions, 142.
Sigefroy, abbé de Saint-Mihiel, absous du crime d'investiture, 43.
Simon de Meaulx, peintre-verrier, 25.
Simon de Foug, doyen de Saint-Maxe; il fonde la chapelle de Saint-Christophe, 200.
Sommeilles, affranchi sous Thibaut II, 59.
Sophie, Comtesse de Bar, sa minorité, 42. — Prise du château de Bar par Eudes de Champagne; elle épouse Louis de Montbéliard; réside à Saint-Mihiel où elle fait bâtir un château; elle prétend au droit d'investiture sur l'abbaye, 42. — Se fait absoudre par le Pape saint Grégoire VII; fonde le prieuré de Notre-Dame et l'abbaye de Saint-Pierremont; sa mort et ses enfants, 43.
Squelette ou le Mort, de Ligier Richier; étude sur cette œuvre remarquable, 165-168. — Sa place primitive, actuelle; mutilations, 166.
Stanislas, roi détrôné de Pologne, devient Duc de Bar, prise de possession du Duché, 112. — Catherine Opalinska, son épouse, visite le château. Marie Leckzinska, reine de France, loge au château. Caractère et règne de Stanislas, 113. — Fondations de bienfaisance à Bar; mort et éloge, 113-114. — Il prétend nommer le doyen de Saint-Maxe, 196-197-209.
Stage canonial, 188.
Stainville (Philibert de), précepteur du duc Antoine, 94.
Statuts du Chapitre Saint-Maxe, 187-190. V. *Chapitre, p. j.*, n° XVI.
Stenay, affranchi, 46, 59-69.

STUART (Jacques), le Prétendant, réside à Bar, 110. — Escalier construit à son usage, 12.
SUPPÔTS DU CHAPITRE de Saint-Maxe, 194-213.

## T

TANNOIS, donné à Saint-Maxe, 185.
TAPISSERIES DU CHÂTEAU, 26.
THÉODORIC, châtelain, donne les alleux de Jandeures à l'église de Toul, 186.
THEZELINE, donations à Saint-Maxe, 185, 186.
THIBAUT I$^{er}$, Comte de Bar, fait la guerre a Ferri, duc de Lorraine ; l'emmène prisonnier au château de Bar ; se croise contre les Albigeois ; agrandissements du domaine ; fondation de Sainte-Croix de Pont-à-Mousson ; il affranchit quelques communes ; son caractère, ses enfants, 50-51.
THIBAUT II, Comte de Bar, sa vaillance ; il est captif en Hollande, prince lettré, sa complainte, médiation de saint Louis entre Thibaut et le Comte de Luxembourg ; son heureux gouvernement, ami d'Urbain IV ; agrandissements du domaine ; il fonde la chapelle de Bar à Verdun ; la collégiale de La Mothe, 188. — Testament, sépulture à Saint-Maxe, 169. — Nombreux enfants, 55-60. — Le doyen de Saint-Maxe, son exécuteur testamentaire, 199.
THIBAUT DE BAR, évêque de Liège, 60.
THIÉBAUT, doyen de Saint-Maxe, 199.
THIÉBAUT, doyen, ses actes, 199.
THIERRIET DE MÉLIGNY, doyen, 200.
THIERRY DEMENGE, doyen, 201.
THIERRY ou THÉODORIC I$^{er}$, Duc de Mosellane et Comte de Bar, 39. — Fonde quatre prébendes à Saint-Maxe, 40-185. — Principaux événements de son règne ; il vient en aide à l'Empereur saint Henri ; défait l'archidiacre Amaury ; acquisitions et fondations pieuses ; ses enfants, 40. — Prébendes à Saint-Maxe, 185.
THIERRY II, Comte de Bar, principaux événements de son règne, voué de Verdun, comment il investit l'abbé de Saint-Mihiel, se réconcilie avec le Saint-Siège, donne le prieuré d'Isming à l'abbaye de Saint-Mihiel ; épouse Ermentrude de Bourgogne ; ses enfants ; il fonde Biblisheim, 43-44.
THIERRY III, Comte de Bar, chassé par ses sujets, 44.
THIERRY DE BAR, évêque de Metz, 47.
TOMBEAU DES PRINCES, à Saint-Maxe, 164, 168, 172. — Leur transla-

tion à Saint-Pierre, 178-179. — Profanation en 1793 ; ce qui en reste, 179-180.

TOUR DE L'HORLOGE, 10. — Noms divers, 11. — Son histoire ; la cloche du beffroi plusieurs fois refondue, 11. — Conservation lors de la destruction de l'enceinte du château, 11. — Description, 12. — Escalier de l'horloge, 12.

TOUR VALÉRAN ou Vauran, Belle Tour, Tour des Armes ; forme, usage, destruction, 14-15.

TOUR NOIRE, Tour carrée, situation, usages pour la défense du château et de la géole, 15.

TOUR DU BAILE, Tour Ronde, Tour des Prêtres, Grosse Tour, par qui reconstruite, débris, 17-18.

TOURS DU FOSSÉ du château, vers la ville-haute, 18.

TOUR DES CHARTES, 152.

TOURNOIS, à l'occasion du baptême de Henri, fils de Charles III, 134 ; — du mariage de René d'Orange, 122 ; — de François, Duc de Bar, 123.

TRANCART, acquiert la manufacture, 34.

TRANCART (l'abbé), gardien des souvenirs des messes de la Terreur à la manufacture et des échantillons de ses produits, 34. — Il demande et obtient des Dominicaines pour Bar, 233.

TRÉMOUILLE (Georges de La), établi gouverneur du château par Louis XI, 20, 84.

TRÈVES (Marie de), 11.

TURENNE (de), assiège Bar, 21.

TURGOT, aide à l'extension de la manufacture, 33.

## U

URBAIN IV, ami du comte Thibaut de Bar, 59.

## V

VALÉRAN D'ARLON, 14.

VALÉRAN DE LUXEMBOURG, accord avec le Chapitre de Saint-Maxe, 187, *p. j.*, n° V.

VALLÉE (Charles Billet de La), doyen ; faits de son décanat, 113, 131. — Modifications qu'il opère dans l'église Saint-Maxe, jubé, stalles, chaire, 162. — Il complimente la Reine de Pologne, 131.

VARENNES, 59, 69. — Couvent des Cordeliers, 76.

VASSART (Jacques), doyen, 208.

VASSART (Herric), doyen, 208.

Vassart (Herric de), administrateur de la manufacture, 32.
Vassimont (Benoît-Cachedenier de), président de la Chambre, 155.
Vassimont (de), grand-chantre, 179. — Déporté, 227.
Vassimont (Charles Cachedenier de), chanoine, 228.
Vassimont (de), *le jeune,* chanoine, 228.
Vaultier, donne Givrauval à Saint-Maxe, 185.
Vauquois (Notre-Dame de), 71.
Vautier, doyen du Chapitre, 186, 199.
Vavincourt, église donnée par Formare au Chapitre de Saint-Maxe, 186, *p. j.,* n° IV.
Vayeur (M$^{elle}$), fonde un pensionnat à la ville-haute, 233.
Véel, 17.
Vendières (de), procureur général, aide à l'établissement de la manufacture, 32.
Veneur (Grand-), ou louvetier, 135.
Vergier à Saint-Maxe, 217.
Vicaires, hauts et bas, à Saint-Maxe, création, nominations, fonctions, serment, 213-214.
Vie du château, 115. — Baptêmes, 116, 120. — Jeunes années, chevalerie du Seigneur, 121. — Mariage, 121-124. — Entrée en possession du Duché, prise de possession, 124-126. — Don de joyeux avènement pour le Duc et la Duchesse, 126-127. — Hommage des vassaux, 127-128. — Visites royales : Charles VII, Marguerite d'Anjou, François I$^{er}$, 129. — Marie de Lorraine, François II avec Catherine de Médicis, Marie Stuart, Isabelle de France, reine d'Espagne ; Charles IX avec Catherine de Médicis, Louis XIV et Marie-Thérèse, 108. — Marie Leckzinska, accompagnée du Dauphin et de M$^{me}$ Adélaïde, 129-131. — Fêtes au château à l'occasion de ces visites, 131-134. — Vie ordinaire du château, les jeunes années du Seigneur, 121. — Occupation du Duc et de la Duchesse ; les jours de grande parade ; les gens de service, l'alimentation, l'éclairage, le chauffage, les fêtes intimes et les musiciens. La vie chrétienne, l'oratoire domestique, la série des fêtes et des pratiques de l'année chrétienne, étrennes du nouvel an, les Rois, le Carême, le Jeudi-Saint, le Vendredi-Saint, la Pasques, la Saint-Martin, 134-137. — Les Drames et les Mystères, 119, 134-138. — Les Funérailles au château, 138-140.
Vienne-le-Château, 46.
Villotte, biens donnés à Saint-Maxe par Thierry I$^{er}$, 185. — La cure relève de Saint-Maxe, 191.
Vincent (Jean), président de la Chambre, 154.

Volcyr, historiographe d'Antoine, récit du baptême de M$^{gr}$ Nicolas, 116-121.
Voués de Saint-Mihiel, 39, 43, 46-47.
Willbroncourt, 67.
Waly, affranchi par Henri II, 53.
Warin, prévôt du Chapitre de Saint-Maxe, 186.
Winomade rappelle Childéric en France, 6.
Vyard (de), chanoine, 179-228.

## Y

Yolande de Flandres, origine, elle épouse Henri IV, Comte de Bar, 64-65. — Régente sous Édouard II, 65, et Robert, 66. — Son écrin, 135. — Son vœu ; elle donne une image de sainte Anne à Saint-Maxe, 168. — Fonde deux chapelains à la chapelle Notre-Dame, 168. — Inhumée à Saint-Maxe, 65-172.
Yolande de Bar, Reine d'Aragon, 70-72.
Yolande d'Anjou, naissance, 81, Duchesse du Barrois, 86. — Elle abandonne ses droits à René II, son fils ; son cœur déposé à Saint-Maxe, 164. — Son corps, à Joinville, 86.

## Z

Zezeline, donations à Saint-Maxe, 185.

# TABLE DES ILLUSTRATIONS.

|  | Pages. |
|---|---|
| Vue de Bar, vers 1633, d'après le recueil de Beaulieu et une eau-forte de M. Wlodimir Konarski. | FRONTISPICE. |
| Plan cavalier du château en 1617, d'après Hoefnagel. | 9 |
| Plan par terre des bâtiments du château en 1756, d'après Montluisant. | 10 |
| La Tour de l'Horloge, état actuel, dessin de M. Wlodimir Konarski. | 12 |
| La Belle Porte du château, état présent. | 16 |
| Le château de Bar, d'après le tableau de Saint-Pierre, dessin de M. Wlodimir Konarski. | 28 |
| Philippe de Gueldres, son tombeau, par Ligier Richier. | 93 |
| Le nouveau chastel et la Chambre des Comptes, état actuel, façade Est. | 118 |
| Plan de la Collégiale de Saint-Maxe, d'après Montluisant. | 161 |
| Les stalles de Saint-Maxe à Behonne. | 162 |
| La chaire de Saint-Maxe à Behonne. | 164 |
| Le tombeau du prince d'Orange et le Squelette, par Ligier Richier. | 166 |
| La tête du Christ expirant, par Ligier Richier. | 171 |
| Approbation des statuts du Chapitre, par l'évêque de Toul. | 188 |
| Le sceau du Chapitre et l'épitaphe du Comte Henri IV. | 193 |
| L'habitation du doyen de Saint-Maxe et le nouveau chastel, façade Ouest. | 198 |
| Le portrait de Gilles de Trèves, d'après le tableau du Musée de Bar. | 208 |

330   TABLE DES ILLUSTRATIONS.

|  | Pages. |
|---|---|
| M. Rollet, dernier chanoine de Saint-Maxe | 229 |
| Le couvent des Dominicaines | 236 |
| Entrée du Monastère et vue des bâtiments, façade Ouest | 238 |
| Sanctuaire de la chapelle | 241 |
| La tribune de la chapelle | 242 |
| Prieures du monastère | 244 |

# TABLE DES MATIÈRES.

Pages.

INTRODUCTION.................................................... 1

### CHAPITRE PREMIER.
#### Le château ducal et ses vicissitudes.

I. Origines. — II. Situation, forme primitive et transformations successives. — III. Les plans du château. — IV. La forteresse et son enceinte. — V. Les sièges du château. — VI. Les bâtiments. — VII. Les magnificences. — VIII. Démantèlement et décadence. — IX. Manufacture et les ruines.. ............................ 5

### CHAPITRE II.
#### La Maison de Bar et les Seigneurs du château.

**Noblesse de la Maison de Bar. Plusieurs races dans la descendance.**

I. Première race des Ducs de Mosellane et Comtes de Bar : Frédéric I; Théodoric ou Thierry I; Frédéric II. — II. Seconde race des Comtes de Bar : *Famille de Montbéliard* : La Comtesse Sophie et Louis de Montbéliard; Théodoric ou Thierry II; Thierry III; Renauld le Borgne ; Regnault II ; Henri I ; Thibaut I; Henri II ; Thibaut II ; Henri III ; Édouard I; Henri IV; Édouard II ; Robert le Magnifique, Duc de Bar; Édouard III; Louis, Cardinal et Duc de Bar. — III. Troisième race des Souverains du Barrois : *la Maison d'Anjou* : René d'Anjou; Yolande d'Anjou. — IV. Quatrième race des Seigneurs de Bar : *Maison de Lorraine-Vaudémont :* René II; Antoine; François I; Charles III le Grand;

Henri II le Bon; Charles IV et Nicole; François II; Charles IV seul; Charles V; Léopold I; François III. — V. Stanislas, Duc de Bar. — VI. Les Rois de France, Ducs de Bar. — Fin de la principauté du Barrois .................................................. 36

## CHAPITRE III.

### La vie et les fêtes du château.

I. Baptême au château et les fêtes qui l'accompagnaient; cortège baptismal, la cérémonie, le festin, le palais ducal au jour du baptême. — II. Jeunes années des enfants du Seigneur; leur mariage. — III. L'entrée ou prise de possession du pouvoir; don de joyeux avènement. — IV. L'hommage des vassaux. — V. Les visites royales au château; fêtes qui s'y donnaient alors. — VI. La vie ordinaire au château. — VII. Les funérailles au château........ 115

## CHAPITRE IV.

### Le gouvernement ducal au château et la Chambre des Comptes.

I. Les gens de la Maison ducale et officiers généraux de l'administration. — II. Tribunal des Assises du Duché au château. — III. Les États généraux du Barrois, existence et dates historiques. Composition et convocations. Lieu de leur réunion et objets soumis à leurs délibérations. Forme et tenue des États généraux du Barrois. — IV. Chambre du Conseil et des Comptes : origine et histoire. Attributions, composition de ses membres, admission, traitement, privilèges, costume, bâtiments, suppression définitive. Présidents................................................................ 141

## CHAPITRE V.

### La Collégiale de Saint-Maxe.

I. Origines, Consécration, Vocable, Prérogatives. — II. Histoire, Reliques, Culte, Fête de Saint-Maxe. — III. Description de l'église. — IV. Le sacraire et son trésor. — V. Les cérémonies de Saint-Maxe. — VI. Les tombeaux et la translation des ossements des Princes. — VII. La destruction de l'église Saint-Maxe........ 156

## CHAPITRE VI.

**Le Chapitre de Saint-Maxe.**

I. Origines et histoire du Chapitre. — II. Statuts, droits, privilèges, sceau. — III. Composition du Chapitre et fonctions diverses. — IV. Doyen, prérogatives, élection, habitation. — V. Nomenclature des Doyens de Saint-Maxe et biographie de Gilles de Trèves. — VI. Les Chanoines, nomination, réception, serments, vie canoniale. — VII. Suppôts et officiers du Chapitre, vicaires, chapelains, la maîtrise, officiers subalternes. — VIII. Chapitres généraux, époques et tenue. — IX. Fondations, confréries, cérémonies et fêtes religieuses, anniversaires et chapellenies. — X. Bâtiments, biens, revenus et charges. — XI. Réunion du Chapitre de Saint-Maxe à celui de Saint-Pierre. — XII. Suppression du Chapitre, les Chanoines pendant la Révolution. — XIII. Le dernier Chanoine de Saint-Maxe : M. Rollet............................ 184

## CHAPITRE VII.

**Le couvent des Dominicaines.**

I. Modestes origines. — II. Acquisition de l'emplacement du château et développement de l'institution. — III. Le Pensionnat. La Chapelle. Le Monastère et sa vie religieuse. — IV. Les Prieures. — V. Les œuvres. L'école Saint-Dominique et l'orphelinat de Notre-Dame du Saint-Rosaire............................ 232

ÉPILOGUE ................ 260

## PIÈCES JUSTIFICATIVES.

I. Les magnificences du château au xvi<sup>e</sup> siècle, d'après le testament de Philippe de Gueldres............................ 263
II. Réparations au château en février 1423. Lettre de Charles II.. 265
III. Message de René d'Anjou au Duc de Bedford pour désavouer l'hommage fait à Henri VI............................ 266
IV. Donation des églises de Naives et Vavincourt au Chapitre de Saint-Maxe, 1235............................ 267

## TABLE DES MATIÈRES.

Pages.

V. Accord entre le Chapitre de Saint-Maxe et Valéran, duc de Luxembourg, sire de Ligny, au sujet du moulin de Resson.. 267
VI. Hôpital de Revigny. Fondation en 1334..................... 270
VII. Lettre de Philippe VI le Valois au Comte Henri IV.......... 272
VIII. Cession de l'administration de l'hospice au Chapitre de Saint-Maxe................................................. 272
IX. Charte d'Édouard concernant l'union de deux prébendes, l'une à Saint-Maxe, l'autre à Saint-Pierre, en faveur du doyen de chaque Collégiale.................................... 274
X. Donation de la cense de Popey à Saint-Maxe, 1434......... 277
XI. Fondation de la messe du Président Merlin................ 281
XII. Testament de Gilles de Trèves, fondation du Collège........ 232
XIII. Provision d'un canonicat sous Charles III.................. 285
XIV. Réception d'un chanoine de Saint-Maxe au XVII° siècle..... 287
XV. Lettre de M. Rollet sur le chemin de l'exil................. 287
XVI. Manuscrit de Saint-Maxe et les statuts du Chapitre......... 288

TABLE ANALYTIQUE ET ALPHABÉTIQUE DES MATIÈRES................. 295

TABLE DES ILLUSTRATIONS...................................... 329

# ERRATA

P. 9. Plan d'Hœfnagel : *au lieu de* rue de Viel, *lisez* Véel.

P. 93. Tombeau de Philippe de Gueldres : *au lieu de* morte en odeur de sainteté 1347, *lisez* 1547.

P.154. Article Loys Merlin, 16ᵉ ligne : *au lieu de* 1573, *lisez* 1513.

(Extrait en très grande partie des Mémoires de la Société des lettres, sciences et arts de Bar-le-Duc, 1896, tome V, 3ᵉ série.)

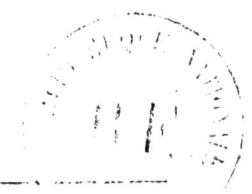

BAR-LE-DUC. — IMPRIMERIE CONTANT-LAGUERRE.

www.ingramcontent.com/pod-product-compliance
Lightning Source LLC
Chambersburg PA
CBHW060601170426
43201CB00009B/854